【传世经典　文白对照】

左传纪事本末

上

〔清〕高士奇　撰

董文武　石延博　王玉亮等　译

中華書局

图书在版编目(CIP)数据

左传纪事本末/(清)高士奇撰;董文武等译. —北京:中华书局,2023.9
(传世经典　文白对照)
ISBN 978-7-101-16018-5

Ⅰ.左…　Ⅱ.①高…②董…　Ⅲ.中国历史-春秋时代-纪事本末体　Ⅳ.K225.044

中国版本图书馆 CIP 数据核字(2022)第 231629 号

书　　名	左传纪事本末(全三册)
撰　　者	〔清〕高士奇
译　　者	董文武　石延博　王玉亮等
丛 书 名	传世经典　文白对照
责任编辑	王守青　刘胜利　周梓翔　肖帅帅　熊瑞敏
责任印制	陈丽娜
出版发行	中华书局 (北京市丰台区太平桥西里 38 号　100073) http://www.zhbc.com.cn E-mail:zhbc@zhbc.com.cn
印　　刷	北京中科印刷有限公司
版　　次	2023 年 9 月第 1 版 2023 年 9 月第 1 次印刷
规　　格	开本/880×1230 毫米　1/32 印张 62　字数 1300 千字
印　　数	1-6000 册
国际书号	ISBN 978-7-101-16018-5
定　　价	168.00 元

前　言

我国向以史学遗产丰富著称于世。这笔遗产的丰富，不仅表现在我国史籍的浩如烟海，也不仅表现在这些史籍对于我国几千年文明进程的从未间断的记载及所记内容的丰富多彩，还表现在各种史籍的门类、体裁的多种多样。就所记史实的不同展开方式而言，我国史书便有编年体、纪传体和纪事本末体三种不同体裁。编年体本诸《春秋》《左传》，叙述史实以年为经；纪传体始于《史记》《汉书》，主要以人物活动为线索展开史实；纪事本末体产生最晚，采取以记叙历史事件始末为纲的编写方式。

纪事本末体的编撰方式是在对以往两种体裁的史书进行补苴罅漏的基础上产生的。这两种体裁的史书虽然各有所长，但是对于历史事件的叙述却有其无法弥补的缺陷：或如编年体，“一事而隔绝数卷，首尾难稽”；或如纪传体，“一事而复见数篇，宾主莫辨”。这对于一般偏好了解历史事件原委及发展过程的读者来说，不能不是一个遗憾。南宋袁枢喜读编年体的《资治通鉴》，但“苦其浩博”，难以寻绎其中史事之起讫，于是自出新意，按重要史事分列条目，仍用《通鉴》原文，以类编排，每事各详首尾，一事一篇，自为标题，创立了纪事本末的体例。

这种体裁以历史事件为中心，每事又按年月顺序加以纂辑，明于事情的因果演变之迹，尤便于普通涉猎历史的人们阅读，亦较切近于近代新涌现出来的史学著述。因此之故，得到学者的

推崇。《四库全书总目》称袁枢《通鉴纪事本末》一书于“数千年事迹经纬明晰,节目详具,前后始末,一览了然,遂使纪传编年,贯通为一,实前古之所未见”。所评实不为过。

在此之后,学者纷纷仿效之,使纪事本末体的史籍,逐渐形成为一贯穿古今系统。其较著名者,有明冯琦和陈邦瞻的《宋史纪事本末》、陈邦瞻的《元史纪事本末》、清谷应泰的《明史纪事本末》和高士奇的《左传纪事本末》。

《左传纪事本末》的价值,除了它同别的纪事本末体史书一样,将《左传》全书分列为五十三个事项,颇便于读者翻阅以外,还具有下列不同于它书的特点:

首先,从时间顺序上来说,它是诸纪事本末体史书最前面的一种。众所周知,《左传》所记叙的是春秋时期的历史,起于鲁隐公元年(前722),迄于鲁悼公十四年(前453),而《资治通鉴》上起周威烈王二十三年(前403),下迄后周世宗显德六年(959),二书在时间上正好前后相接。要求得对中国先秦历史的完整的了解,自是不能忽略此书的。

其次,在编排上,本书采取了按春秋列国顺序对事类进行分析的办法,其中涉及周的事类四卷,鲁十一卷,齐七卷,晋十一卷,宋三卷,卫四卷,郑四卷,楚四卷,吴三卷,秦一卷,列国一卷。拿这个顺序与号称《春秋外传》的《国语》(《左传》称《春秋内传》)相比较,可以看出它明显受到了后者的影响。除了《国语》所无的宋、卫、秦三国之语外,二书都是按周、鲁、齐、晋、郑、楚、吴(《国语》将吴事分析为吴、越二语)的顺序编排的,即都采取了奉周正统,以与周的亲疏关系,内华夏外夷狄的编排原则。这种编排,照顾到了春秋历史的特点,避免了对史实的割裂。各国既分卷叙述,也可借此考见春秋各国历史发展之本末。

本书的第三个为人所称道的特点,是它广泛参阅并利用了先秦两汉的有关典籍,在按事排列《左传》正文的基础上,在每事的后面,别立“补逸”“考异”“辨误”“考证”“发明”等名目,对史实进行更深入的研讨。其与《左传》记载相互印证可资补

充者，称“补逸”；与《左传》传闻异词可备参考者，称为“考异”；对诸书（包括《左传》）中传闻失实者予以纠正，谓之“辨误”；对某些重要事件，本传或隐而不明，则为之索隐取证，谓之“考证”；个人研史所得，谓之“发明”。类似做法，它书亦或采用之，但本书使用更加完备，名目亦更清晰。凡所采用之书，包括诸子、史传，及《公羊》《穀梁》《礼记》诸经，尤以《国语》及《公》《穀》二传最为常见。如后人所谓《左传》与《国语》之比较研究，及《春秋》三传之比较研究，本书固已采用之矣。

作者高士奇，曾担任康熙皇帝的翰林院侍讲、侍读、日讲起居注等官，于《左传》素有研究。所著《春秋地名考略》，即为精研《左传》心得之一。盖地名之学，非有对其他各项研究的广泛基础不能为之。我也曾读过这本书，知道它对春秋历史研究的价值。

今天，国家提倡弘扬祖国历史文化。我校董文武等同志在研读《左传纪事本末》的基础上，将它翻译成白话，俾广大读者更好地接受这部重要史籍。对于他们这项有益的工作，我表示完全支持，是为之序。

沈长云

癸卯年于三乐斋

本书作者分工：

上册，卷一至卷十五由董文武执笔，卷十六至卷二十二由郗会锁执笔；

中册，卷二十三至卷二十七由石延博执笔，卷二十八至卷三十三由郭振环执笔；

下册，卷三十四至卷四十八由王玉亮执笔，卷四十九至卷五十三由董广宇执笔。

目录

第一册

第二册

晋

第三册

左传纪事本末序

史家有六，首《尚书》家，次《春秋》家。《书》记言，《春秋》记事。唐刘知幾谓古人所学以言为首，《尚书》百篇，废兴行事多阙，而《春秋》自夏殷以来非一家，皆隐没无闻。记事之史不行，记言之书见重久矣。独《左氏》之传《春秋》，义释本《经》，语杂他事，因为《申左》一篇。知幾之论，以记事为重也。盖孔子取义鲁史，而二百四十年之行事亦云略矣。

《左氏》先《经》以始事，后《经》以终义，依《经》以辨理，错《经》以合异，是记事之史，《左氏》其首也。又稽逸文，纂别说，为《外传》以广之。分八国，各为卷，是亦一国之本末也。其传一人之事与言，必引其后事牵连以终之，是亦一人一事之本末也。然则《内传》纪事，而《外传》即所以足其事之本末者与；顾《内传》以事为主，既以时断，首尾不属；《外传》复以言为主，国之大事不具，至宋、卫、秦、吴之国竟无语焉。夫《春秋》既治世之大经大法，《左氏》独亲得其传，

史书流派有六种，首先是《尚书》流派，其次是《春秋》流派。《尚书》记录言论，《春秋》记载事情。唐朝刘知幾认为古人学习把记言史书放在首位，《尚书》一百篇，兴亡事迹大多已经残缺不全，而《春秋》流派的史书从夏朝、商朝以来不止一家，都已散失不为世人所知。记载事情的史书不能流传，记录言论的史书受到重视由来已久了。只有《左氏传》解释《春秋》，要义阐发依据《春秋经》，叙述兼记其他事情，于是创作《申左》一篇。刘知幾的评论，是以记载事情为重的。大概孔子借助鲁国国史来确立大义，因而二百四十年间的春秋事情也就叙述得简略了。

《左氏传》先于《春秋经》来开始叙事，晚于《春秋经》来结束大义，依据《春秋经》来辨析义理，抛开《春秋经》来聚合不同，因此记载事情的史书，《左氏传》是它的第一部。又稽考散失的文字，编纂不同的说法，作《春秋外传》（即《国语》）来扩大它的记事范围。分为周、鲁、齐、晋、郑、楚、吴、越八国，每国各自成卷，这也是一国事情的始终。书中记载一人的事情与言论，一定要追述此人后来的事情关联来结束，这也是一人一事的始终。既然这样那么《春秋内传》（即《左氏传》）记载事情，而《春秋外传》就是用来补充那些事情始终的史书吧；考察《春秋内传》以记载事情为主，既然以时间为断限，从开始到结束就不能连接；《春秋外传》又以记录言论为主，各国的重大事情就不能详尽，至于宋、卫、秦、吴这些国家，竟然对它们都没有专门的叙述。《春秋》既然是治理天下的基本法则，《左氏传》唯独亲自得到它的传承，

而限于编年之体，虽有《外传》，不遑件系；譬隋珠之未贯，如狐腋而未集，令学者前后讨寻，周章省览，岂若会稡而种别之为瞭如哉！

今宫詹高澹人先生所以放建安袁氏《通鉴纪事本末》而有作也。顾司马氏之书，其征事也近，而立义也显。近则易核，显则易明，袁氏特整齐钩钲其间，为力少易。《左氏》能传《经》之所无，亦时阙《经》之所有，又参以二《传》，每多不同。好语神怪，易致失实，而自啖、赵以来，多有舍《传》立说、独抱遗《经》以终始者矣。先生特为起例，皆袁氏所无有。夫"夏五""郭公"，《经》无其事亦书，岂可《经》文炳如而《传》或脱漏？于是乎不遗一《传》，曰"补逸"。《经》义微婉，寻涂自殊。既各专家，无取单行，于是乎不党一《传》，曰"考异"。文人爱奇，贪于捃拾，史家斥诬，须勇刊弃，于是乎裁《传》以存《传》，曰"辨误"。理所难明，每以旁曲而畅，辞所驰骤，要以根柢为安，于是乎错《传》以佐《传》，曰"考证"。好学深思，心知其意，申解驳难，惟其宜适，于是乎舍《传》以释《传》，曰"发明"。盖先生经学湛深，雅负史才，在讲筵撰《春秋讲义》，因殚精竭慎，条分囊括。而为是书也，征远代而如在目前，阐微言而大放厥旨。

然而局限于按年代顺序编排史料的体裁，即使有《春秋外传》，也顾不上将每件事都连接起来；这就譬如隋侯的宝珠未能贯穿，又如狐腋下的毛皮未能集中，使求学的人前后检索寻找，通篇观看阅览，哪里比得上将事情汇聚起来然后按类区分一目了然呢！

如今宫詹高澹人先生就是本着这一原则仿照南宋建安人袁枢的《通鉴纪事本末》而有所创作。考察北宋司马光的《资治通鉴》一书，其征引事实时间不远，然而确立大义十分显著。时间不远就容易详尽，立义显著就容易明了，袁枢只是将其间的事情条理化、系统化，所做的稍微容易。《左氏传》能够记载《春秋经》所没有的事情，也有时遗漏《春秋经》所有的事情，又拿《公羊传》《穀梁传》二传进行比较，常常有很多不同的地方。《左氏传》喜欢谈论鬼神怪异，容易导致失去真实，因而自从唐代啖助、赵匡以来，有许多抛弃《左氏传》提出的见解，只是死守着遗留下来的《春秋经》来终生研读的学者。高澹人先生特意为此创立凡例，都是袁枢所不曾有过的。至于"夏五""郭公"，《春秋经》没有它们的事情也加以记载，怎么可以《春秋经》上文字明显昭著而《左氏传》偶尔遗漏？因此不遗漏三传中的一《传》，叫"补逸"。《春秋经》要旨精微委婉，考求途径各自不同。既然各有专门研究，不取单独流传的一种说法，因此不偏袒三传中的一《传》，叫"考异"。文人喜欢奇异，贪于捡拾，史家指斥诬妄，必须勇于删削，因此删减《左氏传》来保存《左氏传》的真实记载，叫"辨误"。事理难以辨明的地方，常常通过其他的细节而畅通文意，文辞烦琐重复的地方，重要在于以基本事实作为保证，因此抛开《左氏传》来佐证《左氏传》的基本事实，叫"考证"。喜欢学习深入思考，内心领会其中的意思，说明解释辩驳责难，只为做到恰当适中，因此舍弃《左氏传》来阐释《左氏传》的矛盾史料，叫"发明"。大概高澹人先生研究经学功底深厚，一向拥有修史才能，在讲筵时就撰写了《春秋讲义》，于是竭尽精力用尽心思，逐条排列包罗史料。而创作这部书时，征引久远年代的史事就如同形在目前，阐发精深微妙的言辞而充分发挥其旨意。

事各还其国，而较《外传》则文省而事详；国各还其时，而较《内传》仍岁会而月计。足补故志，岂是外篇？

昔袁氏之书成，参知政事龚茂良以进，孝宗嘉叹，颁赐东宫及江上诸帅，曰“治道在是矣”。况我皇上以天纵之圣，富日新之学，讲求治道，久安益勤，是书进御，诚足备乙夜之观，而因颁布中外，为读《春秋》者法。将《通鉴》以前兴衰理乱之迹，易考而知。既可以足成袁氏为完书，亦有以征《春秋》家之记事，非偏略于《尚书》家之记言，诚乃圣经之助，岂特功于《左氏》而已。菼于经学至芜陋，辱先生之不鄙而委之作序。妄不自量，缀言简末。窃窥寻撰述之苦心，而略其大趣，固无能有以加云。

康熙二十九年庚午夏五月既望长洲韩菼序。

事情各自恢复到它们所在的诸侯国，因而与《春秋外传》相比较就显得文字简练而事情详尽；诸侯国的事情各自恢复它们所发生的时间，因而与《春秋内传》相比较仍然按照年月顺序加以记载。这完全可以弥补古史的记载，哪里只是属于附论性质的外篇？

从前袁枢的《通鉴纪事本末》一书写成，参知政事龚茂良将这部书进献，宋孝宗赞赏感叹，颁发赏赐给东宫太子及长江沿岸各位统兵将帅，说“治理国家的措施都在这部书中了”。况且我大清皇上凭借上天赋予的圣明，拥有日日更新的学问，讲求治理国家的措施，长期安定越发勤奋努力，这部书进献，确实足可以供皇上在二更时进行阅读，并乘此机会颁布朝廷内外，为阅读《春秋》的人所效法。大概《资治通鉴》以前兴盛与衰落、治理与动乱的轨迹，就容易考察并通晓了。既能够用来补足凑成袁枢《通鉴纪事本末》成为完整之书，也有助于验证《春秋》流派史书所记载的事情，并不只是简略了《尚书》流派史书所记录的言论，确实是对儒家经典的辅助，哪里只是有功于《左氏传》而已。韩菼我对于经学十分浅薄，承蒙高澹人先生看得起并委托我写序言。我斗胆不自量力，在全书末尾附言。我私下探索著述的良苦用心，然后概括他的主要旨趣，确实没有能力再多赘言了。

康熙二十九年(1690)夏季五月十六日长洲人韩菼序文。

左传纪事本末凡例

一,《左氏》之书虽传《春秋》,实兼综列国之史。兹用宋袁枢《纪事本末》例,凡列国大事,各从其类,不以时序,而以国序。

一,首王室,尊周也。次鲁,重宗国也,《春秋》之所托也。次齐、晋,崇霸统也。次宋、卫、郑三国,皆为与国,其事多,且《春秋》中之枢纽也。次楚,次吴、越,其国大,其事繁;后之者,黜其僭也。次秦,志其代周,且恶之也。陈、蔡、曹、许诸小国,散见于诸大国之中,微而略之也。晋、楚之争霸,俱详晋事中,晋为主,楚为客也。

一,是书凡《左氏传》文,罕有所遗。或有一《传》而关涉数事者,其文不得不重见,则随其事之所主为文之详略。

一,三代、秦、汉之书,经史诸子,杂出繁多,其与《左氏》相表里者,皆博取而附载之,谓之"补逸";其与《左氏》异同

其一,《左氏传》这部书尽管是解释《春秋经》的,实际上是同时综合各诸侯国的史书。这里采用南宋袁枢《通鉴纪事本末》的体例,所有各诸侯国的重大事情,各自依从它们的类别,不按照时间排序,而是按照诸侯国排序。

其一,首先是周王室,这是为了尊奉周天子。接下来是鲁国,这是为了重视与周天子同姓的诸侯国,是《春秋经》所寄托的用意。接下来是齐国、晋国,这是为了尊崇称霸一方的诸侯国。接下来是宋、卫、郑三个诸侯国,都是与周天子结成同盟的诸侯国,它们的事情众多,并且是《春秋》里面的关键诸侯国。接下来是楚国,紧接着是吴国、越国,它们的国家大,它们的事情多;把它们放在后面,是为了贬斥它们超越本分。接下来是秦国,是为了记载它取代周朝,并且憎恨它。陈、蔡、曹、许各小诸侯国,零星地出现在各大诸侯国之中,将它们稍微提及并简略加以叙述。晋、楚争当霸主,都详细记载在晋国事情里,是把晋国作为主要的,把楚国作为次要的。

其一,这部书凡是《左氏传》中的文字,很少有遗漏的地方。有时出现一种《传》而牵涉几件事的情况,这些文字不得不重复出现,就根据这件事情的主要一方,进行文字详细或简略的加工。

其一,夏商周三代、秦朝、汉朝的书籍,经、史、诸子纷杂出现,数量众多。这些书中与《左氏传》相互补充的内容,都将它们广泛吸取并附带记载,称为“补逸”;这些书中与《左氏传》异同

迥别者，并存其说，以备参伍，谓之“考异”；其有踳驳不伦，传闻失实者，为厘辨之，谓之“辨误”；其有证据明白，可为典要者，别而志之，谓之“考证”；参以管见，聊附臆说，谓之“发明”云。

差别很大的内容，一并保存了它们的观点，用来供比较验证，称之为“考异”；这些书中有错谬杂乱不伦不类，转述听到不符事实的内容，就将它们加以改正谬误辨别清楚，称之为“辨误”；这些书中有证明事实的根据清楚，可以作为固定标准的内容，就另外记载它们，称之为“考证”；加入自己从管中窥物的见解，姑且附上个人见解，称之为“发明”。

周

卷一　王朝交鲁

隐公元年秋七月，天王使宰咺来归惠公、仲子之赗。缓，且子氏未薨，故名。天子七月而葬，同轨毕至；诸侯五月，同盟至；大夫三月，同位至；士逾月，外姻至。赠死不及尸，吊生不及哀，豫凶事，非礼也。

十二月，祭伯来，非王命也。

三年春王三月壬戌，平王崩。赴以庚戌，故书之。

秋，武氏子来求赙，王未葬也。

六年冬，京师来告饥，公为之请籴于宋、卫、齐、郑，礼也。

七年。初，戎朝于周，发币于公卿，凡伯弗宾。冬，王使凡伯来聘。还，戎伐之于楚丘以归。

〔补逸〕九年，天王使南季来聘。有经无传。

卷一　王朝交鲁

鲁隐公元年秋季七月，周天子派遣宰咺前来馈送惠公和仲子的丧葬礼品。此时惠公死去已久，这显然是晚了。而仲子还没有死，所以《春秋》直书宰咺的名字以示批评。天子死后经过七个月下葬，诸侯全部来参加葬礼；诸侯死后经过五个月下葬，同盟的诸侯来参加葬礼；大夫死后经过三个月下葬，官位相同的来参加葬礼；士死后一个月下葬，姻亲来参加葬礼。向死者赠送东西没有赶上下葬，向生者吊丧没有赶上葬后的安葬礼，人没有死而先赠送有关丧事的东西，这都不合于礼法。

十二月，祭伯来到鲁国，并不是奉周天子的命令。

三年春季，周历三月二十四日，周平王去世。讣告上说的是十二日，所以《春秋》也记载死日为十二日。

秋季，武氏的儿子来鲁国求取为周平王助丧的财物，这是由于周平王还没有下葬。

六年冬季，京师派人前来报告成周发生了饥荒，隐公就代为向宋、卫、齐、郑诸国请求购买谷物。这是合于礼的。

七年。从前，戎人到成周朝见，向公卿致送财币。当时凡伯对戎人不仅不以贵宾之礼款待，也不回报。冬季，周天子派凡伯来鲁国聘问。在回去的路上，戎人在楚丘对他加以截击，并逮了他回去。

〔补逸〕隐公九年，周天子派南季前来聘问。有经无传。

《穀梁传》曰：聘诸侯，非正也。

桓公四年夏，周宰渠伯纠来聘。父在，故名。

五年，天王使仍叔之子来聘。仍叔之子，弱也。

〔考异〕《穀梁传》曰：任叔之子者，录父以使子也。

八年冬，祭公来，遂逆王后于纪，礼也。

九年春，纪季姜归于京师。凡诸侯之女行，唯王后书。

十五年春，天王使家父来求车，非礼也。诸侯不贡车服，天子不私求财。

庄公元年秋，筑王姬之馆于外。为外，礼也。

〔补逸〕庄公元年，王使荣叔来锡桓公命。有经无传。

《穀梁传》曰：锡命，非正也。生不服，死追锡之，不正甚矣。

三年夏五月，葬桓王，缓也。

〔考异〕《穀梁传》曰：改葬也。

十一年冬，齐侯来逆共姬。

〔发明〕按：鲁主王姬之嫁旧矣，故桓公之娶王姬，亦逆于鲁，盖鲁为王室懿亲也。

〔补逸〕二十三年，祭叔来聘。有经无传。

《穀梁传》曰：天子之内臣也，不正其外交，故不与使也。

僖公三十年冬，王使周公阅来聘，飨有昌歜、白黑、形盐。

《穀梁传》说：天子派使臣聘问诸侯，是不符合正道的。

鲁桓公四年夏季，周朝的宰官渠伯纠前来聘问。由于他的父亲还活着，所以《春秋》记载他的名字。

五年，周天子派仍叔的儿子前来聘问。《春秋》所以记为“仍叔之子”而不记他的名字，是由于他年轻的原因。

〔考异〕《穀梁传》说：称任叔的儿子，是记载父亲的名字来代称儿子的姓名。

八年冬季，祭公前来鲁国，随后到纪国迎接王后，这是合于礼法的。

九年春季，纪国的季姜出嫁到京师。凡是诸侯的女儿出嫁，只有出嫁做王后时才加以记载。

十五年春季，周天子派家父前来求取车辆，这不合于礼法。诸侯不应向天子进贡车辆礼服，天子也不应私下向诸侯求取财货。

鲁庄公元年秋季，鲁国在城外建造王姬的行馆。因为王姬不是鲁国的女子，所以在城外建馆是合于礼法的。

〔补逸〕鲁庄公元年，周天子派荣叔前来赐给桓公策命的荣宠。有经无传。

《穀梁传》说：赐给策命的荣宠，这不合于礼法。活着的时候不任命，死后却追加赐命，这就更不合于礼法了。

三年夏季五月，安葬周桓王。下葬迟缓了。

〔考异〕《穀梁传》说：另行安葬。

十一年冬季，齐桓公前来迎娶共姬（即王姬）。

〔发明〕按：鲁国主持王姬的婚嫁已经很长时间了，因此齐桓公娶王姬，也要前来鲁国迎娶，大概由于鲁国是周王室至亲的缘故吧。

〔补逸〕庄公二十三年，祭叔前来聘问。有经无传。

《穀梁传》说：周天子的内臣，不认为内臣外出结交合乎正道，因此不对他使用“使”。

鲁僖公三十年冬季，周天子派遣周公阅前来鲁国聘问。鲁国宴请他的食物有菖蒲菹、白米糕、黑黍糕和虎形块盐。

辞曰："国君，文足昭也，武可畏也，则有备物之飨，以象其德；荐五味，羞嘉谷，盐虎形，以献其功。吾何以堪之？"

东门襄仲将聘于周，遂初聘于晋。

文公元年春，王使内史叔服来会葬。

夏四月丁巳，葬僖公。

王使毛伯卫来锡公命。叔孙得臣如周拜。

五年春，王使荣叔来含且赗，召昭公来会葬，礼也。

八年秋，襄王崩。冬，穆伯如周吊丧。

九年春，毛伯卫来求金，非礼也。不书王命，未葬也。

二月，庄叔如周葬襄王。

十年秋七月，及苏子盟于女栗，顷王立故也。

宣公九年春，王使来征聘。夏，孟献子聘于周。王以为有礼，厚贿之。

十年秋，刘康公来报聘。

〔补逸〕《国语》：定王八年，使刘康公聘于鲁，发币于大夫。季文子、孟献子皆俭，叔孙宣子、东门子家皆侈。归，王问鲁大夫孰贤。对曰："季、孟其长处鲁乎！叔孙东门其亡乎！若家不亡，身必不免。"王曰：

周公阅推辞说："一国的君主，文治足以显扬四方，武功可以使人畏惧，因此才备有特殊物品来宴请他，以象征他的德行；进美味的食物和五谷，盐的形状像老虎，用来象征他的功业。我怎么能当得起这个？"

鲁国的东门襄仲将要到成周聘问，于是就利用这个机会到晋国作初次聘问。

鲁文公元年春季，周天子派遣内史叔服前来鲁国参加僖公的葬礼。

夏季四月二十六日，安葬了鲁僖公。

周天子派遣毛伯卫前来赐给文公策命的荣宠。叔孙得臣到成周拜谢。

五年春季，周天子派遣荣叔前来致送含玉和丧仪，并派召昭公前来参加葬礼，这是合于礼法的。

八年秋季，周襄王去世。冬季，穆伯去成周吊丧。

九年春季，毛伯卫前来鲁国求取金货，这是不合于礼法的。《春秋》没有记载说这是天子的命令，是由于周襄王还没有安葬。

二月，庄叔去成周参加周襄王的葬礼。

十年秋季七月，文公和周王室卿士苏子在女栗结盟，这是由于周顷王即位的缘故。

鲁宣公九年春季，周天子的使者前来要求鲁国派使者去成周聘问。夏季，孟献子去成周聘问。周天子认为孟献子很守礼仪，便赠给他丰厚的财货。

十年秋季，刘康公前来鲁国回聘。

〔补逸〕《国语》：周定王八年，派遣刘康公到鲁国去聘问，向大夫致送财币。刘康公看到季文子和孟献子都很节俭，叔孙宣子和东门子家都很奢侈。回到成周后，周定王问刘康公鲁国的大夫哪一个贤能。刘康公回答说："季文子和孟献子将会长期居住在鲁国！叔孙宣子和东门子家将要亡命啊！如果家族不灭亡，他们自己也不会幸免于难。"定王说：

“何故?”对曰:“臣闻之:为臣必臣,为君必君。宽、肃、宣、惠,君也;敬、恪、恭、俭,臣也。宽所以保本也,肃所以济时也,宣所以教施也,惠所以和民也。本有保则必固,时动而济则无败功,教施而宣则遍,惠以和民则阜。若本固而功成,施遍而民阜,乃可以长保民矣,其何事不彻?敬所以承命也,恪所以守业也,恭所以给事也,俭所以足用也。以敬承命则不违,以恪守业则不懈,以恭给事则宽于死,以俭足用则远于忧。若承命不违,守业不懈,宽于死而远于忧,则可以上下无隙矣,其何任不堪?上任事而彻,下能堪其任,所以为令闻长世也。今夫二子者俭,其能足用矣。用足,则族可以庇。二子者侈,侈则不恤匮;匮而不恤,忧必及之。若是则必广其身。且夫人臣而侈,国家弗堪,亡之道也。”

王曰:“几何?”对曰:“东门之位不若叔孙,而泰侈焉,不可以事二君。叔孙之位不若季、孟,而亦泰侈焉,不可以事三君。若皆早世,犹可;若登年以载其毒,必亡。”十六年,鲁宣公卒,赴者未及,东门氏来告乱,子家奔齐。简王十一年,鲁叔孙宣伯亦奔齐。

成公五年十一月己酉,定王崩。

“为什么呢?”刘康公回答说:“臣下我听说过:作臣子的必然要有作臣子的样子,作君主的必然要有作君主的样子。宽宏、整肃、周遍、慈爱,指的是君主;恭敬、谨慎、谦逊、节俭,指的是臣子。宽宏可以保护根本,整肃可以成就时令,周遍可以施行教化,慈爱可以协和万民。根本可以保住就必然会巩固,顺时行动而有所成就就会没有败绩,施行教化普遍就会人人受惠,用慈爱来协调万民则百姓财物就会丰厚。如果根本得到巩固而且有所成就,施教普遍万民而且财物丰厚,于是就可以长期保民了,还有什么事做不到呢?恭敬可以承受命令,谨慎可以守住家业,谦逊可以处事,节俭可以足用。恭敬地承受命令就不会违背常规,谨慎地守住家业就不会懈怠,恭谨地处事就会远离死亡,节俭足用就可以远离忧患。如果接受命令而没有违背常规,守住家业而不懈怠,远离死亡和忧患,君臣上下就会没有矛盾,那么还有什么事承受不起呢?君上布置事情能顺利下达,臣下们又能担当重任,这是好名声维持长久的原因。如今季文子和孟献子节俭,他们就能财用充足了;能够财用充足,宗族就可以得到保护。叔孙宣子和东门子家奢侈,奢侈就不会忧虑财用匮乏;财用匮乏而不忧虑,必然会有忧患。如果这样祸难又会推广到自身以外。而且作臣下的如果奢侈,国家就会不堪忍受,这是走向灭亡之道。”

定王说:“还有多少年?”刘康公回答说:“东门子家的职位不如叔孙宣子高,而他却太奢侈,他不可能事奉两代君主。叔孙宣子的职位不如季文子和孟献子的高,而且也太奢侈,他不可能事奉三代君主。如果他们及早死亡的话,他的家族还可以保全;如果经历多年,他们的毒害加深,那么他们的家族也必定灭亡。”十六年,鲁宣公去世,来报丧的人还没到,东门氏就来报告遭受驱逐的动乱了,东门子家逃到齐国。周简王十一年,鲁国的叔孙宣伯也逃到齐国。
鲁成公五年十一月己酉这一天,周定王去世。

八年秋七月，召桓公来赐公命。

襄公二十八年冬十一月癸巳，天王崩。未来赴，亦未书，礼也。十二月，王人来告丧。问崩日，以甲寅告，故书之，以徵过也。

〔补逸〕定公十四年，天王使石尚来归脤。有经无传。

《穀梁传》：脤者何也？俎实也，祭肉也。生曰脤，熟曰膰。其辞“石尚”，士也。何以知其士也？天子之大夫不名。石尚欲书《春秋》，谏曰：“久矣，周之不行礼于鲁也！请行脤。”贵复正也。

哀公十九年冬，叔青如京师，敬王崩故也。

臣士奇曰：昔周公夹辅两朝，有大勋劳于王室。伯禽封鲁，土田附庸，倍敦诸姬，号称望国。王后王女之归，皆得主之。是周之最亲莫如鲁，而鲁所宜翼戴者莫如周也。十二公，历年二百四十，而王朝交鲁，书来聘者七，锡命者三，归脤者一，赗丧者四，金车赴告之役不与焉，亦綦勤矣。乃述职之纪，终春秋世，仅僖再朝王所，成一如京师，又因伐秦而往，非真有就日之诚

八年秋季七月，召周王卿士桓公前来把命服赐给鲁成公。

鲁襄公二十八年冬十一月二十五日，周天子去世。王室没有发来讣告，《春秋》也没有记载，这是合于礼法的。十二月，周朝的使者前来报告丧事。鲁国问他周天子死去的日期，使者用十二月十六日作为回答，所以《春秋》记载他，用以惩戒他误报日期的过错。

〔补逸〕鲁定公十四年，周天子派石尚前来赠送“脤”。有经无传。

《穀梁传》：“脤”是什么呢？是案板上的物品，是祭祀用的肉。祭祀用的肉，生的叫作脤，熟的叫作膰。这里记载的“石尚”，是天子的士。怎么知道他是天子的士呢？天子的大夫是不记载名的。石尚想在《春秋》上留下自己的名字，就向周天子规劝说：“成周不向鲁国施行礼节已很久了，请赏赐鲁国祭祀用的肉。”这里的记载是赞赏石尚恢复了正道。

鲁哀公十九年冬季，叔青到京师成周去，这是周敬王去世的缘故。

臣下我高士奇评论说：当初周公辅佐周王室武王、成王两朝，对于周王室有很大的功劳。周公的儿子伯禽被分封在鲁国，该国土地和依附的小国，都超过其他姬姓诸侯的许多倍，号称有声望的国家。周天子娶妻和王室女子出嫁，都由鲁国主持。因此周王朝最亲的莫过于鲁国了，而鲁国所应当拥戴的也莫过于周王朝了。鲁国十二位国君，历时二百四十年，而周王朝和鲁国的交往，《春秋》记载周王朝前来鲁国聘问的有七次，周天子赐给鲁国命服三次，赠送祭祀用的肉一次，赠送丧葬祭品四次，用铜作装饰的金车报告崩薨、祸福等事情不记载的，也极其众多了。而鲁国向周天子陈述职守的记载，终春秋一世，只有鲁僖公去过周王室两次，成公去过一次京师，另外因为征伐秦国而前去，并不是真有接近太阳一样的真诚

者。其执礼殷勤，曾不及事齐、晋之万一，何其慢也！

夫时至战国，权诈相高，君臣名分之际，等弁髦矣。乃齐威一朝周，而天下翕然贤之，几于复伯，况春秋时共主悉臣之义犹在人心也？使鲁能总帅诸姬，勤修聘觐之礼，天下其孰敢不谨臣节，而王室不重于九鼎哉？《春秋》纪王礼之隆，所以深著鲁侯之慢也。

虽然，鲁固有罪，而王亦未为得也。夫刑赏者，王者驭天下之大柄。赏僭而人不服，犹刑滥而人不惧也。周自平王之东，予夺废置，天下所共听睹，而所首加恩者，乃一文手之仲子与弑逆之桓公。至不朝者，贬爵削地之罚不加，而生则崇其号，没犹显其称。其他辱临鲁庭者，非私交之朋比，则取求之无厌也。来而不往，安知鲁之不有以窥其间，而愈以长骄益惰哉？

使当时能正仲子之名，问穷氏之故，则三纲九法，名义昭然。鲁且震惧之不暇，不待征聘，而春秋冠带相望于周京矣。故曰鲁固有罪，而周亦未为得也。载考十二公，自隐及僖，周、鲁之往来犹数；文、宣以后，乃益寥寥。盖其时三家渐强，专制鲁国，彼不知有公，安知有王？修聘于王室者愈罕，而王礼亦因之以倦焉，上下之交于是息矣。

了。他们执礼的殷勤，还不及事奉齐国、晋国的万分之一，是何等的怠慢啊！

等到了战国时期，崇尚权诈，君臣之间的名分，已经弃置不用。于是齐威王朝觐一次周王朝，天下人就一致认为他贤良，几乎再次称霸，何况春秋时期天下共主、君臣之分的大义还在人们心中呢？假如鲁国能统率诸多的姬姓诸侯，勤修朝觐的礼节，天下有谁敢不谨守臣道，那么王室难道不比九鼎还重要吗？《春秋》记载王室的礼节十分多，因此大写鲁侯的怠慢。

即使是这样，鲁国固然有罪，而周王也没有做对。刑罚和赏赐，是君王驭御天下的权柄。赏赐过分就不会令人信服，就像滥施刑罚人们不惧怕一样。周朝自从平王东迁以来，其予夺任免，是天下人所共同耳闻目睹的，而周天子首先加恩的，却是生下来时手掌上有一形似“鲁”字花纹的仲子和弑逆的桓公。至于不朝觐的诸侯，不对他们施加贬低爵位和剥夺封地的惩罚，反而在他们活着的时候尊崇他们的封号，死了以后还要显扬他们的声名。其他去到鲁国朝庭的，不是私交的朋党，就是求取没有穷尽的人。来而不往，怎么能知道鲁国不是因此而在其中窥测，从而愈加助长骄傲和惰性呢？

假如当时能够端正仲子的名分，询问穷氏其中的缘故，那么三纲九常、君臣大义就会昭然若揭。鲁国害怕尚且来不及，不用等待征聘，使节便会四时络绎不绝于周王朝的京师了。因此说鲁国固然有罪，然而周王也没有做对。考察鲁国的十二公，从隐公到僖公，周、鲁之间的往来还很多；文公、宣公以后，就越发寥寥无几了。大概是因为当时鲁国三桓逐渐强盛，在鲁国独断专行，他们不知道有鲁公存在，怎么能知道有周王存在呢？诸侯和王室修好聘问的礼仪越来越少，王礼也因此而倦怠了，上下之间的交往就这样停止了。

卷二　桓王伐郑

隐公三年，郑武公、庄公为平王卿士，王贰于虢。郑伯怨王，王曰“无之”，故周郑交质，王子狐为质于郑，郑公子忽为质于周。王崩，周人将畀虢公政。四月，郑祭足帅师取温之麦；秋，又取成周之禾。周郑交恶。君子曰：“信不由中，质无益也。明恕而行，要之以礼，虽无有质，谁能间之？苟有明信，涧、溪、沼、沚之毛，蘋、蘩、蕰藻之菜，筐、筥、锜、釜之器，潢、汙、行潦之水，可荐于鬼神，可羞于王公；而况君子结二国之信，行之以礼，又焉用质？《风》有《采蘩》《采蘋》，《雅》有《行苇》《泂酌》，昭忠信也。”

六年，郑伯如周，始朝桓王也。王不礼焉。周桓公言于王曰：“我周之东迁，晋、郑焉依。善郑以劝来者，犹惧不蔇，况不礼焉？郑不来矣。”

八年夏，虢公忌父始作卿士于周。

八月丙戌，郑伯以齐人朝王，礼也。

卷二　桓王伐郑

鲁隐公三年，郑武公、庄公曾先后担任周平王的卿士，平王又同时信任虢公（即虢公忌父）。郑庄公怨恨平王，平王说："没有这回事。"所以周王室和郑国交换了人质，王子狐在郑国作为人质，郑国的公子忽在成周作为人质。平王去世后，周桓王准备把政事交给虢公。四月，郑国的祭足领兵割取了温地的麦子；秋季，又割取了成周的谷子。周朝和郑国结下了仇恨。君子对此评论说："诚信不发自衷心，即使有人质也没有用处。诚心敬意互相谅解而后行事，又用礼仪加以约束，即使没有人质，又有谁能离间他们？假如有诚心敬意，即使是山沟、池沼里生长的植物，浮蘋、白蒿、蕰藻这一类的野菜，一般的竹制盛物器皿和金属烹饪器具，聚积不流之水以及道路上的积水，都可以献给鬼神，进给天子与诸侯。何况君子建立了两国的信任，按照礼仪行事，又哪里用得着人质？《国风》有《采蘩》《采蘋》，《大雅》有《行苇》《泂酌》这些诗篇，就是为了表明忠信。"

六年，郑庄公去成周，开始朝觐周桓王。周桓王对他不加礼遇。周桓公对桓王说："我们周王室向东迁都，依靠的就是晋国、郑国。友好对待郑国来鼓励后来的人，还害怕人家不来，何况不加礼遇呢？郑国不会来了。"

八年夏季，虢公忌父开始在成周做卿士。

八月丙戌这天，郑庄公带着齐人朝觐周桓王，这是合于礼法的。

十一年，王取邬、刘、蒍、邘之田于郑，而与郑人苏忿生之田温、原、絺、樊、隰郕、攒茅、向、盟、州、陉、隤、怀。君子是以知桓王之失郑也。恕而行之，德之则也，礼之经也。己弗能有，而以与人。人之不至，不亦宜乎？

桓公五年，王夺郑伯政，郑伯不朝。秋，王以诸侯伐郑，郑伯御之。王为中军；虢公林父将右军，蔡人卫人属焉；周公黑肩将左军，陈人属焉。

郑子元请为左拒，以当蔡人、卫人；为右拒，以当陈人，曰："陈乱，民莫有斗心。若先犯之，必奔。王卒顾之，必乱。蔡、卫不枝，固将先奔。既而萃于王卒，可以集事。"从之。曼伯为右拒，祭仲足为左拒，原繁、高渠弥以中军奉公，为鱼丽之陈。先偏后伍，伍承弥缝。

战于繻葛。命二拒曰："旝动而鼓！"蔡、卫、陈皆奔，王卒乱郑师合以攻之，王卒大败。祝聃射王中肩，王亦能军。祝聃请从之。公曰："君子不欲多上人，况敢陵天子乎！苟自救也，社稷无陨，多矣。"

夜，郑伯使祭足劳王，且问左右。

七年夏，盟、向求成于郑，既而背之。秋，郑人、齐人、卫人伐盟、向，王迁盟、向之民于郑。

十一年，周桓王从郑国取得邬、刘、蒍、邘的田地，而给了郑国人原来属于苏忿生的田地温、原、絺、樊、隰郕、攒茅、向、盟、州、陉、隤、怀。君子因此而知道桓王会失去郑国了。按照恕道办事，是德的准则，礼的常规。自己不能保有，就把它给别人。郑人不肯来朝觐，不也是应该的吗？

鲁桓公五年，周桓王剥夺了郑庄公的职务，郑庄公就不再来朝觐周天子。这年秋季，周桓王带领诸侯讨伐郑国，郑庄公出兵抵御。周桓王率领中军；虢公林父率领右军，蔡国、卫国的军队隶属于右军；周公黑肩率领左军，陈国军队隶属于左军。

郑国的子元请求在左翼布设方形军阵，来抵挡蔡国、卫国的军队；在右翼布设方形军阵，来抵挡陈国的军队，他说："陈国目前正处于动乱中，百姓没有战斗意志。如果先攻击他们，他们一定奔逃。天子的军队要去照顾他们，必定发生混乱。蔡国、卫国的军队支持不住，一定争先奔逃。这之后再集中军力于天子的中军，就可以成功。"郑庄公听从了。曼伯担任右翼方阵的主将，祭仲足担任左翼方阵的主将，原繁、高渠弥带领中军拱卫郑庄公，摆开了名为"鱼丽"的阵势。二十乘战车居前，步卒五人随后，以步卒来弥补兵车的空隙。

战斗在繻葛展开。郑庄公对左右两方阵下令说："看到令旗招展，就击鼓进军。"结果蔡、卫、陈军一起奔逃，周桓王的军队因此变得混乱。郑国的军队从两边合拢而进攻，周桓王的军队大败。祝聃射中周桓王肩膀，但周桓王还可以指挥军队。祝聃请求前去追赶。郑庄公说："君子不愿意凌驾于他人之上，怎么敢于欺凌天子呢？如果能挽救自己，使国家免于危亡，这就足够了。"

夜间，郑庄公派遣祭足（即祭仲足）去慰问周桓王，同时问候他的左右随从。

七年夏季，盟邑、向邑向郑国求和，但不久又背叛了郑国。秋季，郑军、齐军、卫军攻打盟邑、向邑，周桓王把盟邑、向邑的百姓迁到了王城。

臣士奇曰：郑桓公死骊山之乱，其子武公及武公之子庄公相继为王朝卿士，国于虢、郐之间，无远天室。周之东迁，固尝依之。其地亲而功大，诚难遽泯。平王昵于虢公，欲授之政。周人不能裁以大义，卒践其言。此交恶之所由始也。夫臣子之于君父，信而见疑，忠而被疏，则益负罪引慝，积其忠诚，以冀一旦之悔悟而已。乃上下相要，爱子出质，君臣之分等于敌国。《左氏》直称“周郑”，盖深疾郑伯之不臣也。

及虢公柄用，祭仲悍然，称麦禾之戈，目中尚有天子耶？春秋世，诸侯放恣而用兵王室者，自郑庄始。灭理、犯分，甘举父、祖之勤劳而尽弃之，悖已甚矣。桓王继立，衔麦禾之怨，来朝不答，固失不念旧恶之义，与善郑以劝来者之权。取邬、刘、蒍、邘之田，而偿以所必不得。桓王所以处郑者，诚不能无过。乃郑遂鞅鞅废述职之礼，曾不思要言、质子，取麦、取禾，敢施之天子，不顾其难堪。王礼少不惬意，而以无礼报之，臣谊之谓何？

至天子总帅六师，问罪境上，不归死司寇，顿首伏辜；遽兴师而与之抗，逞子元之狡谋，纵祝聃之狂矢。

臣下我高士奇评论说：郑桓公死于骊山之乱，他的儿子郑武公以及武公的儿子庄公相继担任周王朝卿士，在虢国、郐国之间建立国家，离周王室不远。周平王向东迁都，确实曾经依靠他们。郑国与周王朝相邻而且功劳显赫，确实很难一时消灭它。周平王亲近虢公，想要把执政权力交给他。周桓王不能以大义作为裁决事情的标准，最终履行了把执政权力交给虢公的诺言。这是周人和郑人结下仇恨的起因。臣下对于君主，讲究信用却被怀疑，忠于君主却被疏远，就会越发背上罪名承认罪过，积累自己的忠诚，希望有朝一日君主能够悔悟。然而君主和臣下却相互要挟，自己心爱的儿子出国充当人质，君臣之间变成了敌对的国家。因此《左氏春秋》（即《左传》）直接称呼“周郑”，大概是深深厌恶郑庄公不守臣节吧。

等到虢公掌握政权，祭足蛮横无理，挑起了争夺麦子和谷子的战争，他的眼里还有天子吗？春秋时代，诸侯恣意对王室用兵，就是从郑庄公开始的。泯灭天理、僭越名分，甘愿把父辈、祖辈的功劳全部废弃，已是十分荒谬了。周桓王继位，心怀郑国争夺麦子和谷子的怨恨，对郑国前来朝觐不以礼报答，显然是失去了不念旧恶的道义和友好对待郑国来鼓励后来之人的权谋。周桓王夺取郑国邬、刘、蒍、邘的田地，却用郑国必定得不到的田地作为补偿。桓王这样对待郑国，确实不能没有过错。于是郑国就不满意从而废弃了陈述职守的礼节，竟然不考虑当初订立的盟约和作为人质的儿子，抢夺周王室的麦子和谷子，敢对周桓王用兵，而不顾虑他的难堪。周桓王的礼仪稍微不称心如意，郑庄公就用不守礼节来回报，还说什么臣下的道义？

到了周桓王统率六师，在郑国的边境上向他问罪时，郑庄公不但不向司寇请求一死，磕头认罪，反而马上出兵与周桓王抗衡，施展子元的狡诈计谋，并且放纵祝聃乱向周桓王射箭。

向使王不能军，此际宁有天日耶？至请从而不许，托不敢陵天子之名，夜使祭足劳王，且问左右，饰殷勤曲谨之节，而其玩弄王室如股掌，情罪益彰矣。当日者，以天子之兵，加以四国云附之旅，岂不能覆一郑？乃徒败军奔，王威几顿。盖虢为王所昵，其奔也，力不赡也，非有贰心于郑也。若陈、蔡、卫，则实无斗志，望旗而靡，疑有同类之惧焉。唐世诸藩镇合兵讨贼，往往徘徊观望，不欲尽力，意亦如此。故繻葛之败，蔡、卫、陈亦不为无罪也。胡文定嘉其从王，未之察耳。

假如当时周王不能指挥军队，这时哪有天理可言？等到祝聃请求追击而没被允许，郑庄公就假托以不敢欺凌天子的名义，夜里派祭足去慰问周桓王，而且慰问周桓王的左右随从，假装出殷勤备至的礼节。然而他玩弄周王室如同在大腿与手掌间一般，罪行就愈发显著了。当时，凭借周桓王的军队，加上四方诸侯国云集随同的军队，难道不能灭掉一个郑国？结果却是兵卒战败军队奔逃，周桓王的威严几乎丧失。大概虢公被周桓王所亲近，他逃奔，是因为力量不够，而不是对郑国怀有二心。至于陈、蔡、卫三国，实在是军士没有斗志，看到郑国的大旗就后退，估计是见到他们一类人就害怕的缘故吧。唐代各藩镇合兵讨伐叛贼，常常是犹豫不定观望不前，不想尽自己的力量，想法也是这样。因此𦈡葛的失败，蔡、卫、陈三国也不能说没有罪责。胡文定公（胡安国）称赞他们跟随周桓王伐郑，是没有仔细考察这件事罢了。

卷三　王臣之事

王朝交列国　定灵婚齐附　诸侯朝王并附

隐公七年。初，戎朝于周，发币于公卿，凡伯弗宾。冬，王使凡伯来聘。还，戎伐之于楚丘以归。

庄公二十九年，樊皮叛王。

三十年春，王命虢公讨樊皮。夏四月丙辰，虢公入樊，执樊仲皮，归于京师。

僖公十年春，狄灭温，苏子无信也。苏子叛王即狄，又不能于狄，狄人伐之，王不救，故灭。苏子奔卫。

文公三年夏四月乙亥，王叔文公卒。来赴，吊如同盟，礼也。

〔辨误〕《穀梁传》曰“叔服也”。按：王子虎与叔服自是二人，《穀梁》误。

十四年春，顷王崩。周公阅与王孙苏争政，故不赴。凡崩、薨，不赴，则不书。祸福不告，亦不书。惩不敬也。周公将与王孙苏讼于晋，王叛王孙苏，而使尹氏与聃启

卷三　王臣之事

王朝交列国　定灵婚齐附　诸侯朝王并附

鲁隐公七年。起初，戎人到成周朝见周桓王，向公卿致送财币，凡伯没有以贵宾之礼款待他们。冬季，周桓王派凡伯来鲁国聘问。在回去的路上，戎人在楚丘对他加以截击，并逮了他回去。

鲁庄公二十九年，樊皮背叛了周惠王。

三十年春季，周惠王命令虢公征讨樊皮。夏季四月十四日，虢公进入樊国，抓住了樊仲皮（即樊皮），把他带到京城。

鲁僖公十年春季，狄人灭亡了温国，这是由于苏子没有信义。苏子背叛周惠王而投奔狄人，又和狄人处不来，狄人攻打他，周惠王不去援救，所以温国灭亡了。苏子逃亡到卫国。

鲁文公三年，夏季四月二十四日，王叔文公去世。王室发来讣告，鲁国派人以同盟诸侯的礼节吊唁，这是合于礼法的。

〔辨误〕《穀梁传》说“是叔服”。按：王子虎（即王叔文公）和叔服是两个人，《穀梁传》是错误的。

十四年春季，周顷王去世。周公阅和王孙苏争夺执政权，所以没有前来告丧。凡是天子崩、诸侯薨，如果没有前来告丧，《春秋》就不记载。凡是遇到灾祸或喜庆之事，如果没有前来报告，也不记载。这是为了惩戒不恭敬。周公阅打算和王孙苏在晋国评判是非，周匡王违背了帮助王孙苏的诺言，而让尹氏和聃启

讼周公于晋。赵宣子平王室而复之。

十七年秋,周甘歜败戎于邥垂,乘其饮酒也。

宣公六年夏,定王使子服求后于齐。冬,召桓公逆王后于齐。

十五年,王孙苏与召氏、毛氏争政,使王子捷杀召戴公及毛伯卫,卒立召襄。

十六年夏,成周宣榭火,人火之也。凡火,人火曰火,天火曰灾。

为毛、召之难故,王室复乱,王孙苏奔晋,晋人复之。

冬,晋侯使士会平王室,定王享之。原襄公相礼,殽烝,武子私问其故。王闻之,召武子曰:“季氏!而弗闻乎!王享有体荐,宴有折俎。公当享,卿当宴,王室之礼也。”武子归而讲求典礼,以修晋国之法。

〔补逸〕《国语》:晋侯使随会聘于周,定王享之,殽烝。原公相礼。范子私于原公曰:“吾闻王室之礼无毁折,今此何礼也?”王见其语也,召原公而问之。原公以告。王召士季曰:“子弗闻乎!郊禘之事,则有全烝;王公立饫,则有房烝;亲戚宴飨,则有殽烝。今女,非它也,而叔父使士季实来,修旧德以奖王室。唯是先王之宴礼,欲以贻女,余一人敢设饫禘焉。忠非亲礼,而干旧职,以乱前好。且唯夫戎翟,则有体荐。

在晋国为周公阅辩护。赵宣子调和了王室成员之间的纠纷并使他们恢复了原来的职位。

十七年秋，周朝的甘歜在邥垂打败了戎人，是乘他们喝酒没有防备而获胜的。

鲁宣公六年夏季，周定王派遣子服到齐国请求娶齐女为王后。冬季，周定王的卿士召桓公到齐国迎娶王后。

十五年，王孙苏和召戴公、毛伯卫争夺执政权，让王子捷杀了召戴公和毛伯卫，最终立了召戴公的儿子召襄为执政卿士。

十六年夏季，成周的宣榭着火，这是人把火点着的。凡是着火，人为的火叫火，天降的火叫灾。

由于毛伯卫、召戴公祸难的缘故，周王室又发生了动乱，王孙苏逃亡到晋国，晋国人让他重新恢复了职位。

冬季，晋景公派遣士会调和王室的纠纷，周定王设享礼招待他。原襄公担任赞礼，将折断的带骨熟肉放在盛肉的礼器里，士会私下询问这是什么缘故。周定王听到，召见士会说："季氏！你没有听说过吗？天子设享礼有体荐，设宴礼有折俎。对诸侯应当设享礼招待，对卿应当设宴礼招待，这是王室的礼仪。"士会回国以后就修习研究制度礼仪，来修明晋国的法度。

〔补逸〕《国语》：晋景公派遣士会来周聘问，周定王用折断的带骨熟肉来招待他。原襄公担任赞礼。范子（即士会）私下对原襄公说："我听说周王室的礼节没有将牲体肢解折断放在礼器中的，现在这是一种什么礼节？"周定王听说了他的话，召见原襄公来问他。原襄公把士会的话告诉了定王。定王召见士会说："你没听说过吗！郊禘等祭祀，应当有全体的牺牲作为祭品；天子诸侯饫礼要站着完成，要有半体的牺牲；亲戚的宴享，要有解体的牺牲。如今你来了，没有别的，是叔父派你士季来修好往日的恩德，辅佐王室的。我这是用先王传下的宴享之礼，想用来招待你，我怎么敢摆放半体、整体的牺牲呢？这些虽是厚礼却不是亲近之礼，我怎敢破坏故例，扰乱先王之好呢？况且只有戎狄之人才用半体的牲体作为贡献。

“夫戎翟，冒没轻儳，贪而不让；其血气不治，若禽兽焉。其适来班贡，不俟馨香嘉味，故坐诸门外，而使舌人体委与之。女，今我王室之一二兄弟，以时相见，将和协典礼，以示民训，则无亦择其柔嘉，选其馨香，洁其酒醴，品其百笾，修其簠簋，奉其牺象，出其尊彝，陈其鼎豆，静其巾幂，敬其祓除，体解节折，而共饮食之。于是乎有折俎加豆，酬币宴货，以示容合好，胡有孑然其效戎翟也？

“夫王公、诸侯之有饫也，将以讲事成章，建大德，昭大物也。故立成礼烝而已。饫以显物，宴以食好。岁饫不倦，时宴不淫，月会旬修、日完不忘。服物昭庸，采饰显明，文章比象，周旋序顺。容貌有崇，威仪有则。五味实气，五色精心，五声昭德，五义纪宜。饮食可享，和同可观，财用可嘉。则顺而建德。古之善礼者，将焉用全烝？”武子遂不敢对而退。归乃讲聚三代之典礼，于是乎修执秩以为晋法。

成公元年春，晋侯使瑕嘉平戎于王。单襄公如晋拜成。刘康公徼戎，将遂伐之。叔服曰：“背盟而欺大国，此必败。背盟不祥，欺大国不义，神人弗助，将何以胜？”不听。

“那些戎狄之人，举止轻率没有长幼尊卑之分，贪婪而且不懂谦让；他们的血气没有得到陶冶，和禽兽差不多。他们往来依次进贡，等不到牲体烤出馨香的美味，就坐在门外，而让翻译人员将牲体交给他们。你们晋国是我王室数一数二的兄弟，我们按时相见，将同心协力举行常礼，来给民众做出典范，不是也要选择脆美的牲肉，挑选馨香的食品，洁净甘甜的美酒，排列盛枣栗的竹器，准备好盛有黍稷的簠簋，捧出牺尊、象尊，搬出樽器、彝器，摆好鼎和俎，洗净覆盖樽彝的毛巾，恭敬地进行祓除，分解牲体折断骨节然后同吃同饮。于是将折断的带骨熟肉放在米豆上，举行酬宾之礼，来展示礼仪与和睦友好；哪里有像对待戎狄之人那样拿出完整的牲体呢？

“王公诸侯举行饫礼，是用来议军旅、定章程，立大功、明大礼。因此站立行礼并将牲体放在盛肉礼器里进献。举行饫礼，是为了显示东西准备全了，举行宴享是表示友好。因此每年举行一次饫礼也不至于厌倦；一个季度举行一次宴礼也不至于过分。每月统计、每十天清理、每天计算应做的事情，不会忘记其礼。冕服、旗章用来昭示功劳，五彩的修饰用来显明德行，绘绣的花纹象征山、龙、华虫，行为举止符合等级秩序。容貌有修饰，威仪有准则。五味充实精气，五色表明心迹，五声昭明德行，五义恰到好处。酒肉可以享用，和睦同心可以观瞻，赠礼堪称嘉美，法度顺礼而德行树立。古代善于讲礼的，哪有用整体的牺牲的？”武子于是不敢回答而退了下去。回国以后就讲习搜集夏、商、周三代的制度礼仪，于是设执秩之官来作为晋国的常法。

鲁成公元年春季，晋景公派遣瑕嘉调解周天子和戎人的冲突。周王室大臣单襄公到晋国拜谢调解的成功。刘康公拦截戎人，打算乘机进攻他们。周大夫叔服说：“背弃盟约而又欺骗大国，这么做一定会失败。背弃盟约就是不吉，欺骗大国就是不义，如此神灵百姓都不会帮助，将用什么去取胜？”刘康公没有听从。

遂伐茅戎。三月癸未，败绩于徐吾氏。秋，王人来告败。

十一年，周公楚恶惠、襄之逼也，且与伯舆争政，不胜，怒而出。及阳樊，王使刘子复之，盟于鄄而入。三日复出，奔晋。

十二年春，王使以周公之难来告。书曰"周公出奔晋"。凡自周无出，周公自出故也。

十三年春三月，公如京师。宣伯欲赐，请先使，王以行人之礼礼焉。孟献子从，王以为介而重贿之。公及诸侯朝王，遂从刘康公、成肃公会晋侯伐秦。成子受脤于社，不敬。刘子曰："吾闻之，民受天地之中以生，所谓命也。是以有动作礼义威仪之则，以定命也。能者养之以福，不能者败以取祸。是故君子勤礼，小人尽力。勤礼莫如致敬，尽力莫如敦笃。敬在养神，笃在守业。国之大事，在祀与戎。祀有执膰，戎有受脤，神之大节也。今成子惰，弃其命矣，其不反乎！"夏，成肃公卒于瑕。

襄公五年，王使王叔陈生愬戎于晋，晋人执之。士鲂如京师，言王叔之贰于戎也。

十年，王叔陈生与伯舆争政，王右伯舆，王叔陈生怒而出奔。及河，王复之，杀史狡以说焉。不入，遂处之。晋侯使士匄平王室，王叔与伯舆讼焉。王叔之宰与伯舆之大夫

于是就攻打茅戎。三月十九日，周军在徐吾氏被打得大败。秋季，周简王手下的人前来报告被茅戎打败的消息。

十一年，周公楚讨厌惠王、襄王族人的逼迫，同时又和伯舆争夺政权，由于没有得胜，就发怒而离去。到达阳樊，周简王派刘子让他回来。在鄍地和刘子结盟后，周公楚进入国内。三天后周公楚再次离去，逃亡到晋国。

十二年春季，周简王的使者前来报告周公（即周公楚）的祸难。《春秋》记载说“周公出奔晋”。凡是从周朝外逃的不能叫“出”，周公自绝于周，所以才用“出”字。

十三年春季三月，鲁成公到京师去。宣伯想要得到赏赐，请求先行出使，周简王用对待行人的礼仪来接待他。等到孟献子跟从成公到达京师，周简王把他作为成公的副手而赠给他丰厚的财物。成公和诸侯朝觐周简王后，就跟从刘康公、成肃公会合晋景公去攻打秦国。成子（即成肃公）在社神庙接受祭肉的时候，态度不恭敬。刘子（即刘康公）说：“我听说，百姓得到天地的中和之气而降生，就是所谓天命。因此就有动作、礼义、威仪的典则，用来固定天命。有能力的人保持这些以得到福禄，没有能力的人败坏这些以自取灾祸。所以君子勤于礼法，小人竭尽力量。勤于礼法没有比表示恭敬再好的了，竭尽力量没有比敦厚笃实再好的了。恭敬在于供奉神灵，笃实在于安守本分。国家的大事情，在于祭祀和战争。祭祀有执膰之礼，战争有受脤之礼，这是和神交往的大节。现在成子表现出怠惰，这是丢弃了天命了，他恐怕回不来了吧！”夏季，成肃公死在瑕地。

鲁襄公五年，周天子派遣王叔陈生向晋国控告戎人，晋国人把他抓了起来。士鲂到京师去，报告说王叔和戎人互相勾结。

十年，王叔陈生和伯舆争夺执政权，周灵王支持伯舆，王叔陈生于是发怒而离开成周。王叔陈生到达黄河边，周灵王让他回去恢复原职，并杀了史狡以使他高兴。王叔陈生不肯回成周，就在黄河边上住了下来。晋悼公派士匄来调和王室的纠纷，王叔陈生和伯舆提出诉讼。王叔陈生的家宰和伯舆的大夫

瑕禽坐狱于王庭，士匄听之。王叔之宰曰："筚门闺窦之人而皆陵其上，其难为上矣。"瑕禽曰："昔平王东迁，吾七姓从王，牲用备具，王赖之，而赐之骍旄之盟，曰：'世世无失职！'若筚门闺窦，其能来东底乎？且王何赖焉？今自王叔之相也，政以贿成，而刑放于宠。官之师旅不胜其富，吾能无筚门闺窦乎？唯大国图之。下而无直，则何谓正矣？"范宣子曰："天子所右，寡君亦右之；所左，亦左之。"使王叔氏与伯舆合要，王叔氏不能举其契。王叔奔晋。不书，不告也。单靖公为卿士，以相王室。

十二年，灵王求后于齐，齐侯问对于晏桓子。桓子对曰："先王之礼辞有之：天子求后于诸侯，诸侯对曰：'夫妇所生若而人，妾妇之子若而人。无女而有姊妹及姑姊妹，则曰先守某公之遗女若而人。'"齐侯许昏，王使阴里结之。

十四年，王使刘定公赐齐侯命，曰："昔伯舅大公右我先王，股肱周室，师保万民，世胙大师，以表东海。王室之不坏，繄伯舅是赖。今余命女环兹率舅氏之典，纂乃祖考，无忝乃旧。敬之哉！无废朕命！"

十五年，官师从单靖公逆王后于齐。卿不行，非礼也。

三十年。初，王儋季卒，其子括将见王而叹。单公子愆期为灵王御士，过诸廷，闻其叹而言曰："乌乎！必有此

瑕禽在周天子的朝廷上争论曲直，士匄听取他们的争论。王叔的家宰说："柴门小户的人都要凌驾于他上面的人，上面的人就很难办了。"瑕禽说："从前平王东迁，我们七姓人家跟随天子，牺牲全都具备，天子信赖他们，而赐给他们用赤牛祭神的盟约，说：'世世代代不要失职。'如果是蓬门小户，他们能够来到东方而居住下来吗？而且天子又怎么信赖他们呢？现在自从王叔辅助天子以后，政事要用贿赂来办成，而由宠臣来实施刑罚。众官员无比富裕，这样我们能够不是蓬门小户吗？请大国考虑一下。下面的人有理不能申诉辩白，那么什么叫公正呢？"范宣子（即士匄）说："天子所支持的，我们国君也支持他；天子不支持的，我们国君也不支持他。"于是就让王叔和伯舆对证讼辞，王叔拿不出他的证词来。王叔逃亡到晋国。《春秋》没有记载此事，是由于没有告诉我国。单靖公做了卿士，由他辅助王室。

十二年，周灵王向齐国求娶王后，齐灵公向晏桓子询问答辞。晏桓子回答说："先王的礼仪辞令中有这样的话：天子向诸侯求娶王后，诸侯回答说：'有夫人所生的女儿多少人，妾妇所生的女儿多少人。'没有女儿而有姐妹和姑母的，就说：'先君某公的遗女多少人。'"齐灵公答应了婚事，周灵王就派遣大夫阴里去作了口头约定。

十四年，周定王派刘定公赐给齐灵公命服，致辞说："从前伯舅太公辅助我先王，是周王室的得力助手，广大百姓的师保。我们将世世代代酬谢太师的功劳，让他在东方滨海地区显扬光大。王室没有衰败，所依靠的就是伯舅。现在我命令你环孜孜不倦地遵循舅氏的常法，继承你的祖先，不要玷辱你的先人。要恭敬啊，不要废弃我的命令！"

十五年，官师刘夏跟随单靖公到齐国迎娶王后。卿没有去，这是不合于礼法的。

三十年。起初，周灵王的弟弟儋季去世，他的儿子儋括要进见灵王时，在朝廷上叹息起来。单国的公子愆期是灵王的侍卫，他经过朝廷，听到儋括的叹气声就说："啊！他一定是想占有这里

夫！”入以告王，且曰：“必杀之！不戚而愿大，视躁而足高，心在他矣。不杀，必害。”王曰：“童子何知！”及灵王崩，儋括欲立王子佞夫，佞夫弗知。戊子，儋括围芳，逐成愆。成愆奔平畤。五月癸巳，尹言多、刘毅、单蔑、甘过、巩成杀佞夫，括、瑕、廖奔晋。书曰“天王杀其弟佞夫”，罪在王也。

昭公七年，单献公弃亲用羁。冬十月辛酉，襄、顷之族杀献公而立成公。

九年，周甘人与晋阎嘉争阎田，晋梁丙、张趯率阴戎伐颍。

王使詹桓伯辞于晋，曰：“我自夏以后稷，魏、骀、芮、岐、毕，吾西土也。及武王克商，蒲姑、商奄，吾东土也；巴、濮、楚、邓，吾南土也；肃慎、燕、亳，吾北土也。吾何迩封之有？文、武、成、康之建母弟，以蕃屏周，亦其废队是为，岂如弁髦，而因以敝之？先王居梼杌于四裔，以御螭魅，故允姓之奸居于瓜州。伯父惠公归自秦，而诱以来，使逼我诸姬，入我郊甸，则戎焉取之。戎有中国，谁之咎也？后稷封殖天下，今戎制之，不亦难乎！伯父图之！我在伯父，犹衣服之有冠冕，木水之有本原，民人之有谋主也。伯父若裂冠、毁冕、拔本、塞原，专弃谋主，虽戎狄，其何有余一人？”

叔向谓宣子曰：“文之伯也，岂能改物？翼戴天子，而加之以共。自文以来，世有衰德，而暴灭宗周，以宣示其侈。诸侯之贰，不亦宜乎！且王辞直，子其图之！”宣子说。

吧！”便进去把情况报告灵王，而且说：“一定要杀了他！他不哀戚而怨望大，目光不定而抬脚高，心在其他地方了。不杀他，必然会造成危害。”灵王说：“小孩子知道什么！”等到灵王死去，儋括想要立王子佞夫，佞夫不知道。四月二十八日，儋括包围蒍地，赶走了成愆。成愆逃亡到平畤。五月初四日，尹言多、刘毅、单蔑、甘过、巩成杀了佞夫，括、瑕、廖逃亡到晋国。《春秋》记载说“天王杀死他的弟弟佞夫”，这是由于罪过在于周灵王。

鲁昭公七年，单献公放弃亲族而任用寄居的客臣。冬季十月二十日，襄公、顷公的族人杀了献公而立了成公。

九年，周朝的甘大夫襄和晋国的大夫阎嘉争夺阎地的田地。晋国的梁丙、张趯率领阴戎进攻属于周王室的颍地。

周天子派詹桓伯到晋国责备说：“我们在夏代由于后稷的功劳，魏国、骀国、芮国、岐国、毕国，成为我们的西部领土。到武王战胜商朝，蒲姑、商奄，成为我们的东部领土；巴国、濮国、楚国、邓国，成为我们的南部领土；肃慎、燕国、亳国，成为我们的北部领土。我们有什么近处的封疆领土？文王、武王、成王、康王建立同母兄弟的国家，用来护卫周王室，也是为了防止周王室的衰亡，难道只是像行冠礼的冠和垂发，事情完了就丢了？先王让梼杌住在四方边远的地方，来抵御山中的精怪，所以允姓中的坏人住在瓜州。伯父惠公从秦国回去就引诱他们前来，让他们逼迫我们姬姓国家，进入我们的郊区，戎人于是占取了这些地方。戎人占有中原，这是谁的罪责？后稷缔造了天下，现在为戎人割据，不也很难吗？伯父考虑一下！我们对于伯父来说，犹如衣服有冠冕，树木流水有本原，百姓有谋主。伯父如果裂冠毁冕，拔本塞源，专断并丢掉谋主，即使是戎狄，他们心里哪会有我这天子？”

叔向对韩宣子说：“文公领袖诸侯，也不能改变旧制。他辅佐拥戴天子，而且十分恭敬。从文公以来，晋国一代代是德行衰败，而且欺罔轻视王室，来表现自己的骄横。诸侯的三心二意，不也是应该的吗？而且天子说得有理，您还是考虑一下！”韩宣子表示赞成。

王有姻丧，使赵成如周吊，且致阎田与襚，反颍俘。王亦使宾滑执甘大夫襄以说于晋，晋人礼而归之。

十一年，单子会韩宣子于戚，视下言徐。叔向曰："单子其将死乎！朝有著定，会有表；衣有襘，带有结。会朝之言，必闻于表著之位，所以昭事序也；视不过结襘之中，所以道容貌也。言以命之，容貌以明之。失则有阙。今单子为王官伯，而命事于会，视不登带，言不过步，貌不道容，而言不昭矣。不道，不共；不昭，不从。无守气矣。"十二月，单成公卒。

十二年，周原伯绞虐，其舆臣使曹逃。冬十月壬申朔，原舆人逐绞而立公子跪寻。绞奔郊。

甘简公无子，立其弟过。过将去成、景之族，成、景之族赂刘献公。丙申，杀甘悼公，而立成公之孙鰌。丁酉，杀献大子之傅庾皮之子过，杀瑕辛于市，及宫嬖绰、王孙没、刘州鸠、阴忌、老阳子。

十八年春王二月乙卯，周毛得杀毛伯过而代之。苌弘曰："毛得必亡。是昆吾稔之日也，侈故之以，而毛得以济侈于王都，不亡何待！"

定公元年，周巩简公弃其子弟而好远人。

二年夏四月辛酉，巩氏之群子弟贼简公。

臣士奇曰：人臣之于国家，无委脱之事，而亦无偏据之权。虚公以奉国，和衷以取济，则庶绩咸熙，而天

周景王有姻亲的丧事，韩宣子派赵成到成周吊唁，而且送去阎地的田地和入殓的衣服，遣返了在颍地抓到的周朝的俘虏。周景王也派宾滑逮了甘地的大夫襄来取悦晋国，晋国人对襄加以礼遇后放了他回去。

十一年，单子（即单成公）在戚地会见韩宣子，目光向下，说话迟缓。叔向说："单成公大约要死了吧！朝见有规定的位置，会见有标志；衣服有交叉，衣带有交结。会见和朝见的言语，一定要使在座者都能听到，用它来表明事情有条不紊；目光不低于衣领交叉之处，用它来端正仪容形貌。言语用来发布命令，仪容形貌用来表明态度。做不到就会有错误。现在单子作为天子的百官之长，在盟会上宣布天子的命令，目光不高于衣带，声音超过一步就听不到，形貌不能端正，言语就不明白了。不端正，就不恭敬；不明白，别人就不顺从。他已经没有生气了。"十二月，单成公去世。

十二年，周朝的大夫原伯绞暴虐，他的手下成群结队地逃走。冬季十月初一，原地百姓赶走了原伯绞，立了公子跪寻。原伯绞逃亡到郊地。

周卿士甘简公因为没有儿子，便立了他弟弟过做国君（即甘悼公）。过打算除掉成公、景公的族人，成公、景公的族人便贿赂刘献公。二十五日，杀了甘悼公，立了成公的孙子鳍。二十六日，杀了献太子师傅庾皮的儿子过，在市上杀了瑕辛，又杀了宫嬖绰、王孙没、刘州鸠、阴忌、老阳子。

十八年春季，周历二月十五日，周朝的大夫毛得杀了毛伯过并取代了他的位置。苌弘说："毛得必然落个逃亡的下场。这一天正好是昆吾恶贯满盈的一天，这是他骄横的缘故。而毛得在天子的都城以骄横成事，怎能不落个逃亡的下场！"

鲁定公元年，周朝的巩简公疏远自己的子弟却喜欢用异族人。

二年夏季四月二十四日，巩氏的子弟们刺杀了简公。

臣下我高士奇评论说：臣子对于国家来说，没有推卸疏忽的事情，而且也没有独占一方的权力。无私公正来报效国家，同心协力来克服困难，那么各项事业就会兴盛，而天

下享无事之福。周之兴也，周、召同心而治。其再振也，共和相倚而亦治。其东也，郑、虢争政，而王室遂微。自是以后，覆辙相寻，未有不由于大臣之水火而国势亦随之者也。

夫权者，天下之大柄也。偏据则必争，争则交伤而两败，凶于而家，害于而国，历有显征。就使其未至于甚害，而以有用之精神，不为国家建功树策，徒掷之蜩螗门户中，甚可惜也。樊皮、苏子之叛逆，自取灭亡，无论矣。顷王方经大故，而周公阅与王孙苏者，乃以争政不行告赴之礼。知有势利而不知有大义，周室几何而不陵夷耶？王党周公而叛王孙苏，至使尹聃讼周公于晋，赵宣子平王室而复之。进退不能自操，而仰重于霸国，王灵替矣。

其后王孙苏又与召氏、毛氏争政，而杀召公、毛伯，王室复乱，士会平之。周公又与伯舆争政，怒而出，王使盟之，卒奔晋而不复也。迨王叔陈生又与伯舆争政，王心直伯舆而不能断，至烦霸国之老，坐狱于王庭，而后定之。则当时王臣之营私植党，莫有奉公忧国者，其为衰削之由，于此可见；而王之赘疣亦可知矣。

王叔陈生之贰心于狄也，不独与伯舆忿争为可罪也。儋括之欲立王子佞夫，佞夫不知，而刘、单诸人辄杀之，是失刑也。原伯绞以虐被逐，甘过以欲去成、景之族反为所害，而原、甘之族微也。毛得杀毛伯过而

下的人享受安然无事的福分。周朝的兴起，是因为周公旦、召公奭同心协力才达到天下大治。它再次振兴，依靠共和行政也使国家大治。等王室东迁，郑庄公、虢公忌父争夺执政权，王室于是衰微。此后，王室的失利接连不断，没有不是由于大臣互不相容，而国势也随之衰微。

权力，是天下的大柄。独占一方就会引起纷争，争斗的结果只能是两败俱伤，给家族带来凶祸，给国家带来灾难，历来都有明显证验。即使还没有到特别有害的地步，而把自己充足的精神，不用在为国家建功立业出谋献策上，白白地投入纷扰的门户争斗中，实在是太可惜了。樊皮、苏子的叛乱，是自取灭亡，就不用说了。周顷王刚刚死去，周公阅和王孙苏二人，竟然因为争夺执政权而废弃了发布讣告的礼节。只知道势利而不懂得大义，周王室怎么能不衰落呢？周匡王偏向周公阅而背叛王孙苏，致使尹氏、聃启在晋国为周公阅辩护，赵宣子调和了王室的纠纷而使他们恢复了原来的职位。进退不能自我把握，借重诸侯盟主晋国的名望，王朝的威德就衰弱了。

此后，王孙苏又和召氏、毛氏争夺执政权，并且杀了召戴公、毛伯卫，王室又发生了混乱，最后士会协调好了他们的纠纷。周公楚又和伯舆争夺执政权，他发怒离去，周简王派人和他结盟，最后他却逃奔到晋国并且不再回来。到了王叔陈生又和伯舆争夺执政权的时候，周灵王心里认为伯舆有理，却又不能裁决，以致烦劳诸侯盟主晋国的老臣士匄，在朝廷之上争论曲直，最后才安定下来。那么当时王臣营私结党、没有奉公忧国的人，这是王室衰微的原因，由此可见；而周天子的多余无用也就可以知道了。

王叔陈生和狄人勾结，不仅仅是他和伯舆生气争权这件事应当判罪。儋括想立王子佞夫，佞夫不知道，而刘毅、单蔑等人却杀了他，这是滥用刑罚。原伯绞因为暴虐而被驱逐，甘过因为打算除掉成公、景公的族人，他自己反而遭到杀害，由此原氏、甘氏的家族便衰微了。毛得杀掉毛伯过而

代之，其汰已甚也。巩简公之弃子弟而用远人，与单献公之弃亲用羁，其失一也。而一死子弟之手，一死襄、顷之族，何其无所忌也！成子之受脤不敬，与单子之视下言徐，皆衰气也。

刘康公知民之所由生，詹桓伯伸争田之辨，愆期察儋括之叹，苌弘识毛得之亡，盖亦王臣之矫矫者，而究无裨于祸败，岂所谓大厦非一木之支者耶？若夫凡伯之见辱于楚丘，王师之败北于徐吾，虽有郩垂之胜，未足为荣。晋先平戎于王，而以阎田之故，又率阴戎以伐颍，不义甚矣。吁！平、桓以下，王室蠢蠢，威福下移，相倾相轧，棼若乱丝而不可理也，是谁之过欤？

取代了他，他的骄横太过分了。巩简公舍弃他的子弟而任用疏远的外族人，和单献公舍弃亲族而任用寄居的客臣，他们的失误是一样的。然而他们一个死在子弟手里，一个死在襄公、顷公的族人手里，是多么的无所顾忌啊！成康公接受祭社用的肉而不恭敬，和单成公的向下看和说话慢，都是衰败的气象。

刘康公知道百姓怎么生存，詹桓伯陈述争夺田地的辩词，苌期察觉到儋括的叹气，苌弘认识到毛得将要灭亡，他们大概也是王臣中卓异出众的人，然而最终却对灾祸失败没有帮助，这难道就是所说的高大的房屋不是由一根木头支撑的吗？至于凡伯在楚丘被侮辱，周天子的军队在徐吾被打得大败，即使有郊垂的胜利，也不值得引以为荣。晋国首先调和王室和戎人的纠纷，以后却因为阎地田地的缘故，又率领阴戎来征伐颍地，太不合乎道义了。唉！从平王、桓王以后，王室骚乱，威望下移，诸侯和王室相互倾轧，混乱的局面如同没有头绪的丝线而无法理清，这是谁的过错呢？

卷四　王室庶孽之祸

桓公十八年秋，周公欲弑庄王而立王子克。辛伯告王，遂与王杀周公黑肩，王子克奔燕。初，子仪有宠于桓王，桓王属诸周公。辛伯谏曰："并后、匹嫡、两政、耦国，乱之本也。"周公弗从，故及。以上子克之乱。

庄公十六年。初，晋武公伐夷，执夷诡诸。蒍国请而免之。既而弗报，故子国作乱，谓晋人曰："与我伐夷而取其地。"遂以晋师伐夷，杀夷诡诸。周公忌父出奔虢，惠王既立而复之。

十九年。初，王姚嬖于庄王，生子颓。子颓有宠，蒍国为之师。及惠王即位，取蒍国之圃以为囿。边伯之宫近于王宫，王取之。王夺子禽祝跪与詹父田，而收膳夫之秩。故蒍国、边伯、石速、詹父、子禽祝跪作乱，因苏氏。

秋，五大夫奉子颓以伐王，不克，出奔温。苏子奉子颓

卷四　王室庶孽之祸

鲁桓公十八年秋季，周公黑肩打算杀掉周庄王而立他的弟弟王子克。辛伯得知后报告给庄王，并协助庄王杀死了周公黑肩。王子克逃到燕国。当初，子仪（即王子克）备受桓王的宠信，桓王把他托付给周公。辛伯劝谏说："妾媵等同于王后，庶子等同于嫡子，宠臣擅朝政，大城和国都一样，这就是祸乱的根源。"周公没有听从他的劝告，结果遭到这场祸难。以上为子克之乱。

鲁庄公十六年。起先，晋武公进攻夷地，抓住了夷诡诸。在周大夫蒍国的请求下晋国才赦免了夷诡诸。后来夷诡诸对晋国不加报答，所以在鲁庄公十六年子国作乱时对晋人说："和我一起去攻占夷地吧。"于是他带领晋国的军队攻打夷地，杀死了夷诡诸。周公忌父出逃到虢国，周惠王立他为王室卿士后又恢复了夷地。

十九年。当初，王姚受周庄王宠幸，生下子颓。子颓受到周庄王宠爱，蒍国被选为子颓的老师。等到庄王的孙子惠王即位后，不但占据了蒍国的田园作为畜养野兽的地方，而且还侵夺了边伯在王宫附近的房屋以及子禽祝跪和詹父的田地，收回了膳夫石速的俸禄。因此在鲁庄公十九年，蒍国、边伯、石速、詹父、子禽祝跪等依靠苏氏发动了叛乱。

秋季，蒍国、边伯、石速、詹父、子禽祝跪等五位大夫拥举子颓去攻打周惠王，但没有取胜，于是他们便逃亡到温地。苏子保护子颓

以奔卫。卫师、燕师伐周。冬,立子颓。

二十年春,郑伯和王室,不克,执燕仲父。夏,郑伯遂以王归,王处于栎。秋,王及郑伯入于邬。遂入成周,取其宝器而还。冬,王子颓享五大夫,乐及遍舞。郑伯闻之,见虢叔曰:“寡人闻之:‘哀乐失时,殃咎必至。’今王子颓歌舞不倦,乐祸也。夫司寇行戮,君为之不举,而况敢乐祸乎?奸王之位,祸孰大焉?临祸忘忧,忧必及之。盍纳王乎!”虢公曰:“寡人之愿也。”

二十一年春,胥命于弭。夏,同伐王城,郑伯将王自圉门入,虢叔自北门入,杀王子颓及五大夫。郑伯享王于阙西辟,乐备。王与之武公之略,自虎牢以东。原伯曰:“郑伯效尤,其亦将有咎。”五月,郑厉公卒。

王巡虢守,虢公为王宫于玤,王与之酒泉。郑伯之享王也,王以后之鞶鉴予之。虢公请器,王予之爵。郑伯由是始恶于王。冬,王归自虢。

二十七年十月,王使召伯廖赐齐侯命,且请伐卫,以其立子颓也。

二十八年春,齐侯伐卫,战,败卫师,数之以王命,取赂而还。

逃到卫国。卫国、燕国的军队联合攻打成周。这年冬天，拥立子颓为周天子。

二十年春季，郑厉公调解王室纠纷没有成功，以抓住南燕国君燕仲父而告结束。夏季，郑厉公将周惠王带到栎地。当年秋天，惠王同郑厉公经邬地进入成周，携成周宝器而归。冬季，王子颓宴请五位大夫，演奏了所有的音乐和舞蹈。郑厉公听说后，对虢叔说："我听说，悲哀或者高兴不合时宜，那预示着灾祸的到来。现在子颓不知疲倦地观舞赏乐，这是为灾祸的到来而高兴。司寇杀人，国君都要为此而减膳撤乐，更不用说像子颓这样以灾祸为乐了。篡夺王位，祸患还有比这更大的吗？大祸临头而不知忧愁，忧愁一定会到来。何不让惠王复位呢？"虢公说："这也是我的想法。"

二十一年春季，郑厉公与虢公在弭地进行会谈，谋划讨伐子颓。夏季，郑厉公与虢公开始攻打王城，郑厉公护卫惠王自围门而入，虢公自北门攻入，一举杀掉了子颓和蒍国、边伯、石速、詹父、子禽祝跪等五大夫。郑厉公在宫门西阙设礼迎接惠王，全套乐舞一样不缺。周惠王把虎牢以东郑武公时代的土地赐给了他。原伯说："郑伯在学子颓，恐怕也要大祸临头了。"五月，郑厉公去世。

周惠王到虢公防守的土地进行巡视时，虢公为他在玤地建造了行宫，为此惠王把酒泉赐给了他。在郑厉公设礼迎接惠王时，惠王赐给他的是王后的鞶鉴。虢公见此，也请求惠王赏赐给自己器物，惠王赏赐给他的是比鞶鉴贵重的一只青铜爵。从此以后，郑厉公开始对惠王怀恨在心。同年冬季，周惠王自虢国回到了成周。

二十七年十月，周惠王派召伯廖赐给齐桓公命服，同时请求齐国代周讨伐当初曾拥立子颓为周天子的卫国。

二十八年春季，齐桓公应惠王之请，率军大举讨伐卫国，大败卫军，并以周惠王的名义斥责他们，在获取了大批财货后才班师回国。

僖公十年春，狄灭温，苏子无信也。苏子叛王即狄，又不能于狄，狄人伐之，王不救，故灭。苏子奔卫。以上子颓之乱。

庄公十八年，虢公、晋侯、郑伯使原庄公逆王后于陈。陈妫归于京师，实惠后。

僖公七年闰月，惠王崩。襄王恶大叔带之难，惧不立，不发丧，而告难于齐。

八年春，盟于洮，谋王室也。襄王定位而后发丧。

冬，王人来告丧，难故也，是以缓。

十一年夏，杨、拒、泉、皋、伊雒之戎同伐京师，入王城，焚东门，王子带召之也。秦、晋伐戎以救周。秋，晋侯平戎于王。

十二年，王以戎难故，讨王子带。秋，王子带奔齐。

冬，齐侯使管夷吾平戎于王，使隰朋平戎于晋。王以上卿之礼飨管仲。管仲辞曰："臣，贱有司也；有天子之二守国、高在。若节春秋，来承王命，何以礼焉？陪臣敢辞。"王曰："舅氏！余嘉乃勋，应乃懿德，谓督不忘，往践乃职，无逆朕命！"管仲受下卿之礼而还。君子曰："管氏之世祀也，宜哉！让不忘其上。《诗》曰：'恺悌君子，神所劳矣。'"

鲁僖公十年春季，狄人灭掉了温国，这完全是由于苏子不讲信义的缘故。先前，苏子背叛周天子而投奔狄人，可又与狄人合不来，当狄人去攻打他时，周惠王没有去援救，温国因此而灭亡了。苏子逃到了卫国。以上为子颓之乱。

鲁庄公十八年，虢公、晋献公和郑厉公派原庄公到陈国为周惠王迎接王后。从此陈妫嫁到了周都，她就是惠后。

鲁僖公七年闰十二月，周惠王去世。襄王担心大叔带会乘此时发难，致使自己不能被立为国君，因而密不发丧，只是把惠王死去的消息报告给了齐国。

八年春季，鲁僖公和周王室的人、齐桓公、宋桓公、卫文公、许僖公、曹共公、郑世子款等在洮地会盟，商议如何安定王室。直到周襄王确立了自己的王位后，才举行了惠王的葬礼。

冬季，周襄王派使者来鲁国通报丧事，这是由于周王室发生了灾难变故，所以一直推迟到现在。

十一年夏季，杨、拒、泉、皋和伊雒等地的戎人一起攻打京师，进入王城，烧毁了东城门，这是王子带把他们引来的。秦、晋纷纷发兵讨伐戎人，来救援王室。秋季，晋惠公为周天子打败了戎人。

十二年春季，襄王因为去年王子带引来戎人进犯京师，所以率军讨伐王子带。这年秋季，王子带逃到了齐国。

冬季，齐桓公派管仲去迫使戎人与周讲和，派隰朋去迫使戎人与晋讲和。周襄王以上卿的规格设宴招待管仲。管仲辞谢说："我职位低下，如果享受了这种特殊礼遇的话，那么当天子所任命的国氏、高氏在春秋两季来接纳王命的时候，您又该用什么样的礼节去招待他们呢？陪臣我谨请辞谢。"襄王说："舅父！我非常赞赏你的功勋，那也是你对我的深厚恩德，我无法忘记。去执行你的使命吧，别违背了我的命令！"管仲接受了周天子所设的下卿之礼后回国。君子说："管仲世世代代受到祭祀，是应该的啊！他谦谨不忘比自己地位高的上卿。《诗经》说：'和善平易的君子，就是神灵所保佑的。'"

十三年春，齐侯使仲孙湫聘于周，且言王子带。事毕，不与王言。归，复命曰："未可。王怒未怠，其十年乎！不十年，王弗召也。"秋，为戎难故，诸侯戍周。齐仲孙湫致之。

十六年，王以戎难告于齐。齐征诸侯而戍周。

二十年，滑人叛郑而服于卫。夏，郑公子士洩堵寇帅师入滑。

二十二年，富辰言于王曰："请召大叔。《诗》曰：'协比其邻，昏姻孔云。'吾兄弟之不协，焉能怨诸侯之不睦？"王说。王子带自齐复归于京师，王召之也。

二十四年，郑之入滑也，滑人听命。师还，又即卫。郑公子士洩堵俞弥帅师伐滑。王使伯服、游孙伯如郑请滑。郑伯怨惠王之入而不与厉公爵也，又怨襄王之与卫滑也，故不听王命而执二子。王怒，将以狄伐郑。

富辰谏曰："不可。臣闻之：'大上以德抚民，其次亲亲，以相及也。'昔周公吊二叔之不咸，故封建亲戚，以蕃屏周。管、蔡、郕、霍、鲁、卫、毛、聃、郜、雍、曹、滕、毕、原、酆、郇，文之昭也；邘、晋、应、韩，武之穆也；凡、蒋、邢、茅、胙、祭，周公之胤也。召穆公思周德之不类，故纠合宗族于成周，而作诗曰：'常棣之华，鄂不韡韡。凡今之人，莫如兄弟。'其四章曰：'兄弟阋于墙，外御其侮。'如是，则兄弟

十三年春季，齐桓公派仲孙湫到成周聘问，同时要他同襄王商量一下仍留在齐国的王子带的事。结果，仲孙湫没有向襄王提起王子带。回国后他向齐桓公回复说："现在向天子提王子带的事还不行。他对王子带的怒气一点也没有缓和，恐怕此事要等上十年吧！不然天子是不会召回他的。"秋季，由于戎人的威胁，诸侯国都派兵去防守成周，齐国的仲孙湫也去了。

十六年，天子迫于戎人的入侵，求援于齐国。齐国调集诸侯军队，加强了成周的防守。

二十年，滑国人背叛郑国而顺服于卫国。夏季，郑国的公子士洩堵寇率领军队攻入滑国。

二十二年，富辰对周襄王说："请您把大叔带从齐国召回来吧。《诗经》说：'只有与邻居关系融洽，姻亲才能十分友好。'我们兄弟关系都不融洽，还怎么能责怪诸侯不顺从宗周呢？"襄王听了很高兴。王子带从齐国又回到了京师，是周襄王把他召回来的。

二十四年，郑国军队攻入滑国的时候，滑国人唯命是从。可郑军一撤，滑国又亲附了卫国。于是郑国公子士、洩堵俞弥率兵再次攻打滑国。周襄王派伯服、游孙伯到郑国劝阻，但郑文公由于怨恨当初周惠王回到成周而不给厉公爵位以及襄王对卫、滑两国的偏袒，因此拒绝了请求，并扣留了伯服和游孙伯。襄王大怒，决定率狄人伐郑。

富辰劝阻说："不能这样做。我听人说：'天子以德安抚天下百姓，然后是亲近亲属，由近及远。'从前周公追念管叔、蔡叔不得善终，所以把亲戚分封建制，以此作为周王朝的屏障。管、蔡、郕、霍、鲁、卫、毛、聃、郜、雍、曹、滕、毕、原、酆、郇各国都是文王的后代，邘、晋、应、韩各国都是武王的后代，凡、蒋、邢、茅、胙、祭各国都是周公的后代。召穆公担心周德衰微，所以把宗族集合到成周而作诗说：'郁李的花儿，花蒂都是那样艳丽。现在的人们，总不能像兄弟一样亲近。'诗的第四节说：'兄弟们虽在家内争吵，到外面则共同御敌。'像这样的话，那么兄弟之间

虽有小忿，不废懿亲。今天子不忍小忿，以弃郑亲，其若之何？庸勋、亲亲、昵近、尊贤，德之大者也。即聋、从昧、与顽、用嚚，奸之大者也。弃德、崇奸，祸之大者也。郑有平、惠之勋，又有厉、宣之亲，弃嬖宠而用三良，于诸姬为近。四德具矣。耳不听五声之和为聋，目不别五色之章为昧，心不则德义之经为顽，口不道忠信之言为嚚。狄皆则之，四奸具矣。周之有懿德也，犹曰'莫如兄弟'，故封建之。其怀柔天下也，犹惧有外侮。扞御侮者，莫如亲亲，故以亲屏周，召穆公亦云。今周德既衰，于是乎又渝周、召以从诸奸，无乃不可乎？民未忘祸，王又兴之，其若文、武何？"王弗听，使颓叔、桃子出狄师。

夏，狄伐郑，取栎。王德狄人，将以其女为后。富辰谏曰："不可。臣闻之曰：'报者倦矣，施者未厌。'狄固贪惏，王又启之。女德无极，妇怨无终，狄必为患。"王又弗听。

初，甘昭公有宠于惠后，惠后将立之，未及而卒。昭公奔齐，王复之。又通于隗氏，王替隗氏。颓叔、桃子曰："我实使狄，狄其怨我。"遂奉大叔以狄师攻王。王御士将御之，王曰："先后其谓我何？宁使诸侯图之。"王遂出，及坎欿，

即使有小恨小怨，也不能放弃自己的至亲。如果您现在不能忍耐一点儿小小的怨恨而丢弃郑国这门近亲，结果又能怎样呢？酬答勋劳、亲爱亲人、接近近臣、尊敬贤人，这就是最大的功德。靠拢耳聋的人、跟从昏愚的人、赞成固陋的人、使用奸诈的人，这就是最大的邪恶。抛弃德行、崇尚邪恶，这是最大的祸患。郑国过去有辅助平王、惠王的功劳，还有与厉王、宣王的亲属关系，郑国国君舍弃宠臣而任用三良，况且他在姬姓中属于近亲，四种德行都具备了。对五声的唱和充耳不闻是耳聋，眼睛不辨五色文饰是昏昧，心不学德义的准则是固陋，嘴不说忠信之言是奸诈。狄人效法这些，四种邪恶都具备了。周王室具有美德，尚且说'总不能亲近得像兄弟'，所以分封建制。周王室怀柔天下，尚且害怕有外界侵犯。抵御外界侵犯的措施，没有比亲近亲属再好的了，所以即使是召穆公也说要以亲属作为周王室的屏障。现在周室德行已经衰败，而这时又要改变周公、召公所推行的措施而跟从各种邪恶，恐怕不可以吧？百姓对刚平息的祸乱还心有余悸，您又要再挑祸端，怎么对得起文王、武王呢？"周襄王不听富辰的劝告，派颓叔、桃子率狄军出师伐郑。

夏季，攻打郑国的狄军占领了栎地。襄王十分感激狄君，准备把他的女儿娶来作自己的王后。富辰又劝阻说："这恐怕不行。我听说：'接受报答的人已经厌倦了，而施恩的人却还没有满足。'狄人本性贪婪，而您又诱导他们。女子的德行没有尽头，妇人的怨恨没有终了，这样下去狄人必然要成为祸患。"襄王还是没有听。

当初，甘昭公（即王子带）受到惠后的宠爱，惠后打算立他为嗣子，可没等到那时惠后就去世了。甘昭公逃到了齐国，襄王让他又回到成周。后来，由于甘昭公又与隗氏私通，襄王废掉了隗氏。颓叔、桃子说："狄女所以成为王后，实在是我们所指使的。现在废掉她，狄人一定会怨恨我们。"于是他们又奉事太叔（即王子带）率领狄人攻打周襄王。襄王的侍卫们正想抵御他们，襄王说："要是我杀了太叔，先王后会说我什么呢？与其我把他杀死，宁可让诸侯们来想办法。"襄王于是离开成周，刚走到坎欿，

国人纳之。秋，颓叔、桃子奉大叔以狄师伐周，大败周师，获周公忌父、原伯、毛伯、富辰。王出适郑，处于氾。大叔以隗氏居于温。

〔补逸〕《国语》：王黜翟后，翟人来诛，杀谭伯。富辰曰："昔吾骤谏王，王弗从，以及此难。若我不出，王其以我为怼乎！"乃以其属死之。初，惠后欲立王子带，故以其党启翟人，翟人遂入周。王乃出居于郑，晋文公纳之。

冬，王使来告难曰："不穀不德，得罪于母弟之宠子带，鄙在郑地氾，敢告叔父。"臧文仲对曰："天子蒙尘于外，敢不奔问官守。"王使简师父告于晋，使左鄢父告于秦。天子无出，书曰"天王出居于郑"，辟母弟之难也。天子凶服降名，礼也。郑伯与孔将鉏、石甲父、侯宣多省视官具于氾，而后听其私政，礼也。

二十五年，秦伯师于河上，将纳王。狐偃言于晋侯曰："求诸侯，莫如勤王。"晋侯辞秦师而下。三月甲辰，次于阳樊，右师围温，左师逆王。夏四月丁巳，王入于王城，取大叔于温，杀之于隰城。

戊午，晋侯朝王。王飨醴，命之宥。请隧，弗许，曰："王章也。未有代德而有二王，亦叔父之所恶也。"与之阳樊、温、原、攒茅之田，晋于是始启南阳。以上子带之乱。

都城里的人又把他接了回去。秋季，颓叔、桃子尊奉太叔率领狄人军队讨伐周，大败周军，俘虏了周公忌父、原伯、毛伯和富辰。襄王也去了郑国，留在氾地。太叔和隗氏则住在温地。

〔补逸〕《国语》：周襄王废掉狄后隗氏后，狄人尊奉太叔王子带攻打襄王，并且杀掉了谭伯。富辰对手下人说："当初我屡次劝谏周王，他不听，以至有今日这场灾难。要是我不去抵抗，岂不是让周王以为我是在怨恨吗？"于是他率领徒属以死抗击狄军。先前，惠后要立王子带为嗣子，所以让其党羽颓叔、桃子引来狄军攻入成周。襄王离开成周到郑国去，晋文公接纳了他。

冬季，周襄王的使者来报告王子带之难，说："寡人我缺少德行，得罪了惠后所宠爱的王子带，现在僻处在郑国的氾地，谨以此来向叔父报告。"臧文仲回答说："天子在外蒙受烟尘，怎敢不赶紧去问候他呢。"襄王还分别派简师父到晋国报告，派左鄢父到秦国报告。天子无所谓出国，《春秋》说"天王出居于郑"，意思是躲避兄弟造成的灾难。天子身穿凶服，自称"不穀"，这合于礼法。郑伯与孔将钽、石甲父、侯宣多等到氾地问候襄王的官员，察看供襄王用的器物，然后听取郑国的政事，这合于礼。

二十五年，秦穆公所率的军队驻扎在黄河边上，准备把襄王送回朝。狐偃对晋文公说："要求得诸侯们的拥护，最好的办法就是为天子兴师效力。"晋文公辞退秦军，顺流而下。三月十九日，军队驻扎在阳樊，其右翼部队包围了温地，左翼部队去迎接周襄王。夏季四月初三，襄王回到了王城，晋军在温地抓住了太叔子带，并把他杀死在隰地。

四月初五，晋文公朝觐周襄王。襄王用美酒款待他，晋文公回敬周王酒。晋文公请求自己死后能葬在墓隧之中，襄王没有答应，并且说："葬于墓隧中是天子的礼制。还没有能超越周室的更崇高的德行而有两个天子，也是叔父们所厌恶的。"襄王把阳樊、温、原、攒茅的田地赐给了他，晋文公从此时开始开辟了南阳的疆土。以上子带之乱。

〔补逸〕《国语》：灵王二十二年，榖、洛斗，将毁王宫。欲壅之。大子晋谏曰："不可，晋闻古之长民者，不堕山，不崇薮，不防川，不窦泽。夫山，土之聚也；薮，物之归也；川，气之导也；泽，水之钟也。夫天地成而聚于高，归物于下。疏为川谷，以导其气；陂唐污庳，以钟其美。是故聚不阤崩，而物有所归；气不沉滞，而亦不散越。是以民生有财用，而死有所葬。然则无夭昏札瘥之忧，而无饥寒乏匮之患。故上下能相固，以待不虞。古之圣王，唯此之慎。

"昔共工弃此道也，虞于湛乐，淫失其身，欲壅防百川，堕高堙庳，以害天下。皇天弗福，庶民弗助，祸乱并兴，共工用灭。其在有虞，有崇伯鲧，播其淫心，称遂共工之过，尧用殛之于羽山。其后伯禹念前之非度，厘改制量，象物天地，比类百则，仪之于民，而度之于群生。共之从孙，四岳佐之，高高下下，疏川导滞，钟水丰物，封崇九山，决汩九川，陂障九泽，丰殖九薮，汩越九原，宅居九隩，合通四海。故天无伏阴，地无散阳，水无沉气，火无灾燀，神无间行，民无淫心，时无逆数，物无害生。

"帅象禹之功，度之乎轨仪，莫非嘉绩，克厌帝心。皇天嘉之，胙以天下，赐姓曰姒，氏曰有夏，谓其能以嘉祉殷富生物也。胙四岳国，命为侯伯，赐姓曰姜，氏

〔补逸〕《国语》:周灵王二十二年,成周近旁的榖水和洛水合流,汹涌激荡,将有冲毁王宫的危险。灵王准备堵塞榖水,使它改道北流。太子晋劝谏说:"这可不行。我听说古代治理天下的君主,不毁山,不加高薮泽,不堵塞河流,不溃决泽堤。山是土所堆积成的,谷是万物所归的地方,河流是天地用以疏导阴阳之气的,湖泊薮泽则是用以聚水的。所以天地生万物,聚于山而归于谷,交通河川而疏导阴阳之气,聚成泊泽淤洼而滋润万物。因而山不崩毁,则万物有所归;阴阳之气不凝聚,但也不会散逸。这样百姓生有财用,死有葬身之地。没有夭折、狂惑、疫死、病患之忧,也不会有饥寒匮乏之患。所以君王与百姓能各守本分,以防不测。古代圣王唯独对此十分谨慎。

"古时,共工氏背弃这一天理,他沉湎于淫乐,当祸至其身时,又企图壅塞江河、填淤洼泽,来祸害天下。结果上天没有保佑他,下民没有辅助他,祸乱并生,共工氏因此而灭亡。舜在位的时候,禹的父亲崇伯鲧,放纵贪心,重蹈共工氏的罪过,阻障洪水,结果被尧流放到羽山。他的儿子禹吸取了这一背弃天理的教训,改变制度,取法天地的物象,比附各种自然的法则,取准于万民,而不伤害众生。共工氏从孙在四岳的佐助下帮助大禹治水,顺从自然的高下,疏江河,通淤塞,蓄聚水源,生殖万物,祭封九州山岳,疏导九州江河,阻障九州泊泽,丰殖九州渊薮,畅通九州原野,使九州之内都可安居,使四海相通合为一体。因此阴阳平衡,盛夏天上不下霜雹,寒冬地上桃李不开花;水中无伏积之气,火不狂暴地燃烧;神无奸淫之行,人无淫滥之心;四时寒暑有序,蝗螟之害不生。

"用大道和原则来衡量大禹的这些事功,都属于美善的功绩,合乎帝心。上天为奖赏他,把天下赐给他,赐姓'姒',赐氏'有夏'。这是说禹能以善福使天下殷富,万物生育。同时,还赐给四岳以封国,封他们为侯伯,赐姓叫'姜',赐氏

曰有吕，谓其能为禹股肱心膂以养物丰民人也。此一王四伯，岂繄多宠，皆亡王之后。唯能厘举嘉义，以有胤在下，守祀不替其典。有夏虽衰，杞、鄫犹在；申、吕虽衰，齐、许犹在。唯有嘉功，以命姓受祀，迄于天下。

“及其失之也，必有慆淫之心间之。故亡其氏姓，踣毙不振，绝后无主，湮替隶圉。夫亡者岂繄无宠，皆黄、炎之后也。唯不帅天地之度，不顺四时之序，不度民神之义，不仪生物之则，以殄灭无胤，至于今不祀。

“及其得之也，必有忠信之心间之。度于天地，而顺于时动；和于民神，而仪于物则。故高朗令终，显融昭明，命姓受氏，而附之以令名。若启先王之遗训，省其典图刑法而观其废兴者，皆可知也。其兴者，必有夏、吕之功焉；其废者，必有共、鲧之败焉。

“今吾执政，无乃实有所避，而滑夫二川之神，使至于争明以妨王宫？王而饰之，无乃不可乎？人有言曰：‘无过乱人之门。’又曰：‘佐雍者尝焉，佐斗者伤焉。’又曰：‘祸不好，不能为祸。’《诗》曰：‘四牡骙骙，旟旐有翩。乱生不夷，靡国不泯。’又曰：‘民之贪乱，

叫‘有吕’。这是因为他们能作为禹的左膀右臂来养育天下万民。禹与四岳这一王四伯岂是受宠之人？他们都是那些因无道而终的王的后代。只是因为他们采用的举措符合天理，因此身后有子孙继承，永久地祭祀他们。有夏族虽然衰败了，可现在它的后裔杞、鄫两国还在；四岳之后申族、吕族虽衰败了，可现在它们的后裔齐、许两国还在。只有立下美好的功勋，才能获命赐姓，接受祭祀以至于享有天下。

“这些家族之所以后来失去天下，一定是因为夏桀的骄慢淫逸之心取代了这种善德。因此使这一氏姓遭到灭绝，从那之后一蹶不振，没有后人祭祀他，他的后代都成了埋没在最下层的养马奴仆。丢掉天下的人岂是他们不受上天宠幸吗？他们都是黄帝、炎帝的后代。只是因为他们不遵守天地规律，不顺应四时寒暑更替的次序，不考虑人民和神灵的意愿，不按万物的法则行事，以致后代灭绝，现在没人祭祀他们。

“那些得天下的人，定是他们拥有忠信之心。他们按天地规律、四季时令而动，遵循民与神的意愿，循蹈万物的准则，因此他们都有一个高贵、明朗、美好的结局，获得氏姓的赐命，加上美好的声誉。如果我们翻开先王的遗训，察看他们的礼制图象刑法，纵观其兴衰，就什么都清楚了。那些能够兴盛起来的，肯定有夏禹、四岳一样的宏伟功业；那些衰败下去的，肯定有共工氏、鲧那样的败绩。

“今天王朝的政举莫非确有罪过，扰乱了榖、洛二水之神，以致它们相互争斗而妨害了王宫？大王您要使榖水改道，恐怕不可以吧？人们有这样一句话：‘不要路过狂悖混乱之人的家门。’又说：‘帮助做饭会尝到滋味，帮助打斗会受到伤害。’还说：‘不去追求能招致祸害的东西，就不会遭难。’《诗经》说：‘征骑在道，马不停蹄，旌旗飘飘震撼人心。祸乱滋生永不宁息，没有不被灭掉的国家。’又说：‘民众贪乱有因，

宁为荼毒。'夫见乱而不惕,所残必多,其饰弥章。民有怨乱,犹不可遏,而况神乎!王将防斗川以饰宫,是饰乱而佐斗也,其无乃章祸且遇伤乎!

"自我先王厉、宣、幽、平而贪天祸,至于今未弭。我又章之,惧长及子孙,王室其愈卑乎!其若之何?自后稷以来宁乱,及文、武、成、康而仅克安民。自后稷之始基靖民,十五王而文始平之,十八王而康克安之,其难也如是。厉始革典,十四王矣。基德十五而始平,基祸十五,其不济乎!

"吾朝夕儆惧曰:'其何德之修,而少光王室,以逆天休?'王又章辅祸乱,将何以堪之?王无亦鉴于黎、苗之王,下及夏、商之季,上不象天而下不仪地,中不和民而方不顺时,不共神祇而蔑弃五则,是以人夷其宗庙而火焚其彝器,子孙为隶,下夷于民而亦未观夫前哲令德之则。

"则此五者,而受天之丰福,飨民之勋力,子孙丰厚,令闻不忘:是皆天子之所知也。天所崇之子孙,或在畎亩,由欲乱民也;畎亩之人,或在社稷,由欲靖民也。无有异焉。《诗》云:'殷鉴不远,近在夏后之世。'

安为苦毒之行。’要是对祸乱没有丝毫的恐惧反省，到头来就会受到更大的伤害，欲盖弥彰。小民作乱尚且不能扼制，更何况水神呢？现在您想堵塞榖水使之北流，以保护王宫，就等于帮助两水神打斗、助长这一祸乱，这难道不是彰著祸乱而自己又受到伤害了吗！

“自从我们的先代君王厉王、宣王、幽王、平王不断招致天祸，到现在还没平息。而我们现在又要助长这些祸乱，恐怕越是到子孙后代，王室越衰败吧？那该怎么办呢？自从后稷靖乱以来，直到文王、武王、成王、康王才安定了天下。从后稷安民开始，经过十五代到文王才平定天下，经十八代到康王才彻底安定下来，是如此困难。厉王无道，自从他变更周朝法典，至今已十四代了。奠定善德的根基，经过十五王才开始平定天下；打下祸患的基础，经过十五王大概将不行了吧！

“我朝夕不安，常自问：‘用什么善德才能尽量不昭彰王室的罪恶而迎来上天的恩赐呢？’大王您今天又要助长祸乱，将来该如何平定它们呢？您也应该鉴于前代教训，上自九黎、三苗的君王，下及夏桀和商纣之际，他们上不取法天之物象，下不取法地之物象，中不遵循万民之心愿，不守寒暑四时之序，不敬神祇，完全背弃了象天、仪地、和民、顺时、共神这五个原则。因此人们毁灭了祭祀他们的宗庙，烧毁了他们的宗庙宝器，他们的子孙后代降为役隶，下与平民相等，就是因为他们没有观察先代圣哲美好德行的准则。

“依那五条准则行事，就会得到上天的赐福，享受到万民的支持，子孙兴旺众多，并且美好的声誉不会被后代所遗忘：这些都是天子所应该知道的。本来受到上天尊崇的后代子孙，结果成为在田地里耕作的平民，这是因为他们想祸乱天下；原本是土里的耕夫，有的后来却成为主宰天下的君主，这是由于他们想安定天下。二者没有什么区别。《诗经》说：‘商纣失天下的教训不远，就在夏桀之世。’

将焉用饰宫以徼乱也？度之天神，则非祥也；比之地物，则非义也；类之民则，则非仁也；方之时动，则非顺也；咨之前训，则非正也；观之《诗》《书》与民之宪言，皆亡王之为也。上下仪之，无所比度，王其图之！夫事大不从象，小不从文；上非天刑，下非地德，中非民则；方非时动，而作之者必不节矣。作又不节，害之道也。”

王卒壅之。及景王，多宠人，乱于是乎始生。景王崩，王室大乱。及定王，王室遂卑。

《周书》：晋侯尚力，侵我王略。叔向闻储幼而果贤，复王位，作《太子晋》。晋平公使叔誉于周，见太子晋而与之言，五称而五穷，逡巡而退。其言不遂。归，告公曰：“太子晋行年十五，而臣弗能与言。君请归声就、复与田。若不反，及有天下，将以为诛。”平公将归之。师旷不可，曰：“请使瞑臣往与之言。若能幪予，反而复之。”

师旷见太子，称曰：“吾闻王子之语，高于泰山。夜寝不寐，昼居不安，不远长道，而求一言。”王子应之曰：“吾闻太师将来，甚喜；而又惧吾年甚少，见子而慑，尽忘吾度。”师旷曰：“吾闻王子，古之君子，甚成不骄。自晋如周，行不知劳。”王子应之曰：“古之君子，其行至慎。天下施关，道路无限。百姓说之，相将而远。

您怎么能为了王宫而使榖水改道来招惹祸乱呢？对于上天之神来说这样做是不祥之兆，对于大地万物来说则是不合道义，对于百姓准则来说这是不讲仁爱，对于寒暑四时来说则是一种背逆。总结前代教训，如此做不符合天地之道；纵观《诗》《书》经典以及人们所言，这些都是亡君所为。较之古今君主，从没有像您这样做的，大王您要仔细考虑啊！如果行事大不取法天地之象，小不遵循《诗》《书》之义；上背天理，下违地利，中不和人道，不顺四时，一定不能有所节制。行事不能有所节制，必定会招致祸患。”

周灵王最终还是壅塞了榖水使之北流。到了灵王的继承者景王时，由于宠信奸人，祸乱开始滋生。景王死后，周王室果然大乱。到定王时，周王室衰落下去。

《周书》：晋平公耀武于天下，侵犯周王边界。叔向听说周太子晋很有贤德，将继承王位，因而作了一篇《太子晋》。晋平公派叔誉出使周，觐见太子晋和他交谈，叔誉几次开口都被问得张口结舌，徘徊多时只好退了出来，没能表达出自己的意思。叔誉回去后，向晋平公汇报说：“周太子晋年纪还不到十五，可我却没能力同他交谈。您还是归还声就、复与的田地吧。不然，太子晋继位后，会因此事诛杀我们的。”晋平公听后打算归还声就、复与的田地。师旷认为不可行，他说：“请让我这目盲之人去同他交谈。他要是同样使我无言以对，我回来后再归还那些田地。”

师旷觐见太子晋，说：“我听说王子的话语，比泰山还要高深。所以我夜不能眠，日不能安，不辞路途遥远，只求得到您的一句话。”太子晋回答说：“我听说太师您要来，非常高兴；可又担心自己年幼，见到您害怕而不知所措。”师旷说：“我听说王子您就如同古代的君子，毫不骄躁。所以我从晋国来到周都，丝毫没有感到行路的疲劳。”太子晋回答说：“古时的君子，行为谨慎。尽管天下各处都是关隘，道路遥远，但是百姓们仰慕他们，他们相与从远处而来。

远人来欢，视道如尺。”师旷告善。

又称曰：“古之君子，其行可则。由舜而下，其孰有广德？”王子应之曰：“如舜者天。舜居其所，以利天下，奉翼远人，皆得已仁。此之谓天。如禹者圣。劳而不居，以利天下，好取不好与，必度其正。是之谓圣。如文王者，其大道仁，其小道惠。三分天下而有其二，敬人无方，服事于商。既有其众，而返失其身。此之谓仁。如武王者义。杀一人而以利天下，异姓同姓，各得其所。是之谓义。”师旷告善。

又称曰：“宣辨名命，异姓恶方，王、侯、君、公，何以为尊？何以为上？”王子应之曰：“人生而重丈夫，谓之胄子。胄子成人，能治上官，谓之士。士率众时作，谓之曰伯。伯能移善于众，与百姓同，谓之公。公能树名，生物与天道俱，谓之侯。侯能成群，谓之君。君有广德，分任诸侯而敦信，曰予一人；善至于四海，曰天子；达于四荒，曰天王。四荒至，莫有怨訾，乃登为帝。”师旷罄然。

又称曰：“温恭敦敏，方德不改。闻物下学以起，尚登帝臣，乃参天子，自古谁？”王子应之曰：“穆穆虞舜，明明赫赫。立义治律，万物皆作。分均天财，万物熙熙。非舜而谁能？”师旷东躅其足，曰：“善哉，善哉！”王子曰：“太师何举足骤？”师旷曰：“天寒足躅，是以数也。”王子曰：“请入坐。”遂敷席注瑟，师旷歌

远处的人高兴而来，觉得遥远的道路近如咫尺。”师旷点头称是。

又问：“古时的君子，他们的行为可以成为人们的榜样。自舜以来，这些人谁最有善德？”太子晋回答说：“舜可称为是天。他利用自己所处的位置，为天下人谋利，抚育远方之人，都得以施行他的仁爱。这便叫作天。禹可称之为圣。他不停地劳作以利天下，但他喜好索取而不喜好付出，一切都以取中为标准，这就是圣。至于周文王，他奉行的大道是仁，奉行的小道是惠。当时他占有天下的三分之二，但由于治理无方，服事于商室，所以本已有了属于自己的人民，可后来反倒丧身殒命。这就称作仁。周武王可称为义。他杀了一个商纣王而给天下带来了好处，不管是同姓还是异姓都能得其所好，行其所愿。这叫作义。”师旷认为这句话很有道理。

又问道：“在宣示天命、辨别名分、异姓之人为了共存而反对兼并方面，王、侯、君、公，怎样才是至尊？怎样才算是至上呢？”太子晋回答：“人生而为大丈夫，被称作胄子。胄子成人后，能够成为高官治理下民的称为士。士能够率民众治理生业，就称为伯。伯能够施善于民，与民同享，便被称为公。公能够树立名望，既能生聚万物又能遵循天道，称为侯。能够使天下百姓聚为一体的侯，便称为君。君主能够与诸侯同享善德，忠诚守信的，叫作予一人；善德达于四海的，叫作天子；达于四荒的，称为天王。拥有整个天下而人无怨恨，便成为帝。”师旷很严肃地点了点头。

又说：“太子温善忠信，不失九德。自古至今，有谁通晓天数，尚能甘为人臣，参拜天子？”太子晋回答说：“虞舜功名显赫，他为天下立订章律，滋长万物。均分天下财富，使万物生生不息。除了舜还能有谁呢？”师旷一边跺着脚一边说：“确实这样，确实这样！”太子晋问：“太师您为什么忽然抬起脚来？”师旷说：“天气寒冷，脚冻得发抖，这也是自然规律。”太子晋说：“请您坐下吧。”他就伏案弹瑟，师旷随着唱起

《无射》曰："国诚宁矣，远人来观。修义经矣，好乐无荒。"乃注瑟于王子。王子歌《峤》曰："何自南极，至于北极，绝境越国，弗愁道远。"师旷蹶然起曰："瞑臣请归。"

王子赐之乘车驷马，曰："太师亦善御之。"师旷对曰："御，吾未之学也。"王子曰："汝不为夫时《诗》云：'马之刚矣，辔之柔矣。马亦不刚，辔亦不柔。志气尘尘，取予不疑。'以是御之。"师旷对曰："瞑臣无见，为人辩也，唯耳之恃而耳。又寡闻而易穷。王子！汝将为天下宗乎！"王子曰："太师！何汝贱我乎！自太皞以下至于尧、舜、禹，未有一姓而再有天下者。夫大当时而不伐，天何可得？且吾闻汝知人年长短，告我。"师旷对曰："汝声清汗，汝色赤白，火色不寿。"王子曰："吾后三年，上宾于天所。汝慎无言！祸将及汝。"师旷归，未及三年，告死者至。

〔发明〕王子晋，灵王长子，景王之兄也。生有神圣之姿。使得嗣位，则文、武复生，宣王不足数矣。无如周不再兴，哲嗣早世。景王以后，庶孽之祸益甚，岂非天与！故辑其遗言轶事于子朝之乱之前。《诗》云："人之云亡，邦国殄瘁。"信哉！

昭公十五年夏六月乙丑，王大子寿卒。

《无射》来："王国真的能够安宁了，偏远的人也会来。遵循典章修行仁义，即使喜好享乐，也不会荒废政治。"接着师旷又为太子晋弹瑟。太子晋唱起《峤》来："为什么由遥远的南方来到北方，千里迢迢越过边境，而不怕路途的艰难遥远。"师旷听罢猛然站起来说："盲人我要回去了。"

太子晋赐给他一辆四匹马拉的车子，说："太师一定能够驾驭它。"师旷回答："驾驭车马，我没有学过。"太子晋说："《诗经》中不是说：'马很暴烈，缰绳很柔软。可用缰绳拴住马，马便显得不那么暴烈，缰绳也变得不那么柔软了。心气平和，只管控制好缰绳，不用迟疑。'如此你完全驾驭得了。"师旷回答："我这盲人什么也看不见，与人争辩，只有靠耳朵去听。可又孤陋寡闻，容易被问倒，辩不过别人。王子！你将成为天下的君主了啊！"太子晋说："太师！您为什么这样小看我呢！从太皞以后直至尧、舜、禹，从没有同一个家族姓氏的宗族两次拥有天下。何况现在周王室受到威胁，我大任在身而不去讨伐那些人，怎么能得到整个天下呢？而且我听说您能知道人寿命的长短，请告诉我我的寿命怎样。"师旷回答说："你的声音清亮而带痰喘，你的脸色当是白中带红，而脸上泛红光是寿命不长的征兆。"太子晋说："三年以后，我当到上天做客。你千万别声张！否则就要大祸临头。"师旷回到晋国后，不到三年，就有人来报告说太子晋死了。

〔发明〕王子晋，是周灵王的长子，景王的哥哥。他天生有一种神圣的姿态。要是让他继承王位，那就等于文王、武王再生于世，宣王就不值一提了。然而周室却不当再兴，贤明的嗣君早逝。景王以后，庶子之祸日益严重，这难道不是天命吗？所以把这些遗言轶事辑于一起放在"子朝之乱"一节之前。《诗经》说："贤人死亡，国家就要衰弱了。"真是这样啊！

鲁昭公十五年夏季六月初九，周景王的儿子太子寿去世了。

秋八月戊寅，王穆后崩。十二月，晋荀跞如周，葬穆后，籍谈为介。既葬，除丧，以文伯宴，樽以鲁壶。王曰："伯氏！诸侯皆有以镇抚王室，晋独无有，何也？"文伯揖籍谈，对曰："诸侯之封也，皆受明器于王室，以镇抚其社稷，故能荐彝器于王。晋居深山，戎狄之与邻，而远于王室。王灵不及，拜戎不暇，其何以献器？"

王曰："叔氏！而忘诸乎？叔父唐叔，成王之母弟也，其反无分乎？密须之鼓，与其大路，文所以大蒐也。阙巩之甲，武所以克商也。唐叔受之，以处参虚，匡有戎狄。其后襄之二路、鏚钺、秬鬯、彤弓、虎贲，文公受之，以有南阳之田，抚征东夏。非分而何？夫有勋而不废，有绩而载，奉之以土田，抚之以彝器，旌之以车服，明之以文章，子孙不忘，所谓福也。福祚之不登，叔父焉在？且昔而高祖孙伯黡，司晋之典籍，以为大政，故曰籍氏。及辛有之二子董之，晋于是乎有董史。女，司典之后也，何故忘之？"籍谈不能对。宾出，王曰："籍父其无后乎！数典而忘其祖。"

籍谈归，以告叔向。叔向曰："王其不终乎！吾闻之：'所乐必卒焉。'今王乐忧，若卒以忧，不可谓终。王一岁而有三年之丧二焉，于是乎以丧宾宴，又求彝器，乐忧甚矣，且非礼也。彝器之来，嘉功之由，非由丧也。三年之丧，

秋季八月二十二日，太子寿的母亲王穆后去世。十二月，晋国的荀跞到成周，安葬穆后，籍谈作为副使。安葬完毕，除去丧服后，周景王与荀跞饮宴，用的是鲁国进贡的酒杯。景王说："伯父，诸侯都有礼器进贡王室，唯独晋国没有，这是为什么？"荀跞向籍谈作揖让他回答。籍谈回答说："诸侯受封的时候，都在王室接受了礼器宝物，用以镇抚他们的国家，所以能把彝器进奉给天子。晋国住在深山里，戎狄和我们相邻而远离王室，天子的威福不能达到，顺服戎人还来不及，怎么能进献彝器呢？"

周景王说："叔父！你忘了吗？叔父唐叔，是成王的同胞兄弟，他难道没有从王室分到赏赐吗？密须的鼓和他的车，是文王用来检阅军队的。阙巩的皮甲，是武王用以攻克商朝的。唐叔接受了，安置在参虚的分野晋国封地上，以安定境内的戎人和狄人。这以后襄王所赐的大路及戎路之车、斧钺、黑黍酿造的香酒、红色的弓、勇士，文公都接受了，用这些来保有南阳的土地，安抚、征伐东边各国。这不是分得了赏赐又是什么呢？有功勋而没有被废弃，功绩被载在史书里，用土地来奉养你们，用彝器来安抚你们，用车服来表彰你们，用旌旗来显耀你们，使你们的子孙不忘，这就是福。这种福祐不记住，叔父的心哪里去了呢？而且从前你的高祖孙伯黡，掌握晋国的典籍，主持晋国大事，所以被称为籍氏。直到辛有的第二个儿子董到了晋国，董氏才成为掌握典籍的史官。你是司典的后代，为什么忘了呢？"籍谈无言以对。客人们出去后，周景王说："籍谈的后代恐怕不能再享受荣禄了吧！他说起国家的礼制掌故来，把自己祖先的职守都忘掉了。"

籍谈回国后，把情况告诉了叔向。叔向说："天子恐怕不得善终吧！我听说：'所据以为乐的，必然以此致死。'现在天子把忧虑当成欢乐，如果因为忧虑而死，就不能说是善终。天子一年之中有两次三年之丧，这个时候和吊丧的宾客饮宴，又要求彝器，把忧虑当成欢乐也到了极点了，而且又不合于礼法。彝器的起源是由于嘉奖功勋的需要，而不是由于丧事。三年的丧期，

虽贵遂服，礼也。王虽弗遂，宴乐以早，亦非礼也。礼，王之大经也。一动而失二礼，无大经矣。言以考典，典以志经，忘经而多言，举典，将焉用之？”

十八年秋，葬曹平公。往者见周原伯鲁焉，与之语，不说学。归以语闵子马。闵子马曰：“周其乱乎！夫必多有是说，而后及其大人。大人患失而惑。”又曰：“可以无学，无学不害。不害而不学，则苟而可。于是乎下陵上替，能无乱乎！夫学，殖也。不学，将落，原氏其亡乎！”

二十一年春，天王将铸无射。伶州鸠曰：“王其以心疾死乎！夫乐，天子之职也。夫音，乐之舆也；而钟，音之器也。天子省风以作乐，器以钟之，舆以行之。小者不窕，大者不槬，则和于物。物和则嘉成。故和声入于耳而藏于心，心亿则乐。窕则不咸，槬则不容，心是以感，感实生疾。今钟槬矣，王心弗堪，其能久乎！”

〔补逸〕《国语》：二十三年，王将铸无射，而为之大林。单穆公曰：“不可。作重币以绝民资，又铸大钟，以鲜其继。若积聚既丧，又鲜其继，生何以殖？且夫钟不过以动声，若无射有林，耳不及也。夫钟声以为耳也，耳所不及，非钟声也；犹目所不见，不可以为目也。

即使贵为天子也一定要服满，这是礼法所规定的。天子即使现在不能服满丧期，饮宴奏乐也太早了，这也是不合于礼法的。礼法是天子所奉行的重要规范，一次举动而不合乎两种礼法，也就没有重大规范可言了。言语用来稽考典籍，典籍用来记载规范，忘记规范而言语很多，即使举出了先代典范，又有什么用呢？”

十八年秋季，安葬了曹平公。前去参加葬礼的人见到了周大夫原伯鲁，通过跟他说话，发现他不爱学习。有人回去告诉了闵子马。闵子马说：“周王室恐怕要发生动乱了吧！一定是到处流行这种说法，然后才影响到执政者。执政者担心丢掉官职而不明事理。”又说：“可以不学习，不学习没有坏处。认为没有坏处而不学习，就得过且过，因此臣下犯上作乱，王权衰落，这样能不发生动乱吗！学习，如同种植。不学习就要堕落，原氏恐怕要灭亡了吧！”

二十一年春季，周景王打算铸造无射大钟。乐师州鸠说：“天子可能要因心病而死吧！音乐，是天子主管的。音，是乐的载体；而钟，是发音的器物。天子考察风俗而制作乐曲，以乐器来汇聚它，用声音来表达它。小乐器发音不纤细，大乐器发音不粗犷，就能使万物趋于和谐。万物和谐才能形成美妙的音乐。因此和谐的音乐经由耳朵藏在心里，心情就快乐。纤细的声音无法使人人都听到，粗犷的声音令人无法忍受，内心因此不安，不安便会生病。现在所铸的钟声音粗犷，天子内心承受不住，怎么能够长久呢？”

〔补逸〕《国语》：周景王二十三年，周景王打算铸造无射钟，并造覆盖它的大林钟。单穆公劝谏说：“这不行。先前铸大钱使百姓丧失了资财，这次又铸大钟来断绝他们的生活来源。如果百姓手中的小钱失去了价值，又断绝了他们的生财之道，他们该怎样生存下去呢？况且钟不过是用来奏出八音的，而无射钟声音纤细，大林钟声音粗犷，耳朵怎么能听到呢？钟声是让耳朵听的，耳朵听不到，便不符合铸钟之法；就如同眼睛见不到东西，就不能称之为眼睛。

夫目之察度也，不过步武尺寸之间；其察色也，不过墨丈寻常之间。耳之察和也，在清浊之间；其察清浊也，不过一人之所胜。是故先王之制钟也，大不出钧，重不过石。律、度、量、衡，于是乎生。小大器用，于是乎出。故圣人慎之。

“今王作钟也，听之弗及，比之不度。钟声不可以知和，制度不可以出节。无益于乐而鲜民财，将焉用之？夫乐不过以听耳，而美不过以观目。若听乐而震，观美而眩，患莫甚焉。夫耳、目，心之枢机也。故必听和而视正。听和则聪，视正则明。聪则言听，明则德昭。听言、昭德，则能思虑纯固。以言德于民，民歆而德之，则归心焉。上得民心，以殖义方，是以作无不济，求无不获，然则能乐。夫耳内和声，而口出美言，以为宪令，而布诸民。正之以度量，民以心力，从之不倦。成事不贰，乐之至也。口内味而耳内声，声味生气。气在口为言，在目为明。言以信名，明以时动；名以成政，动以殖生。政成生殖，乐之至也。

“若视听不和，而有震眩，则味入不精。不精则气佚，气佚则不和，于是乎有狂悖之言，有眩惑之明，有转易之名，有过慝之度。出令不信，刑政放纷，动不顺时，

眼睛所能测到的距离不过一步半步，所能看清的范围不过是墨丈寻常这些长度之内。耳朵所听到的和谐音符不过是清丽与浊重而已，它所听清的清丽、浊重之音超不出一人所能奏出的所有声音。所以先王造钟，大不过一钧，重不过一石。律、度、量、衡等单位都是根据这个标准而产生，小大器物的制作标准也是由此产生。因此圣人对造钟非常谨慎。

"今天君王您所要造的钟，不合法度，耳朵又听不到。无法知道声音是否和谐，它又不是出于度量衡的单位标准。无益于音乐，却减少了百姓财富，将怎么用它呢！音乐不过是用来让耳朵听的，美丽的色彩不过是用来让眼睛看的。如果因听音乐而震坏耳朵，因看美丽的色彩而使双眼眩惑，就没有比这种祸患更大的了。耳朵、眼睛是心的开关，所以一定要听和谐悦耳之音，看纯正的颜色。听和谐之音则耳聪，看纯正之色则目明。两耳清晰便能听进忠言，两眼明亮便能看到德与善。听忠言、看善行，就能使内心思虑稳定。能够把忠言、善德施于下民，下民就会感恩戴德，归心于他。君主得民心，借以行道义，那么做事就会成功，求取就会得到，这样内心也就十分高兴。两耳接纳和谐之音，嘴里便会说出美妙的言语，以此立为法令，布施到下民之中去。以法度来约束他们，百姓便会尽心尽力言听计从，永远不会感到厌倦。成就事业不发生意外，这是音乐的最高境界。嘴接纳五味，耳朵接纳五声，气由此而生成。气作用于口而形成言语，作用于眼睛而形成光明。言语用以发号施令，光明使人适时而动；号令用以治理国家，行动用以增长财富。使国家得到治理，财富得以滋生，这是音乐的最高境界。

"如果耳听邪音，眼看邪色，而使耳朵震坏、眼睛眩惑，那么入口的五味便不精美。入口的五味不精美便会导致精气散佚，精气散佚身体就会感到不和谐，于是就会口吐狂乱的言语，眼睛产生眩惑的感觉，就会使政令变易无常，法度不公平。发出的政令失去信用，刑罚混乱，行动不遵循时令，

民无据依，不知所力，各有离心。上失其民，作则不济，求则不获，其何以能乐？三年之中，而有离民之器二焉，国其危哉！”

王弗听，问之伶州鸠。对曰：“臣之守官弗及也。臣闻之：‘琴瑟尚宫，钟尚羽，石尚角，匏竹利制。大不逾宫，细不过羽。’夫宫，音之主也，第以及羽。圣人保乐而爱财，财以备器，乐以殖财。故乐器重者从细，轻者从大。是以金尚羽，石尚角，瓦丝尚宫，匏竹尚义，革木一声。夫政象乐，乐从和，和从平。声以和乐，律以平声。金石以动之，丝竹以行之，诗以道之，歌以咏之，匏以宣之，瓦以赞之，革木以节之。物得其常曰乐极，极之所集曰声，声应相保曰和，细大不逾曰平。如是而铸之金，磨之石，系之丝木，越之匏竹，节之鼓而行之，以遂八风。于是乎气无滞阴，亦无散阳。阴阳序次，风雨时至，嘉生繁祉，人民和利。物备而乐成，上下不罢，故曰乐正。

“今细过其主，妨于正；用物过度，妨于财；正害财匮，妨于乐。细抑大陵，不容于耳，非和也；听声越远，

百姓没有行事的依据，不知该干什么，该为谁尽力，于是人人都产生了离散之心。君主失去了民众的支持，事情便办不成，需要的东西便得不到，这样还有什么能使他高兴呢？三年之中，便办了铸大钱、铸钟这样两件不得人心的事，国家很危险啊！”

景王没有听从单穆公的劝谏，他向乐官州鸠询问。州鸠回答说：“我的职位使我对这件事没有自己的看法。我只是听说：‘琴瑟的声音为宫音，钟声为羽音，磬声为角音，笙箫用以调音。声高不能超过宫音，细小不能低于羽音。’宫音是最主要的声音，其次是羽音。圣贤之人安于已有的音乐而追求财富，财富可以用来置办乐器，而通过音乐可以省察民风、农事，从而生殖财富。所以像金石一类的重乐器多为细声，瓦、丝一类的轻乐器声音高亢宏量。因而金属乐器主羽音，石制乐器主角音，瓦、丝乐器主宫音，笙箫乐器用以调音，鼓类乐器声调单一。政事由音乐反映，音乐讲究和谐，和谐就要做到细声与大声不相逾越。五声用以调谐乐曲，五律用以调节五声奏出的乐曲。钟磬发音，丝竹奏乐，用诗表达自己的志趣，用歌把它唱出来，用笙箫来渲染它，用瓦丝辅助它，用鼓来控制节奏。乐事按正常规律发展称为中，中和之声汇聚于一起称为正声，正声相互配合称为和谐，声音粗细适当称为平。像这样铸造出来的钟、磨制出来的磬、制成的琴瑟、穿孔而成的笙箫、截取长短大小而制成的鼓，用以演奏乐曲，便能够应顺八方的风。因而阴阳之气不伏积也不会散佚，阴阳有序，风调雨顺按时而来，福瑞不断出现，百姓生活充裕。万物齐备而音乐和成，上上下下都不会感到疲惫，所以叫音乐的正声。

“而现在所要铸的无射大钟，它的细声超过了宫音；所使用的铜过多，有害于财富；破坏了正声，耗尽了财富，因而也就破坏了音乐的和谐。无射钟的细声被大林钟的粗音所覆盖，耳朵听不到，这不是和谐；听到的声音微细迂远，

非平也；妨正匮财，声不和平，非宗官之所司也。夫有和平之声，则有蕃殖之财。于是乎道之以中德，咏之以中音。德音不愆，以合神人，神是以宁，民是以听。若夫匮财用，罢民力，以逞淫心，听之不和，比之不度，无益于教，而离民、怒神，非臣之所闻也。”

王不听，卒铸大钟。二十四年，钟成，伶人告和。王谓伶州鸠曰：“钟果和矣。”对曰：“未可知也。”王曰：“何故？”对曰：“上作器，民备乐之，则为和。今财亡民罢，莫不怨恨，臣不知其和也。且民所曹好，鲜其不济也；其所曹恶，鲜其不废也。故谚曰：‘众心成城，众口铄金。’今三年之中，而害金再兴焉，惧一之废也。”王曰：“尔老耄矣，何知？”二十五年，王崩，钟不和。

王将铸无射，问律于伶州鸠。对曰：“律所以立均出度也。古之神瞽，考中声而量之以制，度律均钟，百官轨仪，纪之以三，平之以六，成于十二，天之道也。夫六，中之色也，故名之曰黄钟，所以宣养六气、九德也。由是第之，二曰大簇，所以金奏赞阳出滞也；三曰姑洗，

这不是平和；妨害了和谐的正声而使财富耗尽，声音又不和平，这不是乐官的职掌。拥有了平和正乐，便有生殖出的财富。此时用中正的德行引导人们，演奏雅正和谐之音。朝廷所定的正统音乐没有过失，合于神灵的心意，合于人民的意愿，因此而使得神灵安于位，人民听从君主的统治。至于做耗尽财富、穷尽民力而使自己内心痛快的事，以及铸造不合法度、声音不和谐、不利于百姓的教化反而使人心离散、神灵愤怒的大钟的事，也是臣下我所没有听说过的。”

周景王没有听从劝谏，最终还是铸造了大钟。景王二十四年，大钟铸成，乐人报告景王大钟的声音很和谐。景王对乐官州鸠说：“大钟的声音确实很和谐。”州鸠回答说：“是否和谐还不知道。”景王问：“为什么呢？”州鸠回答说：“君主制作出乐器时，只有百姓们都高兴，才能说是和谐。而现在财富匮竭，百姓疲乏，没有不心存怨恨的，所以臣下我不知道它是否和谐。况且民众所共同爱好的事，很少有办不成的；他们所共同厌恶的事，很少有不被废弃的。因此有句谚语说：‘众心成城，众口铄金。’在三年之中，您就两次铸造害民之金，恐怕大钱、大钟都要遭到废弃。”景王说：“你太老了，能知道什么？”景王二十五年，景王去世，钟声果真不和谐。

周景王打算铸造无射钟，向乐官州鸠询问有关钟律的事。州鸠回答说：“六律、六吕是用来确立音声大小清浊和度量衡的标准的。古时候的乐正神瞽，合中和之声并加以考量来制定音乐，根据律吕的长短来平和钟的声音，订立百事的法度，又以天、地、人三者的标准来衡量它，以六律来调和它，形成六律六吕，正好符合上天之道。天有六甲，地有五子，合为十一，六正好居中，其色为黄，所以称为黄钟，可以用来遍养阴、阳、风、雨、晦、明六气和水、火、金、木、土、谷、正德、利用、厚生九德。由此依次排序，第二种称为大簇，可以用来帮助萌发阳气，散除滞伏之气；第三种称为姑洗，

所以修洁百物、考神纳宾也；四曰蕤宾，所以安靖神人、献酬交酢也；五曰夷则，所以咏歌九则、平民无贰也；六曰无射，所以宣布哲人之令德、示民轨仪也。为之六间，以扬沉伏而黜散越也；元间大吕，助宣物也；二间夹钟，出四隙之细也；三间中吕，宣中气也；四间林钟，和转百事，俾莫不任肃纯恪也；五间南吕，赞阳秀也；六间应钟，均利器用，俾应复也。律吕不易，无奸物也。细钧有钟无镈，昭其大也；大钧有镈无钟，甚大无镈，鸣其细也。大昭小鸣，和之道也。和平则久，久固则纯，纯明则终，终复则乐，所以成政也。故先王贵之。"

王曰："七律者何?"对曰："昔武王伐殷，岁在鹑火，月在天驷，日在析木之津，辰在斗柄，星在天鼋。星与日辰之位，皆在北维，颛顼之所建也，帝喾受之。我姬氏出自天鼋，及析木者，有建星及牵牛焉，则我皇妣大姜之侄，伯陵之后，逄公之所冯神也。岁之所在，则我有周之分野也；月之所在，辰马农祥也，我太祖后稷之所经纬也。王欲因是五位三所而用之，自鹑及驷，

用来洗涤百物的污秽，可以用来祭祀神灵，享宴接待宾客；第四种称为蕤宾，可以用来安定神人、行献享酬酢之礼；第五种称为夷则，可以用来歌咏九功的法则，使民众对君主忠心无二；第六种称为无射，可以用来宣扬先哲的美好德行，向百姓宣示仪制法度。在六种阳律之间穿插六个阴吕，用以发扬滞伏之气，驱除散逸之气；第一插进的是大吕，用来帮助宣泄阳气；第二插进的为夹钟，用以导出四季微弱之气；第三插进的为中吕，用来宣散阴气；第四插进的为林钟，用来调和百事，使百官都任职其事，快速建功，恪敬其职；第五插进的为南吕，用来助长阳气，促成谷物丰收；第六插进的为应钟，以使时务均利，百器具备，使之符合礼制，恢复常道。六律、六吕所调节出的音声不随意改变，则神无奸行，物无害生。调角、徵、羽这样的细声时，只用大钟不用小钟，是表明以大和细；调宫、商这样的大声时，只用小钟不用大钟，同是大声不用小钟，为的是突出丝竹革木的细声。大声彰显、小声和鸣，这是音乐的平和之道。音乐平和便能长久欢乐，长久安乐声音才能纯正，声音纯正而成，就是奏乐一终，从而再重新开始去演奏乐曲，以此来成就政事。所以先代君王非常重视音乐平和。”

景王又问：“七律是怎么回事？”乐官州鸠回答说：“当初武王伐纣，岁星在鹑火星处，月亮在房星的位置，太阳处在析木星次的天河附近，日月交会在北斗七星的斗柄，辰星处在天鼋的位置。辰星与日月的交会处都在北方天空的水位，那是水德之王颛顼立国的地方，也是帝喾受命的方位。我们姬氏出自天鼋星，涉及析木星次中的建星和牵牛星，是我朝先祖母太姜的侄子、伯陵的后代逄公所凭依的神。岁星所处的位置，正好是我们周国的分野；月亮所处的位置是预示农事祥和的房星，而农事又是我们周人的太祖后稷所经营的。武王想汇合岁、日、月、星、辰这五位和逄公所凭神、周分野所在、后稷所经纬这三所而使用它们，从鹑火到房星，

七列也；南北之揆，七同也。凡神人以数合之，以声昭之。数合声和，然后可同也。故以七同其数，而以律和其声，于是乎有七律。王以二月癸亥，夜陈未毕而雨，以夷则之上宫毕之，当辰。辰在戌上，故长夷则之上宫，名之曰羽，所以藩屏民则也；王以黄钟之下宫，布戎于牧之野，故谓之厉，所以厉六师也；以太簇之下宫，布令于商，昭显文德，底纣之多罪，故谓之宣，所以宣三王之德也；反及嬴内，以无射之上宫，布宪施舍于百姓，故谓之嬴乱，所以优柔容民也。”

二十二年，王子朝、宾起有宠于景王，王与宾孟说之，欲立之。刘献公之庶子伯蚡事单穆公，恶宾孟之为人也，愿杀之；又恶王子朝之言，以为乱，愿去之。宾孟适郊，见雄鸡自断其尾。问之侍者，曰：“自惮其牺也。”遽归告王，且曰：“鸡其惮为人用乎！人异于是。牺者实用人，人牺实难，己牺何害？”王弗应。夏四月，王田北山，使公卿皆从，将杀单子、刘子。王有心疾，乙丑，崩于荣锜氏。戊辰，刘子挚卒，无子，单子立刘蚡。五月庚辰，见王，遂攻宾起，杀之，盟群王子于单氏。

丁巳，葬景王。王子朝因旧官、百工之丧职秩者与灵、景之族以作乱，帅郊、要、饯之甲以逐刘子。壬戌，刘子奔扬。

有七个星宿；从鹑火到天鼋，由南而北，有七个星次。大凡调和神人之乐，取其七数，并以声律调音来昭示数字的配合。数字相合，乐音就会和谐，人神就可以相通。因此以七来协同其数，以音律来使声调和谐，这便有了七律。武王在二月初四癸亥日夜晚在牧野列阵，陈师未毕天就下起雨来，用夷则奏出上宫音，列阵完毕，当时日月正好交会。交会点在戌位，所以率先将夷则发出的上宫音命名为羽，意思是说武王能够保护民众，使他们遵守法则；武王用黄钟奏出下宫音，在牧野布阵，所以把这一下宫音称为厉，用以激励六军将士；又用太簇奏出下宫音，在商都发号施令，以昭明文王的德行，声讨纣王的诸多罪行，这一下宫音因此被称为宣，以它来宣扬太王、王季、文王三王的大德；回师到嬴内以后，用无射奏出上宫音，向百姓宣布法令，施恩舍罪，因此这一上宫音称为嬴乱，以此来安抚宽容百姓。”

二十二年，王子朝、宾孟受到周景王的宠信，景王和宾孟都喜欢王子朝，要立他为太子。刘献公的庶子伯蚡事奉单穆公，他讨厌宾孟的为人，想杀死他；又讨厌王子朝说的话，认为违背了礼制，想除掉他。一次宾孟到郊外，见一只公鸡自己弄断了尾巴上的羽毛。他问侍从这是为什么，侍从说：“它是害怕被用作祭祀的牺牲。”宾孟匆匆忙忙回来报告景王，而且说：“公鸡大约是害怕被用作牺牲吧！这就和人不一样。牺牲是被人使用的，被别人宠爱而被用作牺牲很难，可被自己用作牺牲又有什么妨碍呢?”景王没有回答。夏季四月，景王到北山打猎，让公卿们都跟着，打算杀掉单穆公和刘献公。景王由于心脏有毛病，十八日，死在荣锜家。二十二日，刘献公刘挚死去，没有嫡子，单穆公便立了刘蚡。五月初四，刘蚡进见周天子，乘机攻打宾孟，杀了他，并与其他王子一起在单穆公家结盟。

六月十一日，安葬了周景王。王子朝依仗旧官和百工中丢掉官职的人，和周灵王、周景王的族人一起发动叛乱，率领郊地、要地、饯地的甲士驱逐了刘蚡。十六日，刘蚡逃到了扬地。

单子逆悼王于庄宫以归。王子还夜取王以如庄宫。癸亥，单子出。王子还与召庄公谋曰："不杀单旗，不捷。与之重盟，必来。背盟而克者多矣。"从之。樊顷子曰："非言也，必不克。"遂奉王以追单子，及领，大盟而复，杀挚荒以说。刘子如刘。单子亡，乙丑，奔于平畤。群王子追之，单子杀还、姑、发、弱、鬷、延、定、稠，子朝奔京。丙寅，伐之。京人奔山。刘子入于王城。辛未，巩简公败绩于京。乙亥，甘平公亦败焉。叔鞅至自京师，言王室之乱也。闵马父曰："子朝必不克，其所与者，天所废也。"

单子欲告急于晋。秋七月戊寅，以王如平畤，遂如圃车，次于皇。

刘子如刘。单子使王子处守于王城。盟百工于平宫。辛卯，鄩肸伐皇，大败，获鄩肸。壬辰，焚诸王城之市。八月辛酉，司徒丑以王师败绩于前城，百工叛。己巳，伐单氏之宫，败焉。庚午，反伐之。辛未，伐东圉。冬十月丁巳，晋籍谈、荀跞帅九州之戎及焦、瑕、温、原之师以纳王于王城。庚申，单子、刘蚡以王师败绩于郊，前城人败陆浑于社。

十一月乙酉，王子猛卒，不成丧也。

〔考异〕《史记》：子朝攻杀猛。

己丑，敬王即位，馆于子旅氏。十二月庚戌，晋籍谈、荀跞、贾辛、司马督帅师军于阴，于侯氏，于谿泉，次于社。王师军于汜、解，次于任人。闰月，晋箕遗、乐徵、右行诡济师，

单穆公在庄宫将悼王迎到自己家里。王子还夜里又把悼王带回了庄宫。十七日,单穆公出逃。王子还和召庄公商量说:“不杀掉单旗(即单穆公),不能算胜利。如果我们再与他结盟,他必然还会回来。违背盟约战胜敌人的先例是很多的。”召庄公同意了。樊顷子说:“这不像话,不可能战胜敌人。”于是奉悼王之命去追赶单穆公,来到崿岭,举行了声势浩大的会盟,然后返回来,杀死了挚荒以向单穆公解释。刘蚡又逃到刘地。单穆公逃亡,十九日,逃到了平畤。众王子们追赶他,单穆公杀死了其中的还、姑、发、弱、鬷、延、定、稠等王子,王子朝逃到了京地。二十日,单穆公讨伐京地。京地的人都逃到山里。刘蚡进入了王城。二十五日,巩简公在京地战败。二十九日,甘平公也战败了。鲁国的叔鞅从京师回来,说起了王室的动乱。闵马父说:“王子朝必然不能成功,因为他所亲附的人,都是被上天抛弃的。”

单穆公想要向晋国报告周王室的紧急情况。秋七月初三,他带着周悼王来到平畤,又到了圃车,住在皇地。

刘蚡去了刘地。单穆公派王子处守卫王城。与百工在平王庙结盟。十六日,鄩肸进攻皇地,结果大败被俘。十七日,单穆公把他烧死在王城的街市上。八月十六日,司徒丑所率领的周天子的军队在前城大败,百工叛变。二十四日,百工攻打单穆公的住宅,结果失败。二十五日,单穆公进行反击。二十六日,打到东圉。冬季十月十三日,晋国的籍谈、荀跞率领九州的戎人和焦、瑕、温、原等地的军队把周悼王送回王城。十六日,单穆公、刘蚡率领的周天子的军队在郊地战败,前城人在社地打败了陆浑。

十一月十二日,周悼王猛去世,没有举行天子的葬礼。

〔考异〕《史记》:周悼王是被王子朝攻杀的。

十一月十六日,周敬王即位,住在子旅氏家里。十二月初七,晋国的籍谈、荀跞、贾辛、司马督领兵分别驻扎在阴、侯氏、谿泉和社地。周天子的军队驻扎在氾地、解地和任人。闰十二月,晋国的箕遗、乐徵、右行诡带领部队渡过伊水、洛水,

取前城，军其东南。王师军于京楚。辛丑，伐京，毁其西南。

二十三年春王正月，壬寅朔，二师围郊。癸卯，郊、鄩溃。丁未，晋师在平阴，王师在泽邑。王使告间。庚戌，还。

夏四月乙酉，单子取訾，刘子取墙人、直人。六月壬午，王子朝入于尹。癸未，尹圉诱刘佗，杀之。丙戌，单子从阪道，刘子从尹道，伐尹。单子先至而败，刘子还。己丑，召伯奂、南宫极以成周人戍尹。庚寅，单子、刘子、樊齐以王如刘。甲午，王子朝入于王城，次于左巷。秋七月戊申，鄩罗纳诸庄宫。尹辛败刘师于唐。丙辰，又败诸鄩。甲子，尹辛取西闱。丙寅，攻蒯，蒯溃。

八月丁酉，南宫极震。苌弘谓刘文公曰："君其勉之！先君之力可济也。周之亡也，其三川震。今西王之大臣亦震，天弃之矣。东王必大克。"

二十四年春王正月辛丑，召简公、南宫嚚以甘桓公见王子朝。刘子谓苌弘曰："甘氏又往矣。"对曰："何害？同德度义。《大誓》曰：'纣有亿兆夷人，亦有离德；余有乱臣十人，同心同德。'此周所以兴也。君其务德，无患无人。"戊午，王子朝入于邬。三月庚戌，晋侯使士景伯莅问周故。士伯立于乾祭，而问于介众。晋人乃辞王子朝，不纳其使。六月壬申，王子朝之师攻瑕及杏，皆溃。郑伯如晋，子大叔相，见范献子。献子曰："若王室何？"对曰："老夫其国家不能恤，敢及王室？抑人亦有言曰：'嫠不恤其纬，

占领了前城，驻扎在前城的东南。周天子的军队驻扎在京楚。二十九日，进攻京地，破坏了城的西南部。

二十三年春季，周历正月初一，周天子和晋国的两支军队包围了郊地。初二，郊、鄩两城溃败。初六，晋军在平阴，周天子的军队在泽邑。周敬王派人向晋军报告形势好转。初九，晋军回国。

夏季四月十四日，单穆公攻取了訾地，刘蚡攻取了墙人、直人。六月十二日，王子朝进入尹地。十三日，尹圉诱杀了刘佗。十六日，单穆公由偏僻山路、刘蚡由入尹的大路率军攻打尹地。单穆公先到，结果战败，刘蚡只好回去了。十九日，召伯奂、南宫极带着成周的军队戍守尹地。二十日，单穆公、刘蚡、樊齐带着周天子到了刘地。二十四日，王子朝进入王城，住在左巷。秋季七月初九，鄩罗护送王子朝到庄宫。尹辛在唐地击败了刘蚡的军队。十七日，又在鄩地打败了他。二十五日，尹辛占领了西闱。二十七日，进攻蒯地，蒯地人溃败。

八月二十七日，南宫极死于地震。苌弘对刘文公(即刘蚡)说："您努力吧！您父亲所致力的事业可以成功了。周王室先前灭亡的时候，泾、渭、洛三川发生地震。现在西王子朝的大臣也死于地震，这是上天把他抛弃了。东王必然大胜。"

二十四年春季，周历正月初五，召简公、南宫嚚带着甘桓公进见王子朝。刘蚡对苌弘说："甘氏又去了。"苌弘回答说："那有什么妨碍呢？同心同德在于合乎正义。《太誓》说：'纣有亿兆人，却离心离德；而我有治世之臣十人，却同心同德。'这就是周朝所以兴起的原因。君王还是致力于德行吧，不要担心没有人。"二十二日，王子朝进驻邬地。三月十五日，晋顷公派士景伯到王城了解周王室发生的事情。士景伯站在王城北门向群众询问，知道了实情。此后，晋国辞谢王子朝，不再接纳他的使者。六月初八，王子朝的军队攻打瑕地和杏地，两地的军队都溃败了。郑定公去晋国，子太叔为相礼，进见范献子。范献子说："王室该怎么办呢？"子太叔回答说："老夫对自己的国家和家族都不能照顾好，岂敢关心王室？况且人们有这样一句话：'寡妇不操心纺织，

而忧宗周之陨，为将及焉。'今王室实蠢蠢焉，吾小国惧矣，然大国之忧也，吾侪何知焉？吾子其早图之！《诗》曰：'瓶之罄矣，惟罍之耻。'王室之不宁，晋之耻也。"献子惧，而与宣子图之。乃征会于诸侯，期以明年。冬十月癸酉，王子朝用成周之宝珪于河。甲戌，津人得诸河上。阴不佞以温人南侵，拘得玉者，取其玉，将卖之，则为石。王定而献之，与之东訾。

二十五年夏，会于黄父，谋王室也。赵简子令诸侯之大夫输王粟，具戍人，曰："明年将纳王。"宋乐大心曰："我不输粟。我于周为客，若之何使客？"晋士伯曰："自践土以来，宋何役之不会，而何盟之不同？曰'同恤王室'，子焉得辟之？子奉君命，以会大事，而宋背盟，无乃不可乎？"右师不敢对，受牒而退。士伯告简子曰："宋右师必亡。奉君命以使，而欲背盟，以干盟主，无不祥大焉。"壬申，尹文公涉于巩，焚东訾，弗克。

二十六年四月，单子如晋告急。五月戊午，刘人败王城之师于尸氏。戊辰，王城人、刘人战于施谷，刘师败绩。七月己巳，刘子以王出。庚午，次于渠。王城人焚刘。丙子，王宿于褚氏。丁丑，王次于萑谷。庚辰，王入于胥靡。辛巳，王次于滑。晋知跞、赵鞅帅师纳王，使女宽守阙塞。冬十月

而忧虑宗周的衰落，因为祸患也会降临到她头上。'现在王室确实动乱不安，我们小国很害怕，可这是大国的忧虑，我们这些人又怎么知道呢？您还是早做打算吧！《诗经》中说：'酒瓶子空了，同样也是酒坛子的耻辱。'王室的不安宁，同样也是晋国的耻辱。"范献子害怕了，便与韩宣子商量。于是决定召集诸侯相会，时间就定在下一年。冬季十月十一日，王子朝把成周的宝珪沉进黄河向黄河祈祷。十二日，渡口的船工在黄河边拾到了这块宝珪。此时，阴不佞带着温地的人南下袭击王子朝，拘捕了得到宝珪的那个船工，夺走了宝珪，正打算卖掉它时，它却变成了石头。阴不佞在王室安定以后把它献给了敬王，敬王把东訾这个地方赐给了他。

二十五年夏季，鲁国叔诣与晋国赵简子、宋国乐大心、卫国北宫喜、郑国游吉、曹人、邾人、滕人、薛人、小邾人相会于黄父，谋划安定王室。赵简子命令诸侯的大夫向周天子输送粮食，准备戍守的将士，说："明年把天子送回王都。"宋国乐大心说："我国不给天子输送粮食。我们对周天子来说是客人，为什么要役使客人呢？"晋国士景伯说："从践土会盟以来，宋国哪次战役没参加，哪次会盟没来？盟辞说'同为王室操心'，您怎么能拒绝输送粮食呢？您奉国君命令来会商大事，却让宋国违背盟约，恐怕不行吧？"乐大心没敢回答，接受了简札就退了出去。士景伯告诉赵简子说："宋国右师乐大心一定会逃亡。奉国君命令出使，而想违背盟约以触犯盟主，没有比这再大的不吉利了。"十一月十五日，尹文公从巩地渡过洛水，放火烧了东訾，没有攻克。

二十六年四月，单穆公到晋国告急。五月初五，刘地的军队在尸氏打败了王城的军队。十五日，王城军队与刘地军队又在施谷作战，结果刘地军队战败。七月十七日，刘文公护卫敬王逃离刘邑。十八日，驻扎于渠地。王城的军队放火烧了刘邑。二十四日，敬王住在褚氏。二十五日，敬王住在萑谷。二十八日，敬王进入胥靡。二十九日，敬王住在滑地。晋国的知跞（即荀跞）、赵鞅（即赵简子）率兵接纳敬王，派女宽镇守阙塞。冬季十月

丙申，王起师于滑。辛丑，在郊，遂次于尸。十一月辛酉，晋师克巩。召伯盈逐王子朝。王子朝及召氏之族、毛伯得、尹氏固、南宫嚚奉周之典籍以奔楚。阴忌奔莒以叛。召伯逆王于尸，及刘子、单子盟，遂军圉泽，次于堤上。癸酉，王入于成周。甲戌，盟于襄宫。晋师使成公般戍周而还。十二月癸未，王入于庄宫。

王子朝使告诸侯曰："昔武王克殷，成王靖四方，康王息民，并建母弟，以藩屏周，亦曰：'吾无专享文、武之功，且为后人之迷败倾覆，而溺入于难，则振救之。'至于夷王，王愆于厥身，诸侯莫不并走其望，以祈王身。至于厉王，王心戾虐，万民弗忍，居王于彘，诸侯释位，以间王政。宣王有志，而后效官。至于幽王，天不吊周，王昏不若，用愆厥位。携王奸命，诸侯替之，而建王嗣，用迁郏鄏。则是兄弟之能用力于王室也。至于惠王，天不靖周，生颓祸心，施于叔带，惠、襄辟难，越去王都，则有晋、郑，咸黜不端，以绥定王家。则是兄弟之能率先王之命也。在定王六年，秦人降妖曰：'周其有髭王，亦克能修其职，诸侯服享，二世共职。王室其有间王位，诸侯不图，而受其乱灾。'至于灵王，生而有髭，王甚神圣，无恶于诸侯。灵王、景王克终其世。

"今王室乱，单旗、刘狄剥乱天下，壹行不若，谓：'先王何常之有，唯余心所命，其谁敢讨之？'帅群不吊之人，

十六日，周敬王在滑地起兵。二十一日，在郊地，然后驻扎在尸地。十一月十一日，晋军攻下巩地。召伯盈（即召简公）赶走了王子朝。王子朝和召氏的族人、毛伯得、尹氏固（即尹文公）、南宫嚚等带着周室的典籍逃亡到楚国。阴忌逃亡到莒国叛乱。召简公在尸地迎接敬王，与刘文公、单穆公结盟，把军队驻扎在圉泽，住在堤上。二十三日，敬王进入成周。二十四日，在襄王庙内盟誓。晋军留下成公般戍守成周，就回去了。十二月初四，敬王进入庄宫。

王子朝派人向诸侯报告说："从前武王战胜殷商，成王安定四方，康王与民休息，一起分封同母兄弟，以作为周朝的屏障，还说：'我不能独自安享文王、武王的功业，而且还要为了后代一旦荒淫败乱而陷入危机时，兄弟的后代们可以拯救他。'到了夷王，他恶疾缠身，诸侯无不奔走遍祭境内的名山大川，为夷王的健康祈祷。到了厉王，他内心乖张暴虐，老百姓不能忍受，就让他住到彘地去，诸侯纷纷离开君位，来参与王朝的政事。宣王有拯救天下的志向，于是诸侯们又把王位奉还给了他。到了幽王，上天不保佑周室，天子昏乱不顺，因此失去了王位。幽王的弟弟携王违犯天命，诸侯废黜了他，另立王位继承人，于是迁都到郏鄏。这就是由于兄弟们能够为王室效力的缘故。到了惠王，上天不让周朝安定，使子颓生出祸心，延及于叔带（即子带），惠王、襄王为了避难，离开了国都，这时候就有晋国、郑国都来消灭那些不忠正的人，以平定王室。这就是由于兄弟们能够遵奉先王命令的缘故。在定王六年的时候，秦国出现妖言，说：'周朝会有一个长胡子的天子，也还能够修明自己的职分，使诸侯顺服而享有国家，两代都能恭敬地谨守职分。王室中会有人觊觎王位，诸侯不为王室着想，结果遭受动乱灾祸。'到了灵王，他生下来就有胡子，他十分神敏圣明，对诸侯没有做什么不好的事。灵王、景王都能善终。

"今王室动乱，单旗、刘蚡搅乱天下，专门倒行逆施，他们认为：'先王登位有何常规，我想立谁立谁，谁敢讨伐？'率一群不轨之徒，

以行乱于王室。侵欲无厌，规求无度，贯渎鬼神，慢弃刑法，倍奸齐盟，傲很威仪，矫诬先王。晋为不道，是摄是赞，思肆其罔极。兹不穀震荡播越，窜在荆蛮，未有攸底。若我一二兄弟甥舅，奖顺天法，无助狡猾，以从先王之命，毋速天罚，赦图不穀，则所愿也。敢尽布其腹心，及先王之经，而诸侯实深图之。

"昔先王之命曰：'王后无適，则择立长。年钧以德，德钧以卜。'王不立爱，公卿无私，古之制也。穆后及太子寿早夭即世，单、刘赞私立少，以间先王。亦唯伯仲叔季图之。"闵马父闻子朝之辞，曰："文辞以行礼也。子朝干景之命，远晋之大，以专其志，无礼甚矣，文辞何为？"

二十七年，会于扈，令成周。十二月，晋籍秦致诸侯之戍于周，鲁人辞以难。

二十九年三月己卯，京师杀召伯盈、尹氏固及原伯鲁之子。尹固之复也，有妇人遇之周郊，尤之曰："处则劝人为祸，行则数日而反。是夫也，其过三岁乎！"夏五月庚寅，王子赵车入于鄻以叛，阴不佞败之。

三十二年秋八月，王使富辛与石张如晋，请城成周。天子曰："天降祸于周，俾我兄弟并有乱心，以为伯父忧。我一二亲昵甥舅，不皇启处，于今十年。勤戍五年。余一人无日忘之，闵闵焉如农夫之望岁，惧以待时。伯父若肆大惠，复二文之业，弛周室之忧，徼文、武之福，以固

在王室中制造混乱。他们侵吞没有满足，贪求没有限度，惯于亵渎鬼神，轻慢而抛弃刑法，违背盟约，蔑视礼仪，违背先王。晋国无道，对他们支持赞助，想放纵他们永无满足的欲望。现在我动荡流离，逃窜到荆蛮，没有归宿。如果我的一两位兄弟甥舅能顺从上天的法度，不帮助狡猾之徒，以服从先王的命令，不要招致上天的惩罚，除去我的忧患，那便是我的愿望。谨此尽情披露内心所想和先王的命令，希望诸侯们深思熟虑。

"从前先王的命令说：'王后没有嫡子，就选择立年长的。年纪相当就根据德行，德行相当就根据占卜的结果。'天子不立自己所偏爱的人，公卿没有私心，这是古代的制度。穆后和太子寿早逝，单国和刘国偏私立了年幼者，违犯了先王的命令。也请各位诸侯好好考虑一下。"闵马父听到王子朝的这番说辞，说："文辞是用以贯彻礼法的。子朝违背了景王的命令，疏远晋国这个大国，他一心想做天子，无礼到极点了，哪里还用得着这样的说辞呢？"

二十七年，晋国范献子、宋国乐祁犁、卫国北宫喜、曹人、邾人、滕人在扈地相会，决定派人戍守成周。十二月，晋国的籍秦把诸侯的戍卒送到成周，鲁国借口有祸难拒绝派兵。

二十九年三月十三日，在京师杀掉了召伯盈、尹氏固和原伯鲁的儿子。尹氏固回去的时候，有个妇人在周的郊外碰上他，责备他说："在国内时就怂恿别人发动祸乱，出逃没几天就回来。像这样的人，难道还能活过三年吗！"夏季五月二十五日，王子赵车进入鄻地发动叛乱，被阴不佞打败。

三十二年秋季八月，周敬王派富辛和石张去晋国，请求修筑成周的城墙。天子说："上天给周室降下灾祸，使我的兄弟都起了叛乱之心，以此成为伯父的忧虑。我几个亲近的甥舅之国也无暇安居，到现在已经十年了。诸侯派兵来戍守也已经五年了。我本人没有一天能忘记这件事，忧心忡忡地好像农夫在盼望收成、提心吊胆地等待收割一样。如果伯父能布施大恩，重建文侯、文公的功业，缓解周室的忧患，向文王、武王求取福佑，以巩固

盟主，宣昭令名，则余一人有大愿矣。昔成王合诸侯城成周，以为东都，崇文德焉。今我欲徼福假灵于成王，修成周之城，俾戍人无勤，诸侯用宁，蝥贼远屏，晋之力也。其委诸伯父，使伯父实重图之，俾我一人无征怨于百姓，而伯父有荣施，先王庸之。”

范献子谓魏献子曰：“与其戍周，不如城之。天子实云，虽有后事，晋勿与知可也。从王命以纾诸侯，晋国无忧。是之不务，而又焉从事？”魏献子曰：“善。”使伯音对曰：“天子有命，敢不奉承以奔告于诸侯，迟速衰序，于是焉在。”

冬十一月，晋魏舒、韩不信如京师，合诸侯之大夫于狄泉，寻盟，且令城成周。魏子南面。卫彪傒曰：“魏子必有大咎。干位以令大事，非其任也。《诗》曰：‘敬天之怒，不敢戏豫；敬天之渝，不敢驰驱。’况敢干位以作大事乎？”

己丑，士弥牟营成周，计丈数，揣高卑，度厚薄，仞沟洫，物土方，议远迩，量事期，计徒庸，虑材用，书糇粮，以令役于诸侯。属役赋丈，书以授帅，而效诸刘子。韩简子临之，以为成命。

定公元年春王正月辛巳，晋魏舒合诸侯之大夫于狄泉，将以城成周。魏子莅政。卫彪傒曰：“将建天子，而易位以令，非义也。大事奸义，必有大咎。晋不失诸侯，魏子其不免乎！”是行也，魏献子属役于韩简子及原寿过，

盟主地位，宣扬美名，那就是我本人的最大愿望了。从前成王召集诸侯修筑成周城，作为东都，尊崇文治之德。现在我想向成王求取福佑威灵，增筑成周的城墙，使戍防之人免于辛劳，诸侯得以安宁，把坏人屏逐到远方，所有这一切都是晋国的功劳。谨以此事委托给伯父，请伯父三思，以使我本人不在百姓中招致怨恨，而伯父有了光荣的功绩，先王也会酬谢您的。”

范献子对魏献子（即魏舒）说：“与其在成周戍守，不如修筑其城墙。天子确实说过了，即使以后有事，晋国也不用承担什么责任。服从天子的命令，使诸侯缓口气，晋国也就没什么忧患了。如果不致力于此，又想做什么呢？”魏献子说：“好。”于是派伯音去回复天子说：“天子有命令，我们怎敢不遵命并奔走告知各诸侯国，工程的进度和分配，都听从天子安排。”

冬季十一月，晋国的魏舒、韩不信来到京师，在狄泉召集诸侯国大夫，重温过去的盟约，同时命令修筑成周城墙。当时魏舒面朝南而坐。卫国的彪傒说：“魏舒一定会有大难。他僭越本位而发号施令，这不是他能承担得了的。《诗经》说：‘恭敬地对待上天的震怒，不敢嬉戏玩忽；恭敬地对待上天的变异，不敢放纵随意。’何况现在魏舒敢僭越本位而去颁布命令呢？”

十四日，士弥牟（即士景伯）为成周的工程制订方案，计算城墙长度，估计高低、厚薄，约算沟渠的深度，考量取土方位、运输远近，预计完工日期，计算所需人工，考虑器材费用，记录所需粮食等，以便令诸侯开工筑城。把各国的劳役分配和工程长度，登记下来交给诸侯国大夫，并汇总到刘文公那里。韩简子（即韩不信）监工，以贯彻执行这项命令。

鲁定公元年春季，周历正月初七，晋国的魏舒在狄泉召集诸侯国的大夫，准备开始修筑成周城墙。魏舒主持这件事。卫国的彪傒说：“打算为天子筑城，却超越自己的本位来发号施令，这是不符合道义的。在大事上违背道义，必然会有大的灾祸临头。晋国如果不失去诸侯的支持，魏舒恐怕就不能免于灾难吧！”此次出来，魏舒把差事交给韩简子和原寿过之后，

而田于大陆，焚焉，还，卒于甯。范献子去其柏椁，以其未复命而田也。

孟懿子会城成周。庚寅，栽。宋仲几不受功，曰："滕、薛、郳，吾役也。"薛宰曰："宋为无道，绝我小国于周，以我适楚，故我常从宋。晋文公为践土之盟曰：'凡我同盟，各复旧职。'若从践土，若从宋，亦唯命。"仲几曰："践土固然。"薛宰曰："薛之皇祖奚仲居薛，以为夏车正。奚仲迁于邳，仲虺居薛，以为汤左相。若复旧职，将承王官，何故役诸侯？"仲几曰："三代各异物，薛焉得有旧？为宋役，亦其职也。"士弥牟曰："晋之从政者新，子姑受功。归，吾视诸故府。"仲几曰："纵子忘之，山川鬼神其忘诸乎？"士伯怒，谓韩简子曰："薛征于人，宋征于鬼，宋罪大矣。且己无辞，而抑我以神，诬我也。启宠纳侮，其此之谓矣。必以仲几为戮。"乃执仲几。三月，归诸京师。

城三旬而毕，乃归诸侯之戍。齐高张后，不从诸侯。晋女叔宽曰："周苌弘、齐高张皆将不免。苌叔违天，高子违人。天之所坏，不可支也；众之所为，不可奸也。"

〔补逸〕《国语》：敬王十年，刘文公与苌弘欲城成周，为之告晋。魏献子为政，说苌弘而与之。将合诸侯。

自己却到大陆泽去打猎，放火驱赶猎物，结果回来时死在了甯地。范献子撤去了安放他尸体的柏木外棺，这是由于他还没有复命就去打猎的缘故。

孟懿子代表鲁国参加了修筑成周城墙的工程。正月十六日，开始夯土。宋国的仲几不接受工程任务，他说："滕国、薛国、郳国是替我国服役的。"薛国宰臣说："宋国所为无道，让我们小国同周王室断绝关系，带着我们去事奉楚国，所以过去我们常常听宋国指挥。晋文公当初在践土之盟时说：'凡是我们的同盟者，都要各复原职。'所以是服从践土盟约，还是服从宋国，我们唯命是听。"仲几说："即使依照践土盟约，你们也还是应该为宋国服役。"薛国宰臣说："薛国的远祖奚仲当初住在薛地，做夏朝的车正。奚仲迁居到邳地后，仲虺又住在薛地，做商汤的左相。如果说恢复原来的职位，就应接受天子授予的官位，为什么要为诸侯服役呢？"仲几说："夏、商、周三代的事情各不相同，薛国怎能再按旧章程办事呢？宋国是商的后裔，那么为宋国服役，也是你们的职责。"士弥牟说："晋国的执政者是新人，您姑且接受工程任务。我回去后查一下旧府库的档案。"仲几说："即使您忘了，山川鬼神难道会忘吗？"士弥牟大怒，对韩简子说："薛国用人作证，宋国用鬼神作证，宋国的罪过太大了。更何况他自己无言以对，却用鬼神来压制我们，这是在欺骗我们。给予宠信反而招来侮辱，说的就是这种情况。一定要让仲几受到羞辱。"于是把仲几抓回国。三月，又把他送到京师。

筑城的工程三十天就完成了，于是让诸侯国的戍卒各返其国。齐国的高张来晚了，没能赶上与诸侯一起筑城。晋国的女叔宽说："周王室的苌弘、齐国的高张都将不免于灾祸。苌弘违背上天，高张违背众人。上天要毁坏谁，没人能支持他；众人要怎么样，谁也不能违抗。"

〔补逸〕《国语》：周敬王十年，刘文公和苌弘打算修筑成周城墙，为此派人去告诉晋国。晋国的魏献子执政，他喜欢苌弘，便赞同苌弘的筑城主张。准备召集诸侯来办此事。

卫彪傒适周，闻之，见单穆公曰："苌、刘其不没乎！周诗有之曰：'天之所支，不可坏也；其所坏，亦不可支也。'昔武王克殷而作此诗也，以为饫歌，名之曰《支》，以遗后之人，使永监焉。夫礼之立成者为饫，昭明大节而已，少曲与焉，是以为之日惕，其欲教民戒也。然则夫《支》之所道者，必尽知天地之为也。不然，不足以遗后之人。今苌、刘欲支天之所坏，不亦难乎！自幽王而天夺之明，使迷乱弃德，而即慆淫，以亡其百姓。其坏之也久矣，而又将补之，殆不可矣！水火之所犯，犹不可救，而况天乎！谚曰：'从善如登，从恶如崩。'昔孔甲乱夏，四世而殒；玄王勤商，十有四世而兴。帝甲乱之，七世而殒；后稷勤周，十有五世而兴。幽王乱之，十有四世，守府之谓多，胡可兴也？夫周，高山广川大薮也，故能生之良材，而幽王荡以为魁陵；粪土沟渎，其有悛乎！"

单子曰："其咎孰多？"曰："苌叔必速及，夫将以道补者也。夫天道，道可而省不，苌叔反是，以诳刘子，必有三殃：违天，一也；反道，二也；诳人，三也。周若无咎，苌叔必为戮。虽晋魏子，亦将及焉。若得天福，其当身乎！若刘氏，则必子孙实有祸。夫子而弃常法，以从其私欲，用巧变以崇天灾，

卫国的彪傒去成周，听说后，去见单穆公说："苌弘、刘蚡大概会不得好死吧！有一首周诗说：'上天所支持的，就毁坏不了；上天所毁坏的，也不能支持。'过去武王克商而作了这首诗，是行饫礼时唱的，取名为《支》，以此传给后人，使他们永远引以为鉴。饫礼是站着完成的礼仪，不过是为了突出大节而已，很少有繁文缛节，因此是让人们日日为之警惕，目的是教育下民戒惧。这样《支》所阐明的道理，必定完全符合上天的要求。否则，就不足以留传给后人。现在苌弘、刘蚡想要支持上天所要毁坏的，不是很难吗！自从幽王时，上天夺去他的圣明，使他迷乱失德，近于怠惰放纵，以此失去了天下百姓的拥戴。从那时起到现在，上天破坏周的统治已为时很久了，而他们又想弥补，恐怕不可能吧！水火所造成的灾害，尚且无法挽救，更何况是上天所降下的灾祸呢！有句民谚说：'从善好比登山一样困难，作恶如同崩毁一样容易。'古时，孔甲扰乱夏政，使夏朝过了四代就灭亡了；而玄王勤于商政，十四代才使商朝兴盛。帝甲乱商，使商朝过了七代就灭亡了；而后稷勤于周政，十五代才使周朝兴盛起来。自从幽王乱周，到现在已十四代了，能够保住周朝的府库就算不错了，怎么能使它再中兴呢？周的道德礼法如同上天拥有高山、广川、大泽，所以能生长良材；而幽王败乱周的法度，就像毁高山为小丘、粪土，残绝川泽为沟渠一样，怎么会有止境呢！"

单穆公说："苌弘与刘蚡，谁的罪责更深？"彪傒说："苌弘一定会很快遭殃，因为他企图用天道来修补人事。天道，引导可以辅助的，除去不可辅助的，苌弘反其道而行，诳骗刘蚡，必然要遭三大灾殃：一是违背天意，二是背离道义，三是诳骗他人。周室若无凶咎，苌弘肯定会被杀戮。即使是晋国的魏舒，也会遭殃的。如果他得到上天的福佑，那么可能会祸止一身吧！至于刘蚡，必将祸及子孙。他背弃了周朝的常法，纵私欲而筑成周城墙，用投机取巧来加重天灾，

勤百姓以为己名，其殃大矣。”

是岁也，魏献子合诸侯之大夫于翟泉，遂田于大陆，焚而死。及范、中行之难，苌弘与之，晋人以为讨。二十八年，杀苌弘。及定王，刘氏亡。

五年春，王人杀子朝于楚。

六年，周儋翩率王子朝之徒，因郑人将以作乱于周，郑于是乎伐冯、滑、胥靡、负黍、狐人、阙外。六月，晋阎没戍周，且城胥靡。冬十二月，天王处于姑莸，辟儋翩之乱也。

七年春二月，周儋翩入于仪栗以叛。夏四月，单武公、刘桓公败尹氏于穷谷。冬十一月戊午，单子、刘子逆王于庆氏。晋籍秦送王。己巳，王入于王城，馆于公族党氏，而后朝于庄宫。

八年二月己丑，单子伐穀城，刘子伐仪栗。辛卯，单子伐简城，刘子伐盂，以定王室。

哀公三年，刘氏、范氏世为婚姻。苌弘事刘文公，故周与范氏，赵鞅以为讨。六月癸卯，周人杀苌弘。

〔辨误〕按：《韩非子》《说苑》皆言叔向欲杀苌弘，乃谗之于刘氏而诛之。夫叔向，晋之贤臣，安有是事？且此时叔向没已久矣，故当以传文为据。若《庄子》血化为碧之说，庸或有之，后人又附会侈述，以为苌弘乃神仙，则又诬矣。《汉书》兵阴阳家有《苌弘》十五篇。

十九年冬，叔青如京师，敬王崩故也。以上子朝之乱。

使百姓辛劳以成就自己的美名，他的灾祸会很大。”

这一年，魏献子在翟泉召集诸侯国大夫，然后到大陆泽打猎，结果把自己烧死了。等到晋国大夫范吉射、中行寅发动叛乱时，苌弘也被卷入其中，晋人为此责让周室。敬王二十八年，杀掉了苌弘。到定王时，刘蚡之族也灭亡了。

五年春季，周天子的人在楚国杀了王子朝。

六年，成周的儋翩率领昔日王子朝的部下，依仗着郑国人，准备在成周发动叛乱，郑国这时便攻打冯、滑、胥靡、负黍、狐人、阙外等地。六月，晋国的阎没来戍守成周，并在胥靡筑起了城墙。冬季十二月，周敬王住在姑莸，是为了躲避儋翩发动的叛乱。

七年春季二月，成周的儋翩进入仪栗发动叛乱。夏季四月，单武公、刘桓公在穷谷打败了参加叛乱的尹氏。冬季十一月二十三日，单武公、刘桓公到庆氏那里迎接周敬王。晋国籍秦负责护送。十二月初五，周敬王进入王城，住在公族党氏家里，然后朝觐庄宫。

八年二月己丑日，单武公攻打榖城，刘桓公攻打仪栗。三月二十八日，单武公攻打简城，刘桓公攻打盂地，以安定王室。

鲁哀公三年，刘氏与晋国的范氏世代结为姻亲关系。苌弘事奉刘文公，所以周王室支持范氏，为此赵鞅责难周王室。六月十一日，周人杀掉了苌弘。

〔辨误〕按：《韩非子》《说苑》都说叔向想杀苌弘，于是向刘文公进谗言杀了苌弘。可叔向是晋国的贤臣，怎么会做这种事呢？况且叔向在苌弘遇害时已死去很久了，所以应当以《左传》所载为依据。至于《庄子》中说的苌弘死后血化为碧玉的说法，或许会有吧，后人又牵强附会地夸大叙述，以为苌弘是神仙，就没道理了。《汉书》在兵书略阴阳家里著录有《苌弘》十五篇。

十九年冬季，叔青前往京师，是由于敬王死去的缘故。以上为子朝之乱。

臣士奇曰：幽王以宠伯服，废宜臼，而辙遂东，可为永鉴。不谓后王甘蹈覆车，如子克、子颓、子带、子朝之纷纷也。

子克之祸，始于桓王之宠。辛伯之谏，可谓切直，周公弗悟，蓄剚刃之心。幸而辛伯告密，其事弗集。周公之罪，已不容诛。子克糊口四方，固其自取。论者未尝不叹息有憾于桓王也。

庄王以孽宠之故，身几被弑；复有王姚之嬖，爱子颓，而以蔿国傅之，亦犹子克之属周公也。宠则必骄，骄则必盈，盈则其愿将无所限极，势不陷于恶不止。当时即无五大夫之怨，而子颓之难亦将作矣。五大夫含忿积怒，而蔿国以师傅之亲，事成则徼幸非福，其倒行逆施宜矣。苏子，寰内诸侯，卫与燕，皆王之懿亲也，亦党螯贼而犯大不韪于天下，何义乎？郑、虢同心翼戴，卒绥王室，岂止贤于燕、卫万万？但顺逆之分，判若黑白，鹰鹯之逐，难缓须臾。子颓败亡，亦岂须侯乐及遍舞而后知者？若何于弭之命徘徊需次，直闻子颓之乐祸而后决，亦足见春秋诸侯之暗于大义耳。卫为乱首，伯廖命而齐奉讨，此九伐之遗也。取赂而还，君子惜之。

臣下我高士奇评论说：周幽王因为宠爱伯服，废黜了宜臼太子，致使周王朝向东迁都成周，这可以永远作为戒鉴。不料后来的周天子却甘愿重蹈覆辙，有像子克、子颓、子带、子朝这样不断败乱朝政的人。

子克之乱，源于桓王对子克的宠信。辛伯对周公的劝谏，可以说是恳切率直，可周公却没有醒悟，怀刺杀之心。幸亏辛伯事先向庄王告密，周公的阴谋才没有成功。周公的罪恶，用诛杀都不足以抵偿了。子克寄食于四方，实在是自作自受。后代的评论家没有不叹息而愤恨桓王的。

周庄王由于周桓王宠爱子克的缘故，致使自己几乎被人杀害；后来他又宠幸王姚，宠爱子颓，用蒍国作子颓的老师，这也如同把子克托付给周公一样。对诸子的宠爱，必定会使他们变得骄横，骄横必定会使他们自满，自满就会使他们的欲望没有极限，对他们来说，这种情势如果不发展到作恶叛乱就不会停止。当时即使没有蒍国、边伯、石速、詹父、子禽祝跪五位大夫因怨恨惠王而发动的叛乱，子颓之乱也是会发生的。五位大夫含恨积怒，而且蒍国又以子颓老师的亲近身份，希图在事成后获得非分的福禄，因此他拥奉子颓倒行逆施也是当然的了。苏子，是王畿以内的诸侯，卫国、燕国都是周室的至亲，可他们也与叛贼结党，而冒天下之大不韪，还有什么道义可言？郑国与虢国同心协力辅佐周室，最终使周室安定下来，他们岂止是比燕国、卫国忠贤万万倍吗？然而忠顺与叛逆的区别，就像黑与白那样明显，鹰、鹯这样的猛禽追逐鸟雀，很难有片刻迟缓。子颓的败亡，难道也需要等他遍奏六代所有的舞乐以后才知道吗？为什么在弭地会谈时徘徊迟疑，直到听说子颓以即将来临的祸患为乐之后才做出决定，从这一点也足以看出春秋时期诸侯的不明大义。卫国是叛乱首领，奉召伯廖之命齐桓公征讨卫国，这是古时“九伐”的遗存。齐国军队获得卫国贿赂而归，贤人君子都为这种行为感到惋惜。

苏子曾奉逆颓，见灭于狄，而王不救，报施之理宜哉。

子带之难，始于惠后之宠。惠王崩，至秘不发丧，而定襄王之位，其势亦逼矣。此时即当割骨肉之恩，而以义善处之，召戎犯阙，逆带之罪益彰。越在岱阴，根株幸绝。齐保全其生，亲亲之谊已厚。迨齐人为之请复，富辰亦从而怂恿于其中，抑又何也？卒有隗氏之通，再挑狄祸，襄王出走，鄙在郑地者逾年。小不忍则乱大谋，富辰安能辞其责哉？至请滑不听，而以狄师伐郑，又以狄女为后。谋之不臧，阶祸纳侮。若王之于子带，属籍已绝，而又归之。及其攻己，而犹不忍御。笃于天性，虽与仁人之不藏怒宿怨何异焉？惜乎所以处之者未尽其道。而子带狼子野心，始终狂悖，不可以人理责矣。晋文辞秦师而专纳王之美，此伯业所由基。请隧弗许，王章未坠，东周之所以绵延而不绝者，赖有是乎！

子朝之难，始于景王之宠，而宾孟实成之。牺鸡断尾，逞其邪说。向使景王不以心疾而殒，单、刘见杀，子猛其不立矣。及王崩，而子朝作乱，召伯奂、南宫极、

苏子曾奉事叛乱的子颓，结果被狄人所灭，周惠王没有去援救他，这是他应受的报应。

子带之乱，始于周惠王后对子带的宠爱。惠王死后，襄王担心子带争位以至秘不发丧，才确立了襄王的王位，形势也很紧迫。当时就应该割舍骨肉之情处置子带，可襄王却遵从道义地善待他，结果子带召来戎人攻打成周，使子带的罪恶进一步彰显。子带后来逃到泰山以北的齐国，才使祸乱的根源侥幸断绝。齐国保全了子带的性命，亲近亲族之义已完全尽到了。等到后来齐国为子带求情，让子带回到成周，富辰也同意，并在其中不断怂恿襄王，又是为什么呢？结果发生子带与王后隗氏私通的事，再次挑起了狄人入侵的大祸，襄王被迫出逃，野居在郑国一年多。小不忍，则乱大谋，富辰在这件事中怎么能推卸掉责任呢？周王室又向郑国为滑国求情，被郑国拒绝，而率领狄人的军队攻打郑国，还把狄人的女儿娶来做王后。这些不好的谋划，最终又招致了祸患，使自己受到侮辱。像襄王对于子带，本来关系已经断绝了，可又召他回来。等到子带进攻自己时，仍然不忍心去抵抗他。襄王天性笃诚，即使跟仁德之人那种不隐藏怒火、不怀恨于心的做法相比有什么区别呢？只可惜他处置子带的方法并不完全得当。而子带像豺狼的孩子生来就有野心一样，一直存有狂妄悖逆之心，不可能用人的道德规范来要求他。晋文公辞绝秦国军队而独享护送周襄王回朝的美名，这是使晋国成就霸业的基础。晋文公请求死后以天子之礼隧葬，被周襄王拒绝，使得周朝的典章礼制得以维护，东周之所以统治天下绵延不绝，就有赖于此吧！

子朝之乱，始于景王对他的宠信，而宾孟的所作所为又着实促使了他犯上作乱。怕被用作牺牲的公鸡自己啄掉尾巴那件事，又进一步成全了他作乱的邪说。如果景王不因心脏的毛病过早死去，而把单穆公、刘献公杀死，那么悼王猛就不可能继承王位。及至景王死后，子朝作乱，召伯奂、南宫极、

尹氏、毛伯之徒，群凶羽助，独一刘蚡、单旗拥弱主，崎岖于奔北播迁之中。不幸王猛短世，又改立敬王。出万死一生，卒定其位，岂不诚忠臣哉？当时东诸侯无有能恤嫠妇之纬者，独一晋可控告，而亦仅以籍谈、荀跞之偏师翱翔其间，无救祸败。及乾祭莅问，而后辞子朝之使；子太叔正言，而后谋王室之计乃决。不知东王之为共主，子朝之为嬖孽。南宫极震，宝珪浮河，天人之意灼然可见，而何嫌何疑之若此也？使晋能早合诸侯，输王粟，具戍人，相与戮力以讨元凶，岂至久辱草莽，令子朝缓死荆蛮，举宗周之典籍而随之以逸耶？至敬王反正，戍之固宜，城之亦宜，而宋为三恪，乃不受功。魏献子且曰"与其戍周，不如城之，天子实云。虽有后事，晋勿与知可也"。是何尝有忧天夹日之诚乎？而卫彪傒乃妄引"天之所坏不可支也"之说，深咎苌、刘，以城成周为大殃，则益悖矣。吁！当世之人心如此，而谓周能复兴耶？郑党子朝之余孽，称兵犯顺，致敬王再有姑莸之辱，其罪与燕、卫均也。

历观东周王室之乱，凡四见，无不始于庶孽，成于嬖宠。论者不省致乱之由，而区区归之縠、洛之壅、无射之铸与夫不说学之敝，是知其末而不知其本也。

尹氏、毛伯等一众凶逆之人都成为他的羽翼，唯独刘蚡（即刘文公）、单旗（即单穆公）保护着弱小的周悼王，辗转于逃亡迁徙之中。不幸悼王猛短命，又改立敬王。刘蚡、单旗冒九死一生的危险，终于安定了周天子的王位，难道他们不是真正的忠臣吗？当时东方诸侯中没有能为周王室忧虑的，周王室唯一可以控诉的只有晋国，而晋国也只是派出籍谈、荀跞所率领的偏师周旋其间，根本不能挽救祸败。及至士景伯站在王城北门，向群众询问王子朝与敬王的是非曲直，随后晋国决定辞绝王子朝的使者；子太叔申明大义，此后为王室谋划的计策才定下来。诸侯们不知道敬王是他们共同的君王，而子朝只不过是一个受先王宠爱的庶子而已。南宫极在地震中死去，宝珪浮于河上，天神之意已非常清楚了，而为什么诸侯猜忌怀疑到了这种程度呢？假使晋国能早一点联合起诸侯，向王室输送粮食，准备好戍防的军队，齐心合力讨伐叛逆元凶，怎么会使天子长时间在野外受辱，子朝很晚才死于荆楚，整个周朝的典籍也随之大量散逸呢？到敬王复位后，派兵防守、增筑城墙本来都是应该的，而宋国以自己是虞、夏、商中商的后裔为托词，拒不受命。魏献子也说"与其戍守成周，不如修筑城墙，天子确实说过了。以后即使再有什么意外，晋国也可以不承担责任"。这哪里还有忧虑国家辅佐天子的诚心呢？而卫国的彪傒乱引"天所毁坏的谁也不能支持"的说法，深深责难苌弘、刘蚡，认为增筑成周城将遭大祸，就更悖逆了。唉！当时的人心到了如此地步，还能说周朝会复兴吗？郑国勾结子朝的余孽，举兵叛乱，致使敬王再次有逃至姑莸的耻辱，郑国的罪过与燕国、卫国是一样的。

纵观东周王室出现的四次叛乱，无不始于庶子，而成于天子对他们的宠爱。后代评论者不晓得导致这些祸乱的原因，而仅仅把它们归咎于榖水和洛水河道的堵塞、无射大钟的铸造以及不爱学习的弊端上，是只知其末节而不知其根本。

鲁

卷五　鲁隐公嗣国桓公篡弑附

惠公元妃孟子。孟子卒，继室以声子，生隐公。宋武公生仲子。仲子生而有文在其手，曰“为鲁夫人”，故仲子归于我。生桓公而惠公薨，是以隐公立而奉之。

〔辨误〕《史记》：初，惠公適夫人无子，公贱妾声子生子息。息长，为娶于宋。宋女至而好，惠公夺而自娶之。生子允，登宋女为夫人，以允为大子。及惠公卒，为允少，故鲁人共令息摄政，不言即位。按：惠公虽非鲁之令主，然鲁秉周礼，不应有卫宣、楚平之事。史迁之说近诬。

元年春王周正月，不书即位，摄也。

〔补逸〕《公羊传》曰：公何以不言即位？成公意也。何成乎公之意？公将平国，而反之桓。曷为反之桓？桓幼而贵，隐长而卑。立子以贵不以长。桓何以贵？母贵也。子以母贵，母以子贵。

卷五　鲁隐公嗣国桓公篡弑附

鲁惠公的原配夫人是孟子。孟子去世后，惠公又续娶了声子，生了鲁隐公。宋武公生了女儿仲子。仲子生下来就有字在手掌上，说“成为鲁国的夫人”，所以仲子嫁到了鲁国。生了桓公不久惠公就去世了，因此隐公摄政以奉戴桓公为国君。

〔辨误〕《史记》：当初，惠公正妻无子，其贱妾声子生了儿子息。息长大后，惠公为息娶宋国女。宋女来到鲁国，因为长得美丽，惠公就夺过去，娶为自己的妻子。她生下儿子允，惠公将宋女升为夫人，立允为太子。到惠公死时，因为允年幼，鲁人就共同让息代理国政，不说是即位。按：惠公虽然不算是鲁国的贤明君主，但鲁国秉持周礼，不应当有卫宣公、楚平王强娶太子未婚妻那样的事情。司马迁的说法近于捏造。

鲁隐公元年春季，周历正月，《春秋》没有记载隐公即位，这是由于他只是代理国政。

〔补逸〕《公羊传》说：为什么不说鲁隐公即位？因为这是成全隐公的心愿。为什么是成全隐公的心愿呢？因为隐公打算在治理好鲁国以后，仍把君位归还给桓公。为什么要把君位归还给桓公呢？因为桓公虽然年纪小但尊贵，隐公年纪虽大却卑贱。立嗣君是根据尊贵，不是根据年长。桓公为什么尊贵呢？因为他的母亲尊贵。儿子依仗母亲而尊贵，儿子被立为国君后，母亲又依仗儿子而尊贵。

三月，公及邾仪父盟于蔑。邾子克也。未王命，故不书爵。曰"仪父"，贵之也。公摄位，而欲求好于邾，故为蔑之盟。

秋七月，天王使宰咺来归惠公、仲子之赗。缓，且子氏未薨，故名。天子七月而葬，同轨毕至；诸侯五月，同盟至；大夫三月，同位至；士逾月，外姻至。赠死不及尸，吊生不及哀，豫凶事，非礼也。

冬十月庚申，改葬惠公。公弗临，故不书。惠公之薨也，有宋师，太子少，葬故有阙，是以改葬。卫侯来会葬，不见公，亦不书。

众父卒。公不与小敛，故不书日。

二年春，公会戎于潜，修惠公之好也。戎请盟，公辞。司空无骇入极，费庈父胜之。

戎请盟。秋，盟于唐，复修戎好也。

三年夏，君氏卒，声子也。不赴于诸侯，不反哭于寝，不祔于姑，故不曰薨。不称夫人，故不言葬。不书姓，为公故，曰君氏。

〔考异〕欧阳修曰：《公》《穀》以"尹氏卒"为正卿，《左氏》以"尹氏卒"尹氏作君氏。为隐公母，一以为男子，

三月，隐公和邾仪父在鲁国蔑地会盟。邾仪父就是邾子克。由于邾子尚未正式受周王册封，所以《春秋》没有记载他的爵位。称他为“仪父”，是尊重他。隐公摄政，而想要和邾国友好，所以举行了蔑地的盟会。

秋季七月，周平王派遣宰咺来赠送惠公和仲子的丧仪。惠公死去已过了一年，这是晚了，而仲子还没有死，所以《春秋》直书宰咺的名字。天子死后经过七个月下葬，诸侯全部参加葬礼；诸侯死后五个月下葬，同盟的诸侯参加葬礼；大夫死后三个月下葬，官位相同的参加葬礼；士死后一个月下葬，姻亲参加葬礼。向死者赠送东西没有赶上下葬，向生者吊丧没有赶上行哀悼礼的时间，人没有死而先赠送有关丧事的东西，这都不合于礼。

冬季十月十四日，鲁国改葬了惠公。隐公不敢以丧主的身份到场哭吊，所以《春秋》不加记载。惠公去世的时候，正好赶上对宋国的军事行动，太子又年幼，葬礼不完备，所以现在才改葬。卫桓公来参加葬礼，没有见到隐公，因此《春秋》也不加记载。

众父去世了。隐公没有前去参加小敛，所以《春秋》没有记载众父去世的日子。

二年春季，隐公在鲁国潜地会见戎人，这是加强惠公时期的友好关系。戎人请求结盟，被隐公辞绝了。司空无骇领兵进入极国，派费庈父灭亡了极国。

戎人请求和鲁国结盟。秋季，双方在鲁国唐地结盟，这是鲁国为了再次加强和戎人的友好关系。

三年夏季，君氏去世，君氏就是声子。去世时没有给诸侯发讣告，安葬后没有回到祖庙哭祭，没有把神位放在婆婆神位的旁边合祭，所以《春秋》称之为“卒”而不称“薨”。又因为她没有被称为“夫人”，所以不记载下葬的情况。《春秋》没有记载她的姓氏，只是因为她是隐公生母的缘故，所以称之为“君氏”。

〔考异〕欧阳修说：《公羊传》《穀梁传》认为“尹氏卒”是说有位正卿去世了，《左传》则认为“尹氏卒”尹氏写作君氏。是说鲁隐公的母亲去世了，一种说法认为是男子，

一以为妇人，得于所传者盖如是。

四年夏，公及宋公遇于清。详见《鲁与宋、卫通好》。

秋，诸侯伐郑。详见《州吁之乱》。宋公使来乞师，公辞之。羽父请以师会之，公弗许。固请而行，故书曰“翚帅师”，疾之也。

五年春，公将如棠观鱼者。臧僖伯谏曰：“凡物不足以讲大事，其材不足以备器用，则君不举焉。君，将纳民于轨物者也。故讲事以度轨量谓之轨，取材以章物采谓之物。不轨不物，谓之乱政。乱政亟行，所以败也。故春蒐、夏苗、秋狝、冬狩，皆于农隙以讲事也。三年而治兵，入而振旅，归而饮至，以数军实。昭文章，明贵贱，辨等列，顺少长，习威仪也。鸟兽之肉不登于俎，皮革、齿牙、骨角、毛羽不登于器，则公不射，古之制也。若夫山林川泽之实，器用之资，皂隶之事，官司之守，非君所及也。”公曰：“吾将略地焉！”遂往，陈鱼而观之。僖伯称疾不从。书曰“公矢鱼于棠”，非礼也，且言远地也。

九月，考仲子之宫，将《万》焉。公问羽数于众仲。对曰：“天子用八，诸侯用六，大夫四，士二。夫舞，所以节八音而行八风，故自八以下。”公从之。于是初献六羽，始用六佾也。

一种说法认为是妇人,从传说者那儿得到的大概就是如此吧。

四年夏季,隐公和宋殇公在卫国清地非正式会见。详见《鲁与宋、卫通好》。

秋季,宋殇公、陈桓公、蔡国人、卫国人进攻郑国。详见《州吁之乱》。宋殇公派人来鲁国请求出兵相助,隐公辞绝了。羽父(即公子翚)请求出兵会合联军,隐公不同意。羽父坚决请求后前去,所以《春秋》记载说"翚帅师",这是表示憎恶他。

五年春季,隐公准备到棠地观看捕鱼。臧僖伯劝谏说:"凡是一样东西不能用到讲习祭祀和兵戎的大事上,它的材料不能制作礼器和兵器,国君对它就不会有所举动。国君是要把百姓纳入法度规范中的人。所以讲习大事以端正法度叫"轨",选取材料以彰明器物叫"物"。事情不合于"轨""物",叫乱政。乱政屡次出现,就是国家败亡的原因。所以春蒐、夏苗、秋狝、冬狩这四种打猎的仪式,都是在农闲时讲习武事。每三年举行一次大的练兵仪式,进入国都整顿军队,回来祭告宗庙,饮酒庆功,犒赏随从,并计算车辆、人员、器械及俘获的东西。要使车舆礼服旌旗彩饰鲜明,贵贱有别,等级分明,少长有序,这是讲习威仪。鸟兽的肉不摆在宗庙的祭器里,皮革、牙齿、骨角、羽毛不用到装饰礼器上,国君就不去猎取它,这是自古以来的制度。至于山林河泽的物产,制造一般器物的材料,那是下等贱役的事情,有关官吏的职分,不是国君所应涉及的。"隐公说:"我是打算视察边境啊!"于是隐公到棠地去,让捕鱼者摆出捕鱼的场面来观看。臧僖伯推说有病没有跟去。《春秋》记载"公矢鱼于棠",这是由于隐公的行为不合于礼,而且暗示棠地远离国都。

九月,仲子庙落成举行祭祀仪式,打算在庙内演出《万》舞。隐公向众仲询问执羽舞的人数。众仲回答说:"天子用八行每行八人,诸侯用六行每行六人,大夫用四行每行四人,士用两行每行二人。舞,是用来调节八种材料所制乐器的乐音而传播八方之风的,所以诸侯手拿鸟羽人数在八行以下。"隐公听从了众仲的意见。从此以后开始献演六羽乐舞,开始使用六行舞人。

〔考异〕《穀梁传》:考者,何也? 考者,成之也,成之为夫人也。礼:庶子为君,为其母筑宫,使公子主其祭也。于子祭,于孙止。仲子者,惠公之母。隐,孙而修之,非隐也。初,始也。穀梁子曰:“舞《夏》,天子八佾,诸公六佾,诸侯四佾。初献六羽,始僭乐矣。”尸子曰:“舞《夏》,自天子至诸侯皆用八佾。初献六羽,始厉乐矣。”

宋人取邾田。邾人告于郑曰:“请君释憾于宋,敝邑为道。”郑人以王师会之,伐宋,入其郛,以报东门之役。宋人使来告命。公闻其入郛也,将救之,问于使者曰:“师何及?”对曰:“未及国。”公怒,乃止。辞使者曰:“君命寡人同恤社稷之难,今问诸使者,曰‘师未及国’,非寡人之所敢知也。”

冬十二月辛巳,臧僖伯卒。公曰:“叔父有憾于寡人,寡人弗敢忘。”葬之加一等。

六年春,郑人来渝平,更成也。

夏,盟于艾,始平于齐也。

七年,齐侯使夷仲年来聘,结艾之盟也。

八年春,郑伯请释泰山之祀而祀周公,以泰山之祊易许田。三月,郑伯使宛来归祊,不祀泰山也。

〔考异〕《穀梁传》:“考”是什么意思?“考”的意思就是落成,落成这座庙就可以用夫人之礼来祭祀仲子了。按照礼制:庶出的儿子当了国君,可为他的母亲修筑庙寝,并委派公子主持他的母亲的祭祀。作为儿子可以祭祀,作为孙子就不可以了。仲子是惠公的母亲。隐公作为孙子却为她修庙,这是在责备隐公。“初”就是开始。穀梁子说:“献演《夏》舞,天子使用八行舞人,众公卿使用六行舞人,众大国使用四行舞人。开始献演六行舞人手拿鸟羽的乐舞,是说作为侯爵的隐公开始僭越乐舞的礼制了。”尸子说:“献演《夏》舞,从天子到诸侯都使用八行舞人。开始献演六行舞人手拿鸟羽的乐舞,是说隐公开始降低乐舞的规格了。”

宋国人掠取了邾国的田地。邾国人告诉郑国说:“请国君对宋国进行报复以解恨,我们邾国愿意做向导。”于是郑人带领周天子的军队和邾军会合,攻打宋国,一直攻到宋都外城,以报复去年宋军围攻郑都东门那场战役。宋国派人来鲁国用国君的名义告急求救。隐公听说郑国军队已经进入宋都外城,打算出兵救援宋国,询问使者说:“郑国的军队到哪里了?”使者欺骗他说:“还没有到国都。”隐公发怒,于是停止出兵。他辞谢使者说:“贵国国君命令寡人一起为宋国的危难分忧,现在询问使者,回答说‘军队还没有到国都’,这就不是寡人所敢知道的了。”

冬季十二月二十九日,臧僖伯去世。隐公说:“叔父对寡人有怨恨,寡人不敢忘记。”于是按照原等级加一级的葬仪安葬了他。

六年春季,郑国人来鲁国,请求解怨修好,这种情况叫作“更成”。

夏季,隐公在鲁艾地和齐僖公结盟,从此鲁国开始和齐国结好。

七年,齐僖公派其弟夷仲年来鲁国聘问,这是为了进一步巩固两国在艾地的盟约。

八年春季,郑庄公请求舍弃对泰山的助祀而祭祀周公,并用泰山旁边的祊地交换鲁国在许地有周公别庙的田地。三月,郑庄公派遣大夫宛来致送祊地,表示不再祭祀泰山了。

夏四月，齐人卒平宋、卫于郑。冬，齐侯使来告成三国。公使众仲对曰："君释三国之图，以鸠其民，君之惠也。寡君闻命矣，敢不承受君之明德。"

无骇卒，羽父请谥与族。公问族于众仲。众仲对曰："天子建德，因生以赐姓，胙之土而命之氏。诸侯以字为谥，因以为族。官有世功，则有官族。邑亦如之。"公命以字为展氏。

九年夏，宋公不王。郑伯为王左卿士，以王命讨之，伐宋。宋以入郛之役怨公，不告命。公怒，绝宋使。秋，郑伯以王命来告伐宋。冬，公会齐侯于防，谋伐宋也。

十年春王正月，公会齐侯、郑伯于中丘。癸丑，盟于邓，为师期。夏五月，羽父先会齐侯、郑伯伐宋。六月戊申，公会齐侯、郑伯于老桃。壬戌，公败宋师于菅。庚午，郑师入郜。辛未，归于我。庚辰，郑师入防。辛巳，归于我。君子谓郑庄公"于是乎可谓正矣。以王命讨不庭，不贪其土，以劳王爵，正之体也"。

十一年冬，羽父请杀桓公，将以求大宰。公曰："为其少故也，吾将授之矣。使营菟裘，吾将老焉。"羽父惧，反谮公于桓公而请弑之。

夏季四月，齐国人终于让宋、卫两国和郑国讲和。冬季，齐僖公派人来报告宋、卫、郑三国成功讲和的事。隐公派众仲回答说："国君使三国舍弃相互攻伐报复的图谋，安定他们的百姓，这都是国君的恩惠。我们国君听到了，岂敢不承受国君的美德。"

鲁国无骇去世，羽父为他请求谥号和族氏。隐公向众仲询问关于族氏的事。众仲回答说："天子封立有德之人以为诸侯，依照他的出生地而赐姓，分封土地并且赐给他姓。诸侯以字作为谥号，他的后人又以此作为族姓。如果世代做这种官职而有功绩，那么他的后人就以官名为族姓。也有以封邑的名字作为族姓的。"隐公命令以无骇的字作为族姓，即展氏。

九年夏季，宋殇公不去朝觐周桓王。当时郑庄公正担任周桓王的左卿士，所以用桓王的命令讨伐他，进攻宋国。宋国由于被郑国攻到外城而鲁国不去救援那次战役对隐公不满，没有前来报告。隐公发怒，就断绝了和宋国的来往。秋季，郑庄公派人用天子的名义前来报告攻打宋国的事。冬季，隐公和齐僖公在鲁国东防地会面，策划进攻宋国。

十年春季，周历正月，隐公在鲁国中丘会见齐僖公、郑庄公。二月二十五日，三方在邓地结盟，并决定了出兵的日期。夏季五月，羽父先行会合齐僖公、郑庄公攻打宋国。六月戊申日这一天，隐公在宋国老桃会见齐僖公、郑庄公。初七，隐公在菅地打败宋国军队。十五日，郑国军队进入郜地。十六日，宣布将郜地归属于鲁国。二十五日，郑国军队进入宋国西防地。二十六日，将西防地归属于鲁国。君子认为郑庄公"在这里可以说是合于正道了。用桓王的命令讨伐不朝觐王庭的诸侯，不贪求其土地，而用来犒赏接受天子爵位的鲁国，这是掌握治理政事的本体了"。

十一年冬季，羽父向隐公请求杀掉桓公，想以此求得太宰的官职。隐公说："当初由于他年轻的缘故，所以我代为摄政，现在我打算把国君的位子交还给他。我已经让人在菟裘建造房屋，打算在那儿养老了。"羽父害怕，反过来在桓公那里谗毁隐公并请求桓公弑杀隐公。

公之为公子也，与郑人战于狐壤，止焉。郑人囚诸尹氏。赂尹氏，而祷于其主钟巫，遂与尹氏归，而立其主。十一月，公祭钟巫，齐于社圃，馆于寪氏。壬辰，羽父使贼弑公于寪氏，立桓公，而讨寪氏，有死者。不书葬，不成丧也。

桓公元年春，公即位。修好于郑。郑人请复祀周公，卒易祊田。公许之。三月，郑伯以璧假许田，为周公、祊故也。夏四月丁未，公及郑伯盟于越，结祊成也。盟曰："渝盟，无享国。"冬，郑伯拜盟。

十七年春，及邾仪父盟于趡，寻蔑之盟也。秋，伐邾，宋志也。

臣士奇曰：隐公摄让之是非，四传论之详矣。夫让，美德也。太伯、仲雍行之，伯夷、叔齐又行之，君子不以为非，何独疑于隐公也？说者谓隐公虽长当立，不当探惠公之邪心而成之。隐惟不自取，以摄启争，卒有钟巫之及，是则然矣。顾隐之失不在于让，而所以处让之道有未善也。

桓公始生之年虽不可考，但隐居摄十年，被弑而桓立，立三年而成昏于齐，距隐居摄之始，年十三岁耳。古未有十三岁而成昏者，以此推之，隐元年，桓即幼，亦不下三五岁。使隐能如周公辅成王故事，抱负以临群臣、听国政，即不然，令桓毓质深宫，

当隐公还是公子的时候，曾和郑国人在郑国狐壤作战，被郑国人俘虏。郑国人把他囚禁在尹氏那里。隐公贿赂尹氏，并在尹氏祭祀的神主钟巫之前祷告，于是就和尹氏一起回国，并在鲁国立了钟巫的神位。十一月，隐公将要祭祀钟巫，在社圃斋戒，住在寪氏家里。十五日，羽父让杀手在寪家弑杀了隐公，立桓公为国君，并且讨伐寪氏，寪氏家族有人因此被杀。《春秋》不记载安葬隐公一事，是由于桓公没有按国君的规格为隐公举行丧礼。

鲁桓公元年春季，桓公即位。对郑国重修友好。郑人请求重新祭祀周公，完成祊地与许田的交换。桓公答应了。三月，郑庄公又以增加玉璧为条件来交换许田，这是为了请求祭祀周公和以祊地交换许田的缘故。夏季四月初二，桓公和郑庄公在卫国越地结盟，这是为祊地和许田的交换完成而表示友好。誓词说："如果违背盟约，就不能享有国家。"冬季，郑庄公前来拜谢结盟。

十七年春季，桓公和邾仪父在鲁国趡地结盟，这是为了重申蔑地的盟约。秋季，鲁国进攻邾国，这是宋国的意愿。

臣下我高士奇评论说：关于鲁隐公摄政让位的是非，《左传》《公羊传》《穀梁传》以及胡安国《春秋传》对此评论已经很详细了。谦让，是一种美德。太伯和仲雍这样做了，伯夷和叔齐也这样做了，君子不认为他们这样做是不对的，为什么唯独怀疑隐公呢？评论的人认为鲁隐公虽然年长，应当立为国君，但不应当窥探惠公欲立桓公的不正当念头而是成全他的心愿。隐公不自取君位，却通过摄政开启了纷争，最后有了祭祀钟巫时的杀身之祸，这样说是对的。只是隐公的失误不在于谦让，而在于谦让的方法有不太妥善之处。

桓公出生的年份虽已不可考，但隐公摄政十年，被弑杀后桓公立为国君，桓公做国君三年后与齐女订婚，距离隐公开始摄政只有十三年的时间。古时没有十三岁就订婚的，由此推论，隐公元年，桓公就算很小，也不会小于三五岁。假如隐公能像周公辅佐成王的先例一样，背着抱着桓公来统治群臣、处理国政，即使不这样，让桓公在深宫中修养品性，

己则身都鲁相，而代之经理，其发号施令，入告王朝，通问邻国，一称桓君而己无与焉，则名分定，而己之心迹亦明。虽有百奸人，乌能离间于其间哉？不此之图，而奄然立乎其位，国之人皆指而目之曰“此鲁君也”；会盟搂伐之所至，群指而目之曰“此鲁君也”。其于瓜李之嫌谓何矣？且隐始年，桓尚幼。及子翚请杀之时，桓已十余岁矣，犹不反国，而归之藉口“少故”；菟裘虽营，何以解于桓公之疑？而亦何以杜羽父之谮哉？若隐者，让则有之，而谓其能绝远嫌疑以为让，则未也。

夫其始战狐壤而被止，是无勇也；祷钟巫而以其淫祀之主来，是不智也；摄位而首从事于盟坎，是不信也；改葬惠公而身不临，是不孝也；众父卒而不与小敛，是不仁也；会潜盟唐，是紊防也；入极渝平，取郜、防，是贪得也；羽父请以师伐郑而不能禁，是纵权也；草次遇清，是简礼也；因使者之失时，而轻绝邻好，是反覆也；于棠略地，是文过也；入祊易许，是无君亲也。

迹隐公十年《经》《传》所载诸行事，鲜有当人意者。世但以其让桓而桓弑之，恶桓深，则其贤隐也若不啻口；而不知如隐之让，则实足以启争端而为祸媒者也。太伯、仲雍、夷、齐让而能远其迹；隐虽让桓，

而自己则身居鲁国辅相的地位，代理桓公处理国政，发号施令，去周王室报告，和邻国通好，一律称桓公的号令而自己却不参与，那么名分就会确定，而且自己的心迹也会表明。即使有许多奸佞之人，怎么能挑拨他们之间的关系呢？然而隐公不这样去谋划，却忽然登上国君之位，国人都指着他说“这是鲁国的国君”；他会盟征伐所到的地方，人们都指着他说“这是鲁国的国君”。对于瓜田李下这样的嫌疑该怎么解释呢？更何况隐公开始当政时，桓公还很年幼。等到公子翚请求杀掉桓公时，桓公已经十多岁了，还没有把国政交还给桓公，而把理由归结为“年轻的缘故”；隐公虽然让人在菟裘建房子，打算养老，但怎么能解除桓公的怀疑呢？又怎么能阻止羽父的谗毁呢？像隐公这样的人，谦让是事实，然而说他能远离嫌疑来谦让，就不是事实了。

当初隐公在狐壤作战时被俘获，这是缺乏勇气；向钟巫之神祈祷并带着不合礼制的神位回到国内，这是不明智；摄政却首先致力于在蔑地结盟，这是缺乏信义；改葬惠公而不亲自参加葬礼，这是不孝；众父死去却不参加小敛仪式，这是不仁；与戎人在潜地会见，在唐地结盟，这是紊乱夷夏之防；攻入极国，与郑国弃怨修好，夺取宋国郜地和西防地，这是贪求权益的表现；羽父请求出兵征伐郑国而不能制止，这是在放纵权势；与宋殇公在清地草率地会面，这是疏忽了礼仪；因为使者没有及时前来报告，而轻率地和邻国宋国断绝了友好往来，这是反复无常的做法；在棠地巡视，这是文过饰非的表现；得到郑国祊地交换鲁国许田，这是无视周天子和祖宗周公。

考察隐公十年之中《春秋经》《左传》所记载的各种事情，很少有令人称心如意的。世人只是因为隐公谦让桓公却被桓公弑杀，便十分憎恶桓公，他们称赞隐公就不绝于口，然而他们却不知道像隐公这样的谦让，才真正足以引起争端并成为灾祸的诱因。太伯、仲雍、伯夷、叔齐能够谦让，而他们能够隐匿自己的行踪；隐公尽管对桓公谦让，

贪其位而摄之，此寪氏之刃所由及也。

却贪图君位而代行国政，这便是他在寪氏家里被杀的原因所在。

卷六　鲁与列国通好宋卫　共姬之节附

隐公元年九月，及宋人盟于宿。惠公之季年，败宋师于黄。公立而求成焉，及宋人盟于宿，始通也。

七年秋，宋及郑平。七月庚申，盟于宿。公伐邾，为宋讨也。

八年春，齐侯将平宋、卫，有会期。宋公以币请于卫，请先相见。卫侯许之，故遇于犬丘。齐人卒平宋、卫于郑。秋，会于温，盟于瓦屋，以释东门之役，礼也。

桓公二年春王正月戊申，宋督攻孔氏，杀孔父，而取其妻。公怒，督惧，遂弑殇公。督召庄公于郑而立之，以亲郑。

滕子来朝。

三月，公会齐侯、陈侯、郑伯于稷，以成宋乱。为赂故，立华氏也。夏四月，取郜大鼎于宋。戊申，纳于大庙。

僖公二十五年，卫人平莒于我。十二月，盟于洮，修卫文公之好，且及莒平也。

卷六　鲁与列国通好宋卫　共姬之节附

鲁隐公元年九月，和宋人在宿地结盟。惠公晚年，在黄地打败了宋国。鲁隐公即位，要求和宋人讲和，于是和宋人在宿地结盟，两国开始通好。

七年秋季，宋国和郑国讲和。七月十七日，在宿地结盟。鲁隐公攻打邾国，是为了宋国而去攻打的。

八年春季，齐僖公打算让宋、卫两国和郑国讲和，已经有了结盟的日期。宋殇公用财币向卫国请求，希望先见面。卫宣公同意了，所以在犬丘举行非正式会见。齐国人最终让宋、卫两国和郑国讲和。秋季，三国在温国会见，在周地瓦屋订立盟约，捐弃了宋军围攻郑都东门这一战役结下的旧怨，这是合乎礼的。

鲁桓公二年春季，周历正月戊申日这一天，宋卿华父督攻打孔氏，杀死了孔父，并占有了他的妻子。宋殇公发怒，华父督害怕，于是弑杀了殇公。华父督把庄公从郑国召回而立为国君，这是为了亲近郑国。

滕子来鲁国朝见。

三月，鲁桓公和齐僖公、陈桓公、郑庄公在宋国稷地会面，以平定宋国之乱。因为接受了贿赂，就建立了华氏政权。夏季四月，鲁桓公从宋国取得郜国的大鼎。初九，把大鼎安放在周公庙里。

鲁僖公二十五年，卫国人出面调停莒国和鲁国的关系。十二月，在洮地结盟，重修与卫文公的旧好，同时和莒国讲和。

二十六年春王正月，公会莒兹丕公、甯庄子，盟于向，寻洮之盟也。齐师侵我西鄙，讨是二盟也。夏，卫人伐齐，洮之盟故也。

二十八年，晋人执卫侯，归之于京师。三十年夏，公为之请，纳玉于王与晋侯，皆十瑴。王许之。秋，乃释卫侯。

文公四年秋，卫甯武子来聘。俱详《甯武子弭晋难》。

六年，臧文仲以陈、卫之睦也，欲求好于陈。夏，季文子聘于陈，且娶焉。

十一年，襄仲聘于宋，且言司城荡意诸而复之，因贺楚师之不害也。

宣公七年春，卫孙桓子来盟，始通，且谋会晋也。

成公三年冬十一月，晋侯使荀庚来聘，且寻盟。卫侯使孙良夫来聘，且寻盟。公问诸臧宣叔曰："中行伯之于晋也，其位在三，孙子之于卫也，位为上卿，将谁先?"对曰："次国之上卿，当大国之中，中当其下，下当其上大夫。小国之上卿，当大国之下卿，中当其上大夫，下当其下大夫。上下如是，古之制也。卫在晋，不得为次国。晋为盟主，其将先之。"丙午，盟晋。丁未，盟卫。礼也。

四年春，宋华元来聘，通嗣君也。

五年春，孟献子如宋，报华元也。

二十六年春季，周历正月，鲁僖公会见莒兹丕公、卫国大夫甯庄子，在莒国向地结盟，重温洮地之盟的友好。齐国军队入侵鲁国西部边境，表示对鲁国参加洮、向这两次盟会的讨伐。夏季，卫国人攻打齐国，这是卫国履行洮地盟约的缘故。

二十八年，晋人拘捕了卫成公，把他送到了京师。三十年夏季，鲁僖公为卫成公向周襄王求情，把玉献给周襄王和晋文公，都是十对。周襄王允许了。秋季，就释放了卫成公。

鲁文公四年秋季，卫国的甯武子来鲁国聘问。都详见于《甯武子弭晋难》。

六年，臧文仲由于陈、卫两国和睦，也想要和陈国结好。夏季，季文子到陈国聘问，还在陈国娶了妻子。

十一年，鲁国的襄仲前往宋国聘问，同时谈起宋国司城荡意诸以及让他回国的事，还借机就楚国没有使宋国遭受危害一事表示了祝贺。

鲁宣公七年春季，卫国的孙桓子来鲁国结盟，两国开始通好，同时商量和晋君会见一事。

鲁成公三年冬季十一月，晋景公派遣荀庚来鲁国聘问，并重温过去的盟约。卫定公也派遣孙良夫（即孙桓子）来鲁国聘问，并且重温过去的盟约。成公向臧宣叔询问说："中行伯（即荀庚）在晋国，位次第三，孙桓子在卫国，位次是上卿，应该让谁在前呢？"臧宣叔回答说："次等国家的上卿，相当于大国的中卿，中卿相当于大国的下卿，下卿相当于大国的上大夫。小国的上卿，相当于大国的下卿，中卿相当于大国的上大夫，下卿相当于大国的下大夫。位次的上下如此，这是自古以来的制度。卫国对晋国来说，还不能算是次等国家。晋国是盟主，应该在前。"二十八日，和晋国结盟。二十九日，和卫国结盟。这样做是合于礼的。

四年春季，宋国的华元来鲁国聘问，这是为新即位的宋共公通好。

五年春季，鲁国的孟献子到宋国去，这是回报华元的聘问。

八年春，宋华元来聘，聘共姬也。夏，宋公使公孙寿来纳币，礼也。冬，卫人来媵共姬，礼也。凡诸侯嫁女，同姓媵之，异姓则否。

九年二月，伯姬归于宋。夏，季文子如宋致女，复命，公享之。赋《韩奕》之五章。穆姜出于房，再拜曰："大夫勤辱，不忘先君，以及嗣君，施及未亡人，先君犹有望也。敢拜大夫之重勤。"又赋《绿衣》之卒章而入。晋人来媵，礼也。

十五年夏六月，宋共公卒。

襄公元年冬，卫子叔来聘，礼也。

二年秋，穆叔聘于宋，通嗣君也。

七年秋，季武子如卫，报子叔之聘，且辞缓报，非贰也。冬，卫孙文子来聘，且拜武子之言，而寻孙桓子之盟。详《晋悼复伯》《孙甯废立》。

十有五年春，宋公使向戌来聘，且寻盟。

二十年冬，季武子如宋，报向戌之聘也。褚师段逆之，以受享，赋《常棣》之七章以卒。宋人重贿之。归，复命，公享之。赋《鱼丽》之卒章。公赋《南山有台》。武子去所曰："臣不堪也。"

三十年五月，或叫于宋大庙曰："嘻嘻，出出。"鸟鸣于亳社，如曰"嘻嘻"。甲午，宋大灾。宋伯姬卒，待姆也。君子谓宋共姬"女而不妇。女待人，妇义事也"。

八年春季，宋国的华元来鲁国聘问，为宋共公聘娶共姬为夫人。夏季，宋共公派公孙寿来鲁国送聘礼，这是合于礼的。冬季，卫国人送女子来鲁国作为共姬的陪嫁，这是合于礼的。凡是诸侯的女儿出嫁，同姓的诸侯送女作为陪嫁，异姓的则不必如此。

九年二月，伯姬（即共姬）出嫁到宋国。夏季，季文子到宋国去慰问鲁宣公女儿共姬，回国后向成公复命，成公设享礼招待他。季文子吟诵了《韩奕》的第五章。共姬母亲穆姜从房里出来，两次下拜，说："大夫辛苦了，您不忘记先君以及嗣君，延及我这个未亡人，先君也是如此期望您的。谨拜谢大夫加倍的辛劳。"说完又吟诵了《绿衣》的最后一章，之后才进去。晋国人送女子来鲁国做陪嫁，这是合于礼的。

十五年夏季六月，宋共公去世。

鲁襄公元年冬季，卫国的子叔来鲁国聘问，这是合于礼的。

二年秋季，穆叔到宋国聘问，这是为新即位的鲁襄公通好。

七年秋季，季武子到卫国去，回报子叔的聘问，同时解释延迟回报的原因，并不是出于对卫国有二心。冬季，卫国的孙文子来鲁国聘问，同时答谢季武子的解释，并重温了和孙桓子结盟的友好关系。详见《晋悼复伯》《孙甯废立》。

十五年春季，宋平公派向戌来鲁国聘问，并重温过去的盟约。

二十年冬季，季武子到宋国去，这是回报向戌对鲁国的聘问。褚师段迎接他，并让他接受宋平公的享礼，季武子吟诵了《常棣》这首诗的第七章与最后一章。宋国人送给他丰厚财物。季武子回国向襄公复命，襄公设享礼慰劳他。他吟诵了《鱼丽》这首诗的最后一章。襄公吟诵了《南山有台》这首诗。季武子离开座席，说："臣不敢当。"

三十年五月，宋国的太庙里有大声呼喊的声音，说："嘻嘻，出出。"鸟在鲁国亳社鸣叫，好像在说"嘻嘻"。初五，宋国发生大火灾。宋共姬被烧死，她是为了等待保姆。君子认为宋共姬"奉行的是大闺女的规矩而不是媳妇的规矩。大闺女应当等待保姆陪着才走，已出嫁的媳妇就可以根据具体情况来决定行动"。

〔补逸〕《穀梁传》:取卒之日加之灾上者,见以灾卒也。其见以灾卒奈何?伯姬之舍失火,左右曰:"夫人少避火乎!"伯姬曰:"妇人之义,傅母不在,宵不下堂。"左右又曰:"夫人少避火乎!"伯姬曰:"妇人之义,保母不在,宵不下堂。"遂逮乎火而死。妇人以贞为行者也,伯姬之妇道尽矣。详其事,贤伯姬也。

秋七月,叔弓如宋,葬共姬也。

为宋灾故,诸侯之大夫会,以谋归宋财。冬十月,叔孙豹会晋赵武、齐公孙虿、宋向戌、卫北宫佗、郑罕虎及小邾之大夫,会于澶渊。既而无归于宋,故不书其人。君子曰:"信其不可不慎乎!澶渊之会,卿不书,不信也。夫诸侯之上卿,会而不信,宠名皆弃,不信之不可也如是。《诗》曰:'文王陟降,在帝左右。'信之谓也。又曰:'淑慎尔止,无载尔伪。'不信之谓也。"书曰"某人某人会于澶渊,宋灾故",尤之也。不书鲁大夫,讳之也。

〔补逸〕《列女传》:伯姬者,鲁宣公之女,成公之妹也。嫁于宋恭公,三月庙见,当行夫妇之道。伯姬以恭公不亲迎,故不肯听命。宋人告鲁,鲁使大夫季文子如宋,致命于伯姬。十年,恭公卒,伯姬寡。至景公时,伯姬尝遇夜失火,遂逮于火而死。诸侯闻之,莫不悼痛。以为死者不可以生,财物犹可复,故相与聚会于澶渊,偿宋之所丧,《春秋》善之。

〔补逸〕《穀梁传》：将伯姬死的日期写在发生火灾前面，表明她是因火灾而死的。说她是因火灾而死的，是怎样的呢？伯姬的房子着了火，侍奉的人说："夫人稍微躲避一下火灾吧！"伯姬说："妇人要遵循的道义，傅姆不在，夜晚不能走下堂来。"侍奉的人又说："夫人稍微躲避一下火灾吧！"伯姬说："妇人要遵循的道义，保姆不在，夜晚不能走下堂来。"于是被火烧死了。妇人以贞节作为自己行动的准则，伯姬尽到了妇道。详细记述这件事，是因为伯姬有贤德。

秋季七月，叔弓到宋国去，参加共姬的葬礼。

因为宋国火灾的缘故，诸侯的大夫们会面，以商量给宋国赠送财货。冬季十月，鲁国的叔孙豹（即穆叔）会同晋国的赵武、齐国的公孙虿、宋国的向戌、卫国的北宫佗、郑国的罕虎以及小邾国的大夫，在卫国澶渊见面。事情完了并没有赠送给宋国什么东西，所以《春秋》没有记载参加会议的人。君子说："信用不能不谨慎对待啊！在澶渊的会见，不记载上卿的名字，这是由于不守信用的缘故。诸侯的上卿，会见了又不守信用，尊荣与姓名全都丢掉了，不能不守信用就是这样啊。《诗经》说：'文王或升或降，都是在天帝的左右。'这说的是守信用。又说：'好好地谨慎你的举止，不要表现你的虚伪。'这说的是不守信用。"《春秋》记载说"某人某人在澶渊会面，是因为宋国火灾的缘故"，这是为了责备他们。不记载鲁国的大夫，这是为他避讳。

〔补逸〕《列女传》：伯姬，是鲁宣公的女儿，鲁成公的妹妹。她嫁给了宋恭公，三个月后到宗庙参拜公婆神位，应当举行夫妻之礼。但伯姬因为恭公当初没有亲自去迎娶她，因此不肯听命。宋国人把这件事告诉鲁国，鲁国派大夫季文子到宋国，向伯姬传达命令。周简王十年，宋恭公死，伯姬守寡。到宋景公时，伯姬曾经赶上夜里发生火灾，结果被火烧死了。诸侯们听说此事后，没有不悲伤痛心的。他们认为死人不会复生，而财物还可以复得，因此便一起在澶渊会见，来补偿宋国因火灾造成的损失。《春秋》认为这样做很好。

昭公十一年春王二月，叔弓如宋，葬平公也。

十二年夏，宋公使华定来聘，通嗣君也。

二十五年九月，公孙于齐。十一月，宋元公将为公故如晋。己亥，卒于曲棘。

二十七年秋，会于扈，谋纳公也。宋、卫皆利纳公，固请之。范献子取货于季孙，乃辞小国，而以难复。详见《三桓弱公室》。

臣士奇曰：春秋时，鲁于列国邦交，自齐、晋两大国外，惟宋、卫最亲。卫，兄弟也；宋，姻娅也。中间以兵事龃龉者，不过数见而已。其余则行李之往来，欢好无间。即《左氏》所载，未易一二数也。

隐元年盟宿，平黄之怨；八年遇犬丘，又盟瓦屋。桓公二年，会稷。文公十一年，襄仲聘；十五年，华孙来盟。成公四年，华元聘；五年，孟献子报聘；八年，华元又聘，公孙寿纳币；九年，伯姬归，季文子致女。襄公二年，穆叔聘；十五年，向戌来，季武子报之；三十年，叔弓往葬共姬，叔孙豹会澶渊，宋灾故。昭公十一年，叔弓葬宋平公；二十五年，宋元将为公故如晋，卒曲棘；二十七年，

鲁昭公十一年春季，周历二月，叔弓到宋国去，是去参加宋平公的葬礼。

十二年夏季，宋国的华定来鲁国聘问，这是为新即位的宋元公通好。

二十五年九月，鲁昭公逃到齐国去。十一月，宋元公打算为了鲁昭公的事到晋国去。十三日，在曲棘去世。

二十七年秋季，晋国的士鞅、宋国的乐祁犁、卫国的北宫喜、曹国人、邾国人、滕国人在郑国扈地相会，这是为了商量送回鲁昭公。宋国、卫国大夫都认为送回鲁昭公对自己国家有利，坚决请求这样做。范献子从季孙那里得到财礼，于是辞退小国，而禀报晋顷公说难以送鲁昭公回国。详见《三桓弱公室》。

臣下我高士奇评论说：春秋时期，鲁国和列国交往，除了齐、晋两个大国之外，就属宋国和卫国最亲近了。卫国，是鲁国的兄弟之国；宋国，是鲁国的姻亲之国。其间因为战争而相互抵触的时候，只出现了少数几次而已。其余的时间则是使者互相往来，欢悦和好没有隔阂。仅《左氏春秋》（即《左传》）所记载的，就很难逐一数清。

鲁隐公元年和宋人在宿国结盟，平息了黄地的怨恨；八年卫宣公和宋殇公在犬丘非正式会见，接着又在瓦屋订立盟约。鲁桓公二年，桓公和齐僖公、陈桓公、郑庄公在稷地会面。鲁文公十一年，襄仲去宋国聘问；十五年，宋国的华孙前来鲁国结盟。鲁成公四年，宋国的华元前来鲁国聘问；五年，孟献子去宋国回报华元的聘问；八年，华元又来鲁国聘问，公孙寿前来鲁国赠送聘礼；九年，共姬出嫁到宋国，季文子到宋国去慰问伯姬。鲁襄公二年，穆叔到宋国去聘问；十五年，宋国的向戌前来鲁国聘问，后来季武子又去回报宋国的聘问；三十年，叔弓去宋国参加共姬的葬礼，叔孙豹和晋、齐等国大夫在澶渊相会，是因为宋国火灾的缘故。鲁昭公十一年，叔弓到宋国参加宋平公的葬礼；二十五年，宋元公打算为了鲁昭公的事到晋国去，结果死在曲棘；二十七年，

会扈，谋纳公。此鲁、宋邦交之始末也。

隐公八年，遇犬丘，盟瓦屋。僖公二十五年，盟洮；二十六年，盟向，卫为鲁伐齐；三十年，纳玉，请释卫侯。文公四年，甯俞聘。宣公七年，孙桓子来盟。成公三年，良夫聘，且寻盟；八年，媵共姬。襄公元年，子叔聘；七年，季武子往报，孙文子来寻盟；三十年，共澶渊之会。昭公二十七年，协纳公之谋。此鲁、卫邦交之始末也。

观卫成深室之囚，诸姬环视莫恤，惟鲁不爱先君之重器，始反卫侯。鲁昭之逐，殒身不惜而为鲁急难者，宋元也。扈之会，诸大夫莫利纳公，独宋、卫之大夫心切义举，亦足以明三国之式好无尤，善终善始矣。独立督之会，取赂而不讨弑君之贼；澶渊谋救宋灾，而实未尝以财归之，不独纵释蔡般为不知类也。此二役诚为可憾，而鲁、卫于宋最昵，亦与诸侯同恶焉，其谓之何矣！共姬贤而有礼，遂致诸国之媵。及蹈“嘻嘻出出”之变，守经以死。圣人于其始卒，一书再书，芳流史册，亦可以知立节为大哉！

晋国的士鞅、宋国的乐祁犁等在扈地相见，商量送回鲁昭公。这就是鲁国和宋国交往的始末。

鲁隐公八年，宋、卫两国在犬丘非正式会见，在瓦屋订立盟约。鲁僖公二十五年，和卫国在洮地结盟；二十六年，在向地结盟，卫国为了鲁国讨伐齐国；三十年，僖公把玉献给周天子和晋文公，请求释放卫成公。鲁文公四年，卫国的甯俞（即甯武子）前来鲁国聘问。鲁宣公七年，卫国的孙桓子前来鲁国结盟。鲁成公三年，卫国的孙良夫前来鲁国聘问，同时重温过去的盟约；八年，卫国送女子来鲁国作为共姬的陪嫁。鲁襄公元年，卫国子叔前来鲁国聘问；七年，季武子去卫国回报子叔的聘问，卫国孙文子来鲁国重温过去的盟约；三十年，共同在澶渊参加大夫相会。鲁昭公二十七年，卫国帮助谋划接回昭公。这是鲁国和卫国交往的始末。

纵观卫成公被囚禁在深牢之中，各个姬姓诸侯围观却不救助，而只有鲁国不吝惜先君的宝玉，才帮助卫成公回国。到鲁昭公被驱逐时，即使丧命也在所不惜而为鲁国救难的，就是宋元公。扈地的相会，诸国大夫没有人认为接回昭公会对自己有利，只有宋、卫两国的大夫心情迫切地想要行此义举，这也足以说明三国之间的关系亲密无间，而且能够善始善终。只有立华父督的相会，鲁桓公因为接受贿赂而没有讨伐弑杀宋殇公的叛贼；在澶渊相会时鲁国与卫国大夫等商量对宋国发生火灾的事进行救助，然而事实上并没有赠送给宋国什么财物，不仅只有宽容放任蔡太子般弑杀父君蔡景侯才叫不明事理。这两件事实在令人遗憾，而鲁国、卫国和宋国最亲近，但他们也和诸侯共同作恶，这又该怎么讲呢！共姬贤德而懂得礼仪，诸侯才致送女子作为陪嫁。等到遭遇“嘻嘻出出”的火灾变故，她坚守常道而死。圣人孔子对她的事迹从始至终一书再书，使她流芳史册，从中也可以了解到树立节操的重要性啊！

卷七　鲁文姜之乱庄公忘仇附

桓公三年春，会于嬴，成昏于齐也。秋，公子翚如齐逆女，修先君之好，故曰“公子”。齐侯送姜氏，非礼也。凡公女，嫁于敌国，姊妹，则上卿送之，以礼于先君；公子，则下卿送之。于大国，虽公子，亦上卿送之。于天子，则诸卿皆行，公不自送。于小国，则上大夫送之。冬，齐仲年来聘，致夫人也。

六年九月丁卯，子同生，以太子生之礼举之。接以太牢，卜士负之，士妻食之，公与文姜、宗妇命之。公问名于申繻。对曰：“名有五：有信，有义，有象，有假，有类。以名生为信，以德命为义，以类命为象，取于物为假，取于父为类。不以国，不以官，不以山川，不以隐疾，不以畜牲，不以器币。周人以讳事神，名终将讳之。故以国则废名，以官则废职，

卷七　鲁文姜之乱庄公忘仇附

鲁桓公三年春季，鲁桓公和齐僖公在嬴地会见，这是由于和齐女订婚。秋季，公子翚到齐国迎接齐女，因为是重修前代国君的旧好，所以《春秋》称翚为“公子”。齐僖公护送姜氏出嫁，这是不合于礼法的。凡是本国的公室女子出嫁到同等级国家，如果是国君的姐妹，就由上卿护送她，以表示对前代国君的尊敬；如果是国君的女儿，就由下卿护送她。如果出嫁到大国，即使是国君的女儿，也要由上卿护送。如果嫁给天子，各位大臣都要护送前往，国君并不亲自护送。如果出嫁到小国，就由上大夫护送。冬季，齐国的夷仲年来鲁国聘问，这是为了慰问姜氏。

六年九月二十四日，桓公的儿子同出生，用太子出生的礼仪举行仪式。父亲接见儿子时用牛、羊、猪三牲齐全的太牢之礼，通过占卜选择一位士来抱他，通过占卜选择一位士的妻子做他乳母，桓公和文姜、同宗妇人为他起名字。桓公向申繻询问起名的事。申繻回答说：“取名的方式有五种：有信，有义，有象，有假，有类。用出生的某一种情况来命名是信，用祥瑞的字眼来命名是义，用相类似的东西来命名是象，假借某种物品的名称来命名是假，用和父亲有关的字眼来命名是类。命名不用本国国名，不用本国官名，不用本国山川名，不用疾病名，不用牲畜名，不用礼器玉帛名。周朝人用避讳来奉事神灵，名，在死了以后就要避讳。所以用国名命名就需以后废除人名，用官名命名就需改变官职名称，

以山川则废主，以畜牲则废祀，以器币则废礼。晋以僖侯废司徒，宋以武公废司空，先君献、武废二山，是以大物不可以命。”公曰：“是其生也，与吾同物。命之曰同。”

十八年春，公将有行，遂与姜氏如齐。申𦈡曰：“女有家，男有室，无相渎也，谓之有礼。易此，必败。”公会齐侯于泺，遂及文姜如齐。齐侯通焉。公谪之，以告。夏四月丙子，享公。使公子彭生乘公，公薨于车。鲁人告于齐曰：“寡君畏君之威，不敢宁居，来修旧好，礼成而不反。无所归咎，恶于诸侯，请以彭生除之。”齐人杀彭生。

〔补逸〕《管子》：鲁桓公夫人文姜，齐女也。公将如齐，与夫人偕行。申俞谏，公不听。文姜通于齐侯。桓公闻，责文姜。文姜告齐侯。齐侯怒，飨公，使公子彭生乘鲁侯，胁之，公薨于车。竖曼曰：“贤者死忠以振疑，百姓寓焉；智者究理而长虑，身得免焉。今彭生二于君，无尽言而谀行，以戏我君，使我君失亲戚之礼命，又力成我君之祸，以构二国之怨，彭生其得免乎！鲁若有诛，必以彭生为说。”二月，鲁人告齐，齐人为杀彭生，以谢于鲁。

庄公元年春，不称即位，文姜出故也。三月，夫人孙于齐。不称姜氏，绝不为亲，礼也。

用山川命名就需改变山川的名称，用牲畜命名就需废除祭祀，用礼器玉帛命名就需废除礼仪。晋国因僖公名而改变司徒的官名，宋国因为武公名而改变司空的官名，我国因为先君献公、武公名而改变具山、敖山二山之名，所以大的事物不可以用来命名。”桓公说：“这孩子出生，和我是同一日。给他起名叫同。”

十八年春季，桓公打算外出，便和姜氏到齐国去。申繻劝阻说：“女人有夫家，男人有妻室，不可以互相轻慢亵渎，这叫有礼。违反了这一点就必然坏事。”桓公和齐襄公在齐国泺水边上会见，然后就和文姜到了齐国国都。齐襄公和文姜通奸。桓公责备文姜，文姜告诉了齐襄公。夏季四月初十，齐襄公设宴招待桓公。而后让公子彭生帮助桓公登车，桓公死在车中。鲁国人告诉齐国说：“我国国君畏惧贵国国君的威严，不敢安居国内，来到贵国重修旧好，礼仪完成后却没有回国。我们又无处追究罪责，在诸侯中造成了恶劣影响，请求以彭生来消除这种影响。”齐国人于是杀死了彭生。

〔补逸〕《管子》：鲁桓公的夫人文姜，是齐僖公之女。桓公将去齐国，与夫人同行。申俞劝阻他，桓公不听。文姜与齐襄公私通。桓公听说后，责备文姜。文姜将此事告诉了齐襄公。齐襄公大怒，设宴款待桓公，然后让公子彭生送桓公上车，弄断其肋骨，桓公死在了车上。齐大夫竖曼说：“贤明之人死于忠义，以此来解除人们的疑惑，百姓因此托命于他；聪明之人为探索事理而长远思虑，所以能够身免于祸。现在彭生作为国君的辅佐之臣，对国君不直言进谏反而阿谀逢迎，来戏弄我国君，使我国君丧失了作为亲戚的礼数，又着力促成我国君的祸事，使齐、鲁两国结怨，彭生难道可以免于罪责吗！鲁国要诛伐罪人的话，一定以彭生为借口。”二月，鲁国人责难齐国，齐国人为此杀了彭生，以此向鲁国谢罪。

鲁庄公元年春季，《春秋》没有记载庄公即位，这是由于其生母文姜外出没有回国的缘故。三月，桓公夫人逃到了齐国。《春秋》不称姜氏而称“夫人”，是由于断绝了母子关系，这是合于礼法的。

秋，筑王姬之馆于外。为外，礼也。

〔发明〕按：忘父仇而为之主婚，丧心甚矣，何以为礼？

二年冬，夫人姜氏会齐侯于禚。书，奸也。

三年春，溺会齐师伐卫，疾之也。

六年冬，齐人来归卫宝，文姜请之也。

七年春，文姜会齐侯于防，齐志也。

八年春，治兵于庙，礼也。夏，师及齐师围郕，郕降于齐师。仲庆父请伐齐师。公曰："不可。我实不德，齐师何罪？罪我之由。《夏书》曰：'皋陶迈种德，德，乃降。'姑务修德，以待时乎！"秋，师还。君子是以善鲁庄公。

〔发明〕按：此正庄公忘父仇之恶也，何善之有？

十九年，夫人姜氏如莒。

臣士奇曰：文姜淫恣，为鸟兽之行，与弑桓公，狂走无忌。论者谓庄公不能尽防闲之道，桓公不能慎有家之戒，祸成于"于泺"而秽极于"如莒"。窃谓不然。《礼》首冠、昏，以其为人道之始也。合两姓之好，以为宗庙社稷主，盖莫重乎亲迎矣。鲁与齐密迩，亲迎之礼尤便。

秋季，鲁国在城外为周天子的女儿建造行馆。因为她不是鲁国的女子，这是合于礼法的。

〔发明〕按：鲁庄公忘记了父亲桓公被害的仇恨，为周天子的女儿出嫁到齐国主持婚事，太丧良心了，怎么会是按礼而行呢？

二年冬季，鲁桓公夫人姜氏和齐襄公在齐国禚地相会。《春秋》记载这件事，是由于他们通奸。

三年春季，鲁国大夫公子溺会合齐国军队攻打卫国，《春秋》直书其名“溺”，而不称公子，是由于厌恶他。

六年冬季，齐国人来鲁国赠送卫国的宝器，这是由于文姜的请求。

七年春季，文姜和齐襄公在鲁国防地相会，这是齐襄公的意愿。

八年春季，鲁国在太庙把武器发给军队，这是合于礼法的。夏季，鲁军和齐军包围郕国，郕国向齐军投降。仲庆父请求攻打齐军。庄公说：“不行。我倒真是缺乏德行，齐军有什么罪呢？罪是由我而来的。《夏书》说：‘皋陶努力修养德行，德行具备了，别人自然降服。’我们姑且致力于修养德行，以等待时机吧！”当年秋季，鲁军回国。君子因此而赞美鲁庄公。

〔发明〕按：这件事正是庄公忘却杀父之仇的罪恶，有什么可赞美的呢？

十九年，鲁桓公夫人姜氏去了莒国。

臣下我高士奇评论说：文姜淫乱放荡，干禽兽所干的事，参与杀死丈夫鲁桓公，又毫无顾忌地四处乱跑。评论的人说庄公不能尽到防备和阻止文姜的责任，桓公不能够谨慎遵行申繻“女有家，男有室”的训诫，使文姜之祸生成于“在泺水边上会见”时，而“去莒国”时文姜的淫乱行径到了极点。我私下认为不是这样。《仪礼》开篇就讲冠礼和婚礼，因为它们是人伦之道的开始。齐鲁通婚结成两姓之好，作为宗庙社稷的主人，大概没有比亲自迎娶更重要的了。鲁国和齐国离得很近，行这种亲自迎娶的礼仪尤其方便。

躬自图昏于嬴，而使公子翚逆女，齐侯溺爱，越礼以送，而桓公初未受室于姜氏之祧，何轻重之倒置也！且羽父，弑君之贼也。昏姻，吉礼之大者，而以凶人从事其间，公子彭生之兆成矣。公惟不能慎其始，因不能正其终，先王所为致谨于大昏之际也。夫观子同之生，而公与文姜、宗妇命之。文姜此际亦似少娴于礼者。迨如齐奸成，而淫奔之行遂至于不可制。然则使桓能从申繻之训，岂其至此乎！桓公弑兄，鲁不能讨，而假手于齐人，特以文姜为之媒，此亦似有天道不知其然而然者也。庄公忘父之仇，不能兴一旅问罪之师，仅以一彭生塞责，而靦然主王姬之昏，同伐卫之举。及围郕，而郕降于齐师，仲庆父请击齐，犹欲引修德待时之义以自解。天下之无人心者，亦至此哉！

桓公亲自到嬴地和齐国订婚，却让公子翚迎接齐女，齐僖公溺爱女儿，超越礼法亲自相送，而桓公开始却从未到姜氏的祖庙拜庙娶妻，为什么要轻重倒置呢！况且羽父（即公子翚）是弑杀鲁隐公的贼臣。婚姻是吉礼中的大事，可是桓公却让凶恶之人在其间办事，公子彭生弑杀桓公的凶兆已经显现出来了。桓公在开始时就不能谨慎行事，因此也不能得以善终，这就是先王在举行婚姻嫁娶的礼仪时非常谨慎的原因。看一下太子同出生时，桓公与文姜、同宗妇人一起为他起名。文姜在这时也似乎是稍微懂一点礼法的人。等她到了齐国与异母哥哥襄公做了通奸之事以后，淫乱私奔的行为便到了不可抑制的地步。然而如果桓公能听从申繻的训导，岂能到这种境地呢！桓公弑杀了自己的哥哥，鲁国不能讨伐，而借齐国人之手，特地以文姜为诱因，这也似乎是有天意一样；不知道为什么会这样而事实却就是这样。庄公忘却杀父之仇，不能兴兵问罪讨齐，仅仅接受齐国用杀掉一个彭生来抵偿罪责，还厚着脸皮主持周天子的女儿嫁到齐国的婚事，同齐国一同攻打卫国。等到包围了郕国，郕国人向齐国军队投降，仲庆父请求庄公进攻齐军，可他还要援引修养德行等待时机的说教来自我开解。天下没良心的人，竟到了这种地步吗！

卷八　列卿嗣世孟孙　叔孙　季孙　臧孙　子叔氏

闵公二年，共仲奔莒。莒人归之，乃缢。共仲即庆父。

僖公十五年，孟穆伯帅师及诸侯之师救徐。穆伯即公孙敖，庆父子，是为仲孙氏，亦曰孟孙。

文公元年春，王使内史叔服来会葬。公孙敖闻其能相人也，见其二子焉。叔服曰："榖也食子，难也收子。榖也丰下，必有后于鲁国。"

七年，穆伯娶于莒，曰戴己，生文伯；其娣声己，生惠叔。戴己卒，又聘于莒，莒人以声己辞，则为襄仲聘焉。冬，徐伐莒，莒人来请盟，穆伯如莒莅盟，且为仲逆。及鄢陵，登城见之，美，自为娶之。仲请攻之，公将许之。叔仲惠伯谏曰："臣闻之：'兵作于内为乱，于外为寇。寇犹及人，乱自及也。'今臣作乱，而君不禁，以启寇仇，若之何？"公止之。惠伯成之，使仲舍之，公孙敖反之，

卷八　列卿嗣世 孟孙　叔孙　季孙　臧孙　子叔氏

鲁闵公二年，鲁国的共仲逃亡到莒国。后来莒国把共仲遣返回来，共仲就上吊自杀了。共仲就是庆父。

鲁僖公十五年，孟穆伯率领鲁国和诸侯的军队前去援救徐国。孟穆伯就是公孙敖，他是庆父的儿子，是仲孙氏，也称为孟孙氏。

鲁文公元年春季，周天子派内史叔服来参加鲁僖公的葬礼。公孙敖听说叔服会给人相面，就让自己的两个儿子出来见他。叔服见到公孙敖的两个儿子穀、难，说："将来穀可以供养你，难可以安葬你。穀的下颌丰满，后嗣必然要在鲁国昌大。"

七年，公孙敖在莒国娶妻，叫戴己，后来戴己生下了文伯；戴己的妹妹声己，生下了惠叔。戴己死后，公孙敖又到莒国聘娶，莒国人因为声己还健在，拒绝了他，公孙敖便为兄弟襄仲聘娶。这年冬天，徐国进攻莒国，莒人前来鲁国请求结盟，公孙敖于是到莒国参加会盟，同时为襄仲迎娶莒国之女。公孙敖来到鄢陵后，登城往下看，看见莒国女非常漂亮，决定自己娶了她。襄仲向鲁文公请求攻打公孙敖，文公准备同意他的请求。叔仲惠伯劝谏说："臣下我听说：'起于内部的战争称为乱，起于外部的叫作寇。外来的战争还会给别人造成损害，内乱则只会自己伤害自己。'现在臣子要挑起内乱，而国君您却不加禁止，要是由此引来外部敌人的进攻，那该怎么办呢？"鲁文公于是制止了襄仲。惠伯出面为他们调解，让襄仲放弃莒女不娶，让公孙敖把她送回莒国，

复为兄弟如初。从之。

八年，穆伯如周吊丧，不至，以币奔莒，从己氏焉。

十四年，穆伯之从己氏也，鲁人立文伯。穆伯生二子于莒，而求复，文伯以为请。襄仲使无朝听命。复而不出。三年而尽室以复适莒。文伯疾，而请曰："縠之子弱，请立难也。"许之。文伯卒，立惠叔。穆伯请重赂以求复，惠叔以为请，许之。将来，九月，卒于齐。告丧，请葬，弗许。

十五年，齐人或为孟氏谋曰："鲁，尔亲也，饰棺置诸堂阜，鲁必取之。"从之。卞人以告。惠叔犹毁以为请，立于朝以待命。许之，取而殡之。齐人送之。书曰"齐人归公孙敖之丧"，为孟氏，且国故也。葬视共仲。声己不视，帷堂而哭。襄仲欲弗哭，惠伯曰："丧，亲之终也。虽不能始，善终可也。史佚有言曰：'兄弟致美，救乏、贺善、吊灾、祭敬、丧哀，情虽不同，毋绝其爱，亲之道也。'子无失道，何怨于人？"襄仲说，帅兄弟以哭之。

他年，其二子来，孟献子爱之，闻于国。或谮之曰："将

使兄弟二人和好如初。公孙敖、襄仲听从了他的劝解。

八年，周襄王去世，鲁国派公孙敖前往成周吊丧，可他并没有去成周，而是带着礼物跑到莒国，跟随莒女己氏去了。

十四年，公孙敖跟随莒国己氏走后，鲁国立了文伯（名榖）做他的继承人。公孙敖在莒国生下了两个儿子，要求回国，文伯替他向朝廷请示。襄仲要求公孙敖回来后不再参与朝政。公孙敖回来后就从不出门。三年后，他又带着所有的家产到莒国去了。文伯生了病，因此请求说："我的儿子还太小，就立我弟弟难吧。"朝廷同意了他的请求。文伯死后，惠叔（名难）被立为他的继承人。这时公孙敖请求通过送重礼来实现回国，惠叔向朝廷请示此事，朝廷答应让公孙敖回国。公孙敖正打算回来，可就在同年九月，他死在了齐国。齐国向鲁国报丧，请求归葬，但没有得到允许。

十五年，齐国有人为孟孙氏出主意说："鲁国公室跟你们是亲戚，你们把公孙敖的棺材放在堂阜，鲁国肯定会取回去。"于是孟孙氏使人把棺材抬到堂阜。卞邑大夫发现后向鲁国报告。这时，惠叔仍因居丧而十分悲伤，容颜消瘦，向鲁文公请求让公孙敖归葬，站在朝堂上等候鲁文公的命令。鲁文公答应了他的请求，把棺材抬回停灵。齐国派人护送公孙敖灵柩。《春秋》记载"齐人归公孙敖之丧"，是因为公孙敖是孟孙氏的始祖，也因为孟孙氏是鲁国的公族。公孙敖的葬礼是按庆父的规格办理的。声己不去看灵柩，只是在帷堂外哭泣。襄仲不想去哭丧，惠伯劝他说："丧礼，是为亲人送终。虽然不能有一个好的开始，有一个好的终结还是可以的。史佚有句话说：'兄弟之间应尽力做到完美，救济困乏、祝贺喜庆、慰问灾祸、祭祖敬神、丧葬哀悼，虽说感情不一样，但不可断绝兄弟之间的友爱，这是对待亲人的道理。'你自己不丧失为人之道，怨恨别人干什么呢？"襄仲听后很高兴，于是便带着兄弟们前去哭丧。

几年后，公孙敖在莒国的两个儿子回到鲁国，孟献子很喜欢他们，此事闻名于全国。有人诬告他们，对孟献子说："这两人要

杀子。"献子以告季文子。二子曰："夫子以爱我闻，我以将杀子闻，不亦远于礼乎？远礼不如死。"一人门于句鼆，一人门于戾丘，皆死。

〔补逸〕《国语》：文公欲弛孟文子之宅，使谓之曰："吾欲利子于外之宽者。"对曰："夫位，政之建也；署，位之表也；车服，表之章也；宅，章之次也；禄，次之食也。君议五者以建政，为不易之故也。今有司来命，易臣之署与其车服，而曰'将易而次，为宽利也'。夫署，所以朝夕虔君命也。臣立先臣之署，服其车服，为利故而易其次，是辱君命也。不敢闻命。若罪也，则请纳禄与车服而违署，唯里人之所命次。"公弗取。臧文仲闻之曰："孟孙善守矣，其可以盖穆伯而守其后于鲁乎！"

〔发明〕孟文子即文伯，献子之父也，名不见经，以无禄早世故。穆伯之丑如此，有贤子孙以世其家，所谓"有子考无咎"者，非耶？以上孟献子之立。

庄公三十二年，成季使鍼季鸩僖叔，及逵泉而卒，立叔孙氏。僖叔即叔牙。

僖公四年冬，叔孙戴伯帅师会诸侯之师侵陈。即公孙兹，叔牙子，是为叔孙氏。

五年夏，公孙兹如牟，娶焉。

杀你。"孟献子把这话告诉了季文子。公孙敖的两个儿子知道后，说："孟孙他老人家以喜欢我们而闻名，我们现在却以打算谋害他而闻名，这不是远离了礼法吗？远离礼法还不如去死。"到后来，他们俩一个在句鼆守城门，一个在戾丘守城门，最终都战死了。

〔补逸〕《国语》：鲁文公打算拆毁孟文子的住所，便派人告诉孟文子说："我想给你在外面找一个宽敞的地方，更方便你住。"孟文子回答说："爵位，是用来建立政事的；官署，是爵位等级的标志；车马服饰，是等级标志的体现；住宅，是相应等级的人的居所；俸禄，是供这些居所中的人食用的。君主议定爵位、衙署、车马服饰、住所、俸禄这五者来建立政务，是因为不随意更换它们。现在有关官员来传达命令，说'要改变你的住所，为的是宽敞对你有利'。衙署，是朝夕敬奉君主命令的地方。下臣我用的是先祖的衙署，用的是他的车马服饰，今天为了方便而更换住所，这是有辱君主成命的做法。我不敢服从命令。若是要治我的罪，那么我请求交还俸禄和车马服饰，离开衙署，听凭里宰的命令授予我住宅。"文公没有拆毁他的住宅。臧文仲听说后说："孟孙善于守职，可以掩盖他父亲公孙敖出奔莒国的丑行而为其后嗣在鲁国守住职位了！"

〔发明〕孟文子即公孙敖的儿子文伯，是孟献子的父亲，他的名字不见于《春秋》经上，是由于他没有俸禄又早逝的缘故。公孙敖的丑行到了如此地步，但由于子孙有贤德，使他家世代相承，所谓"子贤父无过"，难道不对吗？以上为孟献子之立。

鲁庄公三十二年，桓公的儿子季友让鍼季给僖叔喝毒酒，僖叔走到逵泉就去世了，鲁国立他的儿子为叔孙氏。僖叔也就是叔牙。

鲁僖公四年冬季，叔孙戴伯率军会同诸侯联军攻打陈国。叔孙戴伯即公孙兹，是叔牙的儿子，也就是叔孙氏。

五年夏季，叔孙戴伯前往牟国，在那儿娶亲。

文公十一年秋，鄋瞒侵齐，遂伐我。公卜使叔孙得臣追之，吉。冬十月甲午，败狄于咸，获长狄侨如，以命宣伯。

成公十四年秋，宣伯如齐逆女。称族，尊君命也。九月，侨如以夫人妇姜氏至自齐。舍族，尊夫人也。故君子曰："《春秋》之称，微而显，志而晦，婉而成章，尽而不污，惩恶而劝善。非圣人，谁能修之？"

〔补逸〕《国语》：简王八年，鲁成公来朝，使叔孙侨如先聘，且告。见王孙说，与之语。说言于王曰："鲁叔孙之来也，必有异焉。其享觐之币薄，而言谄，殆请之也。若请之，必欲赐也。鲁执政惟强，故不欢焉，而后遣之。且其状，方上而锐下，宜触冒人。王其勿赐。若贪陵之人来，而盈其愿，是不赏善也，且财不给。故圣人之施舍也议之，其喜怒取予也亦议之。是以不主宽惠，亦不主猛毅，主德义而已。"王曰："诺。"使私问诸鲁，请之也。王遂不赐，礼如行人。及鲁侯至，仲孙蔑为介。王孙说与之语，说让。说以语王，王厚贿之。

鲁文公十一年秋季，鄋瞒侵略齐国，随后攻打鲁国。文公占卜可否派遣叔孙得臣追击敌人，结果是吉利。冬季十月初三，叔孙得臣在咸地击败了鄋瞒的狄人军队，俘虏了长狄首领侨如，于是就给自己的儿子叔孙宣伯取名为侨如。

鲁成公十四年秋季，叔孙侨如到齐国迎亲。《春秋》中称他的族名，以表示对国君命令的尊重。九月，叔孙侨如带着成公的夫人姜氏从齐国回来。《春秋》中不称他的族名，这表示对夫人姜氏的尊重。所以君子说："《春秋》的记述，用词细密而意义显明，记载史实而含意幽深，表达委婉而又顺理成章，穷尽事实而无所歪曲，惩恶而又扬善。如果不是圣人，谁能编写出这样的经书呢？"

〔补逸〕《国语》：周简王八年，鲁成公将来朝觐周简王，于是派叔孙侨如先修聘礼，并告诉周简王说成公要来朝见。叔孙侨如先见到了周朝大夫王孙说，与他交谈。王孙说向周简王报告说："鲁国叔孙侨如来成周，肯定有异常原因。他进献的礼物很少，但言辞谄媚，大概是他自己主动请求来的吧。要是他自己请求来的，一定是想要赏赐。鲁国的执政者强横，因此鲁君虽然不高兴，还是派到这里来了。而且他的脸型上方下尖，容易触犯他人。您不要给他赏赐。若是这种贪得无厌、欺凌他人之人来了，却满足他的愿望，那就不符合赏赐善人的原则，何况周王室的财货也不充裕。因此圣人决定施予与不施予，是在斟酌之后；他喜爱谁、恼怒谁、接受谁的礼物、赐给谁东西，也是在斟酌之后。因此不以宽容仁爱为主，也不以严厉刚毅为主，只是以德义为主而已。"简王说："好吧。"并私下派人向鲁国打听，确实如王孙说所说的那样，叔孙宣伯是主动请求来的。于是简王没有向他行赏，只是以招待一般使臣的礼节那样招待他。等到鲁成公来到成周，由鲁国大臣仲孙蔑担任宾介。王孙说与仲孙蔑交谈，喜欢仲孙蔑言谈举止的谦让。王孙说将此事向简王做了汇报，简王赏给仲孙蔑很丰厚的财物。

十六年六月，晋、楚遇于鄢陵。战之日，公出于坏隤。宣伯通于穆姜，欲去季、孟，而取其室。将行，穆姜送公，而使逐二子。公以晋难告，曰："请反而听命。"姜怒，公子偃、公子钽趋过，指之曰："女不可，是皆君也。"公待于坏隤，申宫儆备，设守而后行，是以后。使孟献子守于公宫。

秋，会于沙随，谋伐郑也。宣伯使告郤犨曰："鲁侯待于坏隤，以待胜者。"郤犨将新军，且为公族大夫，以主东诸侯。取货于宣伯，而诉公于晋侯。晋侯不见公。七月，公会尹武公及诸侯伐郑。将行，姜又命公如初。公又申守而行。诸侯之师次于郑西，我师次于督扬，不敢过郑。子叔声伯使叔孙豹请逆于晋师，为食于郑郊。师逆以至。声伯四日不食以待之，食使者而后食。

宣伯使告郤犨，曰："鲁之有季、孟，犹晋之有栾、范也，政令于是乎成。今其谋曰：'晋政多门，不可从也；宁事齐楚，有亡而已，蔑从晋矣。'若欲得志于鲁，请止行父而杀之，我毙蔑也而事晋，蔑有贰矣。鲁不贰，小国必睦。不然，归必叛矣。"九月，晋人执季文子于苕丘。公还，待于郓，使子叔声伯请季孙于晋。郤犨曰："苟去仲孙蔑而止季孙行父，吾与子国，亲于公室。"对曰：

十六年六月，晋楚两国在鄢陵相遇。交战的时候，鲁成公从坏隤城出发。此时，叔孙侨如正与成公的母亲穆姜私通，想要赶走季氏和孟氏两家而夺取他们的家产。成公正要出行，穆姜前来送他，并让他驱逐季文子和孟献子两家。成公以晋国要求鲁国出兵协助进行解释，说："等我回来再驱逐他们。"穆姜大怒，见成公的庶弟公子偃、公子鉏正快步走过，便指着他们说："你要不同意，他们都可以代替你做鲁侯。"成公停留在坏隤，布置好防护宫室、加强戒备的工作后才赶往鄢陵，所以去晚了。成公派孟献子在公宫守卫。

秋季，诸侯在沙随相会，商议攻打郑国的事。叔孙侨如派人告诉晋国将领郤犨说："鲁侯在坏隤等着，坐观谁能取胜。"郤犨率领新军，同时做公族大夫，主持东方诸侯的招待联络事务。他从叔孙侨如那里拿到了财物，而在晋厉公那里毁谤鲁成公。晋厉公因此而不和成公相见。七月，成公会合尹武公和诸侯攻打郑国。他将要出行时，穆姜又像上次那样命令成公。成公只好又在宫中设置防备以后才出行。诸侯的军队驻扎在郑国西部，鲁国军队驻扎在督扬，不敢经过郑国都城。子叔声伯一边派叔孙豹请求晋军前来迎接鲁军，一边在郑国郊外准备饭食款待。晋军接受请求来到郑郊迎接鲁军。声伯四天没有吃饭等着晋军到来，直到让晋国的使者吃了以后自己才吃。

叔孙侨如派人告诉郤犨说："鲁国有季氏、孟氏，就好像晋国有栾氏、范氏，政令就是这些大族制订的。现在他们商量说：'晋国的政令出自不同家族，这是不能服从的；宁可事奉齐国和楚国，哪怕亡国，也不再服从晋国。'晋国如果想让鲁国听话，请留下季孙行父并杀了他，我把仲孙蔑杀死，再事奉晋国，就没有背叛晋国的人。鲁国不背叛晋国，其他小国就一定会亲附晋国。不这样，季孙行父回国后必然要背叛晋国。"九月，晋国人在苕丘逮住了季孙行父。成公回来，停留在郓地，派子叔声伯向晋国请求放回季孙行父。郤犨说："如果除掉仲孙蔑而留下季孙行父，我就把鲁国的政权交给你，对你比对公室还亲。"声伯回答说：

"侨如之情，子必闻之矣。若去蔑与行父，是大弃鲁国而罪寡君也。若犹不弃，而惠徼周公之福，使寡君得事晋君，则夫二人者，鲁国社稷之臣也。若朝亡之，鲁必夕亡。以鲁之密迩仇雠，亡而为仇，治之何及？"郤犨曰："吾为子请邑。"对曰："婴齐，鲁之常隶也，敢介大国以求厚焉？承寡君之命以请，若得所请，吾子之赐多矣，又何求？"范文子谓栾武子曰："季孙于鲁，相二君矣。妾不衣帛，马不食粟，可不谓忠乎？信谗慝而弃忠良，若诸侯何？子叔婴齐奉君命无私，谋国家不贰，图其身不忘其君。若虚其请，是弃善人也。子其图之。"乃许鲁平，赦季孙。

冬十月，出叔孙侨如而盟之，侨如奔齐。

十二月，季孙及郤犨盟于扈。归，刺公子偃，召叔孙豹于齐而立之。

齐声孟子通侨如，使立于高、国之间。侨如曰："不可以再罪。"奔卫，亦间于卿。

襄公九年，穆姜薨于东宫。始往而筮之，遇《艮》之八☶。史曰："是谓《艮》之《随》☱，《随》，其出也，君必速出！"姜曰："亡。是于《周易》曰：'《随》，元、亨、利、贞，无咎。'元，体之长也；亨，嘉之会也；利，义之和也；贞，事之干也。体仁足以长人，嘉德足以合礼，利物足以和义，贞固足以干事。

"叔孙侨如的情况,您一定听到了。如果除去仲孙蔑和季孙行父,这是大大地抛弃鲁国而加罪于我们国君。如果您还不想丢弃鲁国,而承蒙您向周公求福,让我们国君能够事奉晋国国君,那么这两个人都是鲁国的社稷之臣。假如早晨除掉他们,晚上鲁国就必然会灭亡。鲁国靠近晋国的仇敌齐国、楚国,鲁国灭亡了便是帮了晋国仇敌,到那时再补救还来得及吗?"郤犨说:"我为您请求封邑。"子叔声伯回答说:"婴齐我只是鲁国的小臣,岂敢依仗大国以求取丰厚的官禄?我奉了我们国君的命令前来请求,如果得到所请求的,您的恩赐就很多了,我还请求什么呢?"晋国大臣范文子对栾武子说:"季孙行父在鲁国,辅助过两个国君。他的妾不穿丝绸,马不吃粮食,难道能不认为他是忠臣吗?听信奸邪而舍弃忠良,怎么向诸侯交代呢?子叔婴齐接受国君的命令而没有私心,为国家谋划不三心二意,为自己打算而不忘国君。如果拒绝他的请求,这是丢弃善人啊。您还是考虑一下吧。"于是晋国同意跟鲁国讲和,赦免了季孙行父。

冬季十月,鲁国放逐了叔孙侨如并且和大夫们盟誓,叔孙侨如逃亡到齐国。

十二月,季孙行父和郤犨在扈地结盟。回国后,刺杀了公子偃,而把叔孙豹从齐国召回来,立他为叔孙氏的继承人。

齐灵公的母亲声孟子和叔孙侨如私通,声孟子让他的地位跟高氏、国氏相当。叔孙侨如说:"不能再犯罪了。"于是他又逃亡到卫国,在那里他也位于各卿之间。

鲁襄公九年,穆姜死在东宫里。开始她住进去的时候,曾经占筮预测吉凶,得到《艮》卦☶除第二爻外皆变。太史说:"这叫作《艮》卦变为《随》卦☱,《随》是出走的意思,您一定能很快从这里出去!"穆姜说:"没有的事。这卦象在《周易》里说:'《随》,元、亨、利、贞,没有灾祸。'元,就是头,是躯体最高的地方;亨,是各种美德的汇聚;利,是道义的总和;贞,是办好事情的根本。体现了仁就足以领导别人,有美好的德行就足以协调礼仪,有利于万物就足以总括道义,诚信坚强就足以办好事情。

然故不可诬也,是以虽《随》无咎。今我妇人而与于乱,固在下位,而有不仁,不可谓元;不靖国家,不可谓亨;作而害身,不可谓利;弃位而姣,不可谓贞。有四德者,《随》而无咎。我皆无之,岂《随》也哉?我则取恶,能无咎乎?必死于此,弗得出矣。”以上叔孙穆子之立。

庄公二十七年秋,公子友如陈葬原仲,非礼也。原仲,季友之旧也。

闵公元年,季子来归。季友为季氏之始,其子不见经,其孙即季文子行父也。

文公六年秋,季文子将聘于晋,使求遭丧之礼以行。其人曰:“将焉用之?”文子曰:“备豫不虞,古之善教也。求而无之,实难。过求,何害?”

十八年,莒纪公生太子仆,又生季佗。爱季佗而黜仆,且多行无礼于国。仆因国人以弑纪公,以其宝玉来奔,纳诸宣公。公命与之邑,曰:“今日必授!”季文子使司寇出诸竟,曰:“今日必达!”公问其故。季文子使大史克对曰:“先大夫臧文仲教行父事君之礼,行父奉以周旋,弗敢失队。曰:‘见有礼于其君者,事之,如孝子之养父母也;见无礼于其君者,诛之,如鹰鹯之逐鸟雀也。’先君周公制《周礼》曰:‘则以观德,德以处事,事以度功,功以食民。’作《誓命》曰:‘毁则为贼,掩贼为藏,窃贿为盗,盗器为奸。主藏之名,赖奸之用,为大凶德,有常无赦,在九刑不忘。’

卦象是这样，所以是不能欺骗的，因此虽然得到《随》卦却没有灾祸。现在我作为女人而参与了动乱，本来地位低下而又没有仁德，不能说是元；使国家不安定，不能说是亨；作乱而害及自身，不能说是利；不守本分而打扮得漂漂亮亮，不能说是贞。有上面四种德行的，得到《随》卦也可以没有灾祸。这四种德行我都没有，难道合于《随》卦的卦辞吗？我自取邪恶，能够没有灾祸吗？我一定会死在这里，不能出去了。”以上为叔孙穆子之立。

鲁庄公二十七年秋季，公子友前往陈国参加原仲的葬礼，这是不合于礼法的。原仲，只是季友（即公子友）的一个老朋友。

鲁闵公元年，季友从陈国回来。季友是季氏家族的始祖，他的儿子没有出现在《春秋》经中，他的孙子就是季文子季孙行父。

鲁文公六年秋季，季文子准备到晋国聘问，派人求取一些丧事所需的礼仪用品，然后才动身。手下人问：“准备这些做什么？”季文子说：“预备好应付意外的事，这是古代的好教训。一旦要用却没有，实在会很困难。准备了一时用不着，又有什么害处呢？”

十八年，莒纪公生了太子仆，又生了季佗。他喜欢季佗而废黜了太子仆，而且在国内办了许多不合礼仪的事情。太子仆依靠莒国人杀了莒纪公，拿着他的宝玉逃亡到鲁国，并把这些财宝献给了鲁宣公。鲁宣公下令给他城邑，说：“今天一定得给！”季文子让司寇把他赶出国境，说：“今天一定得执行！”鲁宣公询问这样做的缘故。季文子让太史克回答说：“先大夫臧文仲教导行父奉事国君的礼仪，行父根据它而应酬答对，不敢有失礼数。先大夫说：‘见到对他的国君有礼的人，事奉他，如同孝子奉养父母一样；见到对他的国君无礼的人，诛戮他，如同鹰鹯追逐鸟雀一样。’先君周公制订《周礼》说：‘礼仪用来观察德行，德行用来处置事情，事情用来衡量功劳，功劳用来取食于民。’又作《誓命》说：‘毁弃礼仪就是贼，窝藏贼就是窝藏罪人，偷窃财物就是盗，偷窃宝器就是奸。有窝藏的名声，利用奸人的宝器，这是很大的凶德，按国家规定的刑罚不能赦免，记载在九刑之中不能忘记。’

行父还观莒仆，莫可则也。孝敬、忠信为吉德，盗贼、藏奸为凶德。夫莒仆，则其孝敬，则弑君父矣；则其忠信，则窃宝玉矣。其人，则盗贼也；其器，则奸兆也。保而利之，则主藏也。以训则昏，民无则焉。不度于善，而皆在于凶德，是以去之。

“昔高阳氏有才子八人，苍舒、隤敳、梼戭、大临、尨降、庭坚、仲容、叔达，齐、圣、广、渊、明、允、笃、诚，天下之民谓之八恺。高辛氏有才子八人，伯奋、仲堪、叔献、季仲、伯虎、仲熊、叔豹、季狸，忠、肃、共、懿、宣、慈、惠、和，天下之民谓之八元。此十六族也，世济其美，不陨其名，以至于尧，尧不能举。舜臣尧，举八恺，使主后土，以揆百事，莫不时序，地平天成。举八元，使布五教于四方，父义、母慈、兄友、弟共、子孝，内平外成。

“昔帝鸿氏有不才子，掩义隐贼，好行凶德，丑类恶物，顽嚚不友，是与比周，天下之民谓之浑敦。少皞氏有不才子，毁信废忠，崇饰恶言，靖谮庸回，服谗蒐慝，以诬盛德，天下之民谓之穷奇。颛顼氏有不才子，不可教训，不知话言，告之则顽，舍之则嚚，傲很明德，以乱天常，天下之民谓之梼杌。此三族也，世济其凶，增其恶名，以至于尧，尧不能去。缙云氏有不才子，贪于饮食，冒于货贿，侵欲崇侈，不可盈厌，聚敛积实，不知纪极，不分孤寡，不恤穷匮，

行父仔细观察莒国太子仆，没有可以取法的地方。孝敬、忠信是吉德，盗窃、藏奸是凶德。这个莒国太子仆，如果考量他的孝敬吧，那么他是弑君杀父的人；如果考量他的忠信吧，可他又是盗窃了宝玉的人。他这个人，就是盗贼；他的器物，就是奸人的赃证。如果保护这个人而用他的器物，那就是窝赃。以此来教育百姓，百姓就昏乱而无所取法了。上面这些，算不上好事，而都属于凶德，所以才把他赶走。

“以前高阳氏有八个有才能的人，叫苍舒、隤敳、梼戭、大临、龙降、庭坚、仲容、叔达，他们中正、通达、宽宏、深远、明察、守信、厚道、诚实，天下的百姓称之为八恺。高辛氏有八个有才能的人，叫伯奋、仲堪、叔献、季仲、伯虎、仲熊、叔豹、季狸，他们忠诚、恭敬、勤谨、纯美、周密、慈祥、仁爱、和蔼，天下的百姓称他们为八元。这十六个家族，世世代代继承他们的美德，没有丧失前世的声名，一直到尧的时代，尧没有能举拔他们。舜做了尧的臣下以后，举拔八恺，让他们担任管理土地的官职，以掌管各种事务，处理事情没有不顺当的，大地和上天都平静无事。又举拔了八元，让他们在四方之国宣扬五常之教，父亲有道义，母亲慈爱，哥哥友爱，弟弟恭敬，儿子孝顺，里里外外都平静无事。

“以前帝鸿氏有一个没有才能的儿子，他遮蔽道义之士，包庇奸贼，喜欢干那些属于凶德的事情，把坏东西引为同类，跟那些愚昧奸诈、不友爱兄弟的人混在一起，天下的百姓称之为浑敦。少皞氏有一个没有才能的儿子，他不讲信用、废弃忠诚，专说花言巧语，惯听谗言，任用奸邪，造谣中伤，掩盖罪恶，以诬陷盛德之人，天下的百姓称之为穷奇。颛顼氏有一个没有才能的儿子，他没办法教育，不知道好话，开导他他又愚顽不化，丢开他他又刁恶奸诈，傲视美德，以搅乱上天的常道，天下的百姓称之为梼杌。这三个家族，世世代代继承他们的凶恶，增加了他们的坏名声，一直到尧时，尧没能赶走他们。缙云氏有一个没有才能的儿子，他贪图吃喝，贪求财货，侵夺财物以满足欲望，崇尚奢侈，不知满足，聚财积谷，没有限度，不分给孤儿寡妇，不周济穷人，

天下之民以比三凶，谓之饕餮。舜臣尧，宾于四门，流四凶族，浑敦、穷奇、梼杌、饕餮投诸四裔，以御魑魅。

“是以尧崩而天下如一，同心戴舜，以为天子，以其举十六相，去四凶也。故《虞书》数舜之功曰‘慎徽五典，五典克从’，无违教也。曰‘纳于百揆，百揆时序’，无废事也。曰‘宾于四门，四门穆穆’，无凶人也。舜有大功二十而为天子，今行父虽未获一吉人，去一凶矣。于舜之功，二十之一也，庶几免于戾乎！”

〔考异〕莒仆之事，《国语》作宣公以书命季文子曰“为我予之邑”。里革遇之，而更其书曰“为我流之”。《内》《外传》事无不同者，独此有异，附志之。

〔补逸〕《国语》：季文子相宣、成，无衣帛之妾，无食粟之马。仲孙它谏曰：“子为鲁上卿，相二君矣。妾不衣帛，马不食粟，人其以子为爱，且不华国乎？”文子曰：“吾亦愿之。然吾观国人，其父兄之食粗而衣恶者犹多矣，吾是以不敢。人之父兄食粗衣恶，而我美妾与马，无乃非相人者乎！且吾闻，以德荣为国华，不闻以妾与马。”文子以告孟献子，献子囚之七日。自是子服之妾，衣不过七升之布，马饩不过稂莠。文子闻之，曰：“过而能改者，民之上也。”使为上大夫。

天下的百姓把他和三凶相比，称之为饕餮。舜做了尧的臣下以后，开辟四方的城门，以礼接待宾客，流放四个凶族，把浑敦、穷奇、梼杌、饕餮赶到四方荒远的地方，让他们去抵御妖怪。

“因此，尧死后天下团结如一，同心拥戴舜做天子，因为他举拔了十六相而赶走了四凶的缘故。所以《虞书》列举舜的功业，说‘谨慎地发扬五教，五教都能服从’，这是说他没有错误的教导。又说‘放之于各种事务之中，各种事务都能顺当’，这是说他没有荒废的事务。又说‘开辟四方的城门，从四门进来的宾客都恭敬肃穆’，这是说没有凶顽的人。舜有大功二十件而做了天子，现在行父我虽没有得到一个好人，但已经赶走一个凶顽的人了。相对于舜的功业来说，已经有二十分之一了，差不多可以免于罪过了吧！”

〔考异〕莒国太子仆的事，在《国语》中记作宣公用文书命令季文子说“替我赐给他封邑”。太史里革见到后，将文书改为“替我流放他”。《春秋内传》和《春秋外传》记事没有不同的地方，只是此处不同，因此附录在这里。

〔补逸〕《国语》：季文子辅佐鲁宣公、鲁成公两代君主，他的妾不穿绸缎，他的马不吃粟米。仲孙它劝他说：“您是鲁国上卿，已经辅佐过两代君主。可是您的妾不穿绸缎，马不吃粟米，人们大概都认为您吝啬，况且您不想为国家增光吗？”季文子说：“我也愿过奢华的生活。可我见到我国百姓，父老兄弟吃粗食、穿破衣的人还很多，我因此不敢奢华。如果别人的父老兄弟吃粗食、穿破衣，而我却美化我的妾和马，恐怕不是辅佐国君的人该做的吧！况且我听说，应该以道德为国家的荣光，而没听说以妾与马作为国家的荣光的。”季文子把这件事告诉了孟献子，孟献子把儿子仲孙它关了七天。从此以后，子服（即仲孙它）的妾所穿的衣服不超过七升布，马料不过是一些杂草。季文子听说后，说：“犯错误而能改过的，是人中俊杰啊。”于是让仲孙它做了上大夫。

〔发明〕鲁自中叶，卿族五家，三桓而外，臧孙氏，孝公子公子彄之后也；子叔氏，宣公弟叔肸子婴齐之后，叔老、叔弓以下是也。其上大夫有子服氏。惠、昭、景伯甚著功名，则孟献子它之后。

襄公五年，季文子卒。大夫入敛，公在位。宰庀家器为葬备，无衣帛之妾，无食粟之马，无藏金玉，无重器备。君子是以知季文子之忠于公室也。相三君矣，而无私积，可不谓忠乎？以上季文子立，此序三家之始。

隐公五年冬十二月辛巳，臧僖伯卒。此臧僖伯，臧氏之祖也。子为哀伯，孙为文仲。附纪于此，以起臧武仲立季悼子出奔之事，并孟孝伯、臧为之立，俱附见焉。

襄公二十二年春，臧武仲如晋。雨，过御叔。御叔在其邑，将饮酒，曰："焉用圣人？我将饮酒而已。雨行，何以圣为？"穆叔闻之，曰："不可使也，而傲使人，国之蠹也。"令倍其赋。

二十三年。季武子无適子，公弥长，而爱悼子，欲立之，访于申丰，曰："弥与纥，吾皆爱之；欲择才焉而立之。"申丰趋退，归，尽室将行。他日，又访焉，对曰："其然，将具敝车而行。"乃止。访于臧纥，臧纥曰："饮我酒，吾为子立之。"季氏饮大夫酒，臧纥为客。既献，臧孙命北面重席，新樽洁之。召悼子，降逆之，大夫皆起。及旅，而召公鉏，

〔发明〕鲁国自中叶以后，卿族有五家，除了三桓——孟孙氏、叔孙氏和季孙氏以外，还有臧孙氏，是鲁孝公之子公子彄的后代；子叔氏，是鲁宣公的弟弟叔肹之子婴齐的后代，叔老、叔弓以下各代都是。鲁国的上大夫有子服氏。这个家族中子服惠伯、子服昭伯、子服景伯都功名卓著，他们都是孟献子的儿子仲孙它的后代。

鲁襄公五年，季文子去世。根据大夫入殓的礼仪，鲁襄公亲自参加。家宰收集家里的器物作为葬具，家里没有穿丝绸的妾，没有吃粟米的马，没有收藏金器玉器，没有双份的用具。君子由此知道季文子对公室的忠诚。辅助过三位国君而没有私人积蓄，能不说是忠诚吗？以上为季文子之立，这是叙述三桓家族的始祖。

鲁隐公五年冬季十二月二十九日，臧僖伯去世。这里的臧僖伯，是臧氏的始祖。他的儿子是臧哀伯，孙子是臧文仲。附录在这里，以便引出臧武仲立季悼子而出逃的事，以及孟孝伯、臧为继立的事，一并附录在此。

鲁襄公二十二年春季，臧武仲（即臧纥）到晋国去。天下着雨，他去看望御叔。御叔在自己的封邑，准备喝酒，说："哪里用得着这个圣人？我只是想喝酒。他冒雨出行，哪里算是圣人呢？"叔孙豹（即穆叔，也称穆子）听到他这番话，说："御叔自己不堪出使，反而看不起出使的人，这是国家的蛀虫。"于是就命令把他的赋税增加一倍。

二十三年。季武子没有嫡子，庶子中公弥年长，但是季武子喜欢悼子，想立他为继承人，于是问家臣申丰说："公弥和纥（即悼子），我都喜欢，我想选择其中有才能的一个立为继承人。"申丰快步退出来，回到家里，打算全家出走。过了几天，季武子又问申丰的意见，申丰回答说："如果是这样，我就打算套上车马走了。"季武子于是打消了这个念头。他又去问臧纥，臧纥说："你招待我喝酒，我为你立他。"季武子招待大夫们喝酒，臧纥是上宾。向宾客敬完酒后，臧纥命令朝北铺上两层席子，换上新的酒樽并清洗干净。臧纥召见悼子，走下台阶迎接他，大夫们都站了起来。等到宾主相互敬酒酬答后，才召见公鉏（即公弥），

使与之齿。季孙失色。季氏以公鉏为马正，愠而不出。闵子马见之曰："子无然！祸福无门，唯人所召。为人子者，患不孝，不患无所。敬共父命，何常之有？若能孝敬，富倍季氏可也；奸回不轨，祸倍下民可也。"公鉏然之，敬共朝夕，恪居官次。季孙喜，使饮己酒，而以具往，尽舍旃，故公鉏氏富，又出为公左宰。

孟孙恶臧孙，季孙爱之。孟氏之御驺丰点好羯也，曰："从余言，必为孟孙。"再三云，羯从之。孟庄子疾，丰点谓公鉏："苟立羯，请仇臧氏。"公鉏谓季孙曰："孺子秩，固其所也。若羯立，则季氏信有力于臧氏矣。"弗应。己卯，孟孙卒。公鉏奉羯立于户侧。季孙至，入哭而出，曰："秩焉在？"公鉏曰："羯在此矣。"季孙曰："孺子长。"公鉏曰："何长之有？唯其才也，且夫子之命也。"遂立羯，秩奔邾。

臧孙入哭，甚哀，多涕。出，其御曰："孟孙之恶子也，而哀如是。季孙若死，其若之何？"臧孙曰："季孙之爱我，疾疢也；孟孙之恶我，药石也。美疢不如恶石。夫石犹生我，疢之美，其毒滋多。孟孙死，吾亡无日矣。"孟氏闭门，告于季孙曰："臧氏将为乱，不使我葬。"季孙不信。臧孙闻之，戒。冬十月，孟氏将辟，藉除于臧氏。臧孙使正夫助之，除于东门，甲从己而视之。孟氏又告季孙。季孙怒，

让他和别人按年龄大小排列座位。季武子大惊失色。季武子让公弥做马正，公弥怨恨，不肯上任。闵子马见到公弥，说："你别这样！祸福无门，都是人自己招来的。做儿子的，担心的是不孝，而不担心没有地位。恭敬地对待父亲的命令，事情怎么会固定不变呢？如果能够孝顺恭敬，富有比季氏增加一倍也可以；如果奸邪不合法度，祸患比老百姓增加一倍也有可能。"公弥同意他的话，于是就恭敬地早晚问安，谨慎地处理公务。季武子高兴了，让他招待自己喝酒，并且带着饮宴的器物前往，把器物全部留下，公弥家因此致富，并且出任鲁襄公的左宰。

孟庄子讨厌臧纥，但季武子喜欢他。帮孟庄子养马驾车的家臣丰点喜欢孟庄子的庶子羯，他说："听从我的话，你一定能成为孟孙氏的继承人。"他再三劝说，羯听从了。孟庄子生病，丰点对公弥说："如果立了羯，就请他为您报复臧纥。"公弥对季武子说："孺子秩本来应当做继承人。如果能够改立羯为继承人，那么季氏就确实比臧氏实力强大了。"季武子没有理睬。八月十日，孟庄子去世。公弥事奉羯站在门边接受宾客吊唁。季武子来到，进门哭了一会儿出来，说："孺子秩在哪里？"公弥说："羯在这里了。"季武子说："孺子秩年长。"公弥说："有什么年长不年长？只要他有才能就行，而且这是他父亲的遗命。"于是立了羯，孺子秩逃到了邾国。

臧纥进门号哭，十分哀痛，泪珠滚滚。走出门，他的车夫说："孟孙讨厌您，而您悲哀成这个样子。季孙如果死了，您又该怎么办？"臧纥说："季孙喜欢我，这是没有痛苦的疾病；孟孙讨厌我，这是治疗疾病的药石。没有痛苦的疾病不如使人痛苦的针石。针石尚且可以让我活下去，没有痛苦的疾病，毒害更多。孟孙死了，我的灭亡也没多长时间了。"孟氏关起大门，告诉季武子说："臧纥打算发动变乱，不让我家安葬。"季武子不相信。臧纥听到了，开始戒备起来。冬季十月，孟氏打算开掘墓道，在臧氏那里借用役夫。臧纥派正徒去帮助他们，在东门开掘墓道，让甲士跟随着自己去视察。孟氏又报告给季武子。季武子大怒，

命攻臧氏。乙亥，臧纥斩鹿门之关，以出奔邾。

初，臧宣叔娶于铸，生贾及为而死。继室以其侄，穆姜之姨子也，生纥，长于公宫，姜氏爱之，故立之。臧贾、臧为出在铸。臧武仲自邾使告臧贾，且致大蔡焉，曰："纥不佞，失守宗祧，敢告不吊。纥之罪不及不祀，子以大蔡纳请，其可。"贾曰："是家之祸也，非子之过也，贾闻命矣。"再拜受龟。使为以纳请，遂自为也。臧孙如防，使来告曰："纥非能害也，知不足也。非敢私请，苟守先祀，无废二勋，敢不辟邑。"乃立臧为。

臧纥致防而奔齐。其人曰："其盟我乎？"臧孙曰："无辞。"将盟臧氏，季孙召外史掌恶臣而问盟首焉。对曰："盟东门氏也，曰：'毋或如东门遂不听公命，杀適立庶！'盟叔孙氏曰：'毋或如叔孙侨如欲废国常，荡覆公室！'"季孙曰："臧孙之罪皆不及此。"孟椒曰："盍以其犯门斩关？"季孙用之，乃盟臧氏曰："无或如臧孙纥干国之纪，犯门斩关！"臧孙闻之，曰："国有人焉，谁居？其孟椒乎！"

齐侯将为臧纥田，臧孙闻之，见齐侯。与之言伐晋，对曰："多则多矣，抑君似鼠。夫鼠，昼伏夜动，不穴于寝庙，畏人故也。今君闻晋之乱，而后作焉，宁将事之，非鼠何如？"

命令攻打臧氏。十月初七，臧纥砍断鹿门的门闩，逃往邾国。

当初，臧宣叔在铸国娶妻，妻子生下臧贾和臧为就死了。臧宣叔以妻子的侄女作为继室，她就是穆姜妹妹的女儿，生了臧纥，长在鲁君的宫中，穆姜喜欢他，所以把臧纥立为臧宣叔的继承人。臧贾、臧为离家住在铸国。臧纥从邾国派人告诉臧贾，同时将大龟送给他，说："我没有才能，没能守住宗庙，谨向您报告我的不善。我的罪过不至于断绝后代，您把大龟进献上去，请求立您为臧氏的继承人，也许是可以的。"臧贾说："这是家门的灾祸，不是您的过错，我谨遵命令。"拜了两拜，然后接受了大龟。他让臧为去代他进献请求，结果臧为却请求立自己为继承人。臧纥前往防地，派人来报告说："我并不能伤害他人，是由于智谋不足。我并不敢为一己之私而请求，如果能保住先人的祭祀，不废弃祖父文仲和父亲宣叔两位先人的勋劳，岂敢不让出封邑。"于是就立臧为为继承人。

臧纥献出了防地而逃到齐国。他的手下人说："他们会因为我们出逃而盟誓吗？"臧纥说："盟辞不好写。"准备为臧纥出逃举行盟誓，季武子召见掌管恶臣事务的外史，询问盟辞的写法。外史回答说："为东门氏举行的盟誓中说：'不要有人像东门遂那样不听国君的命令，杀嫡子，立庶子！'为叔孙氏举行的盟誓中说：'不要有人像叔孙侨如那样想要废弃国家的常道，颠覆公室！'"季武子说："臧纥的罪过都还不至于此。"孟椒说："何不把他冲犯城门砍断门闩写进盟辞呢？"季武子采用了孟椒的建议，就为臧氏举行盟誓，说："不要有人像臧纥那样触犯国家的法纪，冲犯城门砍断门闩！"臧纥听了以后说："国内有人才啊，是谁呢？恐怕是孟椒吧！"

齐庄公准备封给臧纥土地，臧纥听说后，进见齐庄公。齐庄公跟他说起攻打晋国的事，臧纥回答说："您的功劳确实很多了，可国君您却像老鼠一样。那老鼠，白天潜伏，夜里出动，但不在宗庙里打洞，这是由于怕人的缘故。现在君王您听到晋国动乱然后起兵，那还不如去事奉晋国，这不像老鼠又像什么？"

乃弗与田。仲尼曰："知之难也。有臧武仲之知，而不容于鲁国，抑有由也。作不顺而施不恕也。《夏书》曰：'念兹在兹。'顺事恕施也。"

以上臧武仲之去国与季悼子、孟孝伯、臧为之立。

二十四年，齐人城郏。穆叔如周，聘，且贺城。王嘉其有礼也，赐之大路。

昭公四年。初，穆子去叔孙氏，及庚宗，遇妇人，使私为食而宿焉。问其行，告之故，哭而送之。适齐，娶于国氏，生孟丙、仲壬。梦天压己，弗胜，顾而见人，黑而上偻，深目而豭喙，号之曰："牛，助余！"乃胜之。旦而皆召其徒，无之，且曰："志之。"及宣伯奔齐，馈之。宣伯曰："鲁以先子之故，将存吾宗，必召女。召女，何如？"对曰："愿之久矣。"鲁人召之，不告而归。即立，所宿庚宗之妇人献以雉。问其姓，对曰："余子长矣，能奉雉而从我矣。"召而见之，则所梦也。未闻其名，号之曰："牛！"曰："唯。"皆召其徒使视之。遂使为竖，有宠。长使为政。

公孙明知叔孙于齐，归，未逆国姜，子明取之。故怒，其子长，而后使逆之。田于丘莸，遂遇疾焉。竖牛欲乱其室而有之，强与孟盟，不可。叔孙为孟钟，曰：

齐庄公于是没有封给他土地。孔子说："聪明是很难做到的。有臧武仲这样的聪明，却不能为鲁国所容纳，这是有原因的。因为所作所为不顺于事理而且不合于恕道。《夏书》说：'想着这个，就一心做这个。'说的就是要顺于事理而合于恕道。"

以上为臧武仲离国出走及季悼子、孟孝伯、臧为被扶立。

二十四年，齐国在郏地筑城。叔孙豹到成周聘问，同时祝贺筑城完工。周天子嘉奖叔孙豹合于礼仪，赐给他大辂车。

鲁昭公四年。起初，叔孙豹离开叔孙氏出走，到达庚宗，碰到一个女人，让她私下给自己东西吃，并留宿在她家里。那女人问起他为什么出行，叔孙豹把原因告诉了她，她哭着送走了叔孙豹。叔孙豹到了齐国，从国氏娶了妻子，生了孟丙、仲壬。叔孙豹梦见天塌下来压着自己，要顶不住了，回头见到一个人，黑皮肤，上身佝偻，眼睛深陷，嘴巴像猪，就向他喊道："牛，来帮我！"这才顶住了。早晨他召见手下所有人，没有一个像梦中所见到的那人的样子，于是就说："记下这个人的模样。"等到宣伯（即叔孙侨如）也逃到齐国，叔孙豹送给他食物。叔孙侨如说："鲁国由于我们先人的缘故，将保留我们的宗族，一定会召你回去。要是召你回去，你会怎么样呢？"叔孙豹回答说："早就想回去了。"后来，鲁国人召他回去，他没告诉叔孙侨如就回鲁国了。叔孙豹被立为鲁卿以后，在庚宗让他留宿的女人献上野鸡。叔孙豹问她儿子的情况，那女人回答说："我儿子长大了，能够捧着野鸡跟着我了。"叔孙豹把她儿子召来，正是他所梦见的人。叔孙豹没有问他的名字，就喊他："牛！"孩子回答："是。"叔孙豹把手下人都召来让他们看这个孩子。然后让他做了小臣，他受到了叔孙豹的宠信。牛长大以后便让他主管家务。

叔孙豹在齐国的时候，公孙明和他有交情，叔孙豹回国后，没有去接在齐国娶的国姜，公孙明娶了她。叔孙豹因此发怒，等国姜所生的两个孩子长大以后才派人把他们接回。叔孙豹到丘莸打猎，在那里得了病。竖牛想搅乱叔孙豹的家进而占有它，便硬要和孟丙盟誓，孟丙不同意。叔孙豹为孟丙铸了一口钟，说：

“尔未际，飨大夫以落之。”既具，使竖牛请日。入，弗谒。出，命之日。及宾至，闻钟声。牛曰：“孟有北妇人之客。”怒，将往，牛止之。宾出，使拘而杀诸外。

牛又强与仲盟，不可。仲与公御莱书观于公，公与之环，使牛入示之。入，不示。出，命佩之。牛谓叔孙：“见仲而何？”叔孙曰：“何为？”曰：“不见，即自见矣，公与之环而佩之矣。”遂逐之，奔齐。

疾急，命召仲，牛许而不召。杜洩见，告之饥渴，授之戈。对曰：“求之而至，又何去焉？”竖牛曰：“夫子疾病，不欲见人。”使置馈于个而退。牛弗进，则置虚命彻。十二月癸丑，叔孙不食。乙卯，卒。牛立昭子而相之。

公使杜洩葬叔孙，竖牛赂叔仲昭子与南遗，使恶杜洩于季孙而去之。杜洩将以路葬，且尽卿礼。南遗谓季孙曰：“叔孙未乘路，葬焉用之？且冢卿无路，介卿以葬，不亦左乎？”季孙曰：“然。”使杜洩舍路。不可，曰：“夫子受命于朝，而聘于王，王思旧勋而赐之路，复命而致之君。君不敢逆

“你还没有正式和人交际，可举行享礼宴请士大夫来庆贺钟的落成。”孟丙准备完了享礼所需的一切，让竖牛请叔孙豹定日子。竖牛进去了，没有谒见叔孙豹。出来后，他假传叔孙豹的命令定了日子。等到宾客来到，叔孙豹听到钟声。竖牛解释说：“孟丙那里有北边女人的客人。”叔孙豹大怒，准备去看看，竖牛阻止了他。客人走后，叔孙豹派人拘禁了孟丙，并在外边把他杀了。

竖牛又硬要和仲壬盟誓，仲壬也不同意。仲壬和鲁昭公的车夫莱书在公宫游玩，鲁昭公赐给他一枚玉环，仲壬让竖牛送去给叔孙豹看。竖牛进去了，但没给叔孙豹看。出来后，却假传叔孙豹的命令让仲壬佩带。竖牛又对叔孙豹说：“让仲壬去见国君怎么样？”叔孙豹说：“为什么？”竖牛说：“不让他进见，他自己已经去见过了，国君给了他玉环，他已佩戴在身上了。”叔孙豹于是把仲壬赶走了，仲壬逃往齐国。

叔孙豹病危时，命令召仲壬回来，竖牛口头上答应了，实际上却不去召他。杜洩进见，叔孙豹告诉他自己又饿又渴，把戈交给杜洩，让他去杀了竖牛。杜洩回答说：“把他找来了，为什么又要除掉他呢？”竖牛说：“老人家病得很重，不想见人。”杜洩让别人把送来的食物放在厢房里就出去了。竖牛没把食物拿给叔孙豹吃，而是倒掉并让别人撤走食具。十二月二十六日，叔孙豹吃不到东西了。二十八日，便死去了。竖牛把叔孙昭子立为叔孙豹的继承人并辅佐他。

鲁昭公派杜洩安葬叔孙豹，竖牛把财货送给叔仲昭子和南遗，让他们在季武子那里说杜洩的坏话，从而除掉他。杜洩打算用辂车随葬，同时完全按照卿的礼仪安葬。南遗对季武子说：“叔孙豹没有乘坐过辂车，怎么能用它安葬呢？而且正卿没有辂车随葬，而副卿用它随葬，这样做不是也不合适吗？”季武子说：“对。”因此便让杜洩不要使用辂车。杜洩不同意，说：“他老人家在朝廷上接受命令而到天子那里聘问，天子追念他过去的功勋而赐给他辂车，回来复命把它上交国君。国君不敢违逆

王命，而复赐之，使三官书之。吾子为司徒，实书名；夫子为司马，与工正书服；孟孙为司空，以书勋。今死而弗以，是弃君命也。书在公府而弗以，是废三官也。若命服，生弗敢服，死又不以，将焉用之？”乃使以葬。

季孙谋去中军。竖牛曰：“夫子固欲去之。”

五年春，舍中军。季氏使杜泄告于殡曰：“子固欲毁中军，既毁之矣，故告。”杜泄曰：“夫子惟不欲毁也，故盟诸僖闳，诅诸五父之衢。”受其书而投之，帅士而哭之。

叔仲子谓季孙曰：“带受命于子叔孙曰：‘葬鲜者自西门。’”季孙命杜泄。杜泄曰：“卿丧自朝，鲁礼也。吾子为国政，未改礼，而又迁之。群臣惧死，不敢自也。”即葬而行。

仲至自齐，季孙欲立之。南遗曰：“叔孙氏厚，则季氏薄。彼实家乱，子勿与知，不亦可乎？”南遗使国人助竖牛以攻诸大库之庭，司宫射之，中目而死。竖牛取东鄙三十邑以与南遗。昭子即位，朝其家众，曰：“竖牛祸叔孙氏，使乱大从，杀適立庶，又披其邑，将以赦罪，罪莫大焉。必速杀之！”竖牛惧，奔齐。孟、仲之子杀诸塞关之外，投其首于宁风之棘上。仲尼曰：“叔孙昭子之不劳，不可能也。周任有言曰：‘为政者，不赏私劳，不罚私怨。’《诗》

天子的命令，而再次赐给他，并让三大官员记载这件事。您做司徒，记载姓名；他老人家做司马，让工正记载车服；孟孙做司空，记载功勋。现在他死了而不用辂车随葬，这是违弃国君的命令。记载藏在公府而不用辂车随葬，这是废弃三大官员的职守。如果国君命令使用的车服，活着不敢用，死了又不用来随葬，哪里还用得着它呢？”季武子这才让他用辂车给叔孙豹随葬。

季武子谋划废掉中军。竖牛说：“叔孙他老人家本来就想废掉它。”

五年春季，鲁国废除了中军。季武子让杜泄在叔孙豹的灵柩前报告说：“您本来要废掉中军，现在已经废掉了，因此向您汇报。”杜泄说：“他老人家正因为不想废掉中军，所以在僖公庙门口盟誓，在五父之衢诅咒发誓。”他把策书接过来扔到地上，率手下人一起大哭起来。

叔仲子对季武子说：“我曾在叔孙豹那里接受命令，说：‘安葬不得善终的人从西门出殡。’”于是季武子便让杜泄从西门出殡。杜泄说：“卿的丧礼从朝门出殡，这是鲁国的礼仪。您掌握国政，没有修改礼仪，而现在又不遵从旧礼仪。下臣们害怕被诛戮，不敢服从。”他安葬完叔孙豹后就出走了。

仲壬从齐国回来，季武子想要立他为叔孙氏的继承人。南遗说：“叔孙氏强大，季孙氏就会被削弱。他家发生动乱，您不要参与，不也行吗？”南遗让国人帮助竖牛在大库的庭院里攻打仲壬，季孙氏的家臣司宫用箭射仲壬，射中了仲壬的眼睛，仲壬死去。竖牛把东部边境的三十个城邑送给南遗。叔孙昭子即位，召集家族众人朝见，说：“竖牛给叔孙氏造成祸难，搅乱了重要的秩序，杀死嫡子，立了庶子，又分裂封邑，打算以此来逃避罪责，没有比这再大的罪过了。一定要赶紧杀死他！”竖牛十分害怕，出逃到齐国。后来孟丙、仲壬的儿子在齐、鲁边境的关口外把他杀了，并把他的脑袋扔在宁风的荆棘之中。孔子说：“叔孙昭子不酬劳竖牛，真是难能可贵。周任有句话说：‘掌握政权的人不能赏赐对自己个人的功劳，也不能惩罚自己个人的怨仇。’《诗经》

云：'有觉德行，四国顺之。'"

初，穆子之生也，庄叔以《周易》筮之，遇《明夷》䷣之《谦》䷎，以示卜楚丘。曰："是将行，而归为子祀。以谗人入，其名曰牛，卒以馁死。明夷，日也。日之数十，故有十时，亦当十位。自王以下，其二为公，其三为卿；日上其中，食日为二，旦日为三。《明夷》之《谦》，明而未融，其当旦乎！故曰'为子祀'。日之《谦》，当鸟，故曰'明夷于飞'。明而未融，故曰'垂其翼'。象日之动，故曰'君子于行'。当三在旦，故曰'三日不食'。离，火也；艮，山也。离为火，火焚山，山败。于人为言，败言为谗，故曰'有攸往，主人有言'，言必谗也。纯离为牛，世乱谗胜，胜将适离，故曰'其名曰牛'。谦不足，飞不翔，垂不峻，翼不广，故曰'其为子后乎'。吾子，亚卿也，抑少不终。"以上叔孙昭子之立。

宣公十七年冬，公弟叔肸卒，公母弟也。凡大子之母弟，公在曰公子，不在曰弟。凡称弟，皆母弟也。

〔发明〕叔肸以宣公之弑为非，又以兄弟不忍去之，织屦而食，终身不食宣公之食，与其子婴齐，盖皆贤人也。按：叔肸子为公孙婴齐，叔老、叔弓之父也。此子叔氏之始。

说：‘具有正直的德行，四方的国家就都来归顺他。’”

起初，叔孙豹出生的时候，他的父亲叔孙庄叔用《周易》来占筮，得到《明夷》卦䷣变成《谦》卦䷎，他把卦象给卜人楚丘看。楚丘说：“这个孩子将会出走，而又能回来为您祭祀。他使一个奸邪的人主管家务，名叫牛，自己最终因饥饿而死。明夷，是日。日的数目是十，所以一日有十个时段，也和十个位次相配。从王以下，第二位是公，第三位是卿；日中时太阳最高是第一，食时稍低是第二，刚刚升起时是第三。《明夷》卦变为《谦》卦，已有光亮然而尚未大放光明，大约是正是刚刚升起的时候吧！所以说可以继承卿位‘为您祭祀’。日变为《谦》卦，就是象征太阳的离变成象征山的艮，离又象征鸟，所以说‘雉向山间飞翔’。已有光亮然而尚未大放光明，所以说‘垂下它的翅膀’。象征太阳的运动，所以说‘君子在路上’。位置在刚刚升起的时候，相当于第三，还没到食时所以说‘三天不吃饭’。离，是火；艮，是山。离是火，火烧山，山就毁坏。对人来说就是言语，诋毁人的言语是谗言，所以说‘有人离开，主人有话’，是说一定会受谗言。《明夷》卦中配合离的是坤，坤象征牛，时世混乱而谗言将得到胜利，胜利了将会归向离，所以说‘他名叫牛’。谦就是不满足，所以虽然能飞但不能高翔，翅膀下垂就是不高，所以虽有翅膀但飞不远，所以说‘大约是您的继承人吧’。您，是亚卿，但继承人却有点不得善终。”以上为叔孙昭子之立。

鲁宣公十七年冬季，宣公的弟弟叔肸去世，他是宣公的同母兄弟。凡是太子的同母兄弟，国君在世叫公子，不在世叫弟。凡称弟的都是同母兄弟。

〔发明〕叔肸认为宣公即位时弑杀哥哥太子恶是违背礼义的，可又因为自己与宣公的兄弟关系而不忍离去，于是终日靠编织麻草鞋为生，终生不食宣公给的俸禄。他和他的儿子婴齐，大概都是贤明的人。按：叔肸的儿子是公孙婴齐，是叔老、叔弓的父亲。这是子叔氏家族的开端。

〔补逸〕《国语》:子叔声伯如晋谢季文子。郤犨欲与之邑,弗受也。归,鲍国谓之曰:“子何辞苦成叔之邑?欲信让邪,抑知其不可也?”对曰:“吾闻之,不厚其栋,不能任重。重莫如国,栋莫如德。夫苦成叔家欲任两国而无大德,其不存也,亡无日矣。譬之如疾,余恐易焉。苦成氏有三亡:少德而多宠,位下而欲上政,无大功而欲大禄,皆怨府也。其君骄而多私,胜敌而归,必立新家。立新家,不因民不能去旧;因民,非多怨民无所始。为怨三府,可谓多矣。其身之不能定,焉能予人邑?”鲍国曰:“我信不若子。若鲍氏有衅,吾不图矣。今子图远以让邑,必常立矣。”

成公十七年。初,声伯梦涉洹,或与己琼瑰食之,泣而为琼瑰,盈其怀。从而歌之曰:“济洹之水,赠我以琼瑰。归乎!归乎!琼瑰盈吾怀乎!”惧不敢占也。还自郑,壬申,至于狸脤而占之,曰:“余恐死,故不敢占也。今众繁而从余三年矣,无伤也。”言之,之莫而卒。以上子叔氏。

〔补逸〕《公羊传》:仲婴齐者何?公孙婴齐也。公孙婴齐则曷为谓之仲婴齐?为兄后也。为兄后则曷为

〔补逸〕《国语》:子叔声伯(即公孙婴齐)到晋国去,替季文子谢罪并请求将季文子释放。晋国的郤犨打算给他请求封邑,他没有接受。回到鲁国后,鲍国对子叔声伯说:“你为什么拒绝苦成叔(即郤犨)为你所请的封邑?是真心谦让不愿接受呢,还是觉得这是不可能的呢?”他回答说:“我听说,栋梁不粗大,就不能承重。没有比国家更重的东西,没有比德行更适合做栋梁的东西。苦成叔想要承担晋、鲁两国的政事,却没有大的功德,他自己都难以生存,离灭亡没几天了。就像得病一样,我担心会被传染上。苦成氏因以下三点要灭亡:缺少德行而又多受宠信,位为下卿却想要专掌国政,没有大功却要得到丰厚的俸禄,这些都是怨恨积聚之处。他的国君骄横且多宠信的私臣,战胜敌人回国后,一定会立所宠幸的臣子为新的大夫。要立新的大夫,不顺应民意就不能除去旧的大夫;要顺应民意,不是招怨太多的大夫,百姓就没有开始攻伐的对象。苦成叔在这三方面积下了怨恨,可以说是很多了。他自己都性命难保,怎么还能给别人封邑呢?”鲍国说:“我真是不如你。如果我鲍氏有祸兆,我肯定不能预先谋划。如今你有深谋远虑而辞让封邑,定能长期在鲁国享有禄位了。”

鲁成公十七年。起初,子叔声伯梦见自己徒步渡过洹水,有人给他一块珠玉,他吃下去以后,哭出的眼泪都变成了珠玉,并且落满了怀抱。接着他又唱起歌来:“渡过了洹水,赠给我珠玉。回去吧!回去吧!珠玉装满我的怀抱!”他醒来后很害怕而不敢占卜。他从郑国回来,十一月壬申日,到达貍脤才占卜这个梦,说:“我害怕会死,所以不敢占卜。现在那么多人跟随我已经三年了,没有什么妨碍了。”说了这件事,到晚上他就死了。以上为子叔氏。

〔补逸〕《公羊传》:仲婴齐是谁?就是公孙婴齐。既然是公孙婴齐,那么为什么称呼他为“仲婴齐”呢?因为他被立为他哥哥的后嗣。被立为他哥哥的后嗣,那么为什么就

谓之仲婴齐？为人后者，为之子也。为人后者为其子，则其称“仲”何？孙以王父字为氏也。然则婴齐孰后？后归父也。归父使于晋而未返，何以后之？叔仲惠伯，傅子赤者也。文公死，子幼，公子遂谓叔仲惠伯曰：“君幼，如之何？愿与子虑之。”叔仲惠伯曰：“吾子相之，老夫抱之，何幼君之有？”公子遂知其不可与谋，退而杀叔仲惠伯，弑子赤而立宣公。宣公死，成公幼。臧宣叔者，相也，君死不哭，聚诸大夫而问焉：“昔者叔仲惠伯之事孰为之？”诸大夫皆杂然曰：“仲氏也，其然乎！”于是遣归父之家，然后哭君。归父使乎晋，还自晋，至柽，闻君薨，家遣，墠帷哭君成踊，反命于介，自是走之齐。鲁人徐伤归父之无后也，于是使婴齐后之也。

〔辨误〕按：仲婴齐或系归父之子，亦未可知。若公孙婴齐，乃叔肸子声伯，非此仲婴齐也。经文明有二人，何得混而为一乎？

昭公七年三月，公如楚。郑伯劳于师之梁，孟僖子为介，不能相仪。及楚，不能答郊劳。九月，公至自楚。孟僖子病不能相礼，乃讲学之，苟能礼者从之。及其将死也，召其大夫曰：“礼，人之干也。无礼，无以立。吾闻将有

称他为仲婴齐呢？做了别人后嗣的人，就等于是别人的儿子了。做了别人的后嗣等于做了别人的儿子，那么为什么称他为“仲”呢？做孙子的，要用他祖父仲遂的字作为氏。那么婴齐是谁的后嗣呢？是公孙归父的后嗣。公孙归父出使晋国而未回来，婴齐怎么成为他的后嗣了呢？叔仲惠伯是子赤的师傅。鲁文公死了，他的儿子子赤年幼，公子遂对叔仲惠伯说：“新君子赤年幼，该怎么办呢？希望能与您谋划这件事。”叔仲惠伯说：“您辅佐他，我奉戴他，国君年幼又有什么关系呢？”公子遂知道不能够和叔仲惠伯一起谋划弑君的事，回去以后就杀了叔仲惠伯，并弑杀了新君子赤，立宣公为鲁国国君。鲁宣公死后，鲁成公年幼。当时臧宣叔辅佐鲁成公，鲁宣公去世，臧宣叔没有哭祭，而是召集鲁国众大夫问道：“从前杀死叔仲惠伯的事是谁干的？”大夫们乱哄哄地说：“是仲氏，大概是这样吧！”于是放逐了公孙归父的家人，然后臧宣叔才哭悼鲁宣公。公孙归父出使晋国，从晋国返回，走到柽这个地方时，听说鲁宣公死了，自己的家人也被放逐了，于是就地清理出一块祭祀用的地方，张设帷幕，捶胸顿足哭悼鲁宣公，让副手代他回国复命，自此逃往齐国。鲁国人渐渐感伤公孙归父没有后代，于是让公孙婴齐做了公孙归父的后嗣。

〔辨误〕按：仲婴齐或许就是公孙归父的儿子，也说不准。至于那个公孙婴齐，乃是叔肸的儿子子叔声伯，并不是这个仲婴齐。《春秋》经文中明确地载有这样两个人，怎么能把他们混同为一个人呢？

鲁昭公七年三月，昭公到楚国去。郑简公在师之梁慰劳昭公，孟僖子做副手，但他不懂得如何辅助君主行礼。到了楚国，他又不能对郊劳之礼行答谢礼。九月，昭公从楚国回来。孟僖子因不能辅佐君王行礼而感到羞愧，于是学习礼仪，只要是精通礼仪的人他就跟着学。等到他临死的时候，召来他手下的大夫说：“礼仪，是人的主干。没有礼仪，人便不能立足。我听说将有

达者曰孔丘，圣人之后也，而灭于宋。其祖弗父何以有宋而授厉公。及正考父，佐戴、武、宣。三命兹益共，故其鼎铭云：‘一命而偻，再命而伛，三命而俯，循墙而走，亦莫余敢侮。饘于是，粥于是，以糊余口。’其共也如是。臧孙纥有言曰：‘圣人有明德者，若不当世，其后必有达人。’今其将在孔丘乎！我若获没，必属说与何忌于夫子，使事之而学礼焉，以定其位。”故孟懿子与南宫敬叔师事仲尼。仲尼曰：“能补过者，君子也。《诗》曰：‘君子是则是效。’孟僖子可则效已矣。”

十一年夏，孟僖子会邾庄公，盟于祲祥，修好，礼也。泉丘人有女，梦以其帷幕孟氏之庙，遂奔僖子，其僚从之。盟于清丘之社，曰：“有子，无相弃也！”僖子使助薳氏之簉。反自祲祥，宿于薳氏，生懿子及南宫敬叔于泉丘人。其僚无子，使字敬叔。以上孟僖子之事。

昭公二十五年。初，臧昭伯如晋，臧会窃其宝龟偻句，以卜为信与僭，僭吉。臧氏老将如晋问，会请往。昭伯问家故，尽对；及内子与母弟叔孙，则不对。再三问，不对。归，及郊，会逆。问，又如初。至，次于外而察之，皆无之。执而戮之，逸，奔郈。郈鲂假使为贾正焉。计于季氏，臧氏使五人以戈楯伏诸桐汝之闾，会出，逐之，

一个闻名于世的人名叫孔丘，是圣人的后代，而他的家族却在宋国灭亡了。他的祖先弗父何本来应当做宋国国君，却让给了宋厉公。到了弗父何的曾孙正考父，先后辅佐宋戴公、宋武公、宋宣公。三次受命做了上卿而更加恭敬，所以他鼎上的铭文说：‘一命低头，二命躬身，三命把腰深深弯下，沿着墙快步行走，也没人敢欺侮我。稠粥在这里烧煮，稀粥也在这里烧煮，用来糊口填饱肚子。’他就是这样恭敬。臧孙纥（即臧纥）有句话说：‘圣人中具有贤明德行的人，如果不能做国君，他的后代必然有闻名于世的人。’现在恐怕会应在孔丘身上吧！我如得以善终，你们一定把说、何忌托付给他，让他们事奉他并学习礼仪，以稳定他们的地位。”所以孟懿子（即何忌）和南宫敬叔（即说）把孔子当老师来事奉。孔子说：“能弥补过错的，就是君子。《诗经》说：‘取法仿效君子。’孟僖子就是可以取法仿效的人。”

十一年夏季，孟僖子会见邾庄公，在祲祥结盟，重修旧好，这是合于礼法的。泉丘人有个女儿，梦见她用的帷幕覆盖着孟氏的祖庙，于是就出奔到孟僖子那里，她的女伴也跟着去了。她们和孟僖子在清丘的土地神庙里盟誓说：“有了儿子，不要丢掉我！”孟僖子让她们住在薳氏那个地方做他的妾。他从祲祥回来，住在薳氏，跟那个泉丘女子生下了孟懿子和南宫敬叔。泉丘女子的女伴没有生子，便让她抚养南宫敬叔。以上为孟僖子的事情。

鲁昭公二十五年。当初，臧昭伯去晋国，臧会偷了他的宝龟偻句，用来占卜应该诚实还是不诚实，占卜结果是不诚实吉利。臧氏的家臣将要到晋国问候臧昭伯，臧会请求派他前去。臧昭伯问起家事，他全都回答了；等到问到妻子和同母弟叔孙，他便不回答。再三追问，还是不答。等到臧昭伯回国，来到郊外，臧会前去迎接。昭伯又问起那件事，他还是像之前那样不回答。臧昭伯抵达国都，先住在外面查访妻子兄弟，都没有查出有什么问题。于是臧昭伯抓住臧会要杀他，臧会逃走，逃到了郈地。郈鲂假让他做了贾正。一次，臧会到季氏那里去送账本，臧昭伯派五个人带着戈和盾埋伏在桐汝的里门，臧会刚一出来，他们就追上去，

反奔，执诸季氏中门之外。平子怒，曰："何故以兵入吾门？"拘臧氏老。季、臧有恶。及昭伯从公，平子立臧会。会曰："偻句不余欺也。"以上臧会之立。

哀公三年秋，季孙有疾，命正常曰："无死！南孺子之子，男也，则以告而立之；女也，则肥也可。"季孙卒，康子即位。既葬，康子在朝，南氏生男。正常载以如朝，告曰：'夫子有遗言，命其圉臣曰：'南氏生男，则以告于君与大夫而立之。'今生矣，男也，敢告。"遂奔卫。康子请退，公使共刘视之，则或杀之矣。乃讨之。召正常，正常不反。以上季康子之立。

哀公二十四年夏四月，晋侯将伐齐，使来乞师，曰："昔臧文仲以楚师伐齐，取穀；宣叔以晋师伐齐，取汶阳。寡君欲徼福于周公，愿乞灵于臧氏。"臧石帅师会之，取廪丘。军吏令缮，将进。莱章曰："君卑政暴，往岁克敌，今又胜都。天奉多矣，又焉能进？是躗言也。役将班矣。"晋师乃还。饩臧石牛。大史谢之，曰："以寡君之在行，牢礼不度，敢展谢之。"

〔发明〕按：臧氏有后于鲁而不失臣节，其与子叔氏后人俱贤于三桓远矣。

臣士奇曰：鲁卿莫强于三家，其余又有臧氏、子叔氏。其世次丛杂，所宜深考也。

臧会转身逃走，结果在季氏的中门外被逮住。季平子十分恼怒，问道："为什么带着武器闯进我的家门？"他拘留了臧氏的家臣。季氏、臧氏因此交恶。等到臧昭伯跟随鲁昭公出逃，季平子便立臧会做臧氏的继承人。臧会说："偻句宝龟没有欺骗我呀。"以上为臧会之立。

鲁哀公三年秋季，季桓子有病，命令宠臣正常说："不要为我而死！如果我夫人南孺子生下的是男孩，就报告国君、大夫，立这个孩子为继承人；如果是个女孩，那么立肥就可以了。"季桓子死后，季康子（即肥）即位。安葬完毕，季康子正在朝廷上，南氏生了个男孩。正常用车把男孩带到朝廷上，报告说："季孙他老人家有遗嘱，命令他的贱臣我说：'南氏生了男孩，就报告国君及大夫而立他为继承人。'现在南氏生了个男孩，谨此报告。"说完便逃亡到卫国去了。季康子请求退位，鲁哀公派大夫共刘去看那个孩子，孩子却已被人杀死了。于是鲁哀公追捕凶手。召见正常，但正常不回来。以上为季康子之立。

鲁哀公二十四年夏季四月，晋出公准备攻打齐国，派人来鲁国请求出兵，说："从前臧文仲带领楚军攻打齐国，攻取了榖地；臧宣叔带领晋军攻打齐国，攻取了汶阳。敝国国君想要向周公求福，也愿意向臧氏求福。"臧石率鲁国军队与晋军会合，攻取了廪丘。晋国军吏下令修缮军器，准备进军。齐国大夫莱章说："晋国国君卑弱而为政暴虐，去年战胜了敌人，现在又攻占都邑。上天赐给他们的已经很多了，又哪里能再前进呢？这是在说大话。军队将要回去了。"晋军果真撤退回国。晋军把活牛送给臧石慰劳鲁军。晋国太史对臧石表示歉意说："由于我们国君出行在外，用于宴飨的礼物不合礼法的标准，谨此表示歉意。"

〔发明〕按：臧氏家族在鲁国有后代，并且没有丧失做臣下的礼节，他们和子叔氏的后代比起三桓来要贤明得多。

臣下我高士奇评论说：鲁国的卿没有比孟孙、叔孙、季孙三家更强大的，此外还有臧氏、子叔氏。它们世系的次序很杂乱，是应该深入考察的。

孟孙之祖庆父，庆父弑逆走莒，莒人归之，自缢，立其子公孙敖。敖与从弟襄仲争己氏，卒从己氏于莒，鲁人立其子文伯。文伯卒，弟惠叔嗣立。其后文伯之世大，孟献子，文伯子也。献子生孺子速，即孟庄子也。庄子生孺子秩，而丰点立其庶子羯，所谓孟孝伯也。及昭公时，有孟僖子，生南宫敬叔与孟懿子。懿子生武伯。而献子之孙有惠伯，惠伯生昭伯，别为子服氏。及哀公时，又有子服景伯。孟孙氏世系概如此。

叔孙氏之祖公子牙以鸩死，立其子公孙兹。牙之孙曰得臣，得臣生侨如。侨如罪出，召其弟豹于齐而立之，生孟丙、仲壬，为竖牛所杀，立其庶子婼，是为昭子。昭子生成子不敢，成子生武叔州仇，武叔生文子舒，叔孙氏世系概如此。

季孙之祖成季，再传为文子行父。文子生武子宿，无適子，公弥长而爱悼子纥，臧氏立之。悼子生平子意如，平子生桓子斯，桓子生康子肥；而公弥别为公钼氏。悼子之子穆伯靖，又别为公甫氏。季孙世系概如此。

臧氏之祖公子彄，孝公子也，是为僖伯。僖伯生哀伯达，哀伯生文仲辰，文仲生宣叔许，宣叔生贾及为。武仲纥者，继室之子也，以穆姜姨子故，得立，后奔邾，为乃主臧氏之祀焉。为生昭伯，昭伯立而恶季氏，立其从弟会。会生宾如，宾如生石，尝为鲁将兵伐齐。子叔氏之祖叔肸，宣公弟也，

孟孙氏的始祖为庆父，庆父弑杀了鲁闵公后逃到莒国，莒人又把他送回来，他自缢而死，他的儿子公孙敖被立为继承人。公孙敖因与堂弟襄仲争相娶己氏，最终到莒国跟随己氏去了，鲁国人把他的儿子文伯立为他的继承人。文伯死后，他的弟弟惠叔继立。此后文伯这一支很强大，孟献子就是文伯的儿子。孟献子生了孺子速，也就是孟庄子。孟庄子生了孺子秩，而丰点又立了孟庄子的庶子羯为继承人，也就是所说的孟孝伯。到鲁昭公时，有孟僖子，他生了南宫敬叔和孟懿子。懿子生了武伯。而孟献子的孙子中有惠伯，惠伯生了昭伯，另立为子服氏。到哀公时，又有子服景伯。孟孙氏的世系大略就是这样。

叔孙氏的始祖公子牙（即僖叔）因喝毒酒被毒死，他儿子公孙兹被立为继承人。公子牙的孙子叫得臣，得臣生叔孙侨如。叔孙侨如因罪出走，鲁人把他弟弟叔孙豹从齐国召回立为继承人，叔孙豹生孟丙、仲壬，都被竖牛杀死，因此立了叔孙豹的庶子叔孙婼，他就是昭子。昭子生了成子不敢，成子生了武叔州仇，武叔生了文子舒，叔孙氏的世系大概这样。

季孙氏的始祖是成季，再传至文子行父。文子生了武子宿，武子没有嫡子，庶子中公弥年长，可他更爱悼子纥，于是在臧氏帮助下立了悼子为继承人。悼子生了平子意如，平子生了桓子斯，桓子生了康子肥；而公弥另立为公钼氏。悼子的儿子穆伯靖，又另立为公甫氏。季孙氏的世系大概这样。

臧氏的始祖为公子彄，即鲁孝公的儿子，他就是僖伯。僖伯生了哀伯达，哀伯生了文仲辰，文仲生了宣叔许，宣叔又生了臧贾和臧为。武仲纥是宣叔继室所生的儿子，因为这位继室是穆姜妹妹的女儿，因此纥被立为宣叔的继承人，后来逃奔到邾国，于是臧为主持臧氏的祭祀。臧为生了昭伯，昭伯继立后痛恨季氏，季氏后来立了昭伯的堂弟臧会为臧氏的继承人。臧会生了宾如，宾如生了臧石，臧石曾率兵为鲁伐齐。子叔氏的始祖为叔肸，他是鲁宣公的弟弟，

生子叔声伯，亦曰公孙婴齐。声伯生叔老齐子，齐子生叔弓，叔弓生叔辄及叔鞅，叔辄生叔诣，而弓之曾孙有叔还，叔还生叔青。臧孙、子叔之世系又概如此。

今按：孟、叔二氏之先皆为逆首，不如季友之贤。然如文伯之不愿以利易次；庄子之不改父臣；僖子耻不能相礼，而知孔子为明德之后，卒使南宫、懿子受学圣人，亦足以盖前人之愆而有余也。侨如淫姣，几盗鲁国。牙之弑械，殆未甚焉。而叔豹、昭子继世称社稷之卫，忠贞弥烈矣。第庚宗之舍，竟以谗人，凶于而家而身亦随之，岂所谓老将至而耄及者耶？昭子朝而命吏卒剪凶竖，不赏私劳，其贤加于流俗数等哉！若州仇非毁仲尼，较之孟僖，殆薰莸之相去矣。

季友靖乱于庆父、夫人内讧之际，诚不负文手之占，保姓受氏，固其宜哉！行父继以忠清，相三君而无私积，却莒仆之奸，等鹰鹯之逐，春秋列国名卿，盖未有能过之者。而宿及意如遂弱公室，昭公思一摇手，而身已被逐，客死乾侯，为天下笑。而意如不臣之名，亦藏在诸侯之策，虽孝子慈孙莫能改易，成季、行父之忠替矣。

他生了子叔声伯，也叫公孙婴齐。声伯生了叔老齐子，齐子生了叔弓，叔弓生了叔辄以及叔鞅，叔辄生了叔诣，而叔弓的曾孙还有叔还，叔还生了叔青。臧孙、子叔家族的世系又大略如此。

今按：孟孙、叔孙二氏家族的祖先都是逆臣之首，都不如季孙氏的祖先季友贤明。但是他们的后世像文伯（即孟文子）那样不愿贪图利益而改变住所；孟庄子不改换父亲的下臣；孟僖子为自己不能辅助君王行礼而惭愧，并知道孔子是有贤明德行之人的后代，最终使得南宫敬叔与孟懿子受学于圣人门下，所有这些也就足以掩盖他们前人的过失而有余了。叔孙侨如荒淫，几乎窃取了鲁国大权。公子牙的被毒杀，大概也没有比这事更严重的吧。而继立的叔孙豹、昭子相继被称为保护社稷的重臣，对国家就更忠贞了。叔孙豹住在庚宗，与女人私通生下竖牛，最终将善进谗言的竖牛接回，使他对自己的家人行凶，而自己也随后被害，难道真是所谓人要老了就变得糊涂了吗？昭子继立却能够命令小吏迅速除掉凶手竖牛，不因竖牛对自己有功而给予他不合理的赏赐，他要比一般人贤明好几倍啊！至于州仇毁谤孔子，比起孟僖子盛赞孔子来，简直像薰草与莸草相去甚远一样。

在庆父、哀姜乱鲁之际，季友（即成季）能平定内乱，真是没有辜负当初占卜人关于有文在手的预测，终能保姓立氏，是理所应当的啊！季孙行父（即季文子）以忠正清廉而继立，辅佐三代君主而没有积下一点私财，拒绝莒国太子仆的奸谋，就像鹰鹯追逐鸟雀一样，春秋时期各国有名望的卿，大概没有超过他的。可到季孙宿以及季孙意如时就削弱了鲁国公室，鲁昭公刚想一改局势，却使自己被驱逐，死在晋国的乾侯，为天下人所讥笑。而季孙意如不守臣节的声名，也从此被载进了诸侯的史册之中，即使他有孝子贤孙也没法改变，成季、季孙行父的忠义之名也因此泯灭了。

公子弫与其子哀伯世以忠谏显，武仲之知，见许于圣人，而徇季宿之私情，舍公弥而立羯，谮诉于孟氏，不能思患豫防，从甲东门，适与为乱之言券，斩关出走，纳蔡规后，所号为智囊者安在乎？“雨行何圣”之讥犹浅焉耳。叔肸不义宣公之篡，织屦而食，终身不食乃兄之食，子鲜木门同一高蹈。声伯不贪苦成氏之邑，有父风焉。皆宗邦之彦也。

合观鲁卿之族世以考其贤奸邪正，而公室之强弱兴衰，瞭然在目矣。

公子弫和他的儿子哀伯世代以忠言敢谏闻名，臧武仲（即臧纥）的智慧，受到圣人孔子的称赞，可他徇季孙宿（即季武子）的私情，舍弃公弥而立羁为继承人，结果被孟氏所诬陷，他不能考虑到祸患并提前预防，仍带着甲士到东门视察，正好与别人说他作乱的情况相符。他砍断鹿门的门栓而出逃到邾国，把大龟送给臧贾，谋求立为臧氏继承人，所号称的智囊表现在哪里呢？御叔那句“冒雨出行的他怎么算圣人”的讽刺还是太肤浅了。叔肸认为鲁宣公篡位不合道义，终日靠织麻草鞋为生，终生不食他哥哥鲁宣公给的俸禄，与卫国公子鲜寓居于木门、终身不仕是一样的高风亮节。子叔声伯不贪图苦成氏的封邑，也有他父亲的风范。他们都是国家的贤士俊才。

纵观鲁卿家族世系来考察他们的贤明奸诈邪恶正派，那么鲁国公室的强弱兴衰，便清楚地显现在眼前了。

卷九　三桓弱公室

庄公二十三年夏，公如齐观社，非礼也。曹刿谏曰："不可。夫礼，所以整民也。故会以训上下之则，制财用之节；朝以正班爵之义，帅长幼之序；征伐以讨其不然。诸侯有王，王有巡守，以大习之。非是，君不举矣。君举必书。书而不法，后嗣何观？"

〔补逸〕《穀梁传》：常事曰视，非常曰观。观，无事之辞也，以是为尸女也。无事不出境。

秋，丹桓宫之楹。二十四年春，刻其桷，皆非礼也。御孙谏曰："臣闻之：'俭，德之共也；侈，恶之大也。'先君有共德，而君纳诸大恶，无乃不可也？"

秋，哀姜至，公使宗妇觌，用币，非礼也。御孙曰："男贽，大者玉帛，小者禽鸟，以章物也。女贽不过榛、栗、枣、

卷九　三桓弱公室

鲁庄公二十三年夏季，庄公去齐国观看祭祀社神，这是不合于礼法的。因此曹刿劝阻说："不行。礼，是用来整顿百姓的。所以会见是用以训示上下之间的法则，制定节用财赋的标准；朝觐用以申明排列爵位的仪式，遵循老少的次序；征伐用以讨伐对上不尊敬的行为。诸侯朝觐天子，天子视察四方，以熟悉会见和朝觐的制度。如果不是这样，国君是不会有举动的。国君的举动一定要加以记载。如果记载下来而又不合于法度，后代子孙将如何作为鉴戒？"

〔补逸〕《穀梁传》：如果是常规之事，那么就称"视"，如果不是常规之事，那么就称"观"。"观"是表示没有什么重要事情的文辞，认为庄公此行的主要目的在于女色。国君如果没有重要的事情是不应该走出国境的。

秋季，在桓公庙的柱子上涂上红漆。二十四年春季，又雕镂桓公庙的椽子，这都是不合于礼法的。鲁大夫御孙劝阻说："下臣听说：'节俭，是善行中的大德；奢侈，是邪恶中的大恶。'先君具有大德，而君王却把他放到大恶里去，恐怕不可以吧？"

秋季，哀姜从齐国来到鲁国，庄公让同姓大夫的夫人进见，夫人们都用玉帛作为觐见的礼物，这是不合于礼法的。御孙说："男人进见时手执的礼物，大的是玉帛，小的是禽鸟，用礼物来表明身份等级。女人进见时所执的礼物，不过是榛子、栗子、枣子、

脩，以告虔也。今男女同贽，是无别也。男女之别，国之大节也，而由夫人乱之，无乃不可乎！”

〔考异〕按：二条《国语》略同，但一作匠师庆，一作夏父展，俱不曰御孙。

二十五年春，陈女叔来聘，始结陈好也。嘉之，故不名。

二十七年秋，公子友如陈葬原仲，非礼也。原仲，季友之旧也。

〔补逸〕《公羊传》：原仲者何？陈大夫也。大夫不书葬，此何以书？通乎季子之私行也。何通乎季子之私行？避内难也。君子避内难而不避外难。内难者何？公子庆父、公子牙、公子友，皆庄公之母弟也。公子庆父、公子牙通乎夫人，以胁公。季子起而治之，则不得与于国政；坐而视之，则亲亲，因不忍见也。故于是复请至于陈而葬原仲也。

三十二年。初，公筑台，临党氏，见孟任，从之。闷。而以夫人言，许之，割臂盟公。生子般焉。雩，讲于梁氏。女公子观之，圉人荦自墙外与之戏。子般怒，使鞭之。公曰：“不如杀之，是不可鞭。荦有力焉，能投盖于稷门。”公疾，问后于叔牙，对曰：“庆父材。”问于季友，对曰：“臣以死奉般。”公曰：“乡者牙曰‘庆父材’。”成季使以君命命僖叔待于鍼巫氏，使鍼季鸩之，

干肉，能表示诚敬就可以了。现在男女用相同的礼物进见，这就没有区别了。男女的区别，是国家的大法，如果因为夫人而弄乱了这种礼节，恐怕不可以吧！”

〔考异〕按：这两条《国语》的记载大致相同，只是一条记作匠师庆，另条记作夏父展，都没说是御孙。

二十五年春季，陈国的女叔前来鲁国聘问，这是开始和陈国结好。《春秋》赞美这件事，所以不记载女叔的名，而记载了他的氏和字。

二十七年秋季，公子友（即季子、季友、成季）到陈国参加原仲的葬礼，这不合于礼法。原仲，只是季友的朋友。

〔补逸〕《公羊传》：原仲是什么人？他是陈国的大夫。大夫的葬礼是不记载的，这里为什么记载了呢？因为这关系到公子友的私人行动。为什么说这关系到公子友的私人行动？他为了躲避国内的祸乱。君子躲避国内的祸乱，而不躲避国外的祸乱。国内的祸乱是什么？公子庆父、公子牙、公子友，他们都是庄公的同母弟弟。公子庆父、公子牙都和庄公夫人私通，并威胁到庄公。公子友要是出来整治这件事，就不能参与国政；要是坐视不管，又念及手足亲情，因而不忍心看着亲人之间互相伤害。所以在此时又请求到陈国去参加原仲的葬礼。

三十二年。当初，鲁庄公建了一座台，从台上可以看到党氏家里，看见党氏的女儿孟任，就追着她走。孟任闭门拒绝。庄公答应立她为夫人，她才同意，并割破手臂和庄公盟誓。后来孟任生下了子般。一次正当雩祭，事先在梁氏家演习。庄公的女儿观看演习，养马人荦从墙外对她进行调戏。子般发怒，让人鞭打荦。庄公说：“不如杀掉他，这人不能鞭打。他很有力气，能把稷门的门扇扔出去。”庄公得病，向叔牙询问继承人，叔牙回答说：“庆父有才能。”又问季友，季友回答说：“我拼死也要奉般为君。”庄公说：“刚刚叔牙说‘庆父有才能’。”季友就派人用国君的名义命令叔牙（即僖叔）在鍼巫家里等待，让鍼巫（即鍼季）用毒酒毒死叔牙，

曰："饮此，则有后于鲁国。不然，死且无后。"饮之，归及逵泉而卒。立叔孙氏。八月癸亥，公薨于路寝。子般即位，次于党氏。冬十月己未，共仲使圉人荦贼子般于党氏，成季奔陈，立闵公。

〔补逸〕《公羊传》：庄公病，将死，召季子。季子至，而授之以国政，曰："寡人即不起此病，吾将焉致乎鲁国？"子曰："般也存，君何忧焉？"公曰："庸得若是乎？牙谓我曰'鲁一生一及，君已知之矣。庆父也存'。"季子曰："夫何敢是？将为乱乎？夫何敢！"俄而牙弑械成，季子和药而饮之，曰："公子！从吾言而饮此，则必可以无为天下僇笑，必有后乎鲁国。不从吾言而不饮此，则必为天下僇笑，必无后于鲁国。"于是从其言而饮之。饮之无累氏，至乎王堤而死。公子牙今将尔，辞曷为与亲弑者同？君亲无将，将而诛焉。然则善之与？曰：然。杀世子母弟直称君者，甚之也。季子杀母兄，何善尔？诛不得辟兄，君臣之义也。然则曷为不直诛而鸩之？行诛乎兄，隐而逃之，使托若以疾死然，亲亲之道也。

说："喝了这个，你的后代在鲁国还可以享有禄位。不这样，你就会死，而且后代也没有禄位。"叔牙喝了毒酒，回去时走到逵泉就死了。鲁国立他的儿子为叔孙氏。八月初五，庄公死在正寝里。子般即位，住在党氏家里。冬季十月初二，共仲派养马人荦在党家刺死了子般，季友逃亡到陈国，于是庆父立闵公为鲁国国君。

〔补逸〕《公羊传》：庄公病重，快要死了，召来公子友。公子友到后，庄公就把国家政权交给他，对他说："我如果治不好这病，我将把鲁国交给谁呢？"公子友说："您的儿子般在，您有什么可忧虑的呢？"庄公说："哪里能够这样啊？叔牙对我说'鲁国的继位规则，一次是父传子，下一次是兄传弟，您早已知道这种情况了。庆父还在'。"公子友说："他怎么敢这样？这是准备作乱吗？他怎么敢！"不久，公子牙弑杀国君的器械准备齐全，公子友调好毒药让公子牙喝下去，对公子牙说："公子！你听从我的话把这酒喝下去，那么一定可以不被天下人耻笑，在鲁国一定有你的后代。不听我的话不把这酒喝下去，那么一定会被天下人耻笑，在鲁国一定没有你的后代。"于是，公子牙只得听公子友的话，喝了毒酒。毒酒是在无累氏家喝下去的，公子牙走到王堤就死了。公子牙当时只是将要弑君，但从这些文辞来看，为什么跟亲自弑杀国君的一样呢？弑杀国君或父母无所谓将要，有将要的企图就应该诛杀。既然这样，那么就是认为公子友做得对吗？回答说：是的。《春秋》对于杀世子或同母弟的国君直称其君位，就是认为他们做得太过分了。那么公子友杀了同母哥哥，为什么要认为他做得对呢？因为诛杀弑君之贼不能避开亲哥哥，这是为了君臣之间的道义。既然这样，那么为什么不直接杀死他而要用毒酒呢？公子友要实施杀害亲哥哥的行为，而把实情掩盖起来，让公子牙逃脱弑君的罪名，使其假托好像是因病而死，这是友爱兄弟至亲的办法。

闵公元年春，不书即位，乱故也。

〔补逸〕《公羊传》：公何以不言即位？继弑君，不言即位。孰继？继子般也。孰弑子般？庆父也。杀公子牙，今将尔，季子不免。庆父弑君，何以不诛？将而不免，遏恶也，既而不可及，因狱有所归，不探其情而诛焉，亲亲之道也。恶乎归狱？归狱仆人邓扈乐。曷为归狱仆人邓扈乐？庄公存之时，乐曾淫于宫中，子般执而鞭之。庄公死，庆父谓乐曰："般之辱尔，国人莫不知，盍弑之矣？"使弑子般，然后诛邓扈乐而归狱焉，季子至而不变也。

夏六月，葬庄公。乱故，是以缓。秋八月，公及齐侯盟于落姑，请复季友也。齐侯许之，使召诸陈，公次于郎以待之。"季子来归"，嘉之也。冬，齐仲孙湫来省难。书曰"仲孙"，亦嘉之也。仲孙归，曰："不去庆父，鲁难未已。"公曰："若之何而去之？"对曰："难不已，将自毙，君其待之。"公曰："鲁可取乎？"对曰："不可，犹秉周礼。周礼，所以本也。臣闻之：'国将亡，本必先颠，而后枝叶从之。'鲁不弃周礼，未可动也。君其务宁鲁难而亲之。亲有礼，因重固，间携贰，

鲁闵公元年春季,《春秋》没有记载闵公即位,是因为动乱的缘故。

〔补逸〕《公羊传》:为什么不说闵公即位呢?因为继承被弑杀的国君是不说即位的。闵公是继承谁呢?继承子般。谁弑杀了子般?是庆父。杀公子牙,只是因为他当时将要弑君而已,公子友都不饶过他。现在庆父弑杀了国君,为什么不杀了庆父呢?将要弑君而不饶过是为了制止作恶,现在庆父已经弑杀了国君,要制止恶行也来不及了,又因为这桩案子已经有了结论,公子友也就不再探究其中情由而诛杀庆父了,这是爱兄弟至亲的做法。这桩案子的罪责归在谁身上呢?归在仆人邓扈乐身上。为什么归在仆人邓扈乐身上?庄公活着的时候,邓扈乐曾在宫中淫乱,子般把他抓起来用鞭子抽了一顿。庄公死后,庆父对邓扈乐说:"子般羞辱你的事,鲁国人没有谁不知道,为什么不杀了他呢?"庆父就这样唆使邓扈乐杀了子般,然后又杀了邓扈乐,把这桩弑君案件的罪名归在邓扈乐身上,公子友回来以后也没法改变这个结论。

夏季六月,鲁国安葬了鲁庄公。由于发生动乱,所以才推迟至今。秋季八月,鲁闵公和齐桓公在落姑结盟,请求齐国帮忙让季友回国。齐桓公同意了,派人到陈国去召回季友,鲁闵公住在郎地等候他。《春秋》记载说"季友回到国内",这是赞美季友。冬季,齐国的仲孙湫前来对祸难表示慰问。《春秋》记载为"仲孙",也是赞美他。仲孙回国后对齐桓公说:"不除掉庆父,鲁国的祸难就结束不了。"齐桓公说:"怎么样才能除掉他?"仲孙回答说:"祸难不完,将会自取灭亡,您就等着看吧。"齐桓公说:"我们可以趁机攻取鲁国吗?"仲孙说:"不行,他们还秉持着周礼。周礼,是立国的根本。下臣听说:'国家将要灭亡,如同大树,树干必然先行仆倒,然后枝叶才跟着倒落。'鲁国不抛弃周礼,是不能动它的。您应当致力于安定鲁国的祸难并且亲近它。亲近有礼仪的国家,依靠稳定坚固的国家,离间内部不和的国家,

覆昏乱，霸王之器也。”

〔辨误〕按：二传以仲孙为公子庆父，其谬已甚。甚矣，《公》《穀》之劣于《左》也！专家之师，往往胶固如此。

二年夏，吉禘于庄公，速也。

初，公傅夺卜齮田，公不禁。秋八月辛丑，共仲使卜齮贼公于武闱。

成季以僖公适邾，共仲奔莒，乃入，立之，以赂求共仲于莒，莒人归之。及密，使公子鱼请，不许，哭而往。共仲曰：“奚斯之声也！”乃缢。

闵公，哀姜之娣叔姜之子也，故齐人立之。共仲通于哀姜，哀姜欲立之。闵公之死也，哀姜与知之，故孙于邾。齐人取而杀之于夷，以其尸归，僖公请而葬之。以上庆父弑闵公。

成季之将生也，桓公使卜楚丘之父卜之，曰：“男也，其名曰友，在公之右，间于两社，为公室辅。季氏亡，则鲁不昌。”又筮之，遇《大有》☲之《乾》☰，曰：“同复于父，敬如君所。”及生，有文在其手曰“友”，遂以命之。成风闻成季之繇，乃事之，而属僖公焉，故成季立之。

僖公元年春，不称即位，公出故也。公出复入，不书，讳之也。讳国恶，礼也。

冬，莒人来求赂。公子友败诸郦，获莒子之弟挐。公赐季友汶阳之田及费。

颠覆昏暗动乱的国家，这是称霸称王的策略。”

〔辨误〕按：《公羊传》《穀梁传》都把仲孙湫当作公子庆父，错误太大了。《公羊传》《穀梁传》真是比《左传》差远了啊！那些专门传承一家学说的经师，常常如此拘泥顽固。

二年夏季，为庄公举行大祭，时间提前了。

当初，闵公的保傅夺占了卜龂的田地，闵公不加禁止。秋季八月二十四日，共仲（即庆父）让卜龂在武闱杀害了闵公。

季友带着僖公到了邾国，等到共仲逃亡到莒国，季友才回国，立僖公为国君，用财货到莒国换取共仲，莒国人把共仲送了回来。共仲到达密地，让公子鱼前去请求赦免，没有得到同意，公子鱼便哭着回去。共仲说：“这是奚斯（即公子鱼）的哭声啊！”于是上吊死了。

闵公是哀姜的妹妹叔姜的儿子，所以齐人立他为国君。共仲和哀姜私通，哀姜想立他为国君。闵公被害，哀姜事先知道，所以她逃到邾国。齐人向邾人索取哀姜，在夷地杀了她，然后把她的尸首带回去，僖公请求齐国归还尸首并将哀姜安葬。以上为庆父弑闵公。

季友将要出生的时候，鲁桓公让卜楚丘的父亲为他占卜，卜楚丘的父亲说：“是个男孩，名叫友，在您身边当权用事，能成为鲁国的大臣，公室的辅弼。如果季氏灭亡，鲁国就不能昌盛。”又占筮，得到《大有》卦☲变成《乾》卦☰，他说：“这孩子将来尊贵如同父亲，受到敬重如同国君。”等到生下来，果然在手掌心有个“友”字，因此给他取名为友。成风听说季友出生时占卜的卦辞，就和他结交，并把僖公嘱托给他，所以后来季友立僖公为国君。

鲁僖公元年春季，《春秋》没有记载僖公即位一事，这是由于僖公出奔在外的缘故。僖公出奔而又回国，《春秋》不加记载，这是出于隐讳。隐讳国家的坏事，这是合于礼法的。

冬季，莒人因归还共仲一事前来求取财货。季友在郦地打败了他们，俘虏了莒国国君的弟弟挐。僖公把汶阳的田地和费地赐给了季友。

夫人氏之丧至自齐。君子以齐人之杀哀姜也，为已甚矣。女子，从人者也。

八年秋，禘，而致哀姜焉，非礼也。凡夫人不薨于寝，不殡于庙，不赴于同，不祔于姑，则弗致也。

十七年，师灭项。淮之会，公有诸侯之事，未归，而取项。齐人以为讨，而止公。秋，声姜以公故，会齐侯于卞。九月，公至。书曰“至自会”，犹有诸侯之事焉，且讳之也。

〔发明〕灭项之举，三桓专政之渐也。此时季友子不见于《经》《传》，公孙兹亦方卒，惟公孙敖存，是举当属敖所为。胡氏以为季孙，非是。盖敖方帅师救徐，兵柄在手，理或有之也。

三十三年，齐国庄子来聘，自郊劳至于赠贿，礼成而加之以敏。臧文仲言于公曰：“国子为政，齐犹有礼，君其朝焉。臣闻之，服于有礼，社稷之卫也。”冬，公如齐朝，且吊有狄师也。反，薨于小寝，即安也。

葬僖公，缓作主，非礼也。凡君薨，卒哭而祔，祔而作主，特祀于主，烝、尝、禘于庙。

鲁庄公夫人哀姜的灵柩从齐国运回。君子认为齐国人杀死哀姜，太过分了。妇女应是听从夫家的，哀姜在夫家有罪，不应由娘家来惩治。

八年秋季，鲁国举行大祭，然后把哀姜的神位放在太庙里，这是不合于礼法的。凡是夫人，如果不死在正寝，不停棺在祖庙里，不向同盟国家发讣告，其神位不放在婆婆神位的旁边，就不能把她的神位放到太庙里去。

十七年，鲁国军队灭亡了项国。在淮地会盟时，僖公因参加诸侯会盟，没有回国，鲁军就占领了项国。齐国人为此声讨鲁国，把鲁僖公给扣留了。秋季，僖公夫人声姜由于僖公的缘故，在卞地会见了齐桓公。九月，僖公才得以回来。《春秋》记载说"从盟会上回来"，这是由于淮地会盟还没有结束，而且讳言僖公被扣留这件事。

〔发明〕灭亡项国的举动，是三桓专政的开始。这时季友不见于《春秋经》《左传》，公孙兹也刚刚死去，只有公孙敖健在，因此灭亡项国的举动应当是公孙敖所为。胡安国认为这件事是季孙氏做的，是错误的。大概是因为当时公孙敖正率领军队救援徐国，手里掌握着兵权，从理论上讲或许会有这事。

三十三年，齐国的国庄子前来鲁国聘问，从郊外迎接慰劳一直到赠礼送行，国庄子自始至终遵礼而行，处事又审慎恰当。臧文仲对僖公说："现在国子执政，齐国还是有礼的，君王去朝见吧。臣下听说，对有礼之邦顺服，这是国家的保障。"冬季，僖公到齐国朝见，同时就狄人进攻齐国这件事表示慰问。回国后，僖公死在休息室里，是因为他得了病，贪图安逸舒适而不肯移居到正寝的缘故。

鲁国安葬了僖公，但没有及时制作神位，这是不合于礼法的。凡国君死去，安葬后停止号哭，就要把死者的神位附祭于祖庙，附祭就要制作神位，以便单独向死者的神位祭祀，冬祭、秋祭、五年一次的大祭就在祖庙中连同其他祖先一起祭祀。

文公元年四月丁巳，葬僖公。

冬，穆伯如齐。始聘焉，礼也。凡君即位，卿出并聘，践修旧好，要结外援，好事邻国，以卫社稷，忠、信、卑让之道也。忠，德之正也；信，德之固也；卑让，德之基也。

二年丁丑，作僖公主。书，不时也。八月丁卯，大事于大庙，跻僖公，逆祀也。

九年，秦人来归僖公、成风之禭，礼也。诸侯相吊贺也，虽不当事，苟有礼焉，书也，以无忘旧好。以上季友立僖公，以下仲遂立宣公。

僖公三十年，东门襄仲将聘于周，遂初聘于晋。仲遂之始。

文公二年，襄仲如齐纳币，礼也。凡君即位，好舅甥，修昏姻，娶元妃，以奉粢盛，孝也。孝，礼之始也。

四年，逆妇姜于齐。卿不行，非礼也。君子是以知出姜之不允于鲁也，曰："贵聘而贱逆之，君而卑之，立而废之，弃信而坏其主，在国必乱，在家必亡。不允宜哉！《诗》曰：'畏天之威，于时保之。'敬主之谓也。"

十八年二月丁丑，公薨。六月，葬文公。秋，襄仲、庄叔如齐，惠公立故，且拜葬也。

鲁文公元年四月二十六日，安葬了鲁僖公。

冬季，穆伯（即公孙敖）到齐国去。这是文公即位后首次聘问，是合于礼法的。凡是国君即位，卿出国聘问各国诸侯，延续巩固过去的友好关系，团结外援，好好对待邻国，以此来保卫自己的国家，这是合于忠、信、卑让之道的。忠，是说德行纯正；信，是说德行稳固；卑让，是说德行有基础。

二年二月二十日，制作了僖公的神位。《春秋》记载这事，是由于制作不及时。八月十三日，鲁国在太庙合诸祖神位行大祭，把僖公的神位升到闵公之上，这是一次违背正常顺序的祭祀。

九年，秦人前来给死去的僖公和成风赠送丧葬衣衾，这是合于礼法的。诸侯之间互相吊丧贺喜，即使不及时，如果符合礼法，《春秋》就要加以记载，以表示不忘记过去的友好。以上是季友立僖公，以下是仲遂（即公子遂、东门襄仲）立宣公。

鲁僖公三十年，鲁国的东门襄仲将要到成周聘问，于是乘机到晋国作初次聘问。这是仲遂的首次活动。

鲁文公二年，东门襄仲到齐国为鲁文公下聘礼，这是合于礼法的。凡是国君即位，巩固舅甥国家间的友好，办理婚姻之事，娶原配夫人，以一起主持祭祀，这是孝道。讲究孝道，是遵循礼法的开始。

四年，鲁国派人到齐国迎娶姜氏。卿没有前去迎接，这是不合于礼法的。君子因此而知道出姜在鲁国不会有好结果，他们说："派尊贵的大臣去下聘礼而派低贱的人去迎亲，身为国君夫人却降低礼仪规格，立为夫人而实际上是废弃了她，丢掉信用而损害了夫人的身份，这样的事情发生在国内必然使国家动乱，发生在家族中必然使家族灭亡。没有好结果也是理所当然的啊！《诗经》说：'畏惧上天的威灵，因此就能保有福禄。'说的就是要看重夫人这样的身份。"

十八年二月二十三日，文公去世。六月，鲁国安葬了文公。秋季，东门襄仲、庄叔前往齐国，这是为了向齐惠公即位表示祝贺，同时拜谢齐国前来参加文公的葬礼。

文公二妃，敬嬴生宣公。敬嬴嬖，而私事襄仲。宣公长，而属诸襄仲。襄仲欲立之，叔仲不可。仲见于齐侯而请之。齐侯新立，而欲亲鲁，许之。

冬十月，仲杀恶及视，而立宣公。书曰“子卒”，讳之也。仲以君命召惠伯，其宰公冉务人止之，曰：“入必死。”叔仲曰：“死君命，可也。”公冉务人曰：“若君命，可死；非君命，何听？”弗听，乃入，杀而埋之马矢之中。公冉务人奉其帑以奔蔡，既而复叔仲氏。

夫人姜氏归于齐，大归也。将行，哭而过市，曰：“天乎！仲为不道，杀适立庶。”市人皆哭。鲁人谓之哀姜。

宣公元年春王正月，公子遂如齐逆女，尊君命也。三月，遂以夫人妇姜至自齐，尊夫人也。夏，季文子如齐纳赂，以请会。会于平州，以定公位。东门襄仲如齐拜成。六月，齐人取济西之田，为立公故，以赂齐也。

五年春，公如齐。高固请齐侯止公，请叔姬焉。夏，公至自齐，书，过也。秋九月，齐高固来逆女，自为也。故书曰“逆叔姬”，卿自逆也。冬，来，反马也。

鲁文公有两个妃子，次妃敬嬴生了宣公。敬嬴受到宠爱，她却私下跟东门襄仲勾结。鲁宣公长大后，敬嬴把他嘱托给东门襄仲。东门襄仲要立他为国君，叔仲不同意。东门襄仲进见齐惠公请求帮忙立宣公为国君。齐惠公新近即位，想要亲近鲁国，于是就同意了东门襄仲的请求。

冬季十月，东门襄仲杀死了太子恶和他的弟弟视，而立宣公为国君。《春秋》只记载说"太子恶去世"，是讳言此事。东门襄仲用国君的名义召见惠伯（即叔仲），叔仲的家臣首领公冉务人劝阻他，说："去了必死。"叔仲说："死于国君的命令是可以的。"公冉务人说："如果是国君的命令，可以死；不是国君的命令，为什么要听从？"叔仲不听，就进宫了，东门襄仲把他杀了埋在马粪中。公冉务人事奉叔仲的妻子儿女逃亡到蔡国，不久以后重新立了惠伯的儿子为叔仲氏。

文公夫人姜氏回到娘家齐国后不再回来了。将要离开鲁国的时候，她哭着经过集市，说："天哪！襄仲无道，杀死嫡子立了庶子。"集市上的人都跟着哭泣。因此鲁国人称她为哀姜。

鲁宣公元年春季，周历正月，鲁国的公子遂（即东门襄仲）前往齐国迎娶齐女，《春秋》称他为"公子遂"，是为了尊重国君的命令。三月，公子遂带着鲁宣公夫人姜氏从齐国回到鲁国，《春秋》称他为"遂"，是为了尊重夫人。夏季，季文子去到齐国，进献财礼以请求安排两国国君会面。宣公和齐惠公在平州会见，为的是稳定宣公的君位。东门襄仲去齐国拜谢确立宣公的事圆满完成。六月，齐国人取得了鲁国济水以西的田地，这是鲁国为了感谢齐国确立宣公为国君，以此作为对齐国的谢礼。

五年春季，鲁宣公去到齐国。高固请求齐惠公留住鲁宣公，目的是请求娶鲁国的叔姬为妻。夏季，鲁宣公从齐国回来，《春秋》记载这件事，是因为他有过错。秋季九月，齐国的高固前来迎娶叔姬，这是为了他自己。所以《春秋》记载说"迎娶叔姬"，这是点明卿为自己迎娶。冬季，高固和叔姬回到鲁国，这是为了履行婚后三个月送还送亲马匹的"返马"之礼。

七年春，卫孙桓子来盟，始通，且谋会晋也。

夏，公会齐侯伐莱，不与谋也。凡师出，与谋曰“及”，不与谋曰“会”。

晋侯之立也，公不朝焉，又不使大夫聘，晋人止公于会。盟于黄父，公不与盟。以赂免。故黑壤之盟不书，讳之也。

八年，有事于太庙。襄仲卒，而绎，非礼也。

戊子，夫人嬴氏薨。冬，葬敬嬴。旱，无麻，始用葛茀。雨，不克葬，礼也。礼，卜葬，先远日，辟不怀也。

十年春，公如齐。齐侯以我服故，归济西之田。

夏，齐惠公卒，公如齐奔丧。季文子初聘于齐，国武子来报聘。

十四年冬，公孙归父会齐侯于穀，见晏桓子，与之言鲁，乐。桓子告高宣子曰：“子家其亡乎！怀于鲁矣。怀必贪，贪必谋人。谋人，人亦谋己。一国谋之，何以不亡？”

十五年，初税亩，非礼也。谷出不过藉，以丰财也。

十八年，公孙归父以襄仲之立公也，有宠，欲去三桓，以张公室。与公谋，而聘于晋，欲以晋人去之。

七年春季，卫国的孙桓子前来鲁国结盟，这是鲁宣公即位以来两国首次通使修好，同时两国商量和晋君会见的事情。

夏季，鲁宣公会合齐惠公一起攻打莱国，鲁国事先没有参与策划。凡是出兵，事先参与策划称“及”，没有参与策划称“会”。

晋成公即位的时候，鲁宣公没有去朝见，又不派大夫去聘问，晋国人因此在盟会上拘留了他。所以在黄父（即黑壤）结盟时，鲁宣公没有参加。通过向晋国进献财货才得以获释回国。所以《春秋》不记载黑壤之盟，这是由于隐讳国耻。

八年，鲁国在太庙举行祭祀。东门襄仲去世了，祭祀完第二天还接着举行祭祀，这是不合于礼法的。

六月二十三日，夫人嬴氏去世。冬季，鲁国安葬了敬嬴。由于旱灾，没有麻，从此开始改用葛做牵引棺材的绳索。由于下雨，没能安葬，这是合于礼法的。依据礼法，占卜安葬的日期，先占卜较远的日子，以避免别人认为亲属对死者不心存怀念。

十年春季，鲁宣公到齐国去。齐惠公因为鲁国顺服的缘故，把济水以西的田地归还给了鲁国。

夏季，齐惠公去世，鲁宣公到齐国奔丧。季文子第一次到齐国聘问，齐国的国武子前来鲁国回聘。

十四年冬季，公孙归父在穀地会见齐顷公，见到晏桓子，跟他谈到鲁国，公孙归父因自己受宠，很得意。晏桓子告诉高宣子（即高固）说：“子家（即公孙归父）恐怕会逃亡吧！他怀恋鲁国的宠信了。怀宠必然贪婪，贪婪必然算计别人。算计别人，别人也会算计他。一个国家的人都算计他，怎么会不逃亡呢？”

十五年，鲁国开始按亩征税，这是不合礼法的。过去的征税方法是所征的稻谷不超过藉田的范围，这是用以丰富财货的方法。

十八年，公孙归父由于他父亲东门襄仲立了宣公，而受到宣公宠信，他想要除掉孟孙、叔孙、季孙三家，以张大鲁国公室的权势。他和宣公策划后到晋国聘问，想要借助晋国人的力量除掉他们。

冬，公薨。季文子言于朝曰："使我杀適立庶，以失大援者，仲也夫！"臧宣叔怒曰："当其时不能治也，后之人何罪？子欲去之，许请去之。"遂逐东门氏。子家还，及笙，坛帷，复命于介。即复命，袒、括发，即位哭，三踊而出。遂奔齐。书曰"归父还自晋"，善之也。

成公十六年九月，晋人执季孙行父，舍之于苕丘。冬十月乙亥，叔孙侨如出奔齐。十有二月乙丑，季孙行父及晋郤犨盟于扈。

公至自会。

乙酉，刺公子偃。俱详《列卿嗣世》。

十八年己丑，公薨于路寝，言道也。

十二月，孟献子会于虚朾，谋救宋也。宋人辞诸侯，而请师以围彭城。孟献子请于诸侯而先归会葬。

丁未，葬我君成公，书，顺也。时成公薨，襄公以冲年即位，故政权下移，而季氏益强。

襄公二年夏，齐姜薨。初，穆姜使择美槚，以自为榇与颂琴，季文子取以葬。君子曰："非礼也。礼无所逆。妇，养姑者也，亏姑以成妇，逆莫大焉。《诗》曰：'其惟哲人，告之话言，顺德之行。'季孙于是为不哲矣。且姜氏，君之妣也。《诗》曰：'为酒为醴，烝畀祖妣，以洽百礼，降福孔偕。'"齐侯使诸姜、宗妇来送葬。

冬季，宣公去世。季文子在朝廷上说："让我们杀死嫡子立庶子为君以致失掉大国援助的人，就是襄仲啊！"臧宣叔发怒说："当时不能治罪，他的后人有什么罪？您要除掉他，我就请求除掉他。"于是就把襄仲的家族东门氏驱逐出国。公孙归父从晋国返回鲁国，到达笙地，听说宣公去世和家族被逐的消息后，修筑土坛，用帷幕围好，然后向他的副手行复命的礼节。复命完了，解下左边的外衣，用麻束起头发，站到规定的位置号哭，顿足三次后退出。于是他逃亡到齐国。《春秋》记载说"归父从晋国回来"，这是对他表示赞许。

鲁成公十六年九月，晋国人抓捕了季孙行父，将他安置在苕丘。冬季十月十二日，叔孙侨如逃亡到齐国。十二月初三，季孙行父和郤犨在扈地结盟。

成公从诸侯盟会上回到鲁国。

十二月二十三日，杀了公子偃。都详见于《列卿嗣世》。

十八年八月初七，成公死在正寝，这是说合于正常情况。

十二月，孟献子在虚朾与诸侯相会，谋划救援宋国。宋人辞谢诸侯，而请求出兵以包围彭城。孟献子向诸侯请求先回国参加成公的葬礼。

十二月二十六日，安葬我国国君成公，《春秋》这样记载，是表示一切都安定顺当。当时成公已死，襄公由于年幼继位，因此政权下移，季孙氏的权势更强大了。

鲁襄公二年夏季，鲁成公夫人齐姜去世。当初，成公的母亲穆姜派人选择上好的槚木，为自己制作了棺材和颂琴，季文子把它们拿来安葬了齐姜。君子说："这是不合于礼法的。礼法不能有所不顺。媳妇总是奉养婆婆的人，亏欠婆婆以成就媳妇，没有比这再大的不顺了。《诗经》说：'只有明智的人，才可以把好话告诉他，要他顺着道德而行动。'季文子在这件事情上是不明智的。而且穆姜还是国君襄公的祖母啊。《诗经》说：'酿造甜酒，献给祖父祖母，合于礼仪，普降福气。'"齐灵公派遣嫁给本国大夫的宗女和同姓大夫的妻子前来鲁国为齐姜送葬。

四年秋，定姒薨。不殡于庙，无榇，不虞。匠庆谓季文子曰："子为正卿，而小君之丧不成，不终君也。君长，谁受其咎？"初，季孙为己树六槚于蒲圃东门之外，匠庆请木，季孙曰："略。"匠庆用蒲圃之槚，季孙不御。君子曰："志所谓'多行无礼，必自及也'，其是之谓乎！"

五年十有二月辛未，季文子卒。见《列卿嗣世》。

七年，城费。见《陪臣交叛》。

〔补逸〕《说苑》：卫将军文子问子贡曰："季文子三穷而三通，何也？"子贡曰："其穷事贤，其通举穷，其富分贫，其贵礼贱。穷以事贤，则不侮；通而举穷，则忠于朋友；富而分贫，则宗族亲之；贵而礼贱，则百姓戴之。其得之，固道也；失之，命也。"曰："失而不得者，何也？"曰："其穷不事贤，其通不举穷，其富不分贫，其贵不礼贱。其得之，命也；其失之，固道也。"

九年，公送晋侯，晋侯以公宴于河上，问公年。季武子对曰："会于沙随之岁，寡君以生。"晋侯曰："十二年矣，是谓一终，一星终也。国君十五而生子，冠而生子，礼也。君可以冠矣。大夫盍为冠具？"武子对曰："君冠，必以祼享之礼行之，以金石之乐节之，以先君之祧处之。今寡君在行，

四年秋季，鲁襄公的母亲定姒去世。没有在祖庙内停放棺木，没有使用内棺，没有举行虞祭。木匠庆对季文子说："您作为国家的正卿，但是夫人的丧事不完备，这就等于让国君不能为他生母送终。国君长大后，谁将会受到责备呢？"当初，季文子为自己在蒲圃的东门外边种植了六棵槚木，木匠庆请求用来做定姒的棺材木料，季文子说："简单点吧。"匠庆还是使用了蒲圃的槚木，季文子也没有阻止。君子说："书上所记载的'多做不合礼仪的事，祸患一定来到自己身上'，说的就是这种情况吧！"

五年十二月二十日，季文子去世。见《列卿嗣世》。

七年，季氏在费地筑城。见《陪臣交叛》。

〔补逸〕《说苑》：卫国的将军文子问子贡说："季文子三次困厄又三次通达，为什么呢？"子贡说："季文子困厄时能事奉贤者，通达时能够推举困厄的人，富有时能和穷人分享财物，地位尊贵时能以礼对待地位低贱者。困厄时能事奉贤者，就不会受到欺侮；通达时能推举困厄的人，就会对朋友忠诚；富有而能和穷人分享财物，宗族中的人就会亲近他；尊贵而能礼遇地位低贱者，百姓就会爱戴他。他得到这些，那是理所当然的；如果失去，那是天命。"卫将军文子说："有人失去而得不到，是为什么呢？"子贡回答说："他困厄时不事奉贤者，通达时不能推举困厄的人，富有时不和穷人分享财物，尊贵时不以礼对待地位低贱的人。他如果得到这些，那是命；如果失去，本来就是理所当然的。"

九年，鲁襄公送别晋悼公，晋悼公为襄公在黄河边上设宴，席间问起襄公的年龄。季武子回答说："在沙随会见的那一年，我们国君出生。"晋悼公说："十二年了，这叫作一终，就是岁星运行了一周天。国君十五岁就可以生孩子，举行冠礼以后生孩子，这是合于礼仪的。您可以举行冠礼了。大夫为什么不准备好给君王举行冠礼的用具呢？"季武子回答说："国君举行冠礼，一定要举行祼享这种礼仪作为它的序幕，用钟磬的音乐表示有节度，而且要在先君的宗庙里才能举行。现在我们国君正在路上，

未可具也，请及兄弟之国而假备焉。”晋侯曰：“诺。”公还，及卫，冠于成公之庙，假钟磬焉，礼也。

十一年春，季武子将作三军，告叔孙穆子曰：“请为三军，各征其军。”穆子曰：“政将及子，子必不能。”武子固请之。穆子曰：“然则盟诸？”乃盟诸僖闳，诅诸五父之衢。正月，作三军，三分公室而各有其一，三子各毁其乘。季氏使其乘之人，以其役邑入者无征，不入者倍征。孟氏使半为臣，若子若弟。叔孙氏使尽为臣，不然不舍。

〔考异〕《国语》：季武子为三军，叔孙穆子曰：“不可。天子作师，公帅之，以征不德。元侯作师，卿帅之，以承天子。诸侯有卿无军，帅教卫以赞元侯。自伯、子、男有大夫无卿，帅赋以从诸侯。是以上能征下，下无奸慝。今我，小侯也，处大国之间，缮贡赋以共从者，犹惧有讨。若为元侯之所以怒大国，无乃不可乎？”弗从。遂作中军。自是齐、楚代讨于鲁，襄、昭皆如楚。

〔考异〕据《外传》，穆子以为不可；据《内传》，则穆子似所甚愿者，他日杜洩之言亦然。今并存之。

不能准备冠礼的用具，请在到达兄弟国家以后向他们借用这些用具。”晋悼公说：“好。”襄公回国，到达卫国时，在卫成公庙里举行了冠礼，借用了卫国的钟磬，这是合于礼法的。

十一年春季，季武子打算把鲁国军队重新编为三个军，他告诉叔孙豹说：“请允许我将军队编成三个军，我们每家管一个军。”叔孙豹说：“政权将来要轮到你来执掌，但你肯定承担不了。”季武子坚决请求。叔孙豹说：“那么我们是不是要为这件事而盟誓呢？”于是就在僖公庙的大门口盟誓，在五父之衢立下咒誓。正月，鲁军被编成三个军，三族把公室的军队一分为三，各家掌握一军，三家各自把原有的私家车兵并入。季氏让他私人武装中的成员，参加军队的免除征税，不参加的加倍征税。孟氏把他私人武装中的一半即青壮年编入奴隶兵。叔孙氏则把他的私人武装全部编为奴隶兵，不这样，就不让他并入所分的公室军队里。

〔考异〕《国语》：季武子编制三军，叔孙豹说：“不可以。天子编制六军，由公爵率领，来征讨没有德行的人。大的诸侯国编制三军，由卿率领，来跟随天子的军队征伐不合道义的人。次一等的诸侯国有卿而没有三军，有战事的时候，令卿率领所教武士来辅助大的诸侯国。从伯、子、男以下的诸侯国有大夫而没有卿，他们国中要出兵车、甲士来跟从诸侯进行征伐。因此在上位者能征讨在下位者，在下位者没有敢做奸恶之事的。如今我们的国家是个小诸侯国，并且处在齐和楚两个大国之间，修治所供兵赋来供奉大国，还害怕因供应不上而被征讨。如果像大国一样编制三军，激怒了大国，恐怕不可以吧？”季武子不听。于是编制了中军。从此以后，齐国和楚国更相征伐鲁国，鲁襄公和鲁昭公都要去朝觐楚王。

〔考异〕根据《国语》的记载，叔孙豹认为季武子不可以编制三军；而据《左传》的记载，叔孙豹好像特别愿意，后来杜洩的话看法也是如此。现在两说并存。

十五年春，宋向戌来聘，且寻盟。见孟献子，尤其室，曰：“子有令闻而美其室，非所望也。”对曰：“我在晋，吾兄为之。毁之重劳，且不敢间。”

〔考异〕《新序》：孟献子聘于晋，宣子觞之，三徙，钟石之悬不移而具。献子曰：“富哉家！”宣子曰：“子之家，孰与我家富？”献子曰：“我家甚贫，惟有二士，曰颜回、兹无灵者，使我邦家安平，百姓和协。惟此二者耳，我尽于此矣。”客出，宣子曰：“彼，君子也，以养贤为富。我，鄙人也，以钟石金玉为富。”孔子曰：“孟献子之富可著于《春秋》。”按：颜回去孟献子甚远，此或姓名偶同。

《韩非子》：孟献伯相鲁，堂下生藿藜，门外长荆棘，食不二味，不重席，无衣帛之妾，居不粟马，出不从车。叔向闻之，以告苗贲皇。贲皇非之，曰：“是出主之爵禄以附下也。”一曰：孟献伯拜上卿，叔向往贺。门有御马，不食禾。向曰：“子无二马二舆，何也？”献伯曰：“我观国人尚有饥色，是以不秣马；班白者多徒行，故不二舆。”向曰：“吾始贺子之拜卿，今贺子之俭也。”向出，语苗贲皇曰：“助吾贺献伯之俭也。”苗子曰：“何贺焉？夫爵禄旗章，所以异功伐、别贤不肖也。故晋国之法，上大夫二舆二乘，中大夫二舆一乘，下大夫专乘，此明等级也。且夫卿必有军事，是故循车马，

十五年春季，宋国的向戌前来鲁国聘问，同时重温过去的盟誓。向戌进见孟献子，责备他的屋子太漂亮，说："您有好名声而把屋子修得太漂亮，这不是别人所希望的。"孟献子回答说："这是我在晋国的时候，我哥哥修建的。如果要毁了它，反而加重劳役，而且不敢非议哥哥所做的事。"

〔考异〕《新序》：孟献子到晋国聘问，韩宣子请他喝酒，酒宴换了三个地方，钟磬等乐器不用搬就很齐备。孟献子说："您家里真富有啊！"韩宣子说："您家和我家相比，谁更富有？"孟献子说："我家里特别贫穷，只有两个士，叫颜回、兹无灵，他们能使我的国家和家族安定，百姓和谐。我只有这两个人，所有财富都在于此。"孟献子离去，韩宣子说："孟孙是个君子，把蓄养贤才作为富有。我是小人，把钟磬与金玉当作富有。"孔子说："孟献子的富有可以著录于《春秋》。"按：颜回和孟献子相距的年代特别远，这里或许是姓名偶然相同。

《韩非子》：孟献伯做鲁国的相，院子里生出野草，大门外长起荆棘，吃饭没有两样菜，坐时不垫两层席，家里没有穿丝织品的妾，在家不用谷子喂马，外出没有副车跟随。叔向听说后，把这件事告诉了苗贲皇。苗贲皇反对说："这是弃置君主的爵禄赏赐而讨好下面的人。"另一种说法是：孟献伯被授予上卿的职位，叔向前去道贺。孟献伯门前有车马，但马不吃谷物。叔向说："您只有一匹马和一辆车，为什么呢？"孟献伯说："我看到国人还有饥饿之色，所以不用谷子喂马；头发斑白的老人大多还步行，所以不用两辆车子。"叔向说："我起先是来祝贺您就任上卿，现在要恭贺您的节俭了。"叔向离开孟献伯家，对苗贲皇说："帮助我去祝贺孟献伯的节俭吧。"苗贲皇说："这有什么可祝贺的呢？爵禄和旗帜，是用来标明功劳大小、区别贤与不贤的。因此晋国法令规定，上大夫有两辆车子和八匹马，中大夫有两辆车子和四匹马，下大夫只有一辆四马驾的车子，这是用来标明等级的。况且卿一定要掌管军事，因而要修整车马，

比卒乘，以备戎事。有难则以备不虞，平夷则以给朝事。今乱晋国之政，乏不虞之备，以成节俭，以洁私名，献伯之俭也可与？又何贺？”

《礼记》：孟献子禫，县而不乐，比御而不入。夫子曰：“献子加于人一等矣。”孟献子之丧，司徒旅归四布。夫子曰：“可也。”

二十九年夏四月，葬楚康王。公及陈侯、郑伯、许男送葬。公还，及方城，季武子取卞，使公冶问，玺书追而与之，曰：“闻守卞者将叛，臣帅徒以讨之，既得之矣，敢告。”公冶致使而退。及舍，而后闻取卞。公曰：“欲之而言叛，祇见疏也。”公谓公冶曰：“吾可以入乎？”对曰：“君实有国，谁敢违君？”公与公冶冕服，固辞，强之而后受。公欲无入，荣成伯赋《式微》，乃归。五月，公至自楚。公冶致其邑于季氏，而终不入焉，曰：“欺其君，何必使余？”季孙见之，则言季氏如他日；不见，则终不言季氏。及疾，聚其臣曰：“我死，必无以冕服敛，非德赏也。且无使季氏葬我！”

范献子来聘，拜城杞也。公享之，展庄叔执币。射者三耦，公臣不足，取于家臣。家臣展瑕、展玉父为一耦，公臣公巫召伯、仲颜庄叔为一耦，鄫鼓父、党叔为一耦。

训练好步兵和战车，准备打仗。国家有难时就可以防备意外，太平时就可以供上朝议事用。现在扰乱晋国的政事，缺乏预防不测的准备，而只成全自己的节俭，洗白私人的名声，孟献伯的这种节俭难道是可以的吗？又有什么值得庆贺的呢？”

《礼记》：孟献子举行禫祭后，只挂起乐器而不演奏，可以与妻妾同床了，仍不让妻妾侍寝。孔子说：“献子超人一等啊。”办完孟献子的丧事，司徒让下士把各地所赠以助丧葬的财物物归原主。孔子说：“这事办得很不错。”

二十九年夏季四月，楚国安葬了楚康王。鲁襄公和陈哀公、郑简公、许悼公都前往送葬。襄公回国，到达方城时，季武子夺取了卞地，派公冶去问候襄公。季武子写了一封信，用封泥加印把信封好了，追上去给了已经出发的公冶。信上说：“听到戍守卞地的人打算叛变，下臣率领部下前去讨伐，已经得到卞地了，谨此报告。”公冶完成使命后就退了出去。襄公回到住处以后才知道季武子已占取了卞地。襄公说：“想要这块地方而说叛变，只能是对我表示疏远。”襄公对公冶说：“我可以进入国境吗？”公冶回答说：“国君据有国家，谁敢违背国君？”襄公赐给公冶冕服，公冶坚决辞谢，襄公再三坚持他才接受。襄公不想进入国境，荣成伯赋《式微》一诗，襄公这才回国。五月，襄公从楚国回到鲁国。公冶把他的封邑送还给季氏，而且终究不再进入季孙的家门，说：“欺骗他的国君，又何必派我去呢？”季孙和他见面时，就和季孙像以前一样说话；不见时，他就始终不谈季氏。等到公冶病危，聚集他的家臣说：“我死了以后，一定不要用冕服入殓，因为这不是由于德行而所得的赏赐。并且不要让季氏来安葬我！”

晋国的范献子（即士鞅）来鲁国聘问，拜谢鲁国帮助杞国筑城。鲁襄公设享礼招待他，展庄叔拿着束帛。参加射礼需要六个人，当时鲁襄公的朝臣人选不够，便在家臣中选取。家臣由展瑕、展玉父作为一对，朝臣由公巫召伯、仲颜庄叔作为一对，鄫鼓父、党叔作为一对。

三十一年，公作楚宫。穆叔曰："《太誓》云：'民之所欲，天必从之。'君欲楚也夫，故作其宫。若不复适楚，必死是宫也。"六月辛巳，公薨于楚宫。叔仲带窃其拱璧，以与御人，纳诸其怀，而从取之，由是得罪。

立胡女敬归之子子野，次于季氏。秋九月癸巳，卒，毁也。

己亥，孟孝伯卒。

立敬归之娣齐归之子公子裯，穆叔不欲，曰："大子死，有母弟，则立之；无，则立长。年钧择贤，义钧则卜，古之道也。非適嗣，何必娣之子？且是人也，居丧而不哀，在戚而有嘉容，是谓不度。不度之人，鲜不为患。若果立之，必为季氏忧。"武子不听，卒立之。比及葬，三易衰，衰衽如故衰。于是昭公十九年矣，犹有童心，君子是以知其不能终也。

癸酉，葬襄公。

昭公元年春，会于虢。三月，季武子伐莒，取郓。莒人告于会。楚告于晋曰："寻盟未退，而鲁伐莒，渎齐盟，请戮其使。"乐桓子相赵文子，欲求货于叔孙，而为之请。使请带焉，弗与。梁其跁曰："货以藩身，子何爱焉？"叔孙曰："诸侯来会，卫社稷也。我以货免，鲁必受师，是祸之也，

三十一年，鲁襄公建造楚国式的宫殿。穆叔说：“《太誓》说：‘百姓所要求的，上天必然听从。’国君喜欢楚国，所以建造楚国式的宫殿。如果他不再去楚国，就必然死在这座宫殿里。”六月二十八日，襄公死在楚宫里。叔仲带偷了襄公的大玉璧，先交给车夫，放在车夫的怀里，接着又从车夫手里要了过来，因此叔仲带被鲁人鄙视。

鲁国立了胡国女人敬归的儿子子野为国君，并让他暂时住在季氏那里。秋季九月十一日，子野去世，这是哀痛过度的缘故。

九月十七日，孟孝伯去世。

鲁国又立了敬归的妹妹齐归的儿子公子裯为国君，穆叔不愿意，说：“太子死了，有同母兄弟，就立他；没有同母兄弟，就立年长的。如果年纪相当就选择贤能的，如果贤能相当就通过占卜的方式决定，这是自古以来的常规。死去的并不是嫡子，为什么非要立他母亲的妹妹的儿子？而且这个人，在丧事里一点也不哀痛，父母死了反而有喜悦的脸色，这叫作不孝。不孝的人，很少有不出乱子的。假如立了他，必然会给季氏带来忧患。”季武子不听他的话，最终立了公子裯为国君。等到安葬襄公时，公子裯更换了三次丧服，他每次更换的丧服的衣襟像旧丧服的一样。当时昭公十九岁了，还有一些孩子脾气，君子因此知道他将不能善终。

十月二十一日，安葬了鲁襄公。

鲁昭公元年春季，诸侯在虢地举行盟会。三月，季武子攻打莒国，夺取了郓地。莒国人到盟会上报告。楚国对晋国说：“重温过去的盟会还没有结束，鲁国就攻打莒国，亵渎盟约，请求诛戮鲁国的使者。”当时晋国的乐桓子（即乐鲋）辅佐赵文子（即赵孟），乐桓子想向叔孙豹索取财货而为其向赵文子说情。乐桓子派人向叔孙豹要腰带，但叔孙豹不给。叔孙豹的家臣梁其跁说：“财货本来就是用来保护身体的，您有什么可爱惜的呢？”叔孙豹说：“诸侯们前来盟会，是为了保卫国家。我用财货免于了祸患，鲁国就必然要受到进攻了，这是为鲁国带来祸患啊，

何卫之为?”赵孟闻之,乃请诸楚曰:“鲁虽有罪,其执事不辟难,畏威而敬命矣。子若免之,以劝左右,可也。”乃免叔孙。

叔孙归,曾夭御季孙以劳之,旦及日中不出。曾夭谓曾阜曰:“旦及日中,吾知罪矣。鲁以相忍为国也,忍其外,不忍其内,焉用之?”阜曰:“数月于外,一旦于是,庸何伤?贾而欲赢,而恶嚣乎?”阜谓叔孙曰:“可以出矣。”叔孙指楹曰:“虽恶是,其可去乎?”乃出见之。

叔弓帅师疆郓田,因莒乱也。

四年,叔孙不食。乙卯,卒。季孙谋去中军,竖牛曰:“夫子固欲去之。”

五年春王正月,舍中军,卑公室也。毁中军于施氏,成诸臧氏。初作中军,三分公室而各有其一。季氏尽征之,叔孙氏臣其子弟,孟氏取其半焉。及其舍之也,四分公室,季氏择二,二子各一,皆尽征之,而贡于公。以书使杜泄告于殡曰:“子固欲毁中军,既毁之矣,故告。”杜泄曰:“夫子唯不欲毁也,故盟诸僖闳,诅诸五父之衢。”受其书而投之,帅士而哭之。

还有什么可保卫的？”赵孟听到这件事后，就向楚国请求说：“鲁国虽然有罪，但它的执事大臣却不避祸难，他惧怕贵国的威严而恭敬地奉命了。您如果赦免他，用来勉励您的左右，还是可以的。”于是楚国人就赦免了叔孙豹。

叔孙豹回国，曾夭为季孙驾车前去慰劳他，从早晨到中午，叔孙豹没有出来。曾夭对叔孙豹的家臣曾阜说：“从早晨到中午一直等着，说明我们已经知道罪过了。鲁国是用互相忍让来治理国家的，在国外忍让，在国内不忍让，那又何必呢？”曾阜说：“他几个月在外边奔波，你们在这里等一早晨，又算得了什么呢？就像商人要赢利，还能讨厌市场上的喧闹吗？”曾阜对叔孙豹说：“您可以出去了。”叔孙豹指着房屋的柱子说：“我虽然讨厌这个，难道能够把它去掉吗？”于是就出去接见了季孙。

鲁国的叔弓率领军队来划定郓地的疆界，这是由于莒国发生动乱的缘故。

四年，叔孙豹没吃东西。十二月二十八日，叔孙豹去世了。季孙策划取消中军的建制，竖牛说：“叔孙他老人家本来就想要撤掉它了。”

五年春季周历正月，鲁国废除了中军，这是为了进一步降低公室的地位。这一决定开始在施氏那里讨论，最终在臧氏那里达成协议。开始编定中军的时候，把公室的军队一分为三，而三家各掌握一军。对于所分得的公室军队，季氏采用征兵或者征税的方式；叔孙氏让壮丁作为奴隶，老弱的作为自由民；孟氏则把一半作为奴隶，一半作为自由民。等到这次废除中军，把公室的军队一分为四，季氏择取四分之二，其他两位各有四分之一，并且全都改为征兵或者征税，然后向鲁昭公交纳一定的贡赋。季氏用策书让杜洩在叔孙豹的灵柩前报告，说：“您本来要毁掉中军，现在已经毁掉了，所以特此向您报告。”杜洩说：“他老人家正因为不想废掉中军，所以才在僖公宗庙门口盟誓，在五父之衢诅咒发誓。”杜洩接了策书后把它扔在地上，率领他手下人大哭起来。

公如晋，自郊劳至于赠贿，无失礼。晋侯谓女叔齐曰："鲁侯不亦善于礼乎？"对曰："鲁侯焉知礼？"公曰："何为？自郊劳至于赠贿，礼无违者，何故不知？"对曰："是仪也，不可谓礼。礼，所以守其国，行其政令，无失其民者也。今政令在家，不能取也；有子家羁，弗能用也；奸大国之盟，陵虐小国；利人之难，不知其私。公室四分，民食于他。思莫在公，不图其终。为国君，难将及身，不恤其所。礼之本末，将于此乎在，而屑屑焉习仪以亟。言善于礼，不亦远乎？"君子谓叔侯于是乎知礼。

十年，叔孙婼如晋，葬平公。

十有一年五月，齐归薨，大蒐于比蒲，非礼也。九月，葬齐归，公不戚。晋士之送葬者，归以语史赵。史赵曰："必为鲁郊。"侍者曰："何故？"曰："归，姓也，不思亲，祖不归也。"叔向曰："鲁公室其卑乎！君有大丧，国不废蒐；有三年之丧，而无一日之戚。国不恤丧，不忌君也；君无戚容，不顾亲也。国不忌君，君不顾亲，能无卑乎？殆其失国。"

二十一年夏，晋士鞅来聘。叔孙为政。季孙欲恶诸晋，使有司以齐鲍国归费之礼为士鞅。士鞅怒，曰："鲍国之位下，其国小，而使鞅从其牢礼，是卑敝邑也，将复诸寡君。"鲁人恐，加四牢焉，为十一牢。

鲁昭公去晋国，从郊外慰劳一直到赠送财货，从没有失礼。晋平公对女叔齐说："鲁侯不也很精通礼吗?"女叔齐回答说："鲁侯哪里懂得礼?"晋平公说："为什么？从郊外慰劳一直到赠送财货，没有任何一处违背礼节，为什么说他不懂得礼呢?"女叔齐回答说："这仅仅是仪式，不能说是礼。礼，是用来保卫国家、推行政令、不失去百姓的工具。现在政令出于私家，国君无力收回；有子家羁这样的贤人却没有任用；触犯大国的盟约，欺侮虐待小国；把别人的危难作为利益，却不知道自己也存在着危难。公室的军队一分为四，百姓靠三家大夫养活。民心不在国君，国君也根本不再考虑后果。作为一个国君，危难将要降临到他身上，却不去忧虑他的处境。礼法的根本和枝节就在于此，他却琐琐屑屑地急于学习仪式。说他精通礼，距离实际情况不也太远了吗?"君子认为叔侯(即女叔齐)在这里是懂得礼法的。

十年，叔孙婼到晋国去，参加晋平公的葬礼。

十一年五月，鲁昭公的母亲齐归去世，与此同时，鲁国又在比蒲举行盛大的阅兵，这是不合于礼法的。九月，鲁国安葬齐归，昭公显得不悲痛。晋国前来送葬的人回去把这一情况告诉了史赵。史赵说："他终有一天要寄居到别国郊外。"侍从的人说："为什么?"史赵说："他是归氏所生，母亲去世自己却私毫不悲痛，祖先也不保佑他。"叔向说："鲁国的公室大约要衰落了吧！国君发生大丧事，国家却不停止阅兵；有三年丧期，却没有一天的悲痛。国家不为丧事而悲哀，这是不怕国君；国君没有悲痛的表情，这是不顾念亲人。国家不怕国君，国君不顾亲人，能够不衰落吗？恐怕他早晚会失去国家。"

二十一年夏季，晋国的士鞅来鲁国聘问。叔孙昭子主持接待。季孙存心得罪晋国，便让官吏用接待齐国鲍国归还费地的礼节招待士鞅。士鞅发怒，说："鲍国的地位低下，他的国家小，现在让我接受招待他所用的七牢礼节，这分明是轻视我国，我将向我们国君报告。"鲁国人害怕了，急忙增加了四牢，使用了十一牢的规格。

二十五年，叔孙婼聘于宋。宋公享昭子，赋《新宫》。昭子赋《车辖》。明日宴，饮酒乐，宋公使昭子右坐，语相泣也。乐祁佐，退而告人曰："今兹君与叔孙其皆死乎！吾闻之：'哀乐而乐哀，皆丧心也。'心之精爽，是谓魂魄。魂魄去之，何以能久？"季公若之姊为小邾夫人，生宋元夫人，生子，以妻季平子。昭子如宋聘，且逆之。公若从，谓曹氏勿与，鲁将逐之。曹氏告公，公告乐祁。乐祁曰："与之。如是，鲁君必出。政在季氏三世矣，鲁君丧政四公矣。无民而能逞其志者，未之有也，国君是以镇抚其民。《诗》曰：'人之云亡，心之忧矣。'鲁君失民矣，焉得逞其志？靖以待命，犹可；动必忧。"

"有鸜鹆来巢"，书所无也。师己曰："异哉！吾闻文、成之世，童谣有之曰：'鸜之鹆之，公出辱之。鸜鹆之羽，公在外野，往馈之马。鸜鹆跦跦，公在乾侯，征褰与襦。鸜鹆之巢，远哉遥遥，裯父丧劳，宋父以骄。鸜鹆鸜鹆，往歌来哭。'童谣有是。今鸜鹆来巢，其将及乎！"

秋，书再雩，旱甚也。

初，季公鸟娶妻于齐鲍文子，生申，公鸟死，季公亥与公思展与公鸟之臣申夜姑相其室。及季姒与饔人檀通，而惧，乃使其妾抶己，以示秦遄之妻曰："公若欲使余，余不

二十五年，叔孙婼到宋国聘问。宋元公设享礼招待叔孙婼，席间宋元公赋了《新宫》一诗。叔孙昭子（即叔孙婼）赋了《车辖》这首诗。第二天又举行宴会喝酒，宾主都很高兴，宋元公让叔孙婼坐在右边，说着话互相掉了眼泪。当时乐祁帮着主持宴会，退下后告诉别人说："眼下国君和叔孙婼恐怕都要死了吧！我听说：'该高兴的时候悲哀，该悲哀的时候高兴，这都是心意丧失的表现。'心的精华神明，就叫魂魄。魂魄离了身，怎么能活得长？"鲁国季公若的姐姐是小邾夫人，她生了宋元公夫人，宋元公夫人生了一个女儿，嫁给季平子为妻。叔孙婼到宋国行聘，并且顺便为季平子迎亲。季公若跟随前去，告诉宋元公夫人让她不要答应亲事，因为鲁国正打算赶走季平子。夫人把这件事告诉了宋元公，宋元公又告诉乐祁。乐祁说："还是要嫁给他。如果像你所说的那样，鲁国国君一定会被驱逐出国。政权在季氏手里已经三世了，鲁国国君丧失政权已经四代了。失掉百姓拥护而能满足愿望的，至今还不曾有过，因此国君注重镇抚百姓。《诗经》说：'百姓的丧失，这是心头的忧虑。'鲁国国君已经失去了百姓，哪里能实现他的愿望？安安静静地等待上天的安排还可以，有所举动必然造成忧患。"

"有鸜鹆来巢"，这是记载过去没有的事情。鲁大夫师己说："奇怪！我听说文公、成公的时代，童谣有这样的话说：'鸜啊鹆啊，国君出国受到羞辱。鸜鹆的羽毛，国君住在远郊，臣下去把马匹送到。鸜鹆蹦蹦跳跳，国君住在乾侯，向人要裤子短袄。鸜鹆的老巢，路远迢迢，稠父死于辛劳，宋父以此骄傲。鸜鹆鸜鹆，去的时候唱歌，回来的时候哭泣。'童谣有这样的话。现在鸜鹆前来做巢，恐怕祸难要来到了吧！"

秋季，《春秋》记载了两次雩祭，这是由于旱到了极点。

起初，季公鸟在齐国鲍文子家娶了妻子，生了申，公鸟死后，季公亥、公思展和公鸟的家臣申夜姑管理他的家务。公鸟的妻子季姒和管伙食的檀私通，季姒感到害怕，就让她的侍女打了自己一顿，跑去给秦遄的妻子看，说："季公亥想让我陪他睡觉，我不

可，而抶余。”又诉于公甫曰：“展与夜姑将要余。”秦姬以告公之，公之与公甫告平子，平子拘展于卞，而执夜姑，将杀之。公若泣而哀之曰：“杀是，是杀余也。”将为之请，平子使竖勿内，日中不得请。有司逆命，公之使速杀之，故公若怨平子。

季、郈之鸡斗。季氏介其鸡，郈氏为之金距。平子怒，益宫于郈氏，且让之。故郈昭伯亦怨平子。臧昭伯之从弟会为谗于臧氏，而逃于季氏，臧氏执旃。平子怒，拘臧氏老。将禘于襄公，万者二人，其众万于季氏。臧孙曰：“此之谓不能庸先君之庙。”大夫遂怨平子。

公若献弓于公为，且与之出射于外，而谋去季氏。公为告公果、公贲。公果、公贲使侍人僚相告公。公寝，将以戈击之，乃走。公曰：“执之！”亦无命也。惧而不出，数月不见。公不怒。又使言，公执戈以惧之，乃走。又使言，公曰：“非小人之所及也。”公果自言，公以告臧孙。臧孙以难，告郈孙。郈孙以可，劝，告子家懿伯。懿伯曰：“谗人以君徼幸，事若不克，君受其名，不可为也。舍民数世，以求克事，不可必也。且政在焉，其难图也。”公退之。辞曰：“臣与闻命矣，言若泄，臣不获死。”乃馆于公。

答应，就打了我。”季姒又向公甫诉苦，说：“公思展和申夜姑打算要挟我。”秦遄的妻子告诉给公之，公之和公甫告诉给季平子，季平子把公思展拘留在卞地，又抓了申夜姑打算杀了他。公若（即季公亥）哭着哀求说：“杀了这个人，就等于杀了我。”打算为申夜姑求情，季平子吩咐小吏不放他进来，直到中午都没有请求上。行刑的官吏前来领受处理申夜姑的命令，公之让他快点杀了夜姑，所以季公亥非常怨恨季平子。

季氏和郈氏斗鸡。季氏给鸡套上皮甲，郈氏给鸡安上金属爪子。季氏的鸡斗败后，季平子发怒，便在郈氏那里扩展自己的住宅，并且责备他们。所以郈昭伯也怨恨季平子。臧昭伯的堂弟臧会在臧昭伯那里诬陷别人，事发后逃到了季氏家中，臧昭伯逮住了他。季平子发怒，拘留了臧氏的家臣。将要在襄公庙举行禘祭，跳万舞的只有两个人，多数人都到季氏那里跳万舞了。臧孙（即臧昭伯）说：“这叫作使国君不能在先君的宗庙里酬谢先君。”大夫们于是也怨恨季平子。

公若献给昭公的儿子公为一张弓，并和他去外边射箭，借此机会商量除掉季氏。公为把这件事告诉了弟弟公果、公贲。公果、公贲派随从僚柤去禀告昭公。昭公已经睡下了，要用戈敲击僚柤，僚柤就跑了。昭公说：“抓住他！”但是也没有正式下命令。僚柤害怕不敢出门，几个月不去朝见昭公。昭公没有发怒。后来公果又派他去报告此事，昭公拿起戈来威吓他，他就跑了。公果第三次派他去报告此事，昭公说：“这不是小人管得着的事。”于是公果自己去报告此事，昭公把话告诉了臧孙。臧孙认为难办，又告诉了郈孙。郈孙认为可行，劝昭公支持这么干，昭公又告诉了子家懿伯。懿伯说：“坏人们企图依靠君王侥幸行事，事情如果不成功，君王就要蒙受坏名声，这是不能做的。丢掉百姓已经几代了，以此要求事情成功，这是不能保证的。而且政权在人家手里，恐怕很难算计他。”昭公让懿伯退出。懿伯回答说：“下臣已经听到这件事了，话如果泄露，下臣会不得好死的。”于是就住在公宫。

叔孙昭子如阚，公居于长府。九月戊戌，伐季氏，杀公之于门，遂入之。平子登台而请，曰："君不察臣之罪，使有司讨臣以干戈，臣请待于沂上，以察罪。"弗许。请囚于费，弗许。请以五乘亡，弗许。子家子曰："君其许之！政自之出久矣，隐民多取食焉，为之徒者众矣。日入慝作，弗可知也。众怒不可蓄也，蓄而弗治，将蕴。蕴蓄，民将生心。生心，同求将合，君必悔之！"弗听。郈孙曰："必杀之！"公使郈孙逆孟懿子。

叔孙氏之司马鬷戾言于其众曰："若之何？"莫对。又曰："我，家臣也，不敢知国。凡有季氏与无，于我孰利？"皆曰："无季氏，是无叔孙氏也。"鬷戾曰："然则救诸！"帅徒以往，陷西北隅以入。公徒释甲，执冰而踞，遂逐之。孟氏使登西北隅，以望季氏。见叔孙氏之旌，以告。孟氏执郈昭伯，杀之于南门之西，遂伐公徒。

子家子曰："诸臣伪劫君者，而负罪以出，君止。意如之事君也，不敢不改。"公曰："余不忍也。"与臧孙如墓谋，遂行。己亥，公孙于齐，次于阳州。齐侯将唁公于平阴，公先至于野井。齐侯曰："寡人之罪也。使有司待于平阴，为近故也。"书曰："公孙于齐，次于阳州，齐侯唁公于野井。"礼也。将求于人，则先下之，礼之善物也。齐侯曰：

叔孙昭子去到阚地，昭公住在长府里。九月十一日，昭公发兵攻打季氏，在大门口杀死公之，攻了进去。季平子登上高台请求说："君王没有调查下臣的罪过，派官吏用武力讨伐下臣，下臣请求待在沂水边上让君王调查。"昭公不答应。季平子请求囚禁在费地，昭公也不答应。季平子请求带着五辆车子逃亡，昭公也不答应。子家子(即懿伯)说："君王还是答应他吧！政令从他那里出已经很久了，贫困百姓靠他吃饭的人很多，做他同伙的人也很多了。太阳下山以后坏人是否冒出来，还不知道呢。大家的怒气不能积聚，积聚而不妥善处理，会越来越大。越来越大的怒气积聚起来，百姓将会产生叛变之心。产生叛变之心，有同样要求的人就会纠合在一起，君王必然要后悔的！"昭公不听。郈孙说："一定要杀了季平子！"昭公派郈孙迎接孟懿子前来助战。

叔孙氏的司马鬷戾问身边众人："怎么办？"没有人回答。他又说："我只是一个家臣，不敢考虑国家大事。有季氏和没有季氏，究竟哪一种情况对我们有利？"大家都说："没有季氏，就没有叔孙氏。"鬷戾说："那么我们就去救援他吧！"于是就率领手下人前去营救，攻破西北角进入季氏家。昭公的亲兵正解去皮甲，拿着箭筩盖蹲着，鬷戾就把他们赶走了。孟氏派人登上西北角，瞭望季氏家的情况。瞭望的人看到叔孙氏的旗子，把情况报给孟氏。孟氏抓住郈昭伯，把他在南门的西边杀了，接着又乘势攻打昭公的亲兵。

子家子说："现在必须让下臣们假装是胁迫国君的人，背着罪名出国，国君留下来。季孙意如事奉国君，就不敢不改变态度。"昭公说："我不能忍受。"于是就和臧孙到祖坟上辞别祖宗，并且商量逃亡的事，随后便动身离开了国都。十一月十三日，昭公逃亡到齐国，住在阳州。齐景公打算在平阴慰问昭公，昭公先到达野井。齐景公说："这是寡人的罪过。让官吏在平阴等待，是为了接近阳州的缘故。"《春秋》记载说："昭公逃亡到齐国，住在阳州，齐景公在野井慰问昭公。"这是合于礼法的。将要有求于人，就要先谦恭屈地居人下，这是合于礼法的好事。齐景公说：

“自莒疆以西，请致千社，以待君命。寡人将帅敝赋，以从执事，唯命是听。君之忧，寡人之忧也。”公喜。子家子曰：“天禄不再。天若胙君，不过周公。以鲁足矣。失鲁而以千社为臣，谁与之立？且齐君无信，不如早之晋。”弗从。

臧昭伯率从者将盟，载书曰：“戮力一心，好恶同之。信罪之有无，缱绻从公，无通外内！”以公命示子家子。子家子曰：“如此，吾不可以盟。羁也不佞，不能与二三子同心，而以为皆有罪。或欲通内外，且欲去君。二三子好亡而恶定，焉可同也？陷君于难，罪孰大焉？通外内而去君，君将速入，弗通何为？而何守焉？”乃不与盟。

昭子自阚归，见平子。平子稽颡曰：“子若我何？”昭子曰：“人谁不死？子以逐君成名，子孙不忘，不亦伤乎？将若子何？”平子曰：“苟使意如得改事君，所谓生死而肉骨也。”昭子从公于齐，与公言。子家子命适公馆者执之。公与昭子言于幄内，曰：“将安众而纳公。”公徒将杀昭子，伏诸道。左师展告公。公使昭子自铸归。平子有异志。冬十月辛酉，昭子齐于其寝，使祝宗祈死。戊辰，卒。左师展将以公乘马而归，公徒执之。

十一月，宋元公将为公故如晋，卒于曲棘。

“从莒国的国境以西，请奉送给国君您两万五千户，以等待国君您的命令。寡人将要率领敝邑的军队跟从国君您，唯命是听。国君您的忧虑，就是寡人的忧虑。”昭公很高兴。子家子说：“上天的禄命不降给国君两次。上天如果保佑国君，也不能超过周公。给国君鲁国就足够了。失去鲁国而带着两万五千户做下臣，谁还帮助国君复位？而且齐国的国君一向不讲信用，不如早去晋国。”昭公不听从。

臧昭伯率领跟从昭公逃亡的人将要结盟，盟书说：“合力同心，好恶一致。明确有罪无罪，坚决跟从国君，不要里外通气！”并用昭公的名义给子家子看。子家子（即子家羁）说：“如果是这样，我不能参加盟誓。我没有才能，不能和您几位合力同心，而是认为留在国内和逃亡国外的人都有罪。我也可能里里外外通通气，并且想要离开国君，为国君奔走四方。您几位喜欢逃亡而讨厌安定君位，我哪里能和您几位好恶一致呢？陷国君于危难之中，还有比这再大的罪过吗？为了里外通气而离开国君，国君就能快一点回国，不通气又能做什么呢？又能死守在哪里呢？”于是不参加盟誓。

叔孙昭子（即叔孙婼）从阚地回国，进见季平子。季平子叩头请罪，说：“您要我怎么办？”叔孙昭子说：“人有谁不死？您由于驱逐国君成名，子子孙孙不忘记，不也可悲吗？我能要您怎么办？”季平子说：“如果让我改变态度事奉国君，就是让死人再生白骨长新肉了。”于是叔孙昭子跟从昭公到齐国，向昭公报告了此事。子家子命令把凡是到昭公馆舍去的人都逮起来。昭公和叔孙昭子在帐幕里说话，叔孙昭子说：“我们将要安定大众而接纳您回国。”昭公的亲兵打算杀死叔孙昭子，并已埋伏在路边。左师展报告给了昭公。昭公让叔孙昭子取道铸地回国。这时季平子有了别的念头。冬季十月初四，叔孙昭子在正寝中斋戒，让祝宗为他求死。十一日，叔孙昭子去世。左师展打算带着昭公坐一辆车回国，昭公的亲兵抓住了他。

十一月，宋元公打算为鲁昭公之事去晋国，行至曲棘时去世。

〔补逸〕《公羊传》：唁公者何？昭公将弑季氏，告子家驹曰："季氏为无道，僭于公室久矣，吾欲弑之，何如？"子家驹曰："诸侯僭于天子，大夫僭于诸侯，久矣。"昭公曰："吾何僭矣哉？"子家驹曰："设两观，乘大辂，朱干、玉戚以舞《大夏》，八佾以舞《大武》，此皆天子之礼也。且夫牛马维娄委已者也，而柔焉，季氏得民众久矣，君无多辱焉。"昭公不从其言，终弑而败焉，走之齐。

齐侯唁公于野井，曰："奈何君去鲁国之社稷？"昭公曰："丧人不佞，失守鲁国之社稷，执事以羞。"再拜颡。庆子家驹曰："庆子免君于大难矣。"子家驹曰："臣不佞，陷君于大难，君不忍加之以铁锧，赐之以死。"再拜颡。高子执箪食与四脡脯，国子执壶浆，曰："吾寡君闻君在外，馂饔未就，敢致糗于从者。"昭公曰："君不忘吾先君，延及丧人，锡之以大礼。"再拜稽首，以衽受。高子曰："有夫不祥，君无所辱大礼。"

昭公盖祭而不尝。景公曰："寡人有不腆先君之服，未之敢服；有不腆先君之器，未之敢用。敢以请。"昭公曰："丧人不佞，失守鲁国之社稷，执事以羞，敢辱大礼，敢辞。"景公曰："寡人有不腆先君之服，未之敢服；有不腆先君之器，

〔补逸〕《公羊传》：慰问鲁昭公是为什么呢？鲁昭公将要杀死季氏，对子家驹说："季氏做违反道义的事，冒用国君的职权行事已经很久了，我想杀死他，你看怎么样？"子家驹说："诸侯冒用天子的权位行事，大夫冒用诸侯的权位行事，已经很久了。"鲁昭公说："我有什么地方冒用天子的权位行事了呢？"子家驹说："在宫门外建立两座观望台，乘大路车，拿着用朱红色漆的盾牌和用玉装饰的斧子来表演《大夏》这一音乐，用六十四人舞表演《大武》这一音乐，这都是天子的礼仪。况且像牛马之类还依从缰绳的束缚，依托喂养自己的人并顺从他们，季氏得民心已经很久了，您不要再多受辱了。"鲁昭公不听从他的话，最终采取行动杀季氏而失败了，然后逃到齐国。

齐景公在野井慰问他，说："您为什么离开鲁国的社稷呢？"鲁昭公说："我这个亡国之人没有才能，丢掉了鲁国的社稷，让您蒙羞了。"于是向齐景公两次揖拜叩头。齐景公祝贺子家驹说："祝贺您使您的国君免于大难。"子家驹说："我没有才能，使我的国君陷入大难，我的国君不忍心用腰折的刑罚赐我死罪。"子家驹两次揖拜叩头。高子拿着一箪食物和四条肉干，国子拿着一壶米汁，说："我们的国君听说您在外，还没有吃饭，所以斗胆把干粮送给您的随从。"鲁昭公说："齐侯不忘记我们的前代国君，并把这种情谊推及我这个丧失国家的人身上，赏赐我隆重的礼仪。"于是两次揖拜叩头，用衣衽接受了食物。高子说："每个人都会遇到不吉祥的事情，您不必行这种有辱于您的大礼。"

鲁昭公用食物来祭祀而没有吃。齐景公说："我有先君留下来的不好的衣服，自己不敢穿；有先君留下来的不好的器物，自己不敢用。谨敢以此请您用来行礼。"鲁昭公说："我这个丧失国家的人没有才能，丢掉了鲁国的社稷，使您蒙羞，我不敢有辱您行大礼，请允许我推辞。"齐景公说："我有先君留下来的不好的衣服，自己不敢穿；有先君留下来的不好的器物，

未之敢用。敢固以请。”昭公曰：“以吾宗庙之在鲁也，有先君之服，未之能以服；有先君之器，未之能以出。敢固辞。”景公曰：“寡人有不腆先君之服，未之敢服；有不腆先君之器，未之敢用。请以飨乎从者。”昭公曰：“丧人其何称？”景公曰：“孰君而无称？”昭公于是噭然而哭，诸大夫皆哭。既哭，以人为菑，以幦为席，以鞍为几，以遇礼相见。孔子曰：“其礼与其辞足观矣。”

十二月庚辰，齐侯围郓。

二十六年春王正月庚申，齐侯取郓。三月，公至自齐，处于郓，言鲁地也。

夏，齐侯将纳公，命无受鲁货。申丰从女贾以币锦二两，缚一如瑱，适齐师，谓子犹之人高齮：“能货子犹，为高氏后，粟五千庾。”高齮以锦示子犹，子犹欲之。齮曰：“鲁人买之，百两一布，以道之不通，先入币财。”子犹受之，言于齐侯曰：“群臣不尽力于鲁君者，非不能事君也，然据有异焉。宋元公为鲁君如晋，卒于曲棘；叔孙昭子求纳其君，无疾而死。不知天之弃鲁邪，抑鲁君有罪于鬼神，故及此也？君若待于曲棘，使群臣从鲁君以卜焉。若可，师有济也，君而继之，兹无敌矣。若其无成，君无辱焉。”齐侯从之，使公子钼帅师从公。

成大夫公孙朝谓平子曰：“有都，以卫国也，请我受师。”许之。请纳质，弗许，曰：“信女足矣。”告于齐师曰：

自己不敢用。谨敢坚持以此请您用来行礼。”鲁昭公说：“因为我的宗庙在鲁国，有先君留下来的衣服，没有能穿上；有先君留下来的器物，没能把它拿来。所以我斗胆坚决推辞。”齐景公说：“我有先君留下来的不好的衣服，自己不敢穿；有先君留下来的不好的器物，自己不敢用。请允许我用它们来招待您的随从。”鲁昭公说：“我这个丧失国家的人用什么来称呼呢？”齐景公说：“哪个国君没有称呼呢？”鲁昭公于是放声大哭，随从鲁昭公来的鲁国大夫也都哭了。哭罢，用人围起来当墙，用帟当席，用马鞍当几案，鲁昭公和齐景公用诸侯外出相遇的礼仪相互拜见。孔子说：“他们的礼仪与他们的言辞都足以一看。”

十二月十四日，齐景公发兵包围了鲁国的郓地。

二十六年春季，周历正月初五，齐景公夺取了郓地。三月，昭公从齐国回国，住在郓地，这是说已经到了鲁国境内。

夏季，齐景公打算送昭公回国，命令不要接受鲁国赠送的任何财礼。申丰跟着女贾，用锦两匹作为财礼，捆紧在一起像一块瑱，来到齐军中，对子犹（即梁丘据）的家臣高龄说：“如果你能收买子犹，我们让你当高氏的继承人，并送给你五千庾粮食。”高龄把锦给子犹看，子犹想要。高龄说：“鲁国人买得很多，每百匹堆一堆，由于道路不通，先把这点送来。”子犹收下锦后，对齐景公说：“臣下对鲁国国君不肯尽力，不是不能奉行君命，然而我却感到奇怪。宋元公为了鲁国国君去到晋国，他死在了曲棘；叔孙昭子请求让他的国君复位，结果他无病而死。不知道是上天抛弃鲁国呢，还是鲁国国君得罪了鬼神所以才到这种地步？国君您如果待在曲棘，就派下臣们跟从鲁国国君对鲁作战以为试探。如果可以，军事上成功，国君您就继续前去，这就不会有抵抗的人了。如果没有成功，就不必劳动国君您了。”齐景公听从了，便派公子鉏领兵跟从昭公。

鲁国成地的大夫公孙朝对季平子说：“都邑，是用来保护国家的，请让我们抵御齐军。”季平子答应了。公孙朝请求留下人质，季平子不答应，说：“相信你，这就够了。”公孙朝告诉齐军说：

“孟氏，鲁之敝室也。用成已甚，弗能忍也，请息肩于齐。”齐师围成。成人伐齐师之饮马于淄者，曰：“将以压众。”鲁成备而后告曰：“不胜众。”

师及齐师战于炊鼻。齐子渊捷从洩声子，射之，中楯瓦，繇朐汰辀，匕入者三寸。声子射其马，斩鞅，殪。改驾，人以为鬷戾也，而助之。子车曰：“齐人也。”将击子车，子车射之，殪。其御曰：“又之。”子车曰：“众可惧也，而不可怒也。”子囊带从野洩，叱之。洩曰：“军无私怒，报乃私也，将亢子。”又叱之，亦叱之。冉竖射陈武子，中手，失弓而骂。以告平子曰：“有君子白皙，鬒须眉，甚口。”平子曰：“必子强也。无乃亢诸？”对曰：“谓之君子，何敢亢之？”林雍羞为颜鸣右，下，苑何忌取其耳，颜鸣去之。苑子之御曰：“视下顾！”苑子剃林雍，断其足，鑋而乘于他车以归。颜鸣三入齐师，呼曰：“林雍乘！”

秋，盟于鄟陵，谋纳公也。

二十七年春，公如齐。公至自齐，处于郓，言在外也。

秋，会于扈，令戍周，且谋纳公也。宋、卫皆利纳公，固请之。

"孟氏,是鲁国的破落家族。他们使用成地的民力与财力太过分了,我们不能忍受,请求降服于齐国以便得到休息。"于是齐军就包围了成地。成地的军队攻打在淄水饮马的齐军,并且骗他们说:"这是给大家做做样子的。"等到鲁国准备充分以后才告诉齐国人说:"我们拧不过大家。"

鲁军和齐军在炊鼻作战。齐国的子渊捷追击鲁国的洩声子,用箭射洩声子,射中盾脊,箭从横木穿过车辕,箭头射进盾牌有三寸深。洩声子用箭射子渊捷的马,射断了马颈的皮带,把马射死。子渊捷改乘别的战车,鲁国人误认他是鬷戾,就上去帮他。子车(即子渊捷)说:"我是齐国人。"鲁国人打算攻击子车,子车一箭射去,射死了鲁国人。子车的御者说:"再射其他人。"子车说:"大队人马可以让他们害怕,而不能激怒他们。"子囊带追赶洩声子,并且大声骂他。洩声子说:"作战的时候没有个人的愤怒,我回骂就是为我个人了,不过我还是要抵挡您一阵子。"子囊带还是叱骂洩声子,洩声子也就回骂他。季平子的家臣冉竖用箭射陈武子(即陈子强),射中了他的手,陈武子手中的弓掉到地上,他便破口大骂。冉竖报告给季平子说:"有一君子皮肤白皙,胡子眉毛黑而密,善于骂人。"季平子说:"一定是陈子强。莫非你和他对抗?"冉竖回答说:"我称他为君子,怎么敢抵挡他?"林雍耻于做颜鸣的车右,便下车和齐军作战,苑何忌割了他的耳朵,颜鸣驾车跑了。苑何忌的御者说:"瞧着下边!"苑何忌砍断了林雍的一只脚,林雍用一只脚跳上别的战车逃回来。颜鸣三次冲进齐军,大喊说:"林雍来坐车!"

秋季,鲁昭公和齐景公、莒子、邾子、杞悼公在鄟陵结盟,商量送昭公回国复位之事。

二十七年春季,鲁昭公去往齐国。昭公从齐国回来,住在郓地,《春秋》记载"居于郓",这是说住在国都以外。

秋季,晋国的士鞅、宋国的乐祁犁、卫国的北宫喜以及曹国人、邾国人、滕国人在扈地会见,为了派兵去成周戍守,同时商量送回鲁昭公。宋国、卫国都认为送回昭公对自己有利,坚决请求。

范献子取货于季孙,谓司城子梁与北宫贞子曰:“季孙未知其罪,而君伐之。请囚请亡,于是乎不获。君又弗克,而自出也。夫岂无备而能出君乎?季氏之复,天救之也。休公徒之怒,而启叔孙氏之心。不然,岂其伐人而说甲执冰以游?叔孙氏惧祸之滥而自同于季氏,天之道也。鲁君守齐三年而无成。季氏甚得其民,淮夷与之,有十年之备,有齐、楚之援,有天之赞,有民之助,有坚守之心,有列国之权,而弗敢宣也,事君如在国。故鞅以为难。二子皆图国者也,而欲纳鲁君,鞅之愿也,请从二子以围鲁。无成,死之。”二子惧,皆辞。乃辞小国,而以难复。

孟懿子、阳虎伐郓,郓人将战。子家子曰:“天命不慆久矣,使君亡者,必此众也。天既祸之,而自福也,不亦难乎!犹有鬼神,此必败也。呜呼!为无望也夫!其死于此乎!”公使子家子如晋,公徒败于且知。

冬,公如齐,齐侯请飨之。子家子曰:“朝夕立于其朝,又何飨焉?其饮酒也。”乃饮酒,使宰献,而请安。子仲之子曰重,为齐侯夫人,曰:“请使重见。”子家子乃以君出。

十二月,晋籍秦致诸侯之戍于周,鲁人辞以难。

范献子(即士鞅)在季孙那里取得了财礼,对司城子梁(即乐祁犁)和北宫贞子(即北宫喜)说:“季孙还不知道自己的罪过,而国君就攻打他。他请求囚禁、请求逃亡,在当时都得不到同意。国君又没有战胜他,就自己出国逃亡了。难道在没有防备的情况下就能赶走国君吗?季氏恢复原来的权势,是上天挽救了他。他止住了昭公亲兵的愤怒,并为叔孙氏的人出谋划策。不然的话,为什么那些人攻打别人反而脱下皮甲手拿箭筩在那里玩?叔孙氏害怕祸难的泛滥,因而自愿和季氏站在一起,这是上天的意志。鲁国的国君请求齐国帮助,三年也没有成功。季氏很受百姓的拥护,连淮夷也亲附他,又有十年的充分准备,有齐国和楚国的支援,有上天的保佑,有百姓的帮助,有坚守的决心,有诸侯一样的权势,但没有敢把事情公开,仍然事奉国君就像国君在国都一样。所以我认为这件事很难办。您二位都是为国家打算的,想要送回鲁国国君,这也是我的愿望,请求跟随您二位去包围鲁国。如果不成功,我就为此而死。”乐祁犁和北宫喜这才感到害怕,都辞谢了。于是士鞅就辞退其他小国,而答复晋顷公说事情难办。

孟懿子、阳虎发兵攻打郓地,郓地人打算迎战。子家子说:“天助季氏,天命无可怀疑已经很久了,让国君逃亡的,一定就是这批人。上天已经降祸于国君,而要自己求福,不也很困难吗!如果有鬼神,这一战就必然失败。啊!没有希望了吧!恐怕要死在这里了吧!”鲁昭公派子家子去晋国,鲁昭公的亲兵在且知被打败。

冬季,鲁昭公到齐国去,齐景公请求设飨礼招待他。子家子说:“每天早晚都在齐国的朝廷上,又设飨礼干什么?还是喝酒吧。”于是就在一起喝酒,齐景公让宰臣向鲁昭公敬酒,自己却请求退席。鲁国子仲的女儿名叫重,是齐景公的夫人,齐景公说:“请让重出来见您。”子家子就带着鲁昭公出去了。

十二月,晋国的籍秦把诸侯的戍卒送到成周,鲁国人以祸难为由推辞不去。

二十八年春，公如晋，将如乾侯。子家子曰："有求于人，而即其安，人孰矜之？其造于竟。"弗听，使请逆于晋。晋人曰："天祸鲁国，君淹恤在外，君亦不使一个辱在寡人，而即安于甥舅，其亦使逆君？"使公复于竟，而后逆之。

二十九年春，公至自乾侯，处于郓。齐侯使高张来唁公，称主君。子家子曰："齐卑君矣，君祗辱焉。"公如乾侯。

平子每岁贾马，具从者之衣屦，而归之于乾侯。公执归马者卖之。乃不归马。卫侯来献其乘马，曰启服，堑而死。公将为之椟。子家子曰："从者病矣，请以食之。"乃以帷裹之。

公赐公衍羔裘，使献龙辅于齐侯，遂入羔裘。齐侯喜，与之阳谷。公衍、公为之生也，其母偕出。公衍先生，公为之母曰："相与偕出，请相与偕告。"三日，公为生。其母先以告，公为为兄。公私喜于阳谷，而思于鲁，曰："务人为此祸也。且后生而为兄，其诬也久矣。"乃黜之，而以公衍为太子。

夏四月庚子，叔诣卒。

〔补逸〕《穀梁传》作"叔倪"。季孙意如曰："叔倪无病而死，是皆无公也，此天命也，非我罪也。"

〔发明〕按：此言则叔诣殆忠于公者，亦叔孙昭子之流与？然昭子不及杀鬷戾，亦是恨事。

冬十月，郓溃。

二十八年春季，鲁昭公到晋国去，将要先到乾侯。子家子说："有求于人，却安安稳稳地住在其他国家，有谁还来同情您？还是到边境上等着好。"昭公不听，派人请求晋国来迎接。晋国人说："上天降祸鲁国，国君您长期流亡在外，也不派一个人来屈尊问候寡人，却跑去安稳地住在有甥舅之亲的齐国，难道还要派人去齐国迎接国君您吗？"让昭公回到鲁国边境上，再派人迎接他。

二十九年春季，鲁昭公从乾侯回到鲁国，住在郓地。齐景公派高张来慰问鲁昭公，称鲁昭公为主君。子家子说："齐国轻视国君您了，国君您正是自取其辱。"鲁昭公就到乾侯去。

季平子每年都买一些马，并准备好随从人员的衣服鞋子，送到乾侯去。昭公却逮了送马的人，并卖掉了马。于是季平子就不再送马去了。卫灵公把自己驾车的马献给昭公，这匹马名叫启服，后来马掉进坑里死了。鲁昭公打算把它装进棺材埋起来。子家子说："随从的人都饿得生病了，请让他们把马吃了吧。"昭公还是用帷帐包着死马埋了。

鲁昭公把羔裘赐给公衍，派他把一块雕有龙纹的美玉献给齐景公，他把羔裘也一起献给了齐景公。齐景公很高兴，给了他阳谷一地。公衍、公为出生的时候，他们的母亲一起出去住在产房里。公衍先出生，公为的母亲说："我们一起出来，就一起去报喜。"过了三天，公为出生。公为的母亲先去报喜，公为就做了哥哥。昭公心里很喜欢阳谷，而又想起鲁国的这段往事，说："务人（即公为）惹出了这场祸事。而且出生在后反而做哥哥，他欺骗的时间也很久了。"于是废了公为，把公衍立为太子。

夏季四月初五，叔诣去世。

〔补逸〕《穀梁传》作"叔倪"。季孙意如（即季平子）说："叔倪没有生病就死了，这都是鲁国不肯接纳昭公的迹象，这是天意，不是我的罪过。"

〔发明〕按：这里说的叔诣大概是忠于昭公之人，难道他也是叔孙昭子之流？但是叔孙昭子没有赶上杀死鬷戾，也是憾事。

冬季十月，郓地民众反叛昭公。

〔补逸〕《穀梁传》:溃之为言上下不相得也。昭公出奔,民如释重负。

三十年春王正月,公在乾侯。不先书郓与乾侯,非公,且徵过也。

三十一年春王正月,公在乾侯,言不能外内也。

晋侯将以师纳公。范献子曰:"若召季孙而不来,则信不臣矣,然后伐之,若何?"晋人召季孙,献子使私焉,曰:"子必来,我受其无咎。"季孙意如会晋荀跞于适历。荀跞曰:"寡君使跞谓吾子:'何故出君?有君不事,周有常刑。子其图之!'"季孙练冠、麻衣、跣行,伏而对曰:"事君,臣之所不得也,敢逃刑命?君若以臣为有罪,请囚于费,以待君之察也,亦唯君。若以先臣之故,不绝季氏,而赐之死。若弗杀弗亡,君之惠也,死且不朽。若得从君而归,则固臣之愿也,敢有异心?"

夏四月,季孙从知伯如乾侯。子家子曰:"君与之归,一惭之不忍,而终身惭乎?"公曰:"诺。"众曰:"在一言矣,君必逐之!"荀跞以晋侯之命唁公,且曰:"寡君使跞以君命讨于意如,意如不敢逃死,君其入也!"公曰:"君惠顾先君之好,施及亡人,将使归粪除宗祧以事君,则不能见夫人。己所能见夫人者,有如河!"荀跞掩耳而走,曰:"寡君其罪之恐,敢与知鲁国之难!臣请复于寡君。"退而谓季孙:"君怒未怠,子姑归祭。"子家子曰:"君以一乘入于鲁师,季孙

〔补逸〕《穀梁传》：溃表示国君和臣民的关系不合。昭公逃亡到国外，百姓像放下沉重负担那样轻松。

三十年春季，周历正月，鲁昭公住在乾侯。《春秋》以前不记载昭公在郓或在乾侯，而现在记载，这是认为鲁昭公不对，而且表明昭公过错之所在。

三十一年春季周历正月，鲁昭公仍旧住在乾侯，《春秋》这样记载是说他既不能去国外，又不能回国内。

晋定公打算用武力送鲁昭公回国。范献子说："如果召见季孙而他不来，那么他确实是有失臣道了，然后再攻打他，怎么样？"晋国召见季孙，范献子派人私下告诉他说："您一定得来，我保证您不会遭殃。"季孙意如（即季平子）和晋国的荀跞在适历会见。荀跞说："我们国君派我对您说：'为什么赶走国君？有国君而不事奉，周朝有明确的刑罚。您还是考虑一下！'"季孙头戴练冠，身穿麻衣，光着脚走路，俯伏在地回答说："事奉国君，是下臣求之不得的，岂敢逃避刑罚？国君如果认为下臣有罪，就请把下臣囚禁在费地，以等待国君的查问，也唯国君之命是从。如果因为先臣的缘故，不断绝季氏的后代，而赐下臣一死。如果不杀，也不放逐臣，这是国君的恩惠，我死也将不朽。如果能跟随国君回去，这本来就是下臣的愿望，岂敢有别的念头？"

夏季四月，季孙跟随知伯（即荀跞）到了乾侯。子家子说："国君和他一起回去，一次羞耻不能忍受，终身的羞耻反而能忍受吗？"鲁昭公说："对。"大家说："这就在国君一句话了，国君一定得赶走他！"荀跞以晋定公的名义慰问鲁昭公，并且说："我们国君派我以国君的名义责备意如，意如不敢逃死，国君您还是回国吧！"鲁昭公说："君王赐惠照顾先君的友好关系，延续到逃亡的人，打算让我回去扫除宗庙以事奉国君，那就不能见那个人。我要是还见那个人，有河神为证！"荀跞捂上耳朵跑开，说："我们国君诚惶诚恐，岂敢与闻鲁国的祸难！下臣请求去回复我们国君。"退出去告诉季孙说："国君的怒气没有平息，您姑且回去主持国政。"子家子说："国君如果驾一辆车进入鲁军，季孙

必与君归。”公欲从之，众从者胁公不得归。

三十二年春王正月，公在乾侯，言不能外内，又不能用其人也。

十二月，公疾，遍赐大夫，大夫不受。赐子家子双琥、一环、一璧、轻服，受之。大夫皆受其赐。己未，公薨。子家子反赐于府人曰：“吾不敢逆君命也。”大夫皆反其赐。书曰“公薨于乾侯”，言失其所也。

赵简子问于史墨曰：“季氏出其君而民服焉，诸侯与之；君死于外，而莫之或罪也。”对曰：“物生有两、有三、有五、有陪贰。故天有三辰，地有五行，体有左右，各有妃耦。王有公，诸侯有卿，皆有贰也。天生季氏，以贰鲁侯，为日久矣。民之服焉，不亦宜乎！鲁君世从其失，季氏世修其勤，民忘君矣。虽死于外，其谁矜之？社稷无常奉，君臣无常位，自古以然。故《诗》曰：‘高岸为谷，深谷为陵。’三后之姓，于今为庶，主所知也。在《易》卦，雷乘《乾》曰《大壮》☳，天之道也。昔成季友，桓之季也，文姜之爱子也。始震而卜，卜人谒之曰：‘生有嘉闻，其名曰友，为公室辅。’及生，如卜人之言，有文在其手曰‘友’，遂以名之。既而有大功于鲁，受费以为上卿。至于文子、武子，世增其业，不废旧绩。鲁文公薨，而东门遂杀適立庶，鲁君于是乎失国，政在

一定和您一起回去。”鲁昭公想要听从，跟随的人们胁迫鲁昭公，他就没有能回去。

三十二年春季周历正月，鲁昭公住在乾侯，《春秋》仍这样记载，是说他既不能去国外，又不能回国内，又不能使用手下的人才。

十二月，鲁昭公生病，赏赐所有随从大夫，但大夫们不接受。赏赐给子家子一对玉虎、一只玉环、一块玉璧和一身又轻又好的衣服，子家子接受了。于是大夫们也都接受了赏赐。十二月十四日，鲁昭公去世。子家子把赏赐给他的东西还给管库的人，说：“我之所以接受是不敢违背国君的命令。”大夫们也都归还了赏赐的东西。《春秋》记载说“昭公在乾侯去世”，这是说他死得不是地方。

赵简子问晋史官蔡墨说：“季氏赶走他的国君，而百姓顺服，诸侯亲附他，国君死在外边而没有人去惩罚他，这是为什么？”蔡墨回答说：“事物的存在有的成双、有的成三、有的成五、有的有辅助。所以天有三辰，地有五行，身体有左右，各有配偶。王有公，诸侯有卿，都是有辅助的。天生了季氏，让他辅助鲁侯，时间已经很久了。百姓顺服他，不也是很合适吗！鲁国的国君世世代代放纵安逸，季氏世世代代勤勤恳恳，百姓已经忘记他们的国君了。国君即使死在国外，有谁去怜惜他？社稷没有固定不变的祭祀者，君臣没有固定不变的地位，自古以来就是这样。所以《诗经》说：‘高高的堤岸变成河谷，深深的河谷变成山陵。’虞、夏、商三王的子孙在今天成了平民，这是您所知道的。在《易经》的卦象上，代表雷的《震》卦在《乾》卦之上，叫作《大壮》䷡，这是上天的常道。以前的成季友，是桓公的小儿子，文姜宠爱的儿子。刚刚怀孕就占卜，卜人报告说：‘生下来就有好名声，他的名字叫友，能成为公室的辅佐。’等到出生，果然像卜人所说，在手掌上有个‘友’字图案，所以就以此命名。后来季友在鲁国立下大功，受封在费地并且做了上卿。一直到季文子、季武子，世世代代增加家业，不废弃过去的功绩。鲁文公逝世，东门遂杀嫡子立庶子，鲁国国君在这时就失掉了国政，政权到了

季氏，于此君也，四公矣。民不知君，何以得国？是以为君，慎器与名，不可以假人。”

定公元年夏，叔孙成子逆公之丧于乾侯。季孙曰：“子家子亟言于我，未尝不中吾志也。吾欲与之从政，子必止之，且听命焉。”子家子不见叔孙，易几而哭。叔孙请见子家子。子家子辞曰：“羁未得见，而从君以出。君不命而薨，羁不敢见。”叔孙使告之曰：“公衍、公为实使群臣不得事君。若公子宋主社稷，则群臣之愿也。凡从君出而可以入者，将唯子是听。子家氏未有后，季孙愿与子从政。此皆季孙之愿也，使不敢以告。”对曰：“若立君，则有卿士大夫与守龟在，羁弗敢知。若从君者，则貌而出者，入可也；寇而出者，行可也。若羁也，则君知其出也而未知其入也，羁将逃也。”

丧及坏陨，公子宋先入，从公者皆自坏陨反。六月癸亥，公之丧至自乾侯。戊辰，公即位。季孙使役如阚公氏，将沟焉。荣驾鹅曰：“生不能事，死又离之，以自旌也？纵子忍之，后必或耻之。”乃止。季孙问于荣驾鹅曰：“吾欲为君谥，使子孙知之。”对曰：“生弗能事，死又恶之，以自信也？将焉用之？”乃止。秋七月癸巳，葬昭公于墓道南。孔子之为司寇也，沟而合诸墓。昭公出故，季平子祷于炀公。九月，立炀宫。

十五年壬申，公薨于高寝。

季氏那里，到昭公这一代国君，已经是第四代了。百姓不知道国君，国君怎么能得到国政？因此做国君的要谨慎地对待器物和名位，不能随便拿来借给别人。”

鲁定公元年夏季，叔孙成子到乾侯迎接昭公的灵柩。季孙说：“子家子屡次和我谈话，没有不合我心意的。我想要让他参与政事，您一定要留下他，而且听取他的意见。”子家子不肯会见叔孙成子，便改变了原定的哭丧时间。叔孙成子请求见子家子。子家子辞谢说：“我没有见过您，就跟着国君出国了。国君没有命令就逝世了，我不敢见您。”叔孙成子派人告诉他说：“实在是公衍、公为让群臣不能事奉国君。如果公子宋主持国家，那是群臣的愿望。凡是跟随国君出国的谁可以回国，都将由您决定。子家氏没有继承人，季孙愿意让您参与政事。这都是季孙的愿望，所以特地派我前来奉告。”子家子说：“如果立国君，那么有卿士、大夫和守龟在那里，我不敢参与。至于跟随国君的人，那么表面上跟随出国的，可以回去；和季氏结了仇而出国的，可以让他出逃。至于我，国君只知道我出国，而不知道我回去，所以我打算逃走。”

灵柩到达坏隤时，公子宋先进入国内，跟随昭公的人都从坏隤逃亡国外了。六月二十一日，昭公的灵柩从乾侯到达鲁国。二十六日，定公即位。季平子派遣劳役去到阚公氏那里，打算在那里挖沟。荣驾鹅说：“国君活着不能事奉，死了又把他的坟墓和祖坟隔离，岂不是用这个来表明自己的过失吗？即使您忍心这样做，之后必然以此为羞耻。”于是就停了下来。季孙问荣驾鹅说：“我要为国君制定谥号，让子子孙孙都知道。”荣驾鹅说：“活着不能事奉，死了又给予恶谥，用这个来自我表白对他的厌恶吗？哪里用得着这个？”于是就停了下来。秋季七月二十二日，在墓道南边安葬昭公。孔子做司寇的时候，在昭公坟墓外挖沟，使它和鲁国先君的坟墓同在一个范围内。由于昭公出国的缘故，季平子向炀公祈祷。九月，建立炀公庙。

十五年五月二十二日，定公死在高寝。

〔补逸〕《说苑》:《春秋》曰:“壬申,公薨于高寝。”《传》曰:“高寝者何? 正寝也。”“曷为或言‘高寝’,或言‘路寝’?”曰:“诸侯正寝三,一曰高寝,二曰左路寝,三曰右路寝。高寝者,始封君之寝也;二路寝者,继体之君寝也。”“其二何?”曰:“子不居父之寝,故二寝。继体君世世不可居高祖之寝,故有高寝。名曰‘高’也。”“路寝其立奈何?”“高寝立中,路寝左右。”《春秋》曰:“天子入于成周。”《传》曰:“成周者何? 东周也。”“然则天子之寝奈何?”曰:“亦三,承明继体守文之君之寝曰左右之路寝。”“谓之承明何?”曰:“承乎明堂之后者也。故天子、诸侯三寝立,而名实正,父子之义章,尊卑之事别,大小之德异矣。”

秋七月壬申,姒氏卒。不称夫人,不赴,且不祔也。葬定公,雨,不克襄事,礼也。葬定姒,不称小君,不成丧也。

冬,城漆,书不时告也。

哀公十二年春王正月,用田赋。

夏五月,昭夫人孟子卒。昭公娶于吴,故不书姓。死不赴,故不称夫人。不反哭,故不言葬小君。孔子与吊,适季氏。季氏不绝,放绖而拜。

〔补逸〕《说苑》:《春秋》记载:“五月二十二日这一天,定公死在高寝。”《传》说:“高寝指的是什么?是指君王的寝宫的正室。”“为什么有的人说‘高寝’,有的人说‘路寝’呢?”《传》说:“诸侯的正室有三种,一种叫高寝,第二种叫左路寝,第三种叫右路寝。高寝,是这个国家始封之君的正室;两种路寝,是继承君权的国君的正室。”“为什么有两种路寝呢?”回答说:“儿子不住在父亲的正室里,因此有两种路寝。继承国家政权的君主世世代代不能居住在高祖的正室里,因此便有了高寝。把它叫作‘高。’”“路寝该怎样建立呢?”“高寝建立在中央,路寝建立在它的左右。”《春秋》说:“天子进入成周。”《传》说:“成周指的是什么?指的是东周。”“那么天子的正室是怎样建立的呢?”回答说:“天子的正室也有三种,遵守成法继承君位的君主的正室叫作左右路寝。”“为什么叫作‘承明’呢?”回答说:“因为它连接在明堂的后面。因此天子、诸侯的三种正室建立后,名和实就会端正,父子之间的大义就会彰明,上下尊卑的等级就会区别,大德和小德也就有了差异了。”

秋季七月二十三日,鲁定公夫人姒氏去世。《春秋》不称她为夫人,是因为没有发讣告,而且没有把她的灵位放在婆婆的灵位旁边。安葬定公时,由于下雨,没有能办完事情,这是合于礼法的。安葬定姒,《春秋》不称她为“小君”,这是由于没有按夫人的葬礼来安葬。

冬季,鲁国在漆地筑城,《春秋》所以记载这件事,是由于没有按时祭告祖庙。

鲁哀公十二年春季,周历正月,鲁国开始使用按田亩征税的制度。

夏季五月,鲁昭公夫人孟子去世。因为昭公是在吴国娶的妻子,所以《春秋》不记载孟子的姓。死了没有发讣告,所以不称夫人。安葬以后没有回到祖庙号哭,所以不说“葬小君”。孔子参加吊唁,到了季氏那里。季氏不脱帽行丧礼,孔子则除掉丧服下拜。

二十三年春，宋景曹卒。季康子使冉有吊，且送葬，曰："敝邑有社稷之事，使肥与有职兢焉，是以不得助执绋，使求从舆人。曰：'以肥之得备弥甥也，有不腆先人之产马，使求荐诸夫人之宰，其可以称旌繁乎？'"以上意如逐昭公。以下哀公孙越。

哀公十六年夏四月，孔丘卒。公诔之曰："旻天不吊，不慭遗一老，俾屏余一人以在位，茕茕余在疚。呜呼哀哉！尼父，无自律。"子赣曰："君其不没于鲁乎！夫子之言曰：'礼失则昏，名失则愆。'失志为昏，失所为愆。生不能用，死而诔之，非礼也；称一人，非名也。君两失之。"

二十一年夏五月，越人始来。

二十三年秋八月，叔青如越，始使越也。越诸鞅来聘，报叔青也。

二十四年，公子荆之母嬖，将以为夫人，使宗人衅夏献其礼。对曰："无之。"公怒曰："女为宗司，立夫人，国之大礼也，何故无之？"对曰："周公及武公娶于薛，孝、惠娶于商，自桓以下娶于齐，此礼也，则有。若以妾为夫人，则固无其礼也。"公卒立之，而以荆为太子。国人始恶之。

闰月，公如越，得太子適郢，将妻公而多与之地。公孙有山使告于季孙。季孙惧，使因大宰嚭而纳赂焉，乃止。

〔补逸〕《礼记》：悼公之母死，哀公为之齐衰。有若曰："为妾齐衰，礼与？"公曰："吾得已乎哉！鲁人以妻我。"

二十三年春季，宋景公的母亲景曹去世。季康子（即季孙肥）派冉有（即冉求）去吊唁，并且为其送葬。冉求说：“敝邑有国家大事，使季孙肥事务繁忙，因此不能帮着送葬，特派我前来跟随在舆人之后送葬。他让我转告说：‘由于季孙肥忝居远房外甥，有不丰厚的先人的马匹，派冉求奉献于夫人的宰臣之前，不知能否和夫人华美的马饰相称？’”以上是意如赶走昭公。以下为哀公孙越。

鲁哀公十六年夏季四月，孔丘去世。哀公致悼词说：“上天不发慈悲，不肯留下这位国老，让他保护我一人居于君位，使我孤零零地忧愁成病。呜呼哀哉！尼父，我失去了效法的榜样。”子赣说：“国君恐怕不能在鲁国善终吧！夫子说：‘礼仪丧失就要昏昧，名分丧失就有过错。’失去意志是昏乱，失去身份是过错。活着不能任用，死了又致悼词，这不合于礼法；自称‘一人’，这不合于名分。国君两样都丧失了。”

二十一年夏季五月，越人第一次来鲁国朝聘。

二十三年秋季八月，叔青去越国，这是鲁国使者第一次出使越国。越国的诸鞅前来聘问，这是回报叔青的出使。

二十四年，公子荆的母亲受到宠爱，哀公打算立她为夫人，使派掌管宗祀之礼法的衅夏献上立为夫人的礼节。衅夏回答说：“没有这种礼节。”哀公发怒说：“你担任宗人，立夫人，这是国家的大礼，为什么没有？”衅夏回答说：“周公和武公在薛国娶妻，孝公、惠公在宋国娶妻，从桓公以下在齐国娶妻，这样的礼节是有的。如果把妾作为夫人，那么本来没有这样的礼节。”哀公最终还是立了她，而把荆立为太子。国人开始讨厌哀公。

闰十月，哀公到越国访问，和越国的太子適郢关系很融洽，適郢打算把女儿嫁给哀公并给鲁国许多土地。公孙有山派人把这事告诉季孙。季孙害怕哀公依靠越人讨伐自己，便派人走太宰伯嚭的门路并且送上贿赂，越国才放弃嫁女给哀公。

〔补逸〕《礼记》：悼公的母亲死了，哀公为她服齐衰。有若说：“为妾服齐衰，合乎礼法吗？”哀公说：“我这不是不得已吗！鲁国人是把她当作我的妻子看待的。”

二十五年六月，公至自越。季康子、孟武伯逆于五梧。郭重仆，见二子，曰："恶言多矣，君请尽之。"公宴于五梧，武伯为祝，恶郭重，曰："何肥也？"季孙曰："请饮彘也！以鲁国之密迩仇雠，臣是以不获从君，克免于大行，又谓重也肥。"公曰："是食言多矣，能无肥乎？"饮酒不乐。公与大夫始有恶。

二十七年夏四月己亥，季康子卒。公吊焉，降礼。

〔补逸〕《礼记》：季孙之母死，哀公吊焉。曾子与子贡吊焉，阍人以君在，弗内也。曾子与子贡入于其厩而修容焉。子贡先入，阍人曰："向者已告矣。"曾子后入，阍人辟之。涉内霤，卿大夫皆辟位，公降一等而逆之。君子言之曰："尽饰之道，斯其行者远矣。"

公患三桓之侈也，欲以诸侯去之。三桓亦患公之妄也，故君臣多间。公游于陵阪，遇孟武伯于孟氏之衢，曰："请有问于子，余及死乎？"对曰："臣无由知之。"三问，卒辞不对。公欲以越伐鲁，而去三桓。秋八月甲戌，公如公孙有陉氏，因孙于邾，乃遂如越。国人施公孙有山氏。

〔补逸〕《史记》：哀公子宁立，是为悼公。悼公之时，三桓胜，鲁如小侯，卑于三桓之家。

臣士奇曰：三桓者，孟孙、叔孙、季孙，皆桓公之所出也。自庆父、叔牙首行弑逆，为公室削弱之由。成季鸩叔牙，走庆父，拥立闵、僖二君，其忠莫比，而专鲁国之

二十五年六月，哀公从越国回来，季康子、孟武伯在五梧迎接。郭重为哀公驾车，见到了他们两位，回来对哀公说："这两位的坏话多着呢，请您当面一一追究。"哀公在五梧设宴，孟武伯祝酒，他十分讨厌郭重，说："你为什么那么肥胖?"季孙说："请罚武伯喝酒！由于鲁国紧挨着仇人，下臣因此不能跟随国君，从而免于远行，可是他偏偏认为辛苦奔波的郭重长得肥胖。"哀公说："这个人光说大话不办实事的行为太多了，能不肥胖吗?"大家虽然喝酒但都不高兴。哀公和大夫们从此互相讨厌。

二十七年夏季四月二十五日，季康子去世。哀公去吊丧，使用的礼节降级。

〔补逸〕《礼记》：季孙的母亲死了，鲁哀公去吊丧。曾子和子贡也去吊丧，看门人因国君在里面，就不让他们进去。曾子和子贡走进季孙家的马房修饰仪容。然后子贡先进去，看门人说："刚才已经通报了。"曾子后进去，看门人让开了路。走到门内滴水的屋檐下，卿大夫都从席上避开以示致意，哀公从台阶上走下一级，拱手迎接。君子评论这件事说："整饰仪容，会流传得很久远。"

哀公担心三桓的威胁，想要借助诸侯除掉他们。三桓也担心哀公的狂妄昏乱，所以君臣之间嫌隙很多。哀公在陵阪游玩，在孟氏之衢碰上孟武伯，说："我有件事要向你请教，我能寿终正寝吗?"孟武伯回答说："下臣没法知道。"问了三次，孟武伯始终推辞不回答。哀公想要借助越国进攻鲁国，除掉三桓。秋季八月初一，哀公到了公孙有陉氏(即公孙有山氏)那里，因此而避居于邾国，随后就乘机去了越国。国内的人们拘捕了公孙有山氏。

〔补逸〕《史记》：鲁哀公的儿子宁继位，他就是悼公。悼公时代，三桓强盛，鲁国君反如小侯，比三桓之家还要卑弱。

臣下我高士奇评论说：三桓，指的是孟孙、叔孙和季孙，他们都出自桓公。自从庆父、叔牙首先进行弑逆，这就成为鲁国公室削弱的开始。成季毒死叔牙，赶走庆父，拥立了闵公和僖公两位君主，他的忠诚无人可比，然而独掌鲁国的

政亦自此始。盖从古权臣，未有不废置在手，而太阿因以倒授之者也。《传》称成风闻成季之繇，私事之，而属僖公。夫人臣无私，僖公之属将以何为哉？即是观之，而季已非纯臣矣。败莒获挐，奄然受汶阳及费之赏。大都耦国，强私弱公，已有其端。至僖公方会于淮，而辄自取项，虽未知其何人，而先儒以为季氏为之。仲遂杀恶及视，援立宣公。当是时，将顺其意，为之纳赂通殷勤于齐者，行父也。归父欲去三桓以张公室，行父一言而东门见逐。炎炎之势，真可畏也！

夫行父以上，号称忠贤者也。及宿，而心术愈不可问矣。其父甫没，而费城矣，三军作矣，取卞以自封矣；范献子来聘，而公臣不能具三耦矣；未几而中军复舍矣，四分公室，而季氏且有其二矣。益以意如之凶逆，是时鲁君浮寄旦夕，莫必其命，幸而逃死，宁俟孙齐适越之后哉？故鲁之削，成于三桓，而季为之魁，宿及意如不容诛。而责备贤者乃在季友、行父，以其为事权所由始也。

昭公习仪，以亟居丧而无戚容，骩骳鲜耻，受制于权臣，固不能以自立。然伐亦亡，不伐亦亡。观公之两

政权也正是从这时开始。大概自古以来的权臣，没有不掌握废黜和拥立国君权利的，因此政权的利剑便反过来授予了权臣。《左传》称成风听到成季出生时占卜的卦辞，就私下和他结交，并且把僖公嘱托给他。作为人臣，不应该存有偏私之心，那么对僖公的嘱托该怎么说呢？由此看来，成季已经不是善良纯正的臣子了。打败莒人并俘虏了莒子的弟弟挐后，成季便很快地接受了僖公赏赐给他的汶阳和费地的田地。大城市里有两个政权，私人政权强大而公室削弱，在此时已初见端倪。至于僖公正在淮地会盟，立即占取了项国，虽然不知道是什么人，但从前的儒者都认为是季氏干的。仲遂（即襄仲）杀掉太子恶和他的弟弟视，立宣公为国君。那时，顺从宣公的意图，并且替他贡献财礼，殷勤事奉齐国以求得齐国援助的人是季孙行父。公孙归父想要除掉三桓以申张公室的权势，但由于季孙行父的一句话，襄仲的家族东门氏便被驱逐出国。显赫的权势，真是令人生畏啊！

自季孙行父以上，都以忠诚贤良著称。但等到季孙宿（即季武子）时，已经心术不正而无可问及了。他的父亲季文子死后，他在费地修筑城池，三军编制以后，他又强行占取了卞地，来授予自己封号；范献子前来聘问，公臣中选不出参加射礼的三对人；不久以后中军废除，公室的军队一分为四，而季氏就占有了四分之二。再加上季孙意如（即季平子）的凶恶杀逆，当时鲁国国君的生命处于旦夕之间，他疲于奔命，侥幸而逃离死亡，难道还能等到恭顺齐国、到达越国以后吗？因此鲁国的削弱，起于三桓，而季孙氏则为这次祸乱的罪魁祸首，季孙宿和季孙意如实在是罪大恶极，罪不容诛。然而责备的贤者是季友和季孙行父，因为这是他们独掌鲁国政权的开始。

昭公通晓礼仪，但他在居丧期间却没有哀痛的表情，顽劣不知羞耻，受权臣控制，固然不能自强自立。然而讨伐权臣也是灭亡，不讨伐权臣也是灭亡。察看鲁昭公两次

以戈逐献谋者，不可谓不密。卒伤困辱，投袂兴师，此亦山阳密诏、高贵登车之概也。惜乎！登台之请，不达权变，违弃子家之言，坐取奔败，天实为之，谓之何哉！至其流离琐尾，内制于左右，外辱于大国。梁丘据、范鞅之徒溺于货宝，党护意如，百计以阻，徒使宋元殒身，叔舍含恨，而昭公又昧于小不忍之义，终以老死乾侯。赋《旄丘之葛》，诚不能不痛心疾首于齐、晋之君臣也。

哀公之时，视裯父微弱益甚。五梧之逆，杯酒失欢，又不及昭之沉密，乃欲恃鞭长以去三桓，适越不复，悲夫！

用戈驱逐进献计谋的人，不可以说不慎密。然而他最终受到困窘和屈辱而挥袖出兵，这也和汉献帝下密诏诛曹操、曹髦登车讨伐司马昭的情形一样。真是令人痛惜！对于季孙意如的登台请求，昭公不知道随机应变，他违背了子家的劝谏，只能坐等失败，这是上天让他这样做的，又能有什么办法呢！以致他流离奔逃，在内受制于权臣，在外受辱于大国。梁丘据、范鞅等人沉溺于财货宝物，袒护季孙意如，千方百计加以阻挡，白白使宋元公身亡，叔舍含恨去世，而昭公又不明白小不忍则乱大谋的道理，最终老死于晋地乾侯。赋诗《旄丘之葛》，实在不能不让齐国和晋国的君臣痛心疾首。

哀公的时候，势力比昭公更加微弱。哀公在五梧设宴款待季康子、孟武伯，因为一杯酒的缘故而同他们失和，他又赶不上昭公的沉着细密，想要依恃鞭长莫及的越国来除掉三桓，结果到了越国而不能返回，实在是悲哀之至！

卷十　鲁陪臣交叛南蒯　阳虎　侯犯　公孙宿

襄公七年,南遗为费宰。叔仲昭伯为隧正,欲善季氏而求媚于南遗,谓遗:"请城费,吾多与而役。"故季氏城费。

〔发明〕季氏城费,所以自封也,讵知为异日陪臣据叛之资乎?蚕食于公,厚殖于己。悖而入者,亦悖而出。且南蒯,即南遗之子也,天道诚不僭矣。

昭公十二年,季平子立,而不礼于南蒯。南蒯谓子仲:"吾出季氏,而归其室于公,子更其位,我以费为公臣。"子仲许之。南蒯语叔仲穆子,且告之故。

季悼子之卒也,叔孙昭子以再命为卿。及平子伐莒,克之,更受三命。叔仲子欲构二家,谓平子曰:"三命逾父兄,非礼也。"平子曰:"然。"故使昭子。昭子曰:"叔孙氏有家祸,杀適立庶,故婼也及此。若因祸以毙之,则闻命矣。若不废君命,则固有著矣。"昭子朝,而命吏曰:"婼将与季氏讼,书辞无颇。"季孙惧,而归罪于叔仲子。故叔仲小、

卷十　鲁陪臣交叛南蒯　阳虎　侯犯　公孙宿

鲁襄公七年，南遗做费邑宰。叔仲昭伯做隧正，他想要讨好季氏，因而谄媚南遗，对南遗说："你去请求在费地筑城，我多派给你劳力。"所以季氏在费地筑城。

〔发明〕季氏筑费城，是用来作为自己封地的，难道知道将来有一天会成为陪臣叛乱的资本吗？他们蚕食公室，而不断壮大自己。因违逆手段而得到的，同样会因别人的违逆而失去。况且南蒯就是南遗的儿子，天道真是没有差失啊。

鲁昭公十二年，季平子继承家业，对南蒯不加礼遇。南蒯对子仲说："我赶走季氏，把他的家产归公，您取代他的地位，我占据费邑作为公臣。"子仲答应了。南蒯告诉了叔仲穆子，同时也把原因告诉了他。

季平子的父亲季悼子死的时候，叔孙昭子因为再命而做了卿。等到季平子攻打莒国得胜，昭子改受三命。叔仲子（即叔仲穆子）想要离间季氏和叔孙氏两家，便对季平子说："三命超过了父兄，这是不合礼法的。"季平子说："对。"所以就让昭子自己降低爵命。昭子说："叔孙氏发生家祸，杀死嫡子立了庶子，所以我叔孙婼才到这位次。如果是因为家祸而罢免我，那么我将听从您的命令。如果不废弃国君的命令，那么本来就有我的位次。"昭子上朝，命令官吏说："我叔孙婼打算和季氏争讼，书写诉讼辞的时候请不要偏袒。"季平子害怕，就归罪于叔仲子。因此叔仲子（小）、

南蒯、公子慭谋季氏，慭告公，而遂从公如晋。南蒯惧不克，以费叛，如齐。子仲还，及卫，闻乱，逃介而先。及郊，闻费叛，遂奔齐。南蒯之将叛也，其乡人或知之，过之而叹，且言曰："恤恤乎，湫乎攸乎！深思而浅谋，迩身而远志，家臣而君图，有人矣哉！"

南蒯枚筮之，遇《坤》☷之《比》☵，曰"黄裳元吉"，以为大吉也。示子服惠伯，曰："即欲有事，何如？"惠伯曰："吾尝学此矣，忠信之事则可；不然，必败。外强内温，忠也；和以率贞，信也。故曰'黄裳元吉'。黄，中之色也；裳，下之饰也；元，善之长也。中不忠，不得其色；下不共，不得其饰；事不善，不得其极。外内倡和为忠，率事以信为共，供养三德为善，非此三者弗当。且夫《易》，不可以占险，将何事也？且可饰乎？中美能黄，上美为元，下美则裳，参成可筮，犹有阙也。筮虽吉，未也。"将适费，饮乡人酒。乡人或歌之曰："我有圃，生之杞乎！从我者子乎，去我者鄙乎，倍其邻者耻乎！已乎已乎，非吾党之士乎！"

平子欲使昭子逐叔仲小。小闻之，不敢朝。昭子命吏谓小待政于朝，曰："吾不为怨府。"

十三年春，叔弓围费，弗克，败焉。平子怒，令见费人执之，以为囚俘。冶区夫曰："非也。若见费人，寒者衣之，

南蒯、公子慭就打季氏的主意，公子慭告诉了昭公，然后跟随昭公去了晋国。南蒯害怕打不赢，就带领费邑的人叛逃到齐国。公子慭回国，到达卫国，听到动乱的情况，丢下副使先跑回国。他到了郊外，听说费邑叛乱，于是也逃奔到齐国。南蒯将要叛变的时候，他的乡里有人知道，走过他家门口叹了口气，并说道："忧愁啊，愁啊忧啊！思虑深却智谋浅，身份卑贱却志向高远，作为家臣而想为国君图谋，真有这样的人啊！"

南蒯不说明何事而占卜，得到《坤》卦☷变为《比》卦☵，卦辞说"黄裳元吉"，他以为是大吉。于是把它给子服惠伯看，说："我如果要做这件事，会怎么样？"子服惠伯说："我曾经学习过《易经》，如果你要做的是忠信的事情，就可以合于卦辞的预测，不然就必定失败。外部强盛内心温顺，这是忠诚；用温顺来进行占卜，这是信用。所以说'黄裳元吉'。黄，是内衣的颜色；裳，是下部的服装；元，是善的第一位。内心不忠诚，就和颜色不相符合；在下面不恭敬，就和服装下部不相符合；事情办理不善，就和标准不相符合。内外和谐就是忠，根据诚信办事就是恭，培养上述三种德行就是善，不是这三种德行就无法承受卦辞的预测。而且《易经》不能用来预测冒险的事情，你打算做什么事呢？你身居下位能否做到恭敬呢？内心美就能配黄，做事善就能配元，在下而恭敬就能配裳，这三者都具备了才可以合于卦辞的预测，并且常常还会有缺失。你的卦辞虽然吉利，还是不行的。"南蒯打算去费邑，请乡里人喝酒。有乡里人唱道："我有个菜园，却生长了枸杞啊！跟随我走的是大男子啊，离开我的是鄙陋者，背弃亲近的人可耻啊！罢了罢了，他不是我们的同伙啊！"

季平子想让叔孙昭子赶走叔仲小。叔仲小听到后，因此而不敢朝见。叔孙昭子命令官吏告诉叔仲小上朝听命，说："我不会赶你走而去充当被怨恨聚集的人。"

十三年春季，叔弓领兵包围费邑，没有攻下，反被打败。季平子大怒，命令见到费邑的人就抓住，作为囚犯囚禁起来。大夫冶区夫说："不能这样。如果见到费邑人，挨冻的要送给他衣服穿，

饥者食之，为之令主，而共其乏困，费来如归，南氏亡矣。民将叛之，谁与居邑？若惮之以威，惧之以怒，民疾而叛，为之聚也。若诸侯皆然，费人无归，不亲南氏，将焉入矣？”平子从之，费人叛南氏。

十四年。南蒯之将叛也，盟费人，司徒老祁、虑癸伪废疾，使请于南蒯曰：“臣愿受盟，而疾兴。若以君灵不死，请待间而盟。”许之。二子因民之欲叛也，请朝众而盟，遂劫南蒯曰：“群臣不忘其君，畏子以及今，三年听命矣。子若弗图，费人不忍其君，将不能畏子矣。子何所不逞欲？请送子。”请期五日，遂奔齐。侍饮酒于景公，公曰：“叛夫。”对曰：“臣欲张公室也。”子韩皙曰：“家臣而欲张公室，罪莫大焉。”司徒老祁、虑癸来归费，齐侯使鲍文子致之。以上南蒯之叛。

定公五年六月，季平子行东野。还，未至，丙申，卒于房。阳虎将以玙璠敛，仲梁怀弗与，曰：“改步，改玉。”阳虎欲逐之，告公山不狃。不狃曰：“彼为君也，子何怨焉？”既葬，桓子行东野，及费。子泄为费宰，逆劳于郊，桓子敬之。劳仲梁怀，仲梁怀弗敬。子泄怒，谓阳虎：“子行之乎？”

挨饿的人要送给他饭吃，做他们的好主子，供给他们所缺乏的东西，费地的人就会像回家一样投奔而来，那么南氏也就灭亡了。百姓如果背叛了他，还有谁跟他住在费地呢？如果用威势使他们害怕，用愤怒让他们恐惧，百姓因怀恨而背叛您，这反而是为南氏积聚势力。如果诸侯都这样做了，费地人没有可去的地方，他们不亲近南氏，还会到哪里去呢？”季平子听从了，结果费邑人果然背叛了南氏。

十四年。南蒯当初要叛变的时候，和费邑人结盟，家臣司徒老祁、虑癸假装发病，派人向南蒯请求说：“下臣愿意接受盟约，然而现在疾病发作。如果托您的福而不死，请等病稍好一点再和您结盟。”南蒯答应了。这两个人依靠百姓想要背叛南蒯的愿望，就集合大家一起结盟，于是劫持了南蒯说：“群臣不能忘记自己的主人季氏，只因害怕你才拖到今天，已经听从你的命令三年了。你如果再不改变主意，费邑的人因为不忍心这样对待主人，将不再害怕你了。再说你到哪里不能达到目的呢？请让我们把你送走吧。”南蒯请求再待五天，于是逃亡到齐国。他侍奉齐景公喝酒时，齐景公说：“你是个叛徒。”他回答说：“臣下是为了加强公室才这么干的。”齐国大夫子韩皙说：“家臣想要加强公室，没有比这再大的罪过了。”司徒老祁、虑癸前来要求归还费邑，齐景公便让鲍文子去鲁国送还费邑。以上是南蒯之叛。

鲁定公五年六月，季平子到东野巡视。回来时，还没到鲁国都城，就于十七日死在房地。家臣阳虎准备用季平子代替昭公行事时佩戴的美玉玙璠为他随葬，但另一个家臣仲梁怀却不给，他说：“新君即位，季氏作为臣子的步速、佩玉也要跟着改变。”阳虎要驱逐仲梁怀，将此事告诉了公山不狃（即子洩）。公山不狃说：“他是为国君着想，您为什么怨他呢？”安葬完季平子后，平子的儿子季桓子到东野巡视，到达费邑。当时子洩为费邑宰，他到郊外慰劳桓子，桓子对他非常恭敬。他慰劳仲梁怀时，仲梁怀却有点不礼貌。子洩非常生气，就对阳虎说：“您还想不想把他赶走呢？”

〔补逸〕《家语》：季平子卒，将以君之璠玙敛，赠以珠玉。孔子为中都宰，闻之，历级而救焉，曰："送死而以宝玉，是犹曝尸于中原也，其示民以奸利之端，而有害于死者，安用之？且孝子不顺情以危亲，忠臣不兆奸以陷君。"乃止。

乙亥，阳虎囚季桓子及公父文伯而逐仲梁怀。冬十月丁亥，杀公何藐。己丑，盟桓子于稷门之内。庚寅，大诅。逐公父歜及秦遄，皆奔齐。

六年春二月，公侵郑，取匡，为晋讨郑之伐胥靡也。往不假道于卫。及还，阳虎使季孟自南门入，出自东门，舍于豚泽。卫侯怒，使弥子瑕追之。公叔文子老矣，辇而如公，曰："尤人而效之，非礼也。昭公之难，君将以文之舒鼎，成之昭兆，定之鞶鉴，苟可以纳之，择用一焉。公子与二三臣之子，诸侯苟忧之，将以为之质，此群臣之所闻也。今将以小忿蒙旧德，无乃不可乎？大姒之子，唯周公、康叔为相睦也，而效小人以弃之，不亦诬乎？天将多阳虎之罪以毙之，君姑待之，若何？"乃止。

夏，季桓子如晋，献郑俘也。阳虎强使孟懿子往，报夫人之币。晋人兼享之。孟孙立于房外，谓范献子曰："阳虎若不能居鲁，而息肩于晋，所不以为中军司马者，有如先君！"献子曰："寡君有官，将使其人，鞅何知焉？"献子谓简子

〔补逸〕《家语》：季平子去世以后，将要以国君用的美玉玙璠给他随葬，同时还要用很多珠宝玉石。孔子当时为中都宰，听说此事后，快步登上台阶赶去制止，他说："以宝玉随葬送丧，就如同曝尸原野，这样做会引发民众非法牟利的念头，对死去的人有害，怎么能用它呢？况且孝子不因为顾及自己的感情而危害亲人，忠臣不让奸邪的迹象形成来陷害国君。"于是没有用宝玉随葬。

九月二十八日，阳虎囚禁了季桓子和公父文伯，并驱逐了仲梁怀。冬季十月初十，杀了公何藐。十二日，与季桓子在鲁国南门稷门里面盟誓。十三日，聚众祭神举行大诅咒。驱逐公父歜（即公父文伯）和秦遄，两人都逃奔到齐国去了。

六年春季二月，鲁定公侵袭郑国，夺取了匡地，这是为晋国伐郑，因为郑国曾攻打周地胥靡。去的时候没向卫国借路。等到回来时，阳虎让季桓子、孟懿子从卫国国都的南门进去，东门出来，并且住在豚泽。卫灵公大怒，派大夫弥子瑕追赶他们。此时公叔文子已告老退休了，他坐车去见卫灵公，说："怪罪阳虎却又效法他，这是不合于礼法的。鲁昭公遭遇危难流亡的时候，国君您曾打算用文公的舒鼎、成公的宝龟、定公的鞶鉴作为悬赏，如果有谁送鲁昭公回国复位，就可以选用其中的一件。国君的儿子与几位大夫的儿子，各国诸侯如果有为鲁昭公操心的，就将把他们送去当人质。这是下臣们所听到的。现在您将要因小小的愤恨掩盖过去的恩德，恐怕不可以吧？在文王妃太姒的儿子中，只有鲁、卫两国的始祖周公、康叔最为和睦，现在要效法小人而丢掉和睦，不是很荒唐吗？上天将要让阳虎的罪过增多而使他灭亡，国君您姑且等着，怎么样？"卫灵公于是停止出兵。

夏季，季桓子到晋国，是去进献郑国俘虏。阳虎硬派孟懿子前去向晋定公夫人进献财礼。晋人同时设宴招待他们。孟懿子站在房外，对范献子说："阳虎如果在鲁国住不下去，来晋国歇歇脚，若不让他任中军司马，有先君作证！"范献子说："我们国君任命官职，要选择适当的人选，我能知道什么？"范献子对赵简子

曰："鲁人患阳虎矣，孟孙知其衅，以为必适晋，故强为之请，以取入焉。"阳虎又盟公及三桓于周社，盟国人于亳社，诅于五父之衢。

七年，齐人归郓、阳关，阳虎居之，以为政。齐国夏伐我。阳虎御季桓子，公敛处父御孟懿子，将宵军齐师。齐师闻之，堕伏而待之。处父曰："虎不图祸而必死。"苫夷曰："虎陷二子于难，不待有司，余必杀女。"虎惧，乃还，不败。

八年春王正月，公侵齐，门于阳州，士皆坐列，曰："颜高之弓六钧。"皆取而传观之。阳州人出，颜高夺人弱弓，籍丘子锄击之，与一人俱毙。偃且射子锄，中颊，殪。颜息射人，中眉，退曰："我无勇，吾志其目也。"师退，冉猛伪伤足而先，其兄会乃呼曰："猛也殿。"

公侵齐，攻廪丘之郛，主人焚冲，或濡马褐以救之，遂毁之。主人出，师奔。阳虎伪不见冉猛者，曰："猛在此，必败。"猛逐之，顾而无继，伪颠。虎曰："尽客气也。"

苫越生子，将待事名之。阳州之役获焉，名之曰阳州。季寤、公鉏极、公山不狃皆不得志于季氏，叔孙辄无宠于叔孙氏，叔仲志不得志于鲁，故五人因阳虎。阳虎欲去三桓，以季寤更季氏，以叔孙辄更叔孙氏，己更孟氏。冬十月，

说："鲁国人厌恶阳虎了，孟懿子看到了这个征兆，认为阳虎一定会到晋国来，所以竭力为他请求，以期求得晋国禄位。"阳虎又和鲁定公及孟孙、季孙、叔孙三桓在周社盟誓，和国人在亳社盟誓，在五父之衢诅咒。

七年，齐国归还鲁国的郓地、阳关，阳虎住在那里主持政事。齐国的国夏领兵攻打鲁国。阳虎为季桓子驾驭战车，公敛处父为孟懿子驾驭战车，打算夜里攻击齐军。齐国军队得知后，折毁军营诱敌，设下埋伏等待。公敛处父说："阳虎你不考虑这样做的危害，你非死不可。"季氏家臣苫夷说："阳虎如果你使季孙、孟孙他们二位陷于危难，不用等掌刑官员定罪，我就一定杀了你。"阳虎害怕了，于是撤回了军队，这才免于失败。

八年春季，周历正月，鲁定公侵袭齐国，攻打阳州城门，士卒都无斗志，成排地坐在城外，说："颜高的硬弓有六钧的力量。"大家都拿过来传看。阳州人出战，颜高只好抢过别人的弱弓迎战，齐人籍丘子鉏攻击颜高，颜高和另一个人都被击倒在地。颜高倒在地上向子鉏射了一箭，射中子鉏的脸颊，子鉏倒地而死。鲁人颜息射击敌人，射中了眉毛，他退下来说："我没有本事，我本来想射他的眼睛。"军队撤退，冉猛假装脚受伤而走在前头，他的哥哥冉会大喊道："冉猛，你到后边去压阵。"

鲁定公侵袭齐国，攻打廪丘外城，廪丘守军放火焚毁鲁军攻城的战车，有人把麻布短衣沾湿了扑火，于是攻破了外城。廪丘守军出战，鲁军后续部队奔向前去助战。阳虎装出没有看见冉猛的样子，说："冉猛要在这里，一定能打败他们。"于是冉猛追逐廪丘兵，回头发现后面没人跟上来，就假装从车上掉下来。阳虎看到后说："都是假心假意。"

苫越生了个儿子，打算有了大事再起名。阳州战役俘虏了敌人，就把儿子命名为阳州。鲁国大夫季寤、公鉏极、公山不狃在季氏那里不得志，叔孙辄在叔孙氏那里不受宠，叔仲志在鲁国也不得志，所以这五人投靠了阳虎。阳虎想要除掉三桓，用季寤取代季桓子，用叔孙辄取代叔孙州仇，自己取代孟懿子。冬季十月，

顺祀先公而祈焉。辛卯，禘于僖公。壬辰，将享季氏于蒲圃而杀之，戒都车，曰："癸巳至。"成宰公敛处父告孟孙曰："季氏戒都车，何故？"孟孙曰："吾弗闻。"处父曰："然则乱也，必及于子，先备诸？"与孟孙以壬辰为期。

阳虎前驱，林楚御桓子，虞人以铍盾夹之。阳越殿，将如蒲圃。桓子咋谓林楚曰："而先皆季氏之良也，尔以是继之。"对曰："臣闻命后。阳虎为政，鲁国服焉，违之征死，死无益于主。"桓子曰："何后之有？而能以我适孟氏乎？"对曰："不敢爱死，惧不免主。"桓子曰："往也！"孟氏选圉人之壮者三百人，以为公期筑室于门外。林楚怒马，及衢而骋。阳越射之，不中。筑者阖门，有自门间射阳越，杀之。阳虎劫公与武叔以伐孟氏。公敛处父帅成人自上东门入，与阳氏战于南门之内，弗胜；又战于棘下，阳氏败。阳虎说甲，如公宫，取宝玉、大弓以出，舍于五父之衢，寝而为食。其徒曰："追其将至。"虎曰："鲁人闻余出，喜于征死，何暇追余？"从者曰："嘻，速驾！公敛阳在。"公敛阳请追之，孟孙弗许。阳欲杀桓子，孟孙惧而归之。子言辨舍爵于季氏之庙而出。阳虎入于讙、阳关以叛。

〔考异〕《公羊传》：盗者孰谓？谓阳虎也。阳虎者，曷为者也？季氏之宰也。季氏之宰，则微者也。

阳虎依即位先后的次序祭祀先公并祈祷。初二，在僖公庙里举行禘祭。初三，准备在蒲圃宴享季桓子并趁机杀掉他，于是命令都邑里的战车部队，说："初四那天你们都要来。"孟氏家臣成邑宰公敛处父告诉孟懿子说："季氏命令都邑里的战车部队处于戒备状态，是什么缘故？"孟懿子说："我没听说。"公敛处父说："那么就是叛乱了，必然要涉及您，要先准备一下？"于是公敛处父便和孟懿子约定以初三日为期去救援季氏。

初三那天，阳虎驱车走在前边，林楚为季桓子驾车，虞人手持铍、盾在两边夹护。阳虎堂弟阳越殿后，将开往蒲圃。季桓子突然对林楚说："你的先人都是季氏家里的忠良之臣，你也要这样继承他们。"林楚回答说："下臣听到这话已晚了。阳虎执政，鲁国人都顺服他，违背他就是找死，死了对主人也没有什么好处。"季桓子说："有什么晚？你能带我去孟氏家吗？"林楚回答说："我并不怕死，怕的是不能使主人幸免于难。"季桓子说："去吧！"孟懿子挑选了三百个健壮的仆人，假装让他们为儿子公期在门外造房子。林楚在行进中突然鞭打激怒驾车的马，马到大街上便狂奔起来。阳越从后面向季桓子射箭，没射中。为孟家建造房子的仆人关上大门，有人从门缝里用箭射阳越，杀死了他。阳虎劫持了鲁定公和叔孙武叔以攻打孟懿子。公敛处父率领成邑人从东城的北门，和阳虎在南门之内交战，没有获胜；又在城内棘下作战，阳虎被打败。阳虎脱掉皮甲，进入公宫，拿了宝玉、大弓而出，住在五父之衢，他自己睡下并命人做饭。他的部下说："追赶的人恐怕快来了。"阳虎说："鲁国人听说我走了，正高兴可以晚点死，哪里有空来追我呢？"部下说："呀，快点套上马吧！公敛阳（即公敛处父）在那里。"公敛处父请求追赶阳虎，孟懿子不答应。公敛处父想要杀死季桓子，孟懿子害怕了，连忙把季桓子送回了家。子言（即季寤）在季氏的祖庙里向祖宗一一斟酒祭告然后逃走。阳虎进入讙地、阳关发动叛变。

〔考异〕《公羊传》："盗"是指谁呢？是指阳虎。阳虎是干什么的？他是季氏的家臣。季氏的家臣是地位低微的人。

恶乎得国宝而窃之？阳虎专季氏，季氏专鲁国。阳虎拘季孙，孟氏与叔孙氏，迭而食之。睋而锓其板曰："某月某日将杀我于蒲圃，力能救我，则于是。"至乎日若时而出。临南者，阳虎之出也，御之。于其乘焉，季孙谓临南曰："以季氏之世世有子，子可以不免我死乎？"临南曰："有力不足，臣何敢不勉？"阳越者，阳虎之从弟也，为右。诸阳之从者车数十乘。至于孟衢，临南投策而坠之，阳越下取策，临南駷马，而由乎孟氏。阳虎从而射之，矢著于庄门，然而甲起于琴如，弑不成，却，反舍于郊，皆说然息。或曰："弑千乘之主而不克，舍此可乎？"阳虎曰："夫孺子得国而已，如丈夫何！"睋而曰："彼哉！彼哉！趣驾。"既驾，公敛处父帅师而至，慬然后得免。自是走之晋。宝者何？璋判白，弓绣质，龟青纯。《左氏》作林楚，《公羊》作临南。

九年夏，阳虎归宝玉、大弓。书曰"得"，器用也。凡获器用曰"得"，得用焉曰"获"。

六月，伐阳关。阳虎使焚莱门，师惊，犯之而出奔齐，请师以伐鲁，曰："三加必取之。"齐侯将许之。鲍文子谏曰："臣尝为隶于施氏矣，鲁未可取也。上下犹和，众庶犹睦，能事大国而无天菑，若之何取之？阳虎欲勤齐师也，齐师罢，大臣必多死亡，己于是乎奋其诈谋。夫阳虎，有宠于季氏，

怎么他能得到国宝并把它们偷走呢？阳虎在季氏家专权，季氏在鲁国专权。阳虎拘捕了季桓子，孟孙和叔孙两家轮流给季桓子送饭。季桓子用目光示意，并用指甲在装食物的器皿盖上刻下："某月某日，阳虎将在蒲圃杀死我，如果有能力就在那个时候搭救我。"到了那一天约定的时刻，季桓子被从监禁地押出来。临南是阳虎的外甥，他为季桓子驾车。在上车的时候，季桓子对临南说："凭着季氏家族世代与你的家族相友善，你可以免我一死吗？"临南说："我虽有力量却还不够，但我怎么敢不努力去做呢？"阳越是阳虎的堂弟，他担任车右。阳虎家族跟随在后的人，乘了几十辆车。到了孟衢，临南把鞭子扔到地上，阳越下车拣鞭子时，临南掣动马嚼子，马疾驰向孟懿子家。阳虎在后面追赶并用箭射他，箭射在孟氏庄宅的门上，这时孟氏的部下公敛处父从琴如发兵赶来，阳虎等人追着弑杀季桓子没有成功，返回来住在郊外，都悠然地休息了。他们当中有人说："弑杀拥有千乘之邑的大夫，却没有成功，现在住在这里可以吗？"阳虎说："季孙那个孩子不过是获得执政权罢了，能把我怎么样！"他忽然看到公敛处父率追兵奔来，惊叫道："那边！那边！赶快驾车。"刚驾起车，公敛处父率领军队就赶到了，仅阳虎等人侥幸逃脱。他们从这里逃到晋国。宝物是什么？是白色的璋，绣有花纹的弓，边缘为青色的龟甲。《左传》作林楚，《公羊传》作临南。

九年夏季，阳虎送回宝玉和大弓。《春秋》记载说"得"，因为它们是器物用具。凡是获得器物用具叫作"得"，用器物来获得动物叫作"获"。

六月鲁军进攻阳关。阳虎派人烧了莱门，鲁军大恐，阳虎乘机突围而逃到齐国。他请求齐国出兵攻打鲁国，说："进攻三次，一定能占领鲁国。"齐景公准备答应他的请求。鲍文子(鲍国)劝谏说："下臣曾经在施氏那里做过家臣，知道鲁国是不可以夺取的。鲁国君臣仍谐调，百姓仍和睦，能事奉大国又没有天灾，怎能攻取它呢？阳虎想劳动齐国军队，齐军困疲，大臣一定死亡很多，这时他自己就会趁机施展阴谋。阳虎受到季氏的宠信，

而将杀季孙，以不利鲁国而求容焉。亲富不亲仁，君焉用之？君富于季氏，而大于鲁国，兹阳虎所欲倾覆也。鲁免其疾，而君又收之，无乃害乎？”齐侯执阳虎，将东之。阳虎愿东，乃囚诸西鄙。尽借邑人之车，锲其轴，麻约而归之。载葱灵，寝于其中而逃。追而得之，囚于齐。又以葱灵逃，奔宋，遂奔晋，适赵氏。仲尼曰：“赵氏其世有乱乎！”

〔补逸〕《家语》：阳虎既奔齐，自齐奔晋，适赵氏。孔子闻之，谓子路曰：“赵氏其世有乱乎！”子路曰：“权不在焉，岂能为乱？”孔子曰：“非女所知。夫阳虎，亲富而不亲仁。有宠于季孙，又将杀之，不克而奔，求容于齐，齐人囚之，乃亡归晋。齐、鲁二国已去其疾，赵简子好利而多信，必溺其说而从其谋，祸败所终，非一世可知也。”

《韩非子》：阳虎逐于鲁，疑于齐，走而之赵。赵简主迎而相之。左右曰：“虎善窃人国政，何相也？”简主曰：“阳虎务取之，我务守之。”遂执术而御之。阳虎不敢为非，以善事简主。兴主之强，几至于霸也。

〔发明〕按：当时权臣柄国，专尚诈力，故盗贼亦得以售其奸。虽曰使贪使诈，明主亦时有之，然终非盛世事也。

却打算杀死季氏，以危害鲁国，讨好别人。亲近富有的人而不亲近仁爱的人，国君您怎么能用他？国君您比季氏富有，齐国比鲁国强大，这就是阳虎所想要颠覆的对象。鲁国避免了他的祸害，而国君又收留他，恐怕是祸害吧？”齐景公逮捕了阳虎，准备把他囚禁在齐国东部。阳虎假装愿意到东部去，齐景公于是把他囚禁在西部边境。阳虎把当地人的车子全都借来，用刀刻坏车轴，缠上麻后归还回去。一次他在葱灵车上装满衣服，躺在里面逃走。齐国人追上抓住了他，把他囚禁在齐国都城。后来阳虎又一次藏在装满衣服的葱灵车中逃跑，先逃到宋国，后又逃到晋国，归顺赵氏。孔子说：“赵氏恐怕世世代代有祸乱了吧！”

〔补逸〕《家语》：阳虎逃到齐国后，又从齐国逃到晋国，归顺了赵氏。孔子听说后，对子路说：“赵氏恐怕世世代代要有祸乱吧！”子路说：“阳虎没有权力了，怎么能作乱呢？”孔子说：“这你就不知道了。阳虎那个人亲近富有的人而不亲近仁爱的人。他受到季氏的宠信，却又要把季氏杀死，没有成功而出逃，请求客居在齐国，齐国人囚禁了他，他又逃到晋国。齐、鲁两国免去了他的祸害，赵简子贪图财利且轻信别人，必然会过分相信阳虎的花言巧语而听从他的计谋。灾祸什么时候才能结束，不是一世一代可以知道的。”

《韩非子》：阳虎被鲁国驱逐，在齐国受到怀疑，于是又逃到晋国赵氏那里。赵简子欢迎并任用他为家相。赵简子的门人说：“阳虎擅长夺取国家政权，为什么要任用他呢？”赵简子说：“阳虎致力于夺取政权，我致力于保住政权。”于是用权术驾驭了阳虎。阳虎不敢胡作非为，用善行事奉赵简子。他使赵简子兴盛强大起来，几乎到了称霸诸侯的地步。

〔发明〕按：当时掌权的大臣专擅国家大政，一心追求诈伪、暴力，所以盗贼也能够施展他们的奸计。虽然说任用贪婪权势的人、使用奸诈之徒的事，在贤明君主的时代也时有发生，可是那终究不是昌盛时代的事。

十年。初，叔孙成子欲立武叔，公若藐固谏曰："不可。"成子立之而卒。公南使贼射之，不能杀。公南为马正，使公若为郈宰。武叔既定，使郈马正侯犯杀公若，弗能。其圉人曰："吾以剑过朝，公若必曰'谁之剑也？'吾称子以告。必观之，吾伪固而授之末，则可杀也。"使如之。公若曰："尔欲吴王我乎？"遂杀公若。侯犯以郈叛，武叔、懿子围郈，弗克。

秋，二子及齐师复围郈，弗克。叔孙谓郈工师驷赤曰："郈非唯叔孙氏之忧，社稷之患也，将若之何？"对曰："臣之业在《扬水》卒章之四言矣。"叔孙稽首。驷赤谓侯犯曰："居齐、鲁之际而无事，必不可矣。子盍求事于齐以临民？不然，将叛。"侯犯从之。齐使至，驷赤与郈人为之宣言于郈中曰："侯犯将以郈易于齐，齐人将迁郈民。"众凶惧。驷赤谓侯犯曰："众言异矣，子不如易于齐。与其死也，犹是郈也，而得纾焉，何必此？齐人欲以此逼鲁，必倍与子地，且盍多舍甲于子之门，以备不虞？"侯犯曰："诺。"乃多舍甲焉。侯犯请易于齐，齐有司观郈，将至，驷赤使周走呼曰："齐师至矣！"郈人大骇，介侯犯之门甲，以围侯犯。驷赤将射之，侯犯止之，曰："谋免我。"侯犯请行，许之。驷赤先如宿，侯犯殿。每出一门，郈人闭之。及郭门，止之，曰："子以叔孙氏之甲出，有司若诛之，群臣惧死。"驷赤曰：

十年。起初，叔孙成子想要立叔孙武叔为继承人，公若藐坚决劝谏说："不行。"叔孙成子立了叔孙武叔后死去。叔孙家臣公南派坏人用暗箭射公若藐，没能杀死。后来公南做马正，派公若藐做郈邑宰。叔孙武叔在地位稳定之后，派郈邑的马正侯犯暗杀公若藐，又没能办到。叔孙武叔的管马人说："我拿着剑经过大堂，公若藐一定会问'谁的剑？'我告诉他是您的。他一定要看，我假装浅陋不懂礼节而把剑尖递给他，就可以杀死他了。"叔孙武叔派他去照办。公若藐说："你要把我当吴王一样杀死吗？"管马人就杀死了公若藐。侯犯随后便带领郈邑人叛变，叔孙武叔、孟懿子包围了郈邑，没有攻下。

秋季，叔孙武叔和孟懿子以及齐国军队再次包围郈邑，又没攻克。叔孙武叔对郈邑掌管工匠的驷赤说："郈邑不仅是叔孙氏的忧患，而且也是国家的祸患，打算怎么办呢？"驷赤回答说："下臣的态度在《扬水》最后一章'我闻有命'这四个字上了。"叔孙武叔向他叩头感谢。驷赤对侯犯说："处在齐、鲁两国之间而哪一国也不事奉，一定是不行的。你何不请求事奉齐国而统治郈邑百姓呢？不这样，郈邑百姓将会叛变。"侯犯听从了他的话。齐国使者来到后，驷赤和郈地人在郈邑散布谣言说："侯犯打算用郈地和齐国交换土地，齐国人打算迁走郈邑的百姓。"大家非常害怕。驷赤对侯犯说："大家的意见和您不同，还不如用郈邑跟齐国交换像郈邑一样大的土地呢。与其为此死去，还不如得到和郈邑一样大的土地，从而祸患可以缓解，何必死守此地不放呢？齐国人想借此逼迫鲁国，必然加倍给您土地，再说何不在你的门里多准备一些皮甲，以防不测呢？"侯犯说："好吧。"于是就在门里放了许多皮甲。侯犯请求从齐国换一块土地，齐国有关官员来郈邑视察，快到的时候，驷赤派人跑遍全城喊道："齐军来了！"郈邑的人大惊，穿上侯犯门里的皮甲，来包围侯犯。驷赤假装要用箭射这些人，侯犯阻止他，说："谋划一下会使我免于祸难。"侯犯要求出走，郈邑人允许了。驷赤先到宿地，侯犯走在最后。每出一道门，郈邑人就关上它。等他来到外城城门，大家拦住他，说："您带着叔孙氏的皮甲出去，有关官员如果因此治罪，我们臣下可怕死。"驷赤说：

“叔孙氏之甲有物,吾未敢以出。”犯谓驷赤曰:“子止而与之数。”驷赤止,而纳鲁人。侯犯奔齐,齐人乃致郈。

武叔聘于齐,齐侯享之,曰:“子叔孙!若使郈在君之他竟,寡人何知焉?属与敝邑际,故敢助君忧之。”对曰:“非寡君之望也。所以事君,封疆社稷是以,敢以家隶勤君之执事?夫不令之臣,天下之所恶也,君岂以为寡君赐?”

十二年,仲由为季氏宰,将堕三都,于是叔孙氏堕郈。季氏将堕费,公山不狃、叔孙辄帅费人以袭鲁,公与三子入于季氏之宫,登武子之台。费人攻之,弗克。入及公侧,仲尼命申句须、乐颀下伐之,费人北,国人追之,败诸姑蔑,二子奔齐,遂堕费。将堕成,公敛处父谓孟孙:“堕成,齐人必至于北门。且成,孟氏之保障也。无成,是无孟氏也。子伪不知,我将不堕。”冬十二月,公围成,弗克。

哀公十四年。初,孟孺子泄将圉马于成,成宰公孙宿不受,曰:“孟孙为成之病,不圉马焉。”孺子怒,袭成。从者不得入,乃反。成有司使,孺子鞭之。秋八月辛丑,孟懿子卒,成人奔丧。弗内,袒免哭于衢,听共,弗许。惧,不归。

十五年春,成叛于齐。武伯伐成,不克,遂城输。

冬,及齐平。子服景伯如齐,子赣为介。见公孙成,曰:

“叔孙氏的皮甲上面有标记，我没敢带出去。”侯犯对驷赤说：“你留下向他们清点交还。”驷赤留下来，并接纳鲁国人进城。侯犯逃到齐国，齐国于是把郈邑还给鲁国。

叔孙武叔到齐国聘问，齐景公设享礼招待他，说：“子叔孙！如果郈邑在贵国国君的其他边境上，寡人知道什么呢？这里与我们的城邑交界，所以才敢帮助贵国国君分忧。”叔孙武叔回答说：“这不是我们国君所希望的。我们所以事奉国君您，是为了疆界与国家的安全，岂敢因为家臣而劳动国君您的执事？不好的家臣，是天下人所厌恶的，国君您难道用这话来作为对我们国君的恩赐吗？”

十二年，仲由（即子路）做季氏的家宰，打算毁掉季孙、叔孙、孟孙三家的采邑，因此叔孙氏毁掉了郈邑。季桓子打算毁掉费邑，公山不狃、叔孙辄率领费邑人袭击鲁国都城，鲁定公和季桓子、叔孙武叔、孟懿子三人躲进季氏家，登上武子之台。费邑人进攻，没有攻下。箭射到定公身边，仲尼命令申句须、乐颀下台反击，费邑人战败，国都人追击他们，在姑蔑把他们打败，公山不狃、叔孙辄两人逃往齐国，于是毁掉了费邑。正要毁掉成邑，公敛处父对孟懿子说：“毁掉成邑，齐国人必然可以直抵国境北门。而且成邑是孟氏的保障。没有成邑，也就没有孟氏。您假装不知道，我将不让他们毁掉它。”冬季十二月，定公领兵包围成邑，没有攻下。

鲁哀公十四年。起初，孟懿子儿子孟孺子泄打算在成邑养马，孟孙家臣成邑宰公孙宿（即公孙成）不接受，说：“当初孟孙由于成邑百姓贫困，才不在这里养马。”孟孺子大怒，侵袭成邑。跟随的人们不能攻进去，便只好折回去了。成邑有关官员派人来，孟孺子鞭打了来人。秋季八月十三日，孟懿子去世，公孙宿前来奔丧。孟孺子不接纳他，他便脱去上衣、帽子在大街上号哭，表示愿听从命令，孟孺子不答应。公孙宿很害怕，不敢回去。

十五年春季，公孙宿背叛孟孙氏而投靠了齐国。武伯攻打成邑，没有攻下，于是就在输地筑城来威胁成邑。

冬季，鲁国和齐国讲和。子服景伯到齐国去，子赣（即子贡）作为他的副使。他们一行见了背叛鲁国的成地宰臣公孙成，说：

“人皆臣人，而有背人之心，况齐人虽为子役，其有不贰乎？子，周公之孙也，多飨大利，犹思不义。利不可得，而丧宗国，将焉用之？”成曰：“善哉！吾不早闻命。”陈成子馆客，曰：“寡君使恒告曰：‘寡人愿事君如事卫君。’”景伯揖子赣而进之，对曰：“寡君之愿也。昔晋人伐卫，齐为卫故，伐晋冠氏，丧车五百，因与卫地，自济以西，禚、媚、杏以南，书社五百。吴人加敝邑以乱，齐因其病，取讙与阐，寡君是以寒心。若得视卫君之事君也，则固所愿也。”成子病之，乃归成。公孙宿以其兵甲入于嬴。

〔考异〕《孔丛子》：孟氏之臣叛，武伯问孔子，曰：“臣人而叛，天下所不容也，子姑待之。”三旬果自归孟氏。武伯将执之，访于夫子。夫子曰：“无也！子之于臣，礼意不至，是以去子。今其自反，又何执焉？子修礼以待之，则臣去子，将安往？”武伯乃止。

臣士奇曰：《传》曰：“所恶于上者，无以使下；所恶于下者，无以事上。”故顺事恕施者，非独以称物情，亦所以杜祸乱之原，而慎反尔之几也。鲁三桓朘削公室，固都城以为狡兔之窟，使其君民食于他，自谓得计，而不虞家臣之议其后者相随属也。其父好兵，其子必且行劫。主欲背公，而欲其臣不效尤，得乎？

"人们都是别人的臣下,而且都有背叛的念头,更何况齐国人虽然为您帮忙,可难道对您会没有二心吗?您是周公的后代,享有不尽的利益,尚且要做不义之事。您这样做不但得不到任何好处,反而会丧失祖国,何必这样呢?"公孙成说:"对呀!我怎么没早些听到你的话呢。"齐国陈成子在馆舍里会见鲁国客人,说:"我们国君派我向您报告说:'我愿像事奉卫国国君一样奉事贵君。'"子服景伯向子赣作揖让他进前回答,子赣说:"这正是我们国君的愿望。过去晋国攻打卫国,齐国因为卫国的缘故,发兵攻打晋国的冠氏,丧失了五百辆战车,因而给卫国土地,从济水以西,禚、媚、杏地以南,交上共五百个社的人名土地登记簿册。当吴国在我国制造动乱时,齐国却乘人之危,占领了我国的讙地和阐地,我们国君因此而寒心。假如贵国能像对待卫国国君那样对待我们国君,那本来就是我们所希望的。"陈成子听后感到忧虑,于是就把成邑归还给了鲁国。公孙宿带着他的士兵进入齐国嬴地。

〔考异〕《孔丛子》:孟孙氏的家臣背叛,孟武伯跟孔子说:"作为别人的下臣而叛乱,是天下所不能宽容的,您姑且等着看吧。"三十天后,孟氏家臣果然自己回到孟孙氏那里。孟武伯打算把他抓起来,便来拜见孔子。孔子说:"不要那样!你对你的下臣,没能尽到应有之礼,所以他离开了你。现下他自己返回来了,又为什么要把他抓起来呢?你以礼对待他,那么下臣离开你,将去哪里呢?"孟武伯便停止了。

臣下我高士奇评论说:《左传》说:"对君上作恶,就没办法驱使下臣;对下臣作恶,就没办法奉事君上。"所以顺从事理、宽容待人的人,不仅仅符合事物的情理,也是杜绝祸乱的根本办法,但要留心别人也如何对待你的苗头。鲁国孟孙、季孙、叔孙三桓削弱公室,加固比拟国都的城邑,来作为狡猾的兔子的窝,使他们的国君百姓供养他们,自以为达到了目的,可是没想到背后非议他们的家臣不断出现。父亲喜欢武器,他的儿子就必然将去进行劫掠。主子要背叛公室,而又想让他的家臣不仿效自己的坏行为,能办到吗?

《经》《传》所载昭、定、哀以来陪臣之据邑以叛者凡四，季之叛者二，孟孙、叔孙之叛者各一。南蒯也，狃、辄也，侯犯也，公孙宿也，此不过凭倚强都，介恃邻境，而又有司徒老祁、虑癸、驷赤以为之间。至费与成，则孔子谋之，子路、子贡从而赞之，不旋踵而叛人奔窜，城郭依然，其患犹未剧也。

惟阳虎以枭雄之姿，不仁之性，中据鲁国，而执其政柄。欲囚桓子，则囚之；欲盟三桓，则盟之；欲逐其所不快，则逐之。当是时，鲁人畏之如雷电、鬼神之不可犯。及其既败脱甲，于公宫取宝玉、大弓以出，舍于五梧之衢，从容逸豫，无有能致难之者。使蒲圃之事竟成，则去一三桓而得一三桓，公室之存亡未可知也，而岂止私家之患也哉？然以季氏之强，取民有众，其不臣之迹，孟与叔不如是之甚也。而费凡再叛，更益以阳虎之逞乱，几坠厥宗。天道好还，不可为人臣以所恶于下者事其上之戒哉？

《春秋经》《左传》所记载的昭公、定公、哀公以来，家臣占据城邑叛乱共四次，季氏家臣叛乱的有两人，孟孙氏、叔孙氏家臣叛乱的各有一人。南蒯、公山不狃、叔孙辄、侯犯、公孙宿，这些人都不过是依恃强大的城邑，又凭借着临近边境才犯上作乱的，可又有司徒老祁、虑癸、驷赤作为他们的中介，这就更增加了祸乱的程度。至于费邑和成邑，则因有孔子出谋划策，子路、子贡从中帮助，没过多久背叛的人就逃窜了，城郭还是原来那样，叛乱造成的祸患还不十分严重。

只是阳虎以枭雄的姿态，以没有仁爱的天性，居中把持鲁国，掌握政权。他想囚禁季桓子，就囚禁他；想和三桓盟誓，就盟誓；想要驱逐使他不高兴的人，就驱逐。在这个时候，鲁国人害怕他像害怕雷电、鬼神一样不敢冒犯。等到阳虎失败脱去皮甲后，从公室的宫中拿了宝玉、大弓而出，住在五父之衢，从容而安逸，没有能够使他陷入危难的人。假如蒲圃那件事最终成功了，那就是去除了一个三桓而又出现一个三桓，公室的存亡都不能预知了，还哪里只是大夫家的祸患呢？然而凭着季孙氏的强大，取得民心、拥有百姓，其不守臣节的表现，是孟孙氏、叔孙氏远远赶不上的。而费邑总共两次叛乱，再加上阳虎肆意作乱，使季孙氏几乎毁灭了自己的宗族。天道讲求报应，这难道不能作为臣子用憎恨下面家臣背叛自己的做法去事奉上面国君的戒鉴吗？

卷十一　鲁与邾莒构怨

鲁伐灭小国　小国来伐亦附

隐公元年，公及邾仪父盟于蔑。

五年，邾人、郑人伐宋。

七年，伐邾，为宋讨也。

桓公二年秋七月，杞侯来朝，不敬。杞侯归，乃谋伐之。九月，入杞，讨不敬也。

三年，公会杞侯于郕，杞求成也。

〔补逸〕桓公七年，焚咸丘。《公羊传》曰："邾娄之邑也。"《穀梁传》曰："其不言邾咸丘，何也？疾其以火攻。"

十七年春二月，公及邾仪父盟于趡。秋，伐邾，宋志也。

庄公二年，伐於余丘，邾邑也。《春秋经》云："庄公二年夏，公子庆父帅师伐於余丘。"《左氏》无传。唯《公羊》《穀梁》以於余丘为邾邑，未必为《左氏》义。

僖公元年九月，公败邾师于偃，虚丘之戍将归者也。

卷十一　鲁与邾莒构怨

鲁伐灭小国　小国来伐亦附

鲁隐公元年，隐公和邾国国君邾仪父在鲁国的蔑地结盟。

五年，邾人和郑人征伐宋国。

七年，隐公攻打邾国，这是为了维持和宋国的关系而去攻打的。

鲁桓公二年秋季七月，杞武公前来鲁国朝见，但态度不恭敬。杞武公回国后，鲁国就谋划讨伐他。九月，鲁军攻入杞国，这是为了讨伐杞武公的不敬。

三年，桓公和杞武公在鲁国郕地会见，这是由于杞国请求讲和。

〔补逸〕鲁桓公七年，咸丘被焚烧。《公羊传》说："咸丘是邾娄国的一座城邑。"《穀梁传》说："不称邾国的咸丘，为什么呢？是因为憎恶用火攻城。"

十七年春季二月，桓公和邾仪父在鲁国趡地结盟。秋季，进攻邾国，这是宋国的意愿。

鲁庄公二年，公子庆父率军征伐於余丘，於余丘是邾国的一座城邑。《春秋经》说："鲁庄公二年夏季，公子庆父率领军队讨伐於余丘。"《左传》上没有传文。只有《公羊传》《穀梁传》把於余丘当作邾国的一座城邑，这未必是《左传》的意图。

鲁僖公元年九月，僖公在邾国偃地打败邾国的军队，这支军队是戍守在虚丘将要回去的军队。

〔发明〕杜注“虚丘，邾地”云云。《正义》曰：“荦之盟也，邾人在焉。公既盟而败其师，《传》不明言其故，直云虚丘之戍。不知虚丘谁地，何故戍之？服虔云：‘虚丘，鲁邑。鲁有乱，邾使兵戍虚丘。鲁与邾无怨，因兵将还，要而败之，所以恶僖公也。’邾之与鲁，本无怨恶，僖公奔邾，则为之外主；国乱，则戍其内邑。无故而败其师，亡信背义，莫斯之甚，非僖公作颂之主所当行也。杜以为不然，故别为此说，亦无所据，要其理当然也。”

冬，莒人来求赂，公子友败诸郦，获莒子之弟挐。非卿也，嘉获之也。

〔补逸〕《穀梁传》：莒无大夫，其曰“莒挐”，何也？以吾获之目之也。内不言获，此其言获，何也？恶公子之绐。绐者奈何？公子友谓莒挐曰：“吾二人不相说，士卒何罪？屏左右而相搏。”公子友处下，左右曰：“孟劳！”孟劳者，鲁之宝刀也，公子友以杀之。然则何以恶乎绐也？曰：弃师之道也。

二十一年，任、宿、须句、颛臾，风姓也，实司太皞与有济之祀，以服事诸夏。邾人灭须句，须句子来奔，因成风也。成风为之言于公曰：“崇明祀，保小寡，周礼也；蛮夷猾夏，周祸也。若封须句，是崇皞、济而修祀、纾祸也。”

〔发明〕杜预注“虚丘，是邾国的地方”，等等。《正义》说：“荦地的结盟，邾人参加了。僖公和他们结盟而又打败他们的军队，《左传》没有明确地说明其中的原因，只说戍守在虚丘。不知道虚丘是哪国土地，为什么要戍守它？服虔说：‘虚丘，是鲁国的城邑。鲁国有动乱，邾国派兵戍守虚丘。鲁国与邾国本没有怨恨，趁着邾军将要回国，拦截打败他们，所以邾人讨厌僖公。’邾国与鲁国本来没有怨恨，僖公逃到邾国，邾国是僖公在国外的主事者；鲁国内乱，邾国戍守鲁国的内部城邑。鲁国无故打败邾国的军队，是背信弃义，没有比这更过分的了，这不是颂诗歌颂的国君僖公所应当做的。杜预认为不是这样，因此另创一种说法，也没有根据，总之从道理上说应该如此。”

冬季，莒国人因遣送庆父一事前来求取财货，公子友在鲁国郦地打败了他们，俘虏了莒子的弟弟挐。挐并不是卿，《春秋》这样记载，是为了赞美公子友俘获他的功劳。

〔补逸〕《穀梁传》：莒国没有大夫，这里称“莒挐”，为什么呢？因为我国俘获了他，所以这样称呼他。对鲁国不提及俘获之事，这里提及俘获之事，是为什么呢？是因为厌恶公子友的欺诈行径。他怎样进行欺诈的呢？公子友对莒挐说：“咱们两个人都不喜欢对方，可是士卒们又有什么罪过呢？你我屏退左右而徒手搏斗吧。”公子友不能取胜，他的左右喊道：“孟劳！”孟劳，是鲁国宝刀的名字，于是公子友就用这把宝刀杀了莒挐。既然如此，那么为什么要对这一欺诈行为感到厌恶呢？回答说：这是抛弃军队的做法。

二十一年，任国、宿国、须句、颛臾这些风姓的国家，主持太皞和济水神的祭祀，以服从中原各国。邾国人灭了须句，须句子逃亡到鲁国来，这是由于须句是僖公母亲成风的娘家。成风替须句子向僖公进言说：“尊崇重大祭祀，保护弱小的国家，这是周朝的礼仪；蛮夷扰乱中原，这是周朝的祸患。如果封了须句，就是尊崇太皞、济水神，修明祭祀，缓解祸患啊。”

二十二年春，伐邾，取须句，反其君焉，礼也。邾人以须句故出师，公卑邾，不设备而御之。臧文仲曰："国无小，不可易也。无备，虽众，不可恃也。《诗》曰：'战战兢兢，如临深渊，如履薄冰。'又曰：'敬之敬之！天维显思，命不易哉！'先王之明德，犹无不难也，无不惧也，况我小国乎？君其无谓邾小，蜂虿有毒，而况国乎？"弗听。八月丁未，公及邾师战于升陉，我师败绩。邾人获公胄，县诸鱼门。

〔补逸〕《檀弓》：邾娄复之以矢，盖自战于升陉始也。

二十五年，卫人平莒于我。十二月，盟于洮，修卫文公之好，且及莒平也。

二十六年春王正月，公会莒兹丕公、甯庄子盟于向，寻洮之盟也。齐师侵我西鄙，讨是二盟也。

二十七年春，杞桓公来朝，用夷礼，故曰"子"。公卑杞，杞不共也。秋，入杞，责无礼也。

三十三年，公伐邾，取訾娄，以报升陉之役。邾人不设备，秋，襄仲复伐邾。

文公七年春，公伐邾，间晋难也。三月甲戌，取须句，置文公子焉，非礼也。

十三年，邾子卒。邾文公卜迁于绎。史曰："利于民，而不利于君。"邾子曰："苟利于民，孤之利也。天生民而树之君，

二十二年春季，僖公率军攻打邾国，夺取了须句，并让须句的国君回国，这是合于礼法的。邾人由于鲁国帮助须句的缘故出兵讨伐，僖公轻视邾国，不做充分的准备，就去抵御邾军。臧文仲说："国家无所谓弱小，不能轻视。没有防备，即使兵士众多，还是不足依靠。《诗经》说：'战战兢兢，如同面向深渊，如同踩着薄冰。'又说：'谨慎又谨慎！上天光明普照，得到天命不容易啊！'以先王的美德，尚且还觉得无事不困难，无事不戒惧，何况我们这个小国呢？国君不要认为邾国弱小，黄蜂、蝎子都有毒，何况一个国家呢？"僖公不听。八月初八日，僖公和邾军在鲁国升陉作战，鲁军大败。邾军获得僖公的头盔，回去后把它挂在国都城门鱼门上炫耀。

〔补逸〕《檀弓》：邾娄用箭来招魂，大概是从升陉之战开始的。

二十五年，卫人调停莒国和鲁国的关系。十二月，僖公和卫成公、莒庆在鲁国洮地结盟，重温卫文公时的旧好，同时和莒国讲和。

二十六年春季，周历正月，僖公会同莒兹丕公、卫大夫甯庄子在向地结盟，三方重温了从前洮地盟会的旧好。齐国军队攻打鲁国西部边境，表示对洮地、向地两次盟会的不满。

二十七年春，杞桓公前来鲁国朝见，由于他用的是夷人的礼节，所以《春秋》称他为"子"。僖公看不起杞桓公，因为他认为杞桓公不恭敬。秋季，公子遂领兵攻入杞国，这是责备杞桓公的无礼。

三十三年，僖公攻打邾国，夺取了訾娄，以报复升陉这一战役。邾国没有设防，秋季，东门襄仲（即公子遂）再一次攻打邾国。

鲁文公七年春季，文公领兵攻打邾国，这是利用晋国国内有祸难的空子。三月十七日，鲁国军队夺取了须句，但却安排邾文公的儿子作为守官，这是不合于礼法的。

十三年，邾文公去世。邾文公为迁都到绎地而占卜吉凶。史官说："对百姓有利，但是对国君不利。"邾文公说："如果对百姓有利，那就是我的利益。上天生育了百姓而为他们设置君主，

以利之也。民既利矣,孤必与焉。"左右曰:"命可长也,君何弗为?"邾子曰:"命在养民。死之短长,时也。民苟利矣,迁也!吉莫如之。"遂迁于绎。五月,邾文公卒。君子曰:"知命。"

十四年,邾文公之卒也,公使吊焉,不敬。邾人来讨,伐我南鄙,故惠伯伐邾。邾文公元妃齐姜,生定公;二妃晋姬,生捷菑。文公卒,邾人立定公,捷菑奔晋。晋赵盾以诸侯之师八百乘纳捷菑于邾。邾人辞曰:"齐出貜且长。"宣子曰:"辞顺而弗从,不祥。"乃还。

〔考异〕按:纳捷菑者,《公羊》曰郤缺,《穀梁》曰郤克。

宣公四年春,公及齐侯平莒及郯,莒人不肯。公伐莒,取向,非礼也。平国以礼,不以乱。伐而不治,乱也。以乱平乱,何治之有?无治,何以行礼?

九年秋,取根牟,言易也。

十年,师伐邾,取绎。冬,子家如齐,伐邾故也。

十三年春,齐师伐莒。莒恃晋而不事齐故也。

十八年秋七月,邾人戕鄫子于鄫。凡自虐其君曰弑,自外曰戕。

成公六年,取鄟,言易也。

是为了给他们带来利益。百姓得到了利益，我必然也会获利。”左右随从说：“生命是可以延长的，国君为什么不努力做呢？”邾文公说：“活着是为了抚养百姓。死得或早或晚，那是时运的缘故。百姓如果有利，迁都吧！没有比这再吉利的了。”于是就迁都到绎地。五月，邾文公去世。君子说：“邾文公知道天命。”

十四年，邾文公去世的时候，鲁文公派使者前去吊丧，但礼仪不恭敬。于是邾国人就发兵来攻，攻打鲁国南部边境，所以鲁国就派了惠伯（即叔仲彭生）进攻邾国。邾文公的第一个夫人齐姜，生了定公；第二个夫人晋姬，生了捷菑。文公去世后，邾国人立定公为国君，捷菑则逃亡到晋国。晋国的赵盾率领诸侯军队的八百辆战车把捷菑送回邾国。邾国人辞谢说：“齐国女子生的貜且（即邾定公）年长，应当立他为君。”赵宣子（即赵盾）说：“言辞合于情理而不听从，不吉祥。”于是就回去了。

〔考异〕按：送回捷菑的人，《公羊传》说是郤缺，《穀梁传》说是郤克。

鲁宣公四年春季，宣公和齐惠公出面让莒国和郯国讲和，但莒人不肯。宣公便率军攻打莒国，夺取了向地，这是不合于礼法的。和别国讲和应该用礼法，不应该使用武力。如果兴兵攻打就不能实现安定，就是动乱。用动乱去平定动乱，还有什么安定？没有安定，还怎么实行礼法？

九年秋季，鲁国占领了根牟国，《春秋》这样记载，是说事情完成得很容易。

十年，鲁国出兵攻打邾国，夺取了绎邑。冬季，鲁国大夫子家到齐国去，这是由于攻打邾国而怕齐国不满的缘故。

十三年春季，齐国军队攻打莒国。是由于莒国依仗晋国而不事奉齐国的缘故。

十八年秋季七月，邾国人在鄫国戕杀鄫子。凡是国内人自己杀死国君的叫作弑，来自国外的人杀死国君的叫作戕。

鲁成公六年，夺取了鄟国，《春秋》这样记载，是说事情完成得很容易。

八年，声伯如莒，逆也。

十八年八月，邾宣公来朝，即位而来见也。

襄公元年九月，邾子来朝，礼也。

四年冬，公如晋听政。晋侯享公，公请属鄫，晋侯不许。孟献子曰："以寡君之密迩于仇雠，而愿固事君，无失官命。鄫无赋于司马，为执事朝夕之命敝邑，敝邑褊小，阙而为罪，寡君是以愿借助焉。"晋侯许之。冬十月，邾人、莒人伐鄫，臧纥救鄫，侵邾，败于狐骀。国人逆丧者皆髽，鲁于是乎始髽。国人诵之曰："臧之狐裘，败我于狐骀。我君小子，朱儒是使。朱儒朱儒，使我败于邾。"

〔补逸〕《家语》：子路问于孔子曰："臧武仲率师与邾人战于狐骀，遇败焉，师人多丧，而无罚，古之道然与？"孔子曰："凡谋人之军，师败则死之；谋人之国，邑危则亡之，古之道也。其君在焉者，有诏则无讨。"

《礼记·檀弓》：鲁妇人之髽而吊也，自败于台骀始也。

五年春，公至自晋。穆叔觌鄫大子于晋，以成属鄫。书曰"叔孙豹，鄫大子巫如晋"，言比诸鲁大夫也。九月丙午，盟于戚。穆叔以属鄫为不利，使鄫大夫听命于会。

八年，鲁国的声伯（即子叔声伯）到莒国去，这是去迎娶妻子。

十八年八月，邾宣公来鲁国朝见，这是由于即位而前来进见。

鲁襄公元年九月，邾宣公前来鲁国朝见，这是合于礼法的。

四年冬季，襄公到晋国去听取晋国对鲁国的贡赋要求。晋悼公设享礼招待襄公，襄公请求把鄫国归属鲁国，晋悼公不答应。孟献子说："我们国君紧挨着贵国的仇敌，还是愿意坚决事奉国君您，没有耽误国君您的命令。鄫国并没有向晋国的司马交纳贡赋，而您手下的办事人员却经常对我们国家有所命令，我们国家地域狭小，不能满足要求就是罪过，我们国君因此希望得到鄫国作为帮助。"晋悼公允许了。冬季十月，邾国人、莒国人攻打鄫国，臧纥（即臧武仲）救援鄫国，进攻邾国，却在狐骀被击败。国内的人们去接丧的都用麻系发，鲁国从这时开始有用麻系发的习俗。国内的人们讽刺说："姓臧的身穿狐皮袄，害我们在狐骀被打败。我们的国君是个小孩子，派个侏儒干这差使。侏儒啊侏儒，使我们败给邾国人。"

〔补逸〕《家语》：子路问孔子说："臧武仲率领军队与邾国人在狐骀作战，结果遭到了失败，军队中的人死了许多，然而他却没有受到处罚，古代的道理是这样的吗？"孔子说："凡是为别人的军队谋划，军队失败了就要以身殉死；为别人的国家谋划，城邑危险就要逃亡国外，这是古代的正道。如果他的国君还在，有诏令赦免就不惩罚有罪者。"

《礼记·檀弓》：鲁国妇女去掉发巾露出发髻去吊丧的习俗，是从台骀（即狐骀）之战失败后开始的。

五年春季，襄公从晋国回到鲁国。穆叔（即叔孙豹）带领鄫国的太子去到晋国进见，以完成鄫国归属鲁国的手续。《春秋》记载说"叔孙豹、鄫太子巫到晋国去"，这就是把鄫国的太子巫等同于鲁国的大夫。九月二十三日，襄公和晋悼公、宋平公、陈哀公、卫献公、郑僖公、曹成公、莒犁比公、邾宣公、滕成公、薛伯、齐太子光、吴国人、鄫国人等在戚地结盟。叔孙豹认为鄫国归属鲁国对鲁国不利，就让鄫国的大夫以独立国家的身份参加会见听取命令。

六年，莒人灭鄫，鄫恃赂也。冬，穆叔如邾，聘且修平。晋人以鄫故来讨，曰："何故亡鄫？"季武子如晋，见且听命。

〔考异〕《穀梁传》曰：莒人灭鄫，非灭也，立异姓以莅祭祀，灭亡之道也。

《公羊传》曰：莒女有为鄫夫人者，盖欲立其出矣。

八年，莒人伐我东鄙，以疆鄫田。十年，莒人间诸侯之有事也，故伐我东鄙。

十二年春，莒人伐我东鄙，围台。季武子救台，遂入郓，取其钟以为公盘。

十三年夏，邿乱，分为三。师救邿，遂取之。凡书"取"，言易也；用大师焉曰"灭"，弗地曰"入"。

十有五年秋，邾人伐我南鄙，使告于晋。晋将为会，以讨邾、莒。晋侯有疾，乃止。冬，晋悼公卒，遂不克会。

十六年春，葬晋悼公。平公即位，会于溴梁。命归侵田。以我故，执邾宣公、莒犁比公，且曰"通齐、楚之使"。

十七年冬，邾人伐我南鄙，为齐故也。

十九年春，诸侯还自沂上，盟于督扬，曰："大毋侵小。"执邾悼公，以其伐我故。遂次于泗上，疆我田，取邾田，自漷水归之于我。

六年，莒国人灭了鄫国，这是由于鄫国人仗着贿赂鲁国而疏于防备的缘故。冬季，叔孙豹（穆叔）到邾国聘问，同时重修友好关系。晋国人由于鄫国的缘故前来讨伐鲁国，说："为什么让鄫国灭亡？"季武子到晋国去拜见，等候处置。

〔考异〕：《穀梁传》说：莒国人灭鄫国，不是用武力灭的，立异姓的人为继承人去操持鄫国宗庙的祭祀，是灭亡缯国的方式。

《公羊传》说：莒国女子有做鄫国夫人的，莒国大概是想立她的外孙为鄫国国君。

八年，莒人攻打鲁国东部边境，以划定原鄫国田地的疆界。十年，莒国人钻了诸侯有战事的空子，所以攻打鲁国东部边境。

十二年春季，莒国人攻打鲁国的东部边境，包围了台地。季武子救援台地，乘机进入莒国的郓地，掠夺了他们的钟，改铸为襄公的盘。

十三年夏季，邿国发生动乱，一分为三。鲁国出兵救援邿国，乘机夺取了它。凡是《春秋》记载说"取"，就是说事情容易；动用了大军叫作"灭"，攻破不占有土地叫作"入"。

十五年秋季，邾国人攻打鲁国南部边境，鲁国派使者向晋国报告。晋国打算举行会见，以讨伐邾国和莒国。晋悼公因为有病，事情就停了下来。冬季，晋悼公去世，因此就没有能举行会见。

十六年春季，晋国安葬了晋悼公。晋平公即位后，和鲁襄公、宋平公、卫殇公、郑简公、曹成公、莒犁比公、邾宣公、滕成公、薛献公、杞孝公、小邾穆公等在溴梁会见。命令诸侯退回互相侵占的田地。由于鲁国的缘故，逮住了邾宣公、莒犁比公，而且说"他们两国同齐国、楚国通使"。

十七年冬季，邾国人攻打鲁国的南部边境，这是为了齐国。

十九年春季，诸侯从沂水边上回来，在齐国督扬结盟，说："大国不要进攻小国。"逮住邾悼公，这是因为他攻打鲁国的缘故。于是诸侯的军队驻扎在泗水边上，重新划定鲁国的疆界，鲁国取得了邾国的田地，漷水以西的土田都归属鲁国。

二十年春，及莒平。孟庄子会莒人盟于向，督扬之盟故也。邾人骤至，以诸侯之事，弗能报也。秋，孟庄子伐邾，以报之。

二十一年春，公如晋，拜师，及取邾田也。邾庶其以漆、闾丘来奔，季武子以公姑姊妻之，皆有赐于其从者。

于是鲁多盗。季孙谓臧武仲曰："子盍诘盗？"武仲曰："不可诘也，纥又不能。"季孙曰："我有四封，而诘其盗，何故不可？子为司寇，将盗是务去，若之何不能？"武仲曰："子召外盗，而大礼焉，何以止吾盗？子为正卿，而来外盗，使纥去之，将何以能？庶其窃邑于邾以来，子以姬氏妻之，而与之邑，其从者皆有赐焉。若大盗礼焉以君之姑姊与其大邑，其次皂牧舆马，其小者衣裳剑带，是赏盗也。赏而去之，其或难焉。纥也闻之，在上位者洒濯其心，壹以待人，轨度其信，可明征也，而后可以治人。夫上之所为，民之归也。上所不为，而民或为之，是以加刑罚焉，而莫敢不惩。若上之所为，而民亦为之，乃其所也，又可禁乎？《夏书》曰：'念兹在兹，释兹在兹，名言兹在兹，允出兹在兹，惟帝念功。'将谓由己壹也。信由己壹，而后功可念也。"

庶其非卿也，以地来，虽贱，必书，重地也。

二十年春季，鲁国和莒国讲和。孟庄子在向地会见莒人，双方结盟，这是由于督扬盟会的缘故。邾国人屡次来犯，由于鲁国参加诸侯的活动，无力报复。秋季，孟庄子攻打邾国作为报复。

二十一年春季，襄公到晋国去，这是为了拜谢晋国出兵帮助鲁国讨伐齐国和取得邾国的田地。邾大夫庶其带着漆地和闾丘来投奔鲁国，季武子把襄公的姑母嫁给他做妻子，对他的随从都加以赏赐。

当时鲁国的盗贼很多。季孙（即季武子）对臧武仲说："您为什么不惩治盗贼？"武仲说："盗贼不可以惩治，我臧纥也没有能力惩治。"季孙说："我国有四方的边境，用来惩治国内的盗贼，为什么不可以呢？您做司寇，应当致力于除掉盗贼的工作，怎么做不到呢？"武仲说："您召来外边的盗贼而大大地给予礼遇，怎么能禁止国内的盗贼？您做正卿，反而把外边的盗贼招来；让我臧纥去掉国内的盗贼，我怎么能够办到？庶其从邾国偷盗了城邑前来，您将姬氏女子嫁给他为妻，还给了他城邑，他的随从都得到赏赐。如果对待大盗，您用国君的姑母和他的大城邑来表示礼遇，次一等的给予贱役车马，再小的给予衣服佩剑腰带，这是赏赐盗贼。赏赐了盗贼而又要除掉他们，恐怕很困难吧。我臧纥听说过，在上位的人要洗涤他的心，待人处事一以贯之，用一定的法度来保障信用，使信誉有明确的证明，然后才可以治理别人。在上位者所做的，是百姓追随的趋向。在上位者所不做的，百姓中有的人还是会做，因此要加以惩罚，因而没有人敢不约束自己的行为。如果在上位者所做的事，百姓也做了，这是理所应当的，又怎么能够禁止呢？《夏书》说：'想让人做某事就要自己先做到，想让人不做某事自己就不要做，发布的命令自己要做到，信用来自自己的行为，只有天帝才能记下这功绩。'大约说的就是要由自身坚持一以贯之。信用是由于自己的一以贯之，然后才有功劳可以记录。"

庶其不是正卿，他带着土地前来，虽然地位低贱，《春秋》也一定要加以记载，这是因为重视土地。

二十八年夏，邾悼公来朝，时事也。

三十一年。莒犁比公生去疾及展舆，既立展舆，又废之。犁比公虐，国人患之。十一月，展舆因国人以攻莒子，弑之，乃立。去疾奔齐，齐出也。展舆，吴出也。书曰“莒人弑其君买朱钼”，言罪之在也。

昭公元年春，会于虢。三月，季武子伐莒，取郓，莒人告于会。楚告于晋曰：“寻盟未退，而鲁伐莒，渎齐盟，请戮其使。”乐桓子相赵文子，欲求货于叔孙而为之请，使请带焉，弗与。梁其踁曰：“货以藩身，子何爱焉？”叔孙曰：“诸侯之会，卫社稷也。我以货免，鲁必受师，是祸之也，何卫之为？”赵孟闻之，乃请诸楚曰：“鲁虽有罪，其执事不避难，畏威而敬命矣。子若免之，以劝左右，可也。莒、鲁争郓，为日久矣。苟无大害于其社稷，可无亢也。”乃免叔孙。

莒展舆立，而夺群公子秩，公子召去疾于齐。秋，齐公子钼纳去疾，展舆奔吴。叔弓帅师疆郓田，因莒乱也。于是莒务娄、瞀胡及公子灭明以大厖与常仪靡奔齐。君子曰：“莒展之不立，弃人也。夫人，可弃乎？《诗》曰‘无竞维人’，善矣。”

四年秋九月，取鄫，言易也。莒乱，著丘公立而不抚鄫，鄫叛而来，故曰“取”。凡克邑，不用师徒曰“取”。

二十八年夏季，郏悼公前来鲁国朝见，这是按时令而来的朝见。

三十一年。莒犁比公生了去疾和展舆，本来已经立了展舆，却又废了他。犁比公暴虐，国内的民众为此感到担心。十一月，展舆依靠国内的百姓攻打莒犁比公，杀死了他，然后自立为国君。去疾逃亡到齐国，因为他是齐女所生。展舆是吴女所生。《春秋》记载说“莒国人杀死他们的国君买朱鉏”，这是说罪过在于莒犁比公。

鲁昭公元年春季，诸侯在虢地会见。三月，季武子攻打莒国，夺取了郓地，莒国人向盟会报告。楚国对晋国说：“重温过去的盟会还没有结束，鲁国就攻打莒国，亵渎盟约，请求诛戮他的使者。”乐桓子辅佐赵文子（即赵武），想要向叔孙豹索取财货而为他向赵文子说情，便派人向叔孙豹要他的带子，叔孙豹不给。叔孙家臣梁其踁说：“财货是用来保护身体的，您为什么要吝惜呢？”叔孙豹说：“诸侯的会见，是为了保卫国家。我用财货贿赂来免于祸患，鲁国就必然要受到进攻，这是给它带来祸患啊，哪里算得上是保卫呢？”赵孟（即赵武）听说了这些话，就向楚国请求说：“鲁国虽然有罪，其执事大臣却不避祸难，他害怕贵国的威严而恭敬地从命了。您如果赦免他，用来勉励您的左右，这是可以的。莒国、鲁国争夺郓地，日子很久了。如果对他们的国家没有大妨害，可以不必去保护。”于是就赦免了叔孙豹。

莒国的展舆即位，剥夺了公子们的俸禄，公子们把去疾从齐国召回来。秋季，齐国的公子鉏把去疾送回莒国，展舆逃亡到吴国。鲁国的叔弓率领军队划定郓地的疆界，这是乘莒国发生动乱。这时候莒国的务娄、瞀胡和公子灭明带着大厖和常仪靡两座城邑逃亡到齐国。君子说：“莒国的展舆之所以不能站稳脚跟，是因为抛弃了人心的缘故。人心可以抛弃吗？《诗经》说，‘要强大只有靠得人心’，很正确啊！”

四年秋季九月，鲁国取得鄫国，这是说事情办得很容易。莒国发生动乱，著丘公去疾即位而不安抚鄫国，鄫国叛离而来投向鲁国，所以说“取”。凡是攻下城邑，不动用军队叫“取”。

五年夏，莒牟夷以牟娄及防、兹来奔。牟夷非卿而书，尊地也。莒人诉于晋，晋侯欲止公。范献子曰：“不可。人朝而执之，诱也。讨不以师，而诱以成之，惰也。为盟主而犯此二者，无乃不可乎！请归之，间而以师讨焉。”乃归公。秋七月，公至自晋。莒人来讨，不设备。戊辰，叔弓败诸蚡泉，莒未陈也。

六年夏，季孙宿如晋，拜莒田也。晋侯享之，有加笾。武子退，使行人告曰：“小国之事大国也，苟免于讨，不敢求贶。得贶不过三献。今豆有加，下臣弗堪，无乃戾也！”韩宣子曰：“寡君以为欢也。”对曰：“寡君犹未敢，况下臣，君之隶也，敢闻加贶？”固请彻加，而后卒事。晋人以为知礼，重其好货。

十年秋七月，平子伐莒，取郠。献俘，始用人于亳社。臧武仲在齐，闻之，曰：“周公其不飨鲁祭乎！周公飨义，鲁无义。《诗》曰：‘德音孔昭，视民不佻。’佻之谓甚矣，而壹用之，将谁福哉？”

十一年，孟僖子会邾庄公盟于祲祥，修好，礼也。

十二年，公如晋，至河，乃复。取郠之役，莒人诉于晋，晋有平公之丧，未之治也，故辞公。公子慭遂如晋。

十三年夏，为取郠故，晋将以诸侯来讨。七月，遂合诸侯于平丘。邾人、莒人诉于晋曰：“鲁朝夕伐我，几亡矣。

五年夏季，莒国的牟夷带着牟娄和防地、兹地三地投奔鲁国。牟夷不是卿，但《春秋》加以记载，是因为看重这些土地。莒人向晋国控诉这件事，晋平公想要扣留鲁昭公。范献子说："不行。别人来朝见却扣留他，这是引诱。惩罚不用军队，而通过引诱来实现，这是怠惰。做盟主却触犯了这两条，恐怕不行吧！请让他回去，等有机会再派军队去讨伐。"于是让昭公回国。秋季七月，昭公从晋国回到鲁国。莒人前来攻打，但自己不设防备。十四日，叔弓在鲁国蚡泉击败了他们，因为莒人没有摆好阵势。

六年夏季，季孙宿（即季武子）到晋国去，拜谢晋国不讨伐鲁国占领莒国田地之事。晋平公设享礼招待他，有额外的加菜。季孙宿退出，派使者报告说："小国事奉大国，如果免于被讨伐，不敢再求赏赐。得到赏赐也不超过三次献酒的规格。现在菜肴有所增加，下臣不敢当，恐怕会因此获罪吧！"韩宣子说："我们国君以此表达欢悦。"季孙宿回答说："我们国君尚且不敢当，何况下臣只是国君的下臣，岂敢听到有外加的赏赐？"坚决请求撤去加菜，然后完成宴享。晋国人认为他懂礼，送给他厚重的财礼。

十年秋季七月，季平子攻打莒国，占取了郠地。凯旋后在周公庙中奉献俘虏，首次在亳社用人祭祀。臧武仲在齐国，他听说了这件事，说："周公大概不会享用鲁国的祭祀了吧！周公享用合于道义的祭祀，鲁国的做法不合于道义。《诗经》说："先王的德教十分显明，对百姓不要轻佻随便。"现在的做法可以说轻佻得过分了，而又专门这样做，上天将会降福给谁呢？"

十一年，孟僖子会见邾庄公，在鲁国祲祥结盟，重修旧好，这是合于礼法的。

十二年，昭公到晋国去，到达黄河，就回来了。夺取郠地的那一次战役，莒国人向晋国控诉，晋国正好有平公的丧事，没有能够惩处，所以谢绝昭公前往。鲁国大夫公子慭就到晋国去。

十三年夏季，因为鲁国夺取了郠地的缘故，晋国打算带领诸侯军队前来讨伐鲁国。七月，晋国在卫国平丘会合诸侯。邾国人、莒国人向晋国控诉说："鲁国经常攻打我们，我们快要被灭亡了。

我之不共，鲁故之以。”晋侯不见公。甲戌，同盟于平丘，公不与盟。晋人执季孙意如，以幕蒙之，使狄人守之。司铎射怀锦，奉壶饮冰，以蒲伏焉。守者御之，乃与之锦而入。晋人以平子归，子服湫从。公如晋。荀吴谓韩宣子曰：“诸侯相朝，讲旧好也。执其卿而朝其君，有不好焉，不如辞之。”乃使士景伯辞公于河。

季孙犹在晋，子服惠伯私于中行穆子曰：“鲁事晋，何以不如夷之小国？鲁，兄弟也，土地犹大，所命能具。若为夷弃之，使事齐、楚，其何瘳于晋？亲亲与大，赏共罚否，所以为盟主也。子其图之！谚曰：‘臣一，主二。’吾岂无大国？”穆子告韩宣子，且曰：“楚灭陈、蔡，不能救，而为夷执亲，将焉用之？”乃归季孙。

惠伯曰：“寡君未知其罪，合诸侯而执其老。若犹有罪，死命可也。若曰无罪，而惠免之，诸侯不闻，是逃命也，何免之为？请从君惠于会。”宣子患之，谓叔向曰：“子能归季孙乎？”对曰：“不能，鲋也能。”乃使叔鱼。叔鱼见季孙曰：“昔鲋也得罪于晋君，自归于鲁君，微武子之赐，不至于今。虽获归骨于晋，犹子则肉之，敢不尽情？归子而不归，鲋也闻诸吏，将为子除馆于西河，其若之何？”且泣。平子惧，

我们不能进贡财礼，是因为鲁国的缘故。”因此晋昭公拒绝接见鲁昭公。初七，诸侯在平丘一起会盟，昭公没有参加结盟。晋人逮捕了季孙意如（即季平子），用幕布遮住他，派狄人看守。鲁国大夫司铎射怀里藏了锦缎，捧着用壶盛着的冰水，偷偷地爬过去。看守人阻止他，他就把锦缎送给看守人，然后进去。晋国人带着季平子回到晋国，子服湫（即子服惠伯）跟随前去。鲁昭公到晋国去。晋国的荀吴对韩宣子说：“诸侯互相朝见，这是为了重温过去的友好。抓了他们的卿而让他们的国君来朝见，这是不友好的，不如谢绝他前来。”于是就派士景伯在黄河边上辞谢昭公。

季平子还在晋国，鲁国的子服惠伯私下对中行穆子（即荀吴）说：“鲁国事奉晋国，为什么不如夷人的小国？鲁国跟晋国是兄弟之国，版图还很大，你们所规定的进贡物品都能具备。如果为了夷人而抛弃它，让它事奉齐国、楚国，对晋国有什么好处？亲近兄弟国家，帮助版图大的国家，奖赏能供给的国家，惩罚不能供给的国家，这就是能成为盟主的原因。您还是考虑一下吧！俗话说：‘一个臣子可以有两个主人。’我们难道没有大国可以去事奉了吗？”中行穆子告诉韩宣子，而且说：“楚国灭亡陈、蔡两国，我们不能救援，反而为了夷人逮捕亲人，哪里用得着这样？”于是晋国就把季平子放回去。

子服惠伯说：“我们国君不知道自己的罪过，会合诸侯而逮捕他的执政大臣。如果有罪，可以奉命而死。如果说没有罪而加恩赦免他，诸侯没有听说这个消息，那就是逃避命令，怎么算是赦免呢？请求跟从您，在盟会上公开接受恩惠。”韩宣子担心这件事，对叔向说：“您能让季孙回去吗？”叔向回答说：“我办不到，羊舌鲋可以办到。”于是就让叔鱼（即羊舌鲋）去。叔鱼进见季平子，说：“从前我得罪了晋国国君，自己归附了鲁国，如果不是您祖父武子的恩赐，就不会有今天。即使我这把老骨头已经回到晋国，还是您家再次给了我生命，我岂敢不为您尽心尽力呢？现在让您回去而您不回去，我听官吏说，打算在西河造房子把您安置在那里。这样的话，该怎么办呢？”说着他掉下泪来。季平子害怕，

先归。惠伯待礼。

十四年春，意如至自晋，尊晋罪己也。尊晋罪己，礼也。

十八年六月，鄅人藉稻，邾人袭鄅。鄅人将闭门，邾人羊罗摄其首焉，遂入之，尽俘以归。鄅子曰："余无归矣！"从帑于邾。邾庄公反鄅夫人，而舍其女。

十九年，鄅夫人，宋向戌之女也，故向宁请师。二月，宋公伐邾，围虫。三月，取之，乃尽归鄅俘。夏，邾人、郳人、徐人会宋公。乙亥，同盟于虫。

二十三年春，邾人城翼。还，将自离姑。公孙钼曰："鲁将御我。"欲自武城还，循山而南。徐钼、丘弱、茅地曰："道下，遇雨，将不出，是不归也。"遂自离姑。武城人塞其前，断其后之木而弗殊。邾师过之，乃推而蹶之，遂取邾师，获钼、弱、地。

邾人诉于晋，晋人来讨。叔孙婼如晋，晋人执之。书曰"晋人执我行人叔孙婼"，言使人也。晋人使与邾大夫坐。叔孙曰："列国之卿，当小国之君，固周制也。邾又夷也。寡君之命介子服回在，请使当之，不敢废周制故也。"乃不果坐。

韩宣子使邾人聚其众，将以叔孙与之。叔孙闻之，去众与兵而朝。士弥牟谓韩宣子曰："子弗良图，而以叔孙与其仇，

就先回去了。子服惠伯不走，等待晋国人以礼相送。

十四年春季，季孙意如从晋国回到鲁国。《春秋》这样记载，是尊重晋国而归罪于鲁国。尊重晋国而归罪于鲁国，这是合于礼法的。

十八年六月，鄅国国君巡视籍田，邾国军队袭击鄅国。鄅国人将要关上城门，邾国人羊罗把关闭城门者的脑袋砍下用手提着，随后攻入鄅国，把百姓全都俘虏回去。鄅子说："我没有地方可以回去了！"跟随他的妻子儿女到了邾国。邾庄公归还了他的夫人而留下了他的女儿。

十九年，鄅国国君的夫人，是宋国向戌的女儿，所以向戌儿子向宁请求出兵。二月，宋元公攻打邾国，包围虫地。三月，夺取虫地，把鄅国的俘虏全部放了回去。夏季，邾人、郳人、徐人会见宋元公。五月十二日，在虫地一起结盟。

二十三年春季，邾人在翼地筑城。回去时邾人打算从离姑那条路上走，但必须经过鲁国的武城。公孙鉏说："鲁国将会抵御我们。"于是就准备从武城回去，沿着山往南走。徐鉏、丘弱、茅地说："沿着山道一直往下，碰上雨，将会出不去，那时就不能回去了。"于是就取道离姑。武城人出兵挡住去路，又砍伐了退路两旁的树木，但不让它断倒。邾军经过树木时，武城人就推倒树木，于是消灭邾军，获得了徐鉏、丘弱、茅地。

邾人向晋国控诉，晋人前来问罪。叔孙婼到晋国去，晋人就把他抓了起来。《春秋》记载说"晋人扣留我国使者叔孙婼"，是说他们逮捕了使臣。晋人让叔孙婼和邾国的大夫辩论。叔孙婼说："各国的卿相当于小国的国君，这本来是周朝的制度。小小的邾国还是夷人呢。现在有我们国君任命的副使子服回在晋国，请让他来做这件事，因为不敢废弃周朝的制度。"叔孙婼最终没有去辩论。

韩宣子让邾人聚集起他们的人，打算把叔孙婼交给他们。叔孙婼听到这个消息后，撇开随从和武器前去朝见。士弥牟对韩宣子说："您不好好筹划一下，反而把叔孙婼交给他的仇人，

叔孙必死之。鲁亡叔孙，必亡邾。邾君亡国，将焉归？子虽悔之，何及？所谓盟主，讨违命也。若皆相执，焉用盟主？”乃弗与，使各居一馆。士伯听其辞而诉诸宣子，乃皆执之。

士伯御叔孙，从者四人，过邾馆，以如吏。先归邾子。士伯曰：“以刍荛之难，从者之病，将馆子于都。”叔孙旦而立，期焉，乃馆诸箕。舍子服昭伯于他邑。范献子求货于叔孙，使请冠焉。取其冠法，而与之两冠，曰：“尽矣。”

为叔孙故，申丰以货如晋。叔孙曰：“见我，吾告女所行货。”见而不出。吏人之与叔孙居于箕者，请其吠狗，弗与。及将归，杀而与之食之。叔孙所馆者，虽一日，必葺其墙屋，去之如始至。公为叔孙故，如晋。及河，有疾而复。

二十四年，晋士弥牟逆叔孙于箕，叔孙使梁其踁待于门内，曰：“余左顾而欬，乃杀之；右顾而笑，乃止。”叔孙见士伯。士伯曰：“寡君以为盟主之故，是以久子。不腆敝邑之礼，将致诸从者，使弥牟逆吾子。”叔孙受礼而归。二月，“婼至自晋”，尊晋也。

三十一年冬，邾黑肱以滥来奔。贱而书名，重地故也。

叔孙婼必会因此而死。鲁国没有了叔孙婼，必然要灭掉邾国。邾君亡国，将回哪里去？到时您即使后悔，哪里来得及？所谓盟主，任务是讨伐违背命令的人。如果仅是你抓我、我抓你这样互相抓人，哪里还用得着盟主？”韩宣子于是就没有把叔孙婼交给邾人，而让他和子服回各自住在一个宾馆里。士伯（即士弥牟）听了他们的辩解，告诉了韩宣子，韩宣子就把他们都抓了起来。

士弥牟为叔孙婼驾车，跟从的有四个人，经过邾人的宾馆而到官吏那里去。晋国先让邾庄公回国。士弥牟说：“由于柴火困难，服务人员劳苦，打算让您住在别的城邑里。”叔孙婼一早就站在那里，等候命令，晋人就让他住在箕地。让子服昭伯住在另外的城邑里。范献子向叔孙婼求取财货，派人去请求叔孙婼送给他帽子。叔孙婼拿来范献子帽子的样子，照样送给他两顶，说：“都在这里了。”

因为叔孙婼被扣留的缘故，家臣申丰带着财货来到晋国。叔孙婼说：“来见我，我告诉你要把财货送到哪里去。”申丰进见叔孙婼，叔孙婼就没有让他出来。和叔孙婼一起住在箕地的看守请求得到他那只善吠的狗，叔孙婼不给。等到将要回去，他又杀了这条狗和看守一起吃了。叔孙婼所住的地方，即使只住一天，也一定要修缮墙屋，他离开的时候墙屋就跟他刚到的时候一样。鲁昭公为了叔孙婼的事情前往晋国。他到达黄河，因为生病，就回去了。

二十四年，晋国的士弥牟到箕地迎接叔孙婼，叔孙婼派梁其踁埋伏在门里边，说：“我向左边看并且咳嗽，就把他杀了；向右边看并且笑笑，就不要动手。”叔孙婼接见士伯（即士弥牟）。士弥牟说：“我们国君因为是盟主的缘故，所以把您久留在敝邑。敝邑有些薄礼，将要送给您的随从，晋侯特派我士弥牟来迎接您。”叔孙婼接受了礼物而回国。二月，叔孙婼从晋国回国，《春秋》这样记载，是表示尊重晋国。

三十一年冬季，邾国的黑肱带着滥地前来投奔鲁国。这个人低贱而《春秋》却记载他的名字，这是因为重视土地的缘故。

君子曰："名之不可不慎也如是！夫有所有名而不如其已。以地叛，虽贱必书地，以名其人，终为不义，弗可灭已。是故君子动则思礼，行则思义，不为利回，不为义疚。或求名而不得，或欲盖而名章，惩不义也。齐豹为卫司寇，守嗣大夫，作而不义，其书为盗。邾庶其、莒牟夷、邾黑肱以土地出，求食而已，不求其名，贱而必书。此二物者，所以惩肆而去贪也。若艰难其身，以险危大人，而有名章彻，攻难之士将奔走之。若窃邑、叛君以徼大利，而无名，贪冒之民将置力焉。是以《春秋》书齐豹曰'盗'，三叛人名，以惩不义，数恶无礼，其善志也。故曰，《春秋》之称，微而显，婉而辨。上之人能使昭明，善人劝焉，淫人惧焉，是以君子贵之。"

〔补逸〕《公羊传》：文何以无"邾娄"？通滥也。曷为通滥？贤者子孙宜有地也。贤者孰谓？谓叔术也。何贤乎叔术？让国也。其让国奈何？当邾娄颜之时，邾娄女有为鲁夫人者，则未知其为武公与，懿公与？孝公幼，颜淫九公子于宫中，因以纳贼，则未知其为鲁公子与，邾娄公子与？臧氏之母，养公者也。君幼，则宜有养者，大夫之妾，士之妻，则未知臧氏之母者曷为者也。

君子说："名义不能不慎重就像这样！有时有了名义反而不如没有名义。带了土地背叛，即使这个人低贱，也一定要记载地名，以此来记载这个人，最终成为不义，无法磨灭。因此君子行动就想着要合乎礼法，办事就想着要合乎道义；不做图利而悖理的事，不做不合于义而内疚的事。有人求名而不被记载，有人想要掩盖反而名字彰显，这是对不义的惩罚。齐豹是卫国的司寇，他世袭大夫，做事情不义，就被记载为'盗'。邾国的庶其、莒国的牟夷、邾国的黑肱带着领地出逃，只是为了谋求生活而已，他们不追求什么名义，即使他们地位低贱也一定加以记载。这两件事情，是用来惩罚放肆而去除贪婪的。如果经历艰苦，使上面的人陷于危险，反而名声显扬，发动祸难的人就要为此而奔走。如果有人盗窃城邑、背叛国君去追求大利，却不记下他的名字，贪婪的人就会卖力去干。因此《春秋》记载齐豹叫作'盗'，也记载三个叛逆者的名字，用来惩戒不义，斥责无礼，这真是善于记述啊。所以说，《春秋》的记载史实隐微而意义显著，文辞婉约而各有分寸。上面的人能够发扬《春秋》大义，就能使善人得到鼓励，恶人有所畏惧，因此君子重视这部《春秋》。"

〔补逸〕《公羊传》：《春秋》经文中为什么没有提及"邾娄"这个国名呢？因为这里是把滥这个地方当作国家看待的。为什么把滥当作国家看待呢？因为贤明的人的子孙应该拥有封地。贤明的人是指谁呢？是指叔术。为什么认为叔术贤明呢？因为他让出了君位。他让出君位是怎么回事呢？在邾娄颜公的时候，邾娄国君的女儿有做鲁国国君夫人的，然而不知道是鲁武公的夫人呢，还是鲁懿公的夫人。鲁懿公的弟弟鲁孝公年纪还小，邾娄颜公在鲁君的宫中与鲁国的九位公主淫乱，并因此招引了坏人，然而不知道这个坏人是鲁国的公子呢，还是邾娄国的公子。有个姓臧的乳母，是养育鲁孝公的人。国君年幼，那么就应该有养育他的人。按照礼仪规定，大夫的妾、士的妻子都可以充任国君的乳母，然而却不知道姓臧的乳母是什么身份。

养公者，必以其子入养。臧氏之母闻有贼，以其子易公，抱公以逃。贼至，凑公寝而弑之。臣有鲍广父与梁买子者，闻有贼，趋而至。臧氏之母曰："公不死也，在是，吾以吾子易公矣。"于是负孝公之周，诉天子。天子为之诛颜而立叔术，反孝公于鲁。

颜夫人者，妪盈女也，国色也。其言曰："有能为我杀杀颜者，吾为其妻。"叔术为之杀杀颜者，而以为妻，有子焉，谓之盱。夏父者，其所为有于颜者也。盱幼，而皆爱之。食必坐二子于其侧而食之。有珍怪之食，盱必先取足焉。夏父曰："以来。人未足，而盱有余。"叔术觉焉，曰："嘻！此诚尔国也夫！"起而致国于夏父。夏父受而中分之。叔术曰："不可。"三分之。叔术曰："不可。"四分之。叔术曰："不可。"五分之，然后受之。公扈子者，邾娄之父兄也，习乎邾娄之故。其言曰："恶有言人之国贤若此者乎！诛颜之时天子死，叔术起而致国于夏父。当此之时，邾娄人常被兵于周，曰：'何故死吾天子？'"

通滥则文何以无"邾娄"？天下未有滥也。天下未有滥，则其言以滥来奔何？叔术者，贤大夫也，

凡是养育幼君的乳母，一定要把她自己的儿子带进宫去一起养育。姓臧的乳母听说有坏人，就用自己的儿子替换了鲁孝公，抱着鲁孝公出逃。坏人到了，赶到鲁孝公的寝宫，把臧氏的儿子杀了。鲁国臣子鲍广父和梁买子，听说有坏人，快步赶到。姓臧的乳母说："国君没有死，在这里，我用我的儿子替换了国君。"于是鲍广父与梁买子背着鲁孝公到周朝国都，向周宣王告状。周宣王为此诛杀了邾娄颜公，立其弟弟叔术为邾娄国君，并使鲁孝公返回鲁国。

邾娄颜公的夫人是姓盈的老妇人的女儿，是邾娄国容貌最美丽的女子。她说："有谁能够替我杀了杀死颜公的人，我就做他的妻子。"叔术为她杀了杀死邾娄颜公的人，并娶她为妻，后来他们生了一个儿子，给他取名为盱。有一个叫夏父的小孩，是她做颜公夫人时与颜公生的。盱年幼，父母都很喜欢他。吃饭时，他们一定让两个儿子坐在他们身边，给他们饭吃。如果有珍奇的食物，盱一定先拿过来吃饱。夏父说："把它拿过来。我还没有吃饱，可是盱却有多余的。"叔术因此而醒悟，说："唉！这确实是你的国家啊！"于是起身把国家交给了夏父。夏父接受了，并把邾娄国一分为二，想要把其中的一半给叔术。叔术说："这样做不可以。"于是夏父把邾娄国一分为三。叔术说："不行。"于是再一分为四。叔术说："不行。"再一分为五，叔术才接受了其中的一份土地。有个叫公扈子的，是邾娄国国君父兄辈的人，十分了解邾娄国的旧事。他说："哪有这样说一个国家的贤者的呢？当时诛杀颜公的周宣王已死了，叔术就起来把君权交给了夏父。在那个时候，邾娄国人常被周天子的军队袭扰，周天子的兵将说：'为什么在我们的天子死后就违背了他的命令？'"

把滥当作国家看待，《春秋》经文为何没提到"邾娄"呢？天下并没有滥国。既然天下没有滥国，那么这里说黑肱带着滥投奔鲁国是为什么呢？因为叔术是个贤明的大夫，

绝之，则为叔术不欲绝；不绝，则世大夫也。大夫之义不得世，故于是推而通之也。

《穀梁传》：其不言邾黑肱，何也？别乎邾也。其不言滥子，何也？非天子所封也。来奔，内不言叛也。

〔发明〕按：《公羊传》文则黑肱乃邾叔术之后，然《左氏》并无其事，必有错误，姑存之以备考。先序讹传之事，次为叔术辨诬，文特曲而峭。

〔补逸〕《公羊传》：三十二年，取阚。阚者何？邾娄之邑也。曷为不系乎邾娄？讳亟也。有经无传。

〔发明〕是时昭公失国，取阚以自封，疑阚为鲁邑，非邾邑也。

定公二年，邾庄公与夷射姑饮酒，私出，阍乞肉焉，夺之杖以敲之。

三年春二月辛卯，邾子在门台，临廷，阍以瓶水沃庭。邾子望见之，怒。阍曰："夷射姑旋焉。"命执之，弗得，滋怒，自投于床，废于炉炭，烂，遂卒。先葬以车五乘，殉五人。庄公卞急而好洁，故及是。

冬，盟于郯，修邾好也。

如果不提邾娄国，断绝叔术与邾娄国的关系，那么叔术是不愿意这样的；如果不断绝与邾娄国的关系，就表明黑肱是世袭的大夫。按照大夫的准则，大夫不能世袭，所以，对此就按照大夫带着土地投奔别国的辞例，而把滥这个邑当成一个国家看待，以此免除叔术受到世代承袭大夫的谴责。

《穀梁传》：这里不称邾国的黑肱，为什么呢？是为了将滥这个地方同邾国区别开来。不称黑肱为滥子，为什么呢？因为他并不是周天子册封的。他逃亡前来鲁国，为鲁国讳饰，所以不称他反叛。

〔发明〕按：《公羊传》记载说黑肱是邾叔术的后代，然而《左传》却没有记载这件事，一定是有错误，姑且保存它以备参考。《公羊传》先陈述讹传的事情，接着为叔术辩诬，文法曲折而严正。

〔补逸〕《公羊传》：昭公三十二年，夺取阚地。阚地指的是哪里呢？是邾娄国的城邑。为什么不和邾娄联系起来记载呢？是避讳鲁国接连夺取了邾娄国滥地和阚地。有经无传。

〔发明〕当时昭公丧失国家的统治权，夺取阚地作为自己的封邑，我怀疑阚地是鲁国的城邑，而不是邾国的城邑。

鲁定公二年，邾庄公和大夫夷射姑喝酒，夷射姑出去小便，守门人向他讨肉，他夺过守门人手里的棍子打了他。

三年春季二月二十九日，邾庄公在门楼上，往庭院里看时，见到守门人用瓶盛水洒在庭院里。邾庄公远远看见，很生气。守门人说："夷射姑曾在这里小便。"邾庄公命令把夷射姑逮起来，没有逮着，邾庄公就更加生气，自己从床上跳下来，不小心掉在炉子里的炭上。他的皮肉被烧破溃烂了，因此而死。邾国先用五辆车子、五个人为他殉葬。邾庄公性情急躁且爱干净，所以才弄到这地步。

冬季，仲孙何忌（即孟懿子）和邾隐公在鲁国郯地结盟，这是为了重修和邾国的友好。

十五年春，邾隐公来朝。子贡观焉。邾子执玉高，其容仰；公受玉卑，其容俯。子贡曰："以礼观之，二君者，皆有死亡焉。夫礼，死生存亡之体也。将左右、周旋、进退、俯仰于是乎取之，朝、祀、丧、戎于是乎观之。今正月相朝，而皆不度，心已亡矣。嘉事不体，何以能久？高仰，骄也；卑俯，替也。骄近乱，替近疾。君为主，其先亡乎！"夏五月壬申，公薨。仲尼曰："赐不幸言而中，是使赐多言者也。"

哀公二年春，伐邾，将伐绞。邾人爱其土，故赂以漷沂之田而受盟。

〔补逸〕《穀梁传》：取漷东田，漷东未尽也；及沂西田，沂西未尽也。癸巳，叔孙州仇、仲孙何忌及邾子盟于句绎，三人伐而二人盟，何也？各盟其得也。

七年，公会吴于鄫。反自鄫，以吴为无能为也。季康子欲伐邾，乃飨大夫以谋之。子服景伯曰："小所以事大，信也；大所以保小，仁也。背大国不信，伐小国不仁。民保于城，城保于德。失二德者，危将焉保？"孟孙曰："二三子以为何如？恶贤而逆之。"对曰："禹合诸侯于涂山，执玉帛者万国，今其存者无数十焉，唯大不字小，小不事大也。知必危，何故不言？鲁德如邾，而以众加之，可乎？"不乐而出。

秋，伐邾。及范门，犹闻钟声。大夫谏，不听。茅成子

十五年春季，邾隐公前来鲁国朝见。子贡前去观礼。邾隐公把玉高高地举起，他的脸仰着；定公低低地把玉接下，他的脸俯着。子贡说："从礼的角度来看待这件事，两位国君都快要死了。礼，是生死存亡的体现。一举一动或左或右，以及揖让、进退、俯仰，就从礼来判断；朝会、祭祀、丧事、征战，也从礼来观察。现在在正月互相朝见，而都不合礼的规定，两位国君的心里已都没有礼了。朝会不合于礼，怎么能够长久？高和仰，这是骄傲；低和俯，这是衰废。骄傲接近动乱，衰废接近疾病。我们国君是主人，恐怕会先死去吧！"夏季五月二十二日，定公去世。孔丘说："端木赐（即子贡）不幸而说中了，这件事使他成为多嘴的人了。"

鲁哀公二年春季，鲁国攻打邾国，打算先攻打绞地。邾国爱惜它的土地，所以用漷、沂两地的田地作为贿赂，接受了盟约。

〔补逸〕《穀梁传》：夺取漷水东边的田地，表明没有完全占取漷水一带的田地；和沂水西边的田地，表明没有完全占取沂水一带的田地。二月二十三日，叔孙州仇、仲孙何忌和邾隐公在句绎结盟，三个人攻打邾国却只有两个人和邾子结盟，为什么呢？因为两人各自为自己得到的田地和邾子结盟。

七年，鲁哀公和吴人在鲁国鄫地会见。从鄫地回来后，季康子认为吴国是没有能力干出什么来的。季康子想要攻打邾国，就设享礼招待大夫们来一起商量。子服景伯说："小国事奉大国，靠的是信用；大国保护小国，靠的是仁爱。违背大国，这是不信；攻打小国，这是不仁。百姓靠城邑来保护，城邑靠德行来保护。丢掉了信和仁两种德行，遇到危险将靠什么保护呢？"孟孙（即孟懿子）说："您几位以为怎么样？哪一种意见明智我就接受哪一种。"大夫们回答说："禹在涂山会合诸侯的时候，拿着玉帛参会的有一万个国家，现在还存在的没有几十个了，就是因为大国不保护小国，小国不事奉大国。明知必有危险，为什么不说呢？鲁国的德行和邾国一样，而要用大兵压上去，可行吗？"于是众人不欢而散。

秋季，鲁国仍旧发兵攻打邾国。到达邾国国都的范门时，还能听到敲击乐钟的声音。大夫劝谏，季康子不听。茅成子

请告于吴，不许，曰："鲁击柝，闻于邾；吴二千里，不三月不至，何及于我？且国内岂不足？"成子以茅叛，师遂入邾，处其公宫。众师昼掠，邾众保于绎。师宵掠，以邾子益来，献于亳社，囚诸负瑕，负瑕故有绎。

邾茅夷鸿以束帛、乘韦，自请救于吴，曰："鲁弱晋而远吴，冯恃其众，而背君之盟，辟君之执事，以陵我小国。邾非敢自爱也，惧君威之不立。君威之不立，小国之忧也。若夏盟于鄫衍，秋而背之，成求而不违，四方诸侯其何以事君？且鲁赋八百乘，君之贰也；邾赋六百乘，君之私也。以私奉贰，唯君图之！"吴子从之。

八年，吴为邾故，将伐鲁，问于叔孙辄。叔孙辄对曰："鲁有名而无情，伐之，必得志焉。"退而告公山不狃。公山不狃曰："非礼也。君子违，不适仇国。未臣而有伐之，奔命焉死之可也。所托也则隐。且夫人之行也，不以所恶废乡，今子以小恶，而欲覆宗国，不亦难乎？若使子率，子必辞。王将使我。"子张病之。王问于子泄。对曰："鲁虽无与立，必有与毙；诸侯将救之，未可以得志焉。晋与齐、楚辅之，是四仇也。夫鲁，齐、晋之唇，唇亡齿寒，君所知也。不救何为？"

请求向吴国报告，邾隐公不答应，说："鲁国敲打梆子的声音在邾国可以听到，吴国相距两千里，没有三个月到不了，哪里能管得了我们？而且国内的力量难道就不足以抗衡吗？"结果茅成子带着茅地叛变，鲁国军队就进入邾国国都，并且住到公宫中。鲁国各军白天劫掠，邾国的民众在绎山守卫。鲁国军队夜里劫掠，俘获了邾隐公益回来，把他奉献于亳社，囚禁在鲁国负瑕，因此负瑕至今还有绎山人居住。

邾国的茅夷鸿（即茅成子）用五匹帛和四张熟牛皮，以私人的名义去请求吴国救援，说："鲁国以为晋国衰弱、吴国遥远，凭借着他们人多，而背弃和国君您订立的盟约，看不起您的执事，来欺凌我们小国。邾国不敢爱惜自己的国家，怕的是您的威信不能建立。国君您的威信不能建立，这是小国所担心的。如果夏天在鄫衍结盟，秋天就背弃它，鲁国得到了所求而没人干预，四方的诸侯还用什么来事奉您？而且鲁国战车八百辆，只是国君您的助手；邾国战车六百辆，却是您的部属。把部属送给助手，请您考虑一下！"吴王夫差听从了他的建议。

八年，吴国因为邾国的缘故，打算攻打鲁国，便询问流亡吴国的叔孙辄。叔孙辄回答说："鲁国有名而无实，攻打他们，一定能如愿以偿。"叔孙辄退出后告诉了公山不狃。公山不狃说："这是不合于礼法的。君子离开自己的国家，不能前往敌国。我们在鲁国没有尽到下臣的本分而又去攻打它，为敌国奔走听命，还不如去死。有这样的任命就要躲避。而且一个人离开国家，不应该因为有所怨恨而祸害乡土，现在您由于小怨恨而要颠覆祖国，这不是太不应该了吗？假如吴国让你带路先行，您一定要推辞。国君将会派我去。"子张（即叔孙辄）悔恨自己说错了话。吴王夫差又问子洩（即公山不狃）。公山不狃回答说："鲁国虽然平时没有亲近的国家，危急的时候却一定有愿意共死的援国；诸侯将会救援它，是不能够如愿以偿的。晋国和楚国、齐国帮助它，这就是四个敌国了。鲁国是齐国和晋国的嘴唇，唇亡齿寒，这是您所知道的。他们不去救援还干什么？"

三月，吴伐我，子洩率，故道险，从武城。初，武城人或有因于吴竟田焉，拘鄫人之沤菅者，曰：“何故使我水滋？”及吴师至，拘者道之，以伐武城，克之。王犯尝为之宰，澹台子羽之父好焉，国人惧。懿子谓景伯：“若之何？”对曰：“吴师来，斯与之战，何患焉？且召之而至，又何求焉？”吴师克东阳，而进舍于五梧。明日，舍于蚕室。公宾庚、公甲叔子与战于夷，获叔子与析朱鉏，献于王。王曰：“此同车，必使能，国未可望也。”明日，舍于庚宗，遂次于泗上。微虎欲宵攻王舍，私属徒七百人，三踊于幕庭，卒三百人，有若与焉。及稷门之内，或谓季孙曰：“不足以害吴，而多杀国士，不如已也。”乃止之。吴子闻之，一夕三迁。

吴人行成，将盟。景伯曰：“楚人围宋，易子而食，析骸而爨，犹无城下之盟。我未及亏，而有城下之盟，是弃国也。吴轻而远，不能久，将归矣，请少待之。”弗从。景伯负载造于莱门，乃请释子服何于吴，吴人许之，以王子姑曹当之，而后止。吴人盟而还。

齐侯使如吴请师，将以伐我，乃归邾子。邾子又无道，吴王使太宰子余讨之，囚诸楼台，栫之以棘，使诸大夫奉大子革以为政。

十年春，邾隐公来奔。齐甥也，故遂奔齐。

三月，吴国攻打鲁国，公山不狃领兵开路，故意领兵从险路进军，经过武城。起初，武城有人因为在吴国边境种田，拘捕了浸泡菅草的鄫国人，说："为什么把我的水弄浑？"等到吴军来到，被拘捕的那个人领着吴军攻打武城，攻下了这个城邑。吴国大夫王犯曾经做过武城的地方长官，澹台子羽的父亲和他相好，国内的人们害怕。孟懿子对子服景伯说："怎么办？"子服景伯回答说："吴军来，就和他们作战，怕什么？况且是我们侵略邾国才招惹他们来的，还要求什么？"吴军攻下东阳而后前进，住在五梧。第二天，住在蚕室。公宾庚、公甲叔子和吴军在夷地作战，吴军俘虏了公甲叔子和析朱鉏，然后把尸体献给吴王夫差。吴王夫差说："这是一辆战车上的人，鲁国一定任用了能人，这个国家还不能觊觎呢。"第二天，吴军又住在庚宗，随后又在泗水边上驻扎。鲁国大夫微虎想夜袭吴王的住处，让他的私人部队七百人，在帐幕外的院里每人高跳三次，最后挑选了三百人，孔子的弟子有若也在里边。他们出发走到稷门之内，有人对季康子说："这样做不足以危害吴国，反而让国内的许多杰出人物送了性命，不如不干。"季康子就下令阻止。吴王夫差听说后，一晚上把住处迁移了三次。

吴国人求和，将要订立盟约。子服景伯说："楚国人包围宋国，宋国人交换儿子来吃，劈开尸骨烧饭，尚且没有订立城下之盟。我们还未受损耗，而有城下之盟，这是丢掉国家。吴国轻率而远离本土，不能持久，快要回去了，请稍等一下。"季康子不听。子服景伯背着自己草拟的盟约到莱门去，鲁国就请求把子服景伯留在吴国当人质，吴国人答应了；鲁国又要求用王子姑曹相抵，结果是两边罢手不再交换人质。吴国人订立了盟约然后回国。

齐悼公派人到吴国请求发兵，打算用来攻打鲁国，于是鲁国就送回了邾隐公。邾隐公回国后还是暴虐无道，吴王夫差派太宰子余（即太宰嚭）讨伐他，把他囚禁在楼台里，用荆棘做成的篱笆围起来，让邾国大夫们奉立太子革主持国政。

十年春季，邾隐公前来投奔鲁国。他是齐国的外甥，因此不久又逃亡到齐国。

二十二年夏四月，邾隐公自齐奔越，曰："吴为无道，执父立子。"越人归之，大子革奔越。

二十四年，邾子又无道，越人执之以归，而立公子何。何亦无道。

二十七年春，越子使后庸来聘，且言邾田封于骀上。二月，盟于平阳，三子皆从。康子病之，言及子赣，曰："若在此，吾不及此夫！"武伯曰："然，何不召？"曰："固将召之。"文子曰："他日请念。"

臣士奇曰：邾在鲁国之南，击柝相闻；莒亦东封之友邦也。方当隐公初年，与邾为眛之盟。二年，纪子帛、莒子盟于密。其文虽阙，而《传》曰"鲁故也"，则其徼与同好可知。乃数年而有为宋之讨，眛之要言成逝水矣。及僖之世，而有莒挐之获，密之载书又安可问乎？自是疆埸之衅，一彼一此，竟与春秋相终始，可慨已夫！

尝综其事考之：宋怨入郛，与鲁无预，而隐则弃眛之盟，桓则弃趡之盟，两用师于邾而快宋志焉，曲在鲁矣。及柽之盟，方同伯好，而虚丘之戍，鲁又邀而覆之。反面成仇，亦至于是，则鲁之曲益甚。

须句子，鲁僖母夫人之同姓也。邾暴灭之，

二十二年夏季四月，邾隐公从齐国逃亡到越国，说："吴国无道，抓了父亲立了儿子。"越国把他送回去，太子革逃亡到越国。

二十四年，邾隐公回国后再次无道，越人抓了他回去，而立了公子何。公子何也同样无道。

二十七年春季，越王派后庸前来鲁国聘问，并且商谈关于鲁国侵占邾国田地的事，协议以骀上作为鲁、邾两国的边界。二月，两国在平阳结盟，季康子、叔孙文子、孟孺子三位都跟随前去。季康子对结盟感到不舒服，谈到子赣（即子贡）时，说："如果他在这里，我不会到这地步的！"孟武伯（即孟孺子）说："对，为什么不召他来呢？"季康子说："本来是要召他来的。"叔孙文子说："但愿过些时候您还能记着这事。"

臣下我高士奇评论说：邾国在鲁国的南边，两国敲打梆子的声音都可以相互听到；莒国也是封在东边的友好之邦。正当鲁隐公初年，隐公就和邾国在鲁国眛地结盟。隐公二年，纪子帛、莒子在莒国密地结盟。《春秋》经文虽然记载不完善，但《左传》说"因为鲁国的缘故"，可知他们是要求和鲁国和好的。然而数年之后，因为宋国的缘故，鲁国去攻打邾国，眛地结盟时的誓言已成为东逝的流水。等到鲁僖公在位的时候，俘虏了莒子的弟弟挐，那么密地会盟的记载又哪里值得过问呢？从此边境上的争端，时而那样时而这样，与春秋之世相始终，真是令人慨叹！

我曾经综合他们之间的事情进行考察：宋人怨恨邾国联合郑国攻入它的外城，这件事本来和鲁国没有关系，然而鲁隐公却背弃了和邾人在眛地的盟约，鲁桓公背弃了在鲁国趡地的盟约，两次发兵攻打邾国，使宋国的心意痛快，事情的错误在于鲁国。等到鲁僖公即位后在宋国柽地结盟时，两国才互通友好，然而邾国在虚丘的戍守部队，鲁国又在其回国的路上拦截并打败了他们。结果鲁国和邾国翻脸成为仇敌，竟到了这种地步，这样鲁国的错误更加严重了。

须句子是鲁僖公母亲的同姓族人。邾国粗暴地灭亡了它，

曲在邾矣。鲁取须句而置其君，亦未为过。升陉之战，辱逮鱼门，何以禁訾娄之报也？然一之为甚，襄仲再伐之，则曲在鲁矣。文公之卒，吊使失仪，何至于伐？惠伯之报，适相当耳。宣公十年伐邾取绎，其曲在鲁。

成、襄之间，邾相继来朝，可谓恭矣。但鲁请属鄫，实出伯命，邾悍然不顾，而疾讨于鄫，以有狐骀之役，鲁师挠败，国人以髽，然犹不念旧怨，使穆叔修平，而南鄙又见伐矣。此所以致溴梁之执也。悼公不悛，复挑鲁衅，再辱督扬。身方见释，而又修怨于鲁，庄子之报亦宜。乃至纳其叛人而贪其土利，曲在鲁矣。

襄、昭之世，一朝于鲁，再盟祲祥，而复谮诉于伯国，上卿执辱，离姑之衅所由开也。邾为是再诉伯庭，行人累系，鲁复纳其叛人，曲直均也。

及定公初年，邾修朝礼，而鲁伐之，取其漷、沂田，曲在鲁矣。至处宫宵掠，以其君来，则鲁曲益甚，何怪乎齐、吴之投袂而起也？

错误在邾国身上。鲁国夺取须句并且让须句国的国君回去,这也不算做得过分。但是升陉之战,邾军把获得的鲁僖公的头盔挂在国都城门鱼门上侮辱鲁僖公,这怎么能阻止鲁僖公攻打邾国夺取訾娄作为报复呢?然而鲁国这样做了一次就已经过分了,可东门襄仲却再一次攻打邾国,那么错误就在鲁国身上了。邾文公死的时候,鲁文公派去吊丧的使者礼仪不恭敬,邾国发兵怎么到了攻打鲁国的地步呢?惠伯攻打邾国作为回报,是正好相当的。鲁宣公十年攻打邾国夺取绎邑,错误在于鲁国。

鲁成公、襄公之间,邾国相继前来朝见,可算是恭敬了。但鲁国请求把鄫国归属鲁国,实在是出于诸侯霸主晋国的贡赋要求,然而邾国却悍然不顾,急速出兵讨伐鄫国,因此便有了狐骀之战,鲁国的军队被打得大败,国内接丧的人都用麻系发,但是鲁国人还是不念旧怨,仍旧派穆叔去重修友好关系,然而鲁国的南部边境又被攻打。这是导致邾宣公在溴梁会见时被逮住的原因。邾悼公不思悔改,又向鲁国挑衅,结果在督扬盟会时被逮住,作为邾国国君再次受到侮辱。邾悼公刚刚被释放,而又和鲁国结怨,孟庄子攻打邾国作为报复也是应该的。至于鲁国接纳邾国的叛逆之人庶其,并且贪图邾国土地漆地和闾丘的利益,错误就在鲁国了。

襄、昭之世,邾国朝见鲁国一次,另一次是在祲祥结盟两次,然而后来又在诸侯霸主晋国面前诋毁控诉鲁国,结果使鲁国的上卿季孙意如被逮住受到侮辱,离姑的祸乱便由此而始。邾国为此再度去晋国的朝廷控诉,结果鲁国使者叔孙婼被抓,鲁国又接纳邾国的反叛者黑肱,两国的是非曲直可谓是势均力敌。

等到鲁定公初年,邾隐公恢复朝觐之礼,然而鲁国却征伐它,夺取了邾国漷水、沂水一带的田地,此时错误在鲁国。至于鲁军进入邾国公宫夜里劫掠,并把邾隐公带回,鲁国的错误就更大了,齐国和吴国立即攻打鲁国有什么奇怪呢?

莒当庄公世，受文姜之奔。及庆父走，莒不能明同恶之大义，而责赂于鲁，败郦之役，曲在莒矣。洮、向修平，庶几终好。以平郯之不获，而伐取继之，何义乎？声伯以姻娅结成。灭鄫之举，复奸伯命而仇鲁，鲁方以亡鄫见责，而东鄙继伐，则莒曲为甚，鲁之入郓所自来也。犁比公以鄫故被执，亦足以释忿矣，况又有督扬之同好？莒复君弑国危，而鲁乘乱伐莒，披其郓邑，莒之诉于会也固宜。五年纳牟夷之叛，十年取郠，至用人于亳社，曲在鲁矣。自是莒复诉鲁于晋，晋人以为讨，而鲁、莒之交遂绝。

夫邾、莒，皆蕞尔小国，不能尽事大之礼，鲁亦惟利是视，莫知有字小之义也。使鲁得逞志于邾、莒，则亦邿与根牟之续耳。然邾、莒见陵强大，不能顺事恕施，戕鄫、灭鄫，俘鄟、舍女，狂悖若此！乃施诸己而不愿者，则呶呶焉诉之大国，亦独何哉！

莒国在鲁庄公在位的时候，接受了文姜的私奔。等到庆父逃到莒国时，莒国不明白共同反对恶人的大义，反而向鲁国索取财货，结果在郦地的战役中被打败，这里的错误在于莒国。洮地、向地的结盟和重建友好关系，几乎使两国重归于好。但是鲁国因为让莒国和郯国讲和而莒人不肯，便紧接着就征伐莒国，夺取向地那么道义在哪里呢？声伯因为婚姻关系和莒国结成友好关系。莒国灭亡鄫国的举动，又是在违背诸侯霸主晋国的命令，并且把鲁国当作仇敌，鲁国正因为鄫国的灭亡而受到晋国责备，它的东部边境又接着遭到莒国攻打，这样莒国的错误更加严重了，这就是鲁国进入莒国郓地的缘由。犁比公因为鄫国的缘故而在溴梁会见时被逮捕，这足以使鲁国发泄忿恨了，更何况又有督扬的友好结盟呢？莒国又由于展舆弑杀犁比公而引起了国家的危机，然而鲁国乘乱攻打莒国，占领了它的郓地，莒国人向在虢地盟会的诸侯控诉是理所当然的。鲁昭公五年接纳莒国的叛臣牟夷，十年又夺取莒国郠地，以及在亳社使用莒国俘虏祭祀，都是鲁国的错误。从此以后，莒国又向晋国控诉鲁国，晋人因此征伐鲁国，鲁国和莒国之间的交往于是就断绝了。

邾国、莒国都是小国，没能尽到事奉大国的礼节；鲁国也是唯利是图，不知道有存抚小国的道义。假如鲁国能够得志于邾国、莒国，那么邾国、莒国也将会步邿国和根牟国的后尘。然而邾国、莒国被大国欺凌，他们不能本着宽恕待人的原则顺从地事奉大国，却戕杀鄫子、灭亡鄫国，全部俘虏鄅国的百姓，并留下鄅子的女儿，狂妄悖乱到了这种地步！至于施加给自己而不愿接受的事情，就到大国那里喋喋不休地控诉，究竟是想干什么呢！

卷十二　小国交鲁以年序不以国序　戎狄兵好俱附

隐公二年，莒子娶于向，向姜不安莒而归。夏，莒人入向，以姜氏还。

七年春，滕侯卒。不书名，未同盟也。凡诸侯同盟，于是称名，故薨则赴以名。告终、称嗣也，以继好息民，谓之礼经。

十一年春，滕侯、薛侯来朝，争长。薛侯曰："我先封。"滕侯曰："我，周之卜正也；薛，庶姓也，我不可以后之。"公使羽父请于薛侯曰："君与滕君辱在寡人，周谚有之曰：'山有木，工则度之；宾有礼，主则择之。'周之宗盟，异姓为后。寡人若朝于薛，不敢与诸任齿。君若辱贶寡人，则愿以滕君为请。"薛侯许之，乃长滕侯。

桓公二年秋七月，杞侯来朝，不敬。杞侯归，乃谋伐之。九月，入杞，讨不敬也。

公及戎盟于唐，修旧好也。冬，公至自唐，告于庙也。凡公行，告于宗庙。反行，饮至、舍爵、策勋焉，礼也。

卷十二　小国交鲁以年序不以国序　戎狄兵好俱附

鲁隐公二年，莒子在向国娶妻，向姜在莒国不安心而回到向国。夏季，莒子领兵进入向国，带向姜回国。

七年春季，滕侯去世。《春秋》没有记载滕侯的名字，是由于滕国没有和鲁国同盟。凡是诸侯同盟，称名以告神灵，所以死后在讣告上也写上名字。向同盟国报告国君死去和继位的人，延续过去的友好关系而安定人民，这叫作礼法的大法。

十一年春季，滕侯和薛侯来鲁国朝见，争执行礼的先后。薛侯说："我薛国祖先先受封。"滕侯说："我滕国祖先是成周的卜正，薛国是庶姓，我不能落后于他。"隐公派羽父向薛侯请求说："承蒙国君您和滕君问候寡人，成周的谚语说：'山上有树木，工匠就加以削治；宾客有礼貌，主人就加以选择。'天子与诸侯的会盟，异姓排在后面。寡人如果到薛国朝见，就不敢和你们任姓诸国争先后。如果承蒙您加恩于我，那就希望您同意滕君的请求。"薛侯同意，滕侯先行朝拜之礼。

鲁桓公二年秋季七月，杞武公前来朝见鲁国，但态度不够恭敬。杞武公回国后，鲁国就谋划讨伐杞国。九月，鲁军攻入杞国，这是为了讨伐杞武公的不敬。

鲁桓公和戎人在鲁国唐地会盟，这是为了重温过去的友好。冬季，鲁桓公从唐地回来，《春秋》之所以记载，是由于他回来后祭告了宗庙。凡是国君出去，要祭告于宗庙。回来也要祭告于宗庙，还要宴请臣下、互相劝酒、把功勋写在简册上，这是合于礼法的。

特相会,往来称地,让事也。自参以上,则往称地,来称会,成事也。

三年夏,公会杞侯于郕,杞求成也。

五年冬,淳于公如曹,度其国危,遂不复。

六年春,自曹来朝。书曰“实来”,不复其国也。

七年春,穀伯、邓侯来朝。名,贱之也。

九年冬,曹太子来朝。宾之以上卿,礼也。享曹太子,初献,乐奏而叹。施父曰:“曹太子其忧乎!非叹所也。”

十年春,曹桓公卒。

十二年夏,盟于曲池,平杞、莒也。

十七年,蔡桓侯卒。蔡人召蔡季于陈。秋,蔡季自陈归于蔡,蔡人嘉之也。

庄公五年秋,郳犁来来朝。名,未王命也。

十八年夏,公追戎于济西。不言其来,讳之也。

二十七年春,公会杞伯姬于洮,非事也。天子非展义,不巡守;诸侯非民事,不举;卿非君命,不越竟。

冬,杞伯姬来,归宁也。凡诸侯之女,归宁曰“来”,出曰“来归”。夫人归宁曰“如某”,出曰“归于某”。

单独和别国国君会见，无论前去别国或别国国君前来，都记载会见的地点，这是互相谦让不敢自认盟主的会见。会见的国君在三个以上，前去别国时就记载会见的地点，别国国君前来就不记载会见的地点而仅仅记载会见，这是盟主已定的会见。

三年夏季，桓公和杞武公在鲁国郕地会见，是由于杞国要求讲和。

五年冬季，州国国君淳于公到曹国去访问，预料到自己的国家危险且无法解救，就没有回国。

六年春季，淳于公从曹国前来鲁国朝见。《春秋》记载“实来”，是由于他不准备再回国了。

七年春季，穀伯、邓侯前来鲁国朝见。《春秋》记载他们的名字，是由于看不起他们。

九年冬季，曹国的太子前来鲁国朝见。鲁国用上卿之礼接待他，这是合于礼法的。当时设享礼招待曹太子，宴会刚开始献酒，演奏了一段乐曲之后，曹太子就叹息起来。鲁国大夫施父说：“曹太子恐怕会有忧患吧！这里不是叹气的地方。”

十年春季，曹桓公去世。

十二年夏季，鲁桓公和杞靖公、莒子在鲁国曲池结盟，这是让杞国和莒国讲和。

十七年，蔡桓侯去世。蔡人把蔡季从陈国召回。秋季，蔡季从陈国回到蔡国，被立为国君，因为蔡国人赞许他。

鲁庄公五年秋季，郳国国君犁来前来鲁国朝见。《春秋》记载他的名字，是因为他还没有得到周天子的赐命。

十八年夏季，鲁庄公率军在济水之西追逐入侵的戎人。《春秋》没有记载戎人来攻，是由于讳言戎人入侵而鲁国却不知道。

二十七年春季，鲁庄公和杞伯姬在鲁国洮地会见，只是父女相见而非国家大事。天子不是为了宣扬德义不出去视察，诸侯不是为了百姓的事情不出行，卿没有国君的命令不越过国境。

冬季，杞伯姬回到鲁国，这是回娘家省亲。凡是诸侯的女儿，回娘家叫作“来”，被夫家休弃叫作“来归”。本国国君的夫人回娘家省亲叫作“如某”，被夫家休弃叫作“归于某”。

僖公十四年，鄫季姬来宁，公怒，止之，以鄫子之不朝也。夏，遇于防，而使来朝。

二十三年十一月，杞成公卒。书曰“子”，杞，夷也。不书名，未同盟也。凡诸侯同盟，死则赴以名，礼也。赴以名，则亦书之；不然，则否，辟不敏也。

二十七年春，杞桓公来朝。用夷礼，故曰“子”。公卑杞，杞不共也。秋，入杞，责无礼也。

二十九年春，介葛卢来朝，舍于昌衍之上。公在会，馈之刍米，礼也。冬，介葛卢来。以未见公故，复来朝。礼之，加燕好。介葛卢闻牛鸣，曰：“是生三牺，皆用之矣，其音云。”问之而信。

文公十一年秋，曹文公来朝，即位而来见也。

郕太子朱儒自安于夫钟，国人弗徇。

十二年春，郕伯卒，郕人立君。太子以夫钟与郕邽来奔，公以诸侯逆之，非礼也。故书曰“郕伯来奔”，不书地，尊诸侯也。

杞桓公来朝，始朝公也，且请绝叔姬而无绝昏，公许之。二月，叔姬卒。不言杞，绝也。书叔姬，言非女也。

鲁僖公十四年，鄫季姬回娘家省亲，僖公发怒，留住她不让回去，这是因为鄫子不来朝见的缘故。夏季，鄫季姬和鄫子在鲁国防地见面，鄫季姬让鄫子前来鲁国朝见。

二十三年十一月，杞成公去世。《春秋》记载称“子”，是因为把杞当成夷人。不记载名字，是因为没有和鲁国结盟的缘故。凡是同盟的诸侯，死后在讣告上写上名字，这是合于礼法的。讣告上写上名字，《春秋》就加以记载；否则就不记载，这是为了避免由于弄不清楚而误记。

二十七年春季，杞桓公前来鲁国朝见。由于他用的是夷人的礼节，所以《春秋》称他为“子”。鲁僖公看不起杞子，因为他认为杞子不恭敬。秋季，鲁国军队攻入杞国，这是为了责备他们无礼。

二十九年春季，介国国君葛卢前来鲁国朝见，鲁国让他住在昌衍山上。当时鲁僖公正在参加会见，便派人赠送给他草料粮食，这是合于礼法的。冬季，介葛卢又来到鲁国。因为上次没有见到鲁僖公，所以再次前来鲁国朝见。鲁僖公对他加以礼遇，隆重设宴款待，并赠送给他上等礼品。介葛卢听到牛叫，说：“这头牛生了三头小牛，都已用来祭祀了，它的声音表达的就是这个意思。”加以询问，果真这样。

鲁文公十一年秋季，曹文公前来鲁国朝见，这是由于即位而前来朝见。

郕国的太子朱儒独自安居在郕国夫钟，因为国内的人们不肯顺服他。

十二年春季，郕伯去世，郕国人立了国君。太子朱儒把夫钟和郕国的宝玉作为奉献礼物而逃亡到鲁国来，文公把他当作诸侯来迎接，这是不合于礼法的。所以《春秋》记载说“郕伯来奔”，不记载关于奉献土地的事情，这是为了把郕伯作为诸侯来尊重。

杞桓公前来鲁国朝见，这是他第一次朝见鲁文公，他还请求和叔姬离婚但是不断绝两国的婚姻关系，鲁文公答应了他的要求。二月，叔姬去世。《春秋》没有记载成“杞叔姬”，是由于杞国和她断绝了关系。写明叔姬，是说她已经不是未嫁的女子了。

秋，滕昭公来朝，亦始朝公也。

十五年夏，曹伯来朝，礼也。诸侯五年再相朝，以修王命，古之制也。

宣公九年，滕昭公卒。

十六年秋，郯伯姬来归，出也。

成公四年，杞伯来朝，归叔姬故也。

七年夏，曹宣公来朝。

八年冬，杞叔姬卒。来归自杞，故书。

九年春，杞桓公来逆叔姬之丧，请之也。杞叔姬卒，为杞故也。逆叔姬，为我也。

十三年五月，晋师以诸侯之师及秦师战于麻隧。曹宣公卒于师，曹人使公子负刍守，使公子欣时逆曹伯之丧。秋，负刍杀其太子而自立也，诸侯乃请讨之。晋人以其役之劳，请俟他年。冬，葬曹宣公。即葬，子臧将亡，国人皆将从之。成公乃惧，告罪，且请焉。乃反，而致其邑。

〔补逸〕《檀弓》：诸侯伐秦，曹宣公卒于会，诸侯请含，使之袭。

十五年春，会于戚，讨曹成公也。执而归诸京师。书曰"晋侯执曹伯"，不及其民也。凡君不道于其民，诸侯讨而执之，则曰"某人执某侯"；不然，则否。诸侯将见子臧于王

秋季，滕昭公前来鲁国朝见，这也是他第一次朝见鲁文公。

十五年夏季，曹文公前来鲁国朝见，这是合于礼法的。诸侯每五年再一次互相朝见，以重温天子的命令，这是自古以来的制度。

鲁宣公九年，滕昭公去世。

十六年秋季，郯伯姬回到鲁国，她是被郯国休弃赶回娘家的。

鲁成公四年，杞桓公前来鲁国朝见，这是为了要休弃叔姬一事。

七年夏季，曹宣公前来鲁国朝见。

八年冬季，杞叔姬去世。由于她是从杞国被休弃回来的，所以《春秋》加以记载。

九年春季，杞桓公前来迎接叔姬的尸体，这是由于鲁国的请求。叔姬的死，是被杞国休弃的缘故。迎接叔姬的尸体，是出于鲁国的请求。

十三年五月，晋军率领诸侯的军队和秦军在秦国麻隧作战。曹宣公死在军中，曹国人派公子负刍留守国内，派公子欣时（即子臧）前往迎接曹宣公的尸体。秋季，负刍杀了曹宣公的太子而自立为国君，诸侯就请求讨伐他。晋国人由于刚和秦国作战很疲劳，请求等以后再讨伐。冬季，安葬曹宣公。安葬以后，子臧打算逃亡国外，国内的人都打算跟随他。曹成公（即负刍）才感到害怕，承认罪过，而且请求他留下来不要走。公子欣时这才回来，却把采邑还给曹成公。

〔补逸〕《檀弓》：诸侯联合讨伐秦国，曹宣公死在诸侯会合之后。诸侯要求为宣公举行口中放玉的含礼，曹国人请诸侯为宣公穿衣加服。

十五年春季，鲁成公和晋厉公、卫献公、郑成公、曹成公、宋国太子成、齐国国佐、邾人在卫国戚地会盟，这是为了讨伐曹成公。在盟会上逮捕了曹成公，并把他送到了京师。《春秋》上记载说“晋侯执曹伯”，这是由于曹成公的罪过没有祸及曹国百姓。凡是国君对百姓统治无道，诸侯讨伐并且逮住了他，就说“某人执某侯”，否则就不这样记载。诸侯打算让公子欣时进见周简王

而立之。子臧辞曰:“前志有之曰:‘圣达节,次守节,下失节。’为君,非我节也。虽不能圣,敢失守乎?”遂逃,奔宋。

十六年,曹人请于晋曰:“自我先君宣公即世,国人曰:‘若之何?忧犹未弭。’而又讨我寡君,以亡曹国社稷之镇公子,是大泯曹也。先君无乃有罪乎?若有罪,则君列诸会矣。君唯不遗德刑以伯诸侯,岂独遗诸敝邑?敢私布之。”曹人复请于晋。晋侯谓子臧:“反,吾归而君。”子臧反,曹伯归,子臧尽致其邑与卿而不出。

〔附录〕昭公二十年,曹公孙会自鄸出奔宋。

《公羊传》:奔未有言“自”者,此其言“自”何?畔也。畔则曷为不言其畔?为公子喜时之后讳也。《春秋》为贤者讳。何贤乎公子喜时?让国也。其让国奈何?曹伯庐卒于师,则未知公子喜时从与,公子负刍从与;或为主乎国,或为主于师。公子喜时见公子负刍之当主也,逡巡而退。贤公子喜时,则曷为为会讳?君子之善善也长,恶恶也短。恶恶止其身,善善及子孙。贤者子孙,故君子为之讳也。

而立他为曹国国君。公子欣时辞谢说："古书上有这样的话：'圣人通达节操，这是最高境界；其次是保守节操，最下等的是贪图名利而丧失节操。'做国君这件事，不合于我的节操。我虽然不能赶上圣人，又怎敢失去节操呢？"于是公子欣时逃亡到宋国。

十六年，曹国向晋国请求说："自从我们先君宣公去世，国内的人们都说：'怎么办啊？忧患还没有消除。'而贵国又讨伐我们国君，因而使主持曹国国政的公子欣时逃亡，这是在大举削弱我们曹国啊。难道是因为先君有罪吗？可是如果有罪，那么国君您又让他参加会盟了。国君您正因为不丢弃德行和刑罚，所以才能称霸诸侯，难道唯独对我们曹国不讲德吗？谨在私下向国君您表达我们的请求。"曹国再次向晋国请求。晋厉公对公子欣时说："你先回去吧，我会送回你们的国君。"公子欣时回国后，曹成公也回来了。公子欣时把他的封邑和卿的职位全部交出去，并且不再出仕。

〔附录〕鲁昭公二十年，曹国的公孙会（公子欣时之子），从曹国鄸地逃亡到宋国。

《公羊传》：出逃没有说是从什么地方出逃的，这里《春秋》说是从什么地方出逃的，是为什么呢？因为这是反叛。既然是反叛，那么为什么不说公孙会反叛呢？是为公子喜时（即公子欣时）的后代避讳。《春秋》为贤明的人避讳。为什么认为公子喜时贤明呢？因为他有辞让国君之位的美德。他为什么辞让国君之位呢？当年曹宣公姬庐死在了军中，那么不知道当时是公子喜时跟随着曹宣公呢，还是公子负刍跟随着曹宣公。他们有一个应该在国内临时主持国政，有一个随军主持军务。公子喜时看见公子负刍当了丧主，便恭顺地退让了。认为公子喜时贤明，那么为什么就要为公孙会避讳呢？君子褒奖好人，涉及的范围非常广泛；厌恶坏人，涉及的范围就窄小了。厌恶坏人，仅限于当事人自身；褒奖好人则会延及他的子孙。因为褒奖好人要延及他的子孙，而公孙会是贤者的子孙，所以君子为他避讳。

《穀梁传》:“自梦”者,专乎梦也。曹无大夫,其曰“公孙”,何也?言其以贵取之,而不以畔也。以上附子臧让国之节。

成公十六年夏四月,滕文公卒。

襄公六年春,杞桓公卒。始赴以名,同盟故也。

秋,滕成公来朝,始朝公也。

七年春,郯子来朝,始朝公也。小邾穆公来朝,亦始朝公也。

十八年春,白狄始来。

二十一年冬,曹武公来朝,始见也。

二十九年,杞文公来盟。书曰“子”,贱之也。

三十一年冬十月,滕成公来会葬,惰而多涕。子服惠伯曰:“滕君将死矣。怠于其位,而哀已甚,兆于死所矣,能无从乎?”

昭公三年春王正月丁未,滕子原卒。同盟,故书名。五月,叔弓如滕,葬滕成公,子服椒为介。及郊,遇懿伯之忌,敬子不入。惠伯曰:“公事有公利,无私忌。椒请先入。”乃先受馆,敬子从之。

小邾穆公来朝,季武子欲卑之。穆叔曰:“不可。曹、滕、二邾,实不忘我好,敬以逆之,犹惧其贰,又卑一睦,焉逆群好也?其如旧而加敬焉!志曰:‘能敬无灾。’又曰:‘敬逆来者,天所福也。’”季孙从之。

《穀梁传》:“他从梦地逃亡”,是因为他在梦地独断专行。曹国不设大夫,这里称“公孙”,为什么呢?是说他因为身份尊贵获取了梦地,而不凭借此地发动叛乱。以上附公子欣时辞让国君之位的节义事迹。

鲁成公十六年夏季四月,滕文公去世。

鲁襄公六年春季,杞桓公去世。讣告开始记载他的名字,这是因为两国是同盟国的缘故。

秋季,滕成公前来鲁国朝见,这是第一次朝见鲁襄公。

七年春季,郯子前来鲁国朝见,这是第一次朝见鲁襄公。小邾穆公前来鲁国朝见,这也是第一次朝见鲁襄公。

十八年春季,白狄第一次前来鲁国朝见。

二十一年冬季,曹武公前来鲁国朝见,这是第一次朝见鲁襄公。

二十九年,杞文公前来鲁国结盟。《春秋》称他为“子”,这是表示对他的鄙视。

三十一年冬季十月,滕成公前来鲁国参加葬礼,表现得不恭敬而眼泪很多。子服惠伯说:“滕国的国君将要死了。他在吊丧的位子上表现懈怠,而哀痛太过了,他的死兆在葬礼中已经显示出来了,他能不跟着死吗?”

鲁昭公三年春季周历正月九日,滕成公姬原去世。由于是同盟国家,所以《春秋》记载他的名字。五月,叔弓去滕国,参加滕成公的葬礼,子服椒作为副手。到达郊外那一天,正碰上子服椒的父亲懿伯的忌日,敬子(即叔弓)决定暂时不进滕国。子服椒(即惠伯)说:“公事只能考虑公家的利益,没有私家的忌日。我请求先进入。”于是就先住进宾馆,叔弓听从了他的意见。

小邾穆公前来鲁国朝见,季武子想要用低于诸侯的礼仪接待他。穆叔说:“不行。曹国、滕国和两个邾国确实没有忘记和我国的友好,恭恭敬敬地迎接,还害怕它有二心,如果降低一个友好国家的地位,怎么能迎接其他友好国家呢?还是像过去一样而更加恭敬吧。古书上说:‘能恭敬就没有灾祸。’又说:‘恭敬地迎接来宾,上天就会降福。’”季孙(即季武子)听从了他的话。

十七年春，小邾穆公来朝，公与之燕。季平子赋《采菽》，穆公赋《菁菁者莪》。昭子曰："不有以国，其能久乎？"

秋，郯子来朝，公与之宴。昭子问焉，曰："少皞氏鸟名官，何故也？"郯子曰："吾祖也，我知之。昔者黄帝氏以云纪，故为云师而云名；炎帝氏以火纪，故为火师而火名；共工氏以水纪，故为水师而水名；太皞氏以龙纪，故为龙师而龙名。我高祖少皞挚之立也，凤鸟适至，故纪于鸟，为鸟师，而鸟名：凤鸟氏，历正也；玄鸟氏，司分者也；伯赵氏，司至者也；青鸟氏，司启者也；丹鸟氏，司闭者也；祝鸠氏，司徒也；雎鸠氏，司马也；鸤鸠氏，司空也；爽鸠氏，司寇也；鹘鸠氏，司事也。五鸠，鸠民者也。五雉为五工正，利器用、正度量、夷民者也。九扈为九农正，扈民无淫者也。自颛顼以来不能纪远，乃纪于近。为民师而命以民事，则不能故也。"仲尼闻之，见于郯子而学之。既而告人曰："吾闻之：'天子失官，学在四夷。'犹信。"

十八年三月，曹平公卒。

三十一年，薛伯穀卒。同盟，故书。

臣士奇曰：鲁在春秋，盖积弱之国也。主盟不若齐、晋之强，地势不及秦、楚之大，徒以周礼在鲁，号称望国。其声名文物所留余，犹足以系小国之心，动远人之慕。

十七年春季，小邾穆公前来鲁国朝见，昭公和他一起饮宴。季平子吟诵《采菽》，穆公吟诵《菁菁者莪》。叔孙昭子说："假若没有治理国家的才能，国家难道能长存吗？"

秋季，郯子前来鲁国朝见，昭公和他一起饮宴。叔孙昭子询问他，说："少皞金天氏用鸟名作为官名，这是什么缘故？"郯子说："他是我的祖先，所以我知道。从前黄帝轩辕氏用云记事，所以设置各部门长官都用云来命名；炎帝氏用火记事，所以设置各部门长官都用火来命名；共工氏用水记事，所以设各部门长官都用水来命名；太皞包牺氏用龙记事，所以设置各部门长官都用龙来命名。我的高祖少皞挚即位的时候，凤鸟正好来到，所以就用鸟来记事，设置各部门长官都用鸟来命名：凤鸟氏，就是掌管历法的历正；玄鸟氏，是掌管春分、秋分的；伯赵氏，是掌管夏至、冬至的；青鸟氏，是掌管立春、立夏的；丹鸟氏，是掌管立秋、立冬的；祝鸠氏，就是掌管教民的司徒；雎鸠氏，就是掌管法制的司马；鸤鸠氏，就是掌管水土的司空；爽鸠氏，就是掌管法制的司寇；鹘鸠氏，就是掌管农事的司事。这五鸠，是聚集百姓的。五雉是管理五种手工业的官，是改善器物用具、统一尺度容量、让百姓得到平均的。九扈是管理九种农业的官，是制止百姓不让他们放纵的。自从颛顼以来，不能记述远古的事情，就从近古开始记述。做百姓的长官而用百姓的事情来命名，那就不能照过去的规定来办理了。"孔子听说这事后，进见郯子向他学习。不久以后他告诉别人说："我听说：'在天子那里失去了古代官制，官制的学问还保存在远方的小国。'这还是可以相信的。"

十八年三月，曹平公去世。

三十一年，薛献公任榖去世。由于是鲁国的同盟国，所以《春秋》加以记载。

臣下我高士奇评论说：鲁国在春秋的时候，大概是一个长期衰弱的国家。鲁国作为诸侯盟主，不如齐国、晋国强大，国土面积也不如秦国、楚国辽阔，只因是周朝礼法的所在地，所以号称有声望的国家。鲁国在声教文明和典章制度方面的遗留，还足以牵动小国的心，并引发边远人群的羡慕。

如滕、薛、曹、邾、杞、郜、郯、纪、郳犁来、葛、介、萧之属，皆常勤享贽，修朝礼；即篡逆如桓，榖、邓二国，远在方域之外，犹不惮仆仆焉，亦足见周公之思在人，而鲁国之大可为也。

然诸小国来朝，悉书于策，而终不闻有一介之使往报其礼者，岂《春秋》略而不纪欤？又何其详于齐、晋、宋、卫之往来不以为繁也？“敬人者，人恒敬之；爱人者，人恒爱之。”鲁惟奄然坐大，视小国之亲已以为分所应尔，而无足酬答。即如杞侯之朝，且以不敬见讨，而其他尚敢责其简傲哉？邦交，人道之大伦；往来，天下之常理。鲁第视强弱为疏密，直世俗之见耳。使能存恤诸姬，敬恭慰藉以劝来者；而又能任贤修政，发愤自雄，则天下之望走将在于鲁，而周不其东乎！惜乎，鲁之昧昧也！

若夫小国僻陋，其不知有天子，无足怪。鲁为宗邦，悍然受人之朝，而亦不能修述职之礼，故《经》于小国来朝，一切存而不削，所以示讥也。会潜、盟唐与白狄之来皆书之，以为后世戒，济西道追而其效彰矣。于洮、遇防，其事琐亵，无足道。蔡季之贤，子臧之让，

比如滕、薛、曹、邾、杞、郿、郯、纪、郳犁来、葛、介、萧之类的小国，都经常到鲁国来接受宴享、献上礼物，实行朝见的礼仪；即使是篡权弑逆的鲁桓公，远在鲁国疆域之外的穀、邓二国，尚且不怕旅途劳顿，风尘仆仆地前来朝见，足见鲁国的祖先周公还在被人们深深地思念，鲁国还是很有可能强大的。

然而各个小国前来朝见，都被记载在简册中，但始终没有听说有一个使者去答复各国礼节的，难道是《春秋》忽略而没有记载吗？那它为什么又详细记载齐国、晋国、宋国、卫国之间的往来而不嫌烦琐呢？"尊重别人的人，别人常常也会尊重他；爱护别人的人，别人常常也会爱护他。"鲁国俨然以大国自居，把小国对自己的亲近看作是理所当然的事情，而不值得酬谢答复。即使像杞侯的朝见，尚且因为表现不恭敬而被征伐，其他的小国怎敢责备它的怠慢和骄傲呢？邦国之间的交往，是人道中的重要原则；邦国之间的往来，是天下的常理。而鲁国只看国家的强弱来确定亲疏关系，真是世俗的浅见。假如其能体恤各个姬姓国家，恭敬地安抚慰问它们，以此来鼓励前来的小国；并且又能任用贤才修明政教，发愤图强，那么天下的声望都将归于鲁国，周朝的中心难道不会转移到东方吗！可惜啊，鲁国真是太糊涂了！

小国偏僻狭小，它们不知道天子的存在，是不足为怪的。鲁国作为天下崇仰的大国，悍然接受小国的朝见，但又不能实行诸侯向天子陈述职守的礼节，因此《春秋》经文中对于小国前来鲁国的朝见，一律都加以记载而一次也不删掉，这样做是为了讽刺鲁国的失礼。潜地的会见、唐地的结盟以及白狄前来朝见都记载下来，用来作为后世的警戒，记载鲁国在济水之西追逐入侵的戎人，效果就十分明显。鲁庄公和杞伯姬在洮地会见、郿季姬和郿子在防地见面，这些事情细小而轻慢，不值得说起。蔡季的贤良，子臧的谦让，

皆可风也。施父谂射姑之叹，惠伯识滕成之涕，不幸而言中也。州实来而不复，朱儒安而弗徇，均自弃也。郯子历详官制，岂直与葛卢之识三牺美谈千古哉！

都是可以显扬的。施父见曹太子射姑叹气而推断他将会有父死的忧患，惠伯看到滕成公在葬礼上眼泪很多便预料他要死了，这些都是不幸而言中的事情。州国国君淳于公从曹国前来朝见而不再回国，郕国的太子朱儒自己安居在夫钟而国内的人们不肯顺服他，都是因为他们抛弃了自己的国家。郯子能够详细地谈论古代的官制，难道只配和介国国君葛卢听到牛叫而知道它生了三头成为牺牲的小牛一样成为千古美谈吗？

卷十三　郊祀雩祭旱而不雩见灾异　视朔附

桓公五年秋，大雩。书，不时也。凡祀，启蛰而郊，龙见而雩，始杀而尝，闭蛰而烝。过则书。

闵公二年夏，吉禘于庄公，速也。

僖公五年春王正月辛亥朔，日南至。公既视朔，遂登观台以望，而书，礼也。凡分、至、启、闭，必书云物，为备故也。

三十一年夏四月，四卜郊，不从，乃免牲，非礼也。犹三望，亦非礼也。礼，不卜常祀，而卜其牲、日。牛卜日曰牲。牲成而卜郊，上怠慢也。望，郊之细也；不郊，亦无望可也。

〔补逸〕《公羊传》：曷为或言三卜，或言四卜？三卜，礼也；四卜，非礼也。三卜何以礼？四卜何以非礼？

卷十三　郊祀雩祭旱而不雩见灾异　视朔附

鲁桓公五年秋季，鲁国举行求雨的大雩祭。《春秋》之所以记载这件事，是由于它不合时令。凡是祭祀都有时节，昆虫惊动的时候举行郊祭，东方苍龙的角、亢二宿出现时举行雩祭，秋天寒气袭人时举行尝祭，昆虫蛰伏时举行烝祭。如果过了时节举行祭礼，《春秋》就要加以记载。

鲁闵公二年夏季，鲁国为庄公举行大祭，时间提前了。

鲁僖公五年春季，周历正月初一，这一天是冬至。鲁僖公在太庙听政以后，就登上观台观望云气，并把它记载下来，这是合乎礼法的。凡是春分秋分、夏至冬至、立春立夏、立秋立冬，必定要记载云气云色，这是为了防备灾害的缘故。

三十一年夏季四月，鲁国四次占卜郊祭的吉凶，都不吉利，于是不再宰杀准备用于郊祭的牺牲，这是不合乎礼法的。但仍旧举行了对泰山、黄河、东海三处的望祭，这也是不合乎礼法的。按照礼法，不用占卜常规祭祀，只要占卜祭祀所使用的牺牲和日期就行了。祭祀用的牛在占卜到好日子后就改称为牲。已经成为牲而还要占卜郊祭的吉凶，这是在上者怠慢了。望祭，本是郊祭的细节；不举行郊祭，自然也就可以不必举行望祭了。

〔补逸〕《公羊传》：为什么有时说三次占卜，有时说四次占卜呢？三次占卜是合乎礼法的，四次占卜是不合乎礼法的。三次占卜为什么合乎礼法？四次占卜为什么不合礼法？

求吉之道三。禘、尝不卜，郊何以卜？卜郊，非礼也。卜郊何以非礼？鲁郊，非礼也。鲁郊何以非礼？天子祭天，诸侯祭土。天子有方望之事，无所不通。诸侯，山川有不在其封内者，则不祭也。曷为或言免牲，或言免牛？免牲，礼也；免牛，非礼也。免牛何以非礼？伤者曰牛。“三望”者何？望祭也。然则曷祭？祭泰山、河、海。曷为祭泰山、河、海？山川有能润于百里者，天子秩而祭之。触石而出，肤寸而合，不崇朝而遍雨乎天下者，唯泰山尔。河、海润于千里。“犹”者何？通可以已也。何以书？讥不郊而望祭也。

文公元年，于是闰三月，非礼也。先王之正时也，履端于始，举正于中，归余于终。履端于始，序则不愆；举正于中，民则不惑；归余于终，事则不悖。

二年春二月丁丑，作僖公主。书，不时也。秋八月丁卯，大事于大庙，跻僖公，逆祀也。于是夏父弗忌为宗伯，

因为用占卜来选求吉日的规矩是只许占卜三次。对祖先的禘祭和秋天的尝祭都不用占卜吉日，祭天的郊祭为什么要占卜吉日呢？占卜郊祭的吉日是不合礼法的。占卜郊祭的吉日为什么不合礼法呢？因为鲁国郊祭就是不合礼法的。鲁国郊祭为什么不合礼法呢？因为只有周天子才能祭天，诸侯只能祭土。周天子在祭天时还要望祭四方群神、日月星辰、风伯雨师、五岳四渎及其他山川等，是无所不至的。而对于诸侯，名山大川凡是不在自己封地里的，就不能祭祀。为什么有时说免用牲，有时又说免用牛呢？说免用牲是合乎礼法的，说免用牛是不合礼法的。说免用牛为什么不合礼法？因为只有受伤的、不再适合再用来当牲的牛才说它是牛。"三望"是什么意思？就是望祭名山大川。那么究竟是祭什么呢？祭泰山、黄河、东海。为什么要祭泰山、黄河、东海呢？因为名山大川中凡是能滋润到方圆百里的，周天子都按次序祭祀它们。空气中的水分触到泰山石而形成云气，一点一点聚合成云，不到一个早晨就能普降雨水于天下的，只有泰山罢了。黄河、东海能滋润千里，当然要祭祀它们。"犹"是什么意思？就是说这次祭祀可以停止了。为什么《春秋》要记载此事？是为了讥刺鲁国在不举行郊祭时却举行望祭。

鲁文公元年，在这年有闰三月，这是不合礼制的。先王为了端正时令，年历的推算从冬至作为开始，测定春分、秋分、夏至、冬至的月份作为四时的中月，把闰月安排在一年的最后。年历的推算从冬至开始，四时的次序就不会错乱；以春分、秋分、夏至、冬至的月份作为正四时的标准，百姓就不会困惑；把剩余的日子归总在一年的最后，做事情就不会有谬误。

二年春季二月二十日，鲁国制作了鲁僖公的神主。《春秋》之所以对此事加以记载，是由于制作不够及时。秋季八月十三日，鲁国在太庙举行了祭祀，将鲁僖公的神主升在鲁闵公之上，这是不按照正常顺序的祭祀。当时夏父弗忌担任宗伯一职，

尊僖公，且明见曰："吾见新鬼大，故鬼小。先大后小，顺也；跻圣贤，明也。明顺，礼也。"君子以为失礼。礼无不顺。祀，国之大事也，而逆之，可谓礼乎？子虽齐圣，不先父食，久矣。故禹不先鲧，汤不先契，文、武不先不窋。宋祖帝乙，郑祖厉王，犹上祖也。是以《鲁颂》曰："春秋匪解，享祀不忒。皇皇后帝，皇祖后稷。"君子曰礼，谓其后稷亲而先帝也。《诗》曰："问我诸姑，遂及伯姊。"君子曰礼，谓其姊亲而先姑也。仲尼曰："臧文仲其不仁者三，不知者三。下展禽，废六关，妾织蒲，三不仁也。作虚器，纵逆祀，祀爰居，三不知也。"

六年闰月，不告朔，非礼也。闰以正时，时以作事，事以厚生，生民之道于是乎在矣。不告闰朔，弃时政也，何以为民？

十三年秋七月，大室之屋坏。书，不共也。

〔补逸〕《公羊传》：世室者何？鲁公之庙也。周公称太庙，鲁公称世室，群公称宫。此鲁公之庙也，曷为谓之世室？世室犹世室也，世世不毁也。周公何以称太庙于鲁？封鲁公以为周公也。周公拜乎前，鲁公拜乎后，

他尊崇鲁僖公，而且宣称他所见到的情况："我见到新死的僖公鬼魂大，早死的闵公鬼魂小。先大后小，这是顺序；把有圣贤之德的人升位，这是明智。按明智、顺序，这是合乎礼法的。"君子认为这样做是失礼法的。礼没有不合顺序的。祭祀是国家的大事，而不按照正常的顺序，能说是合乎礼法吗？儿子虽然聪明圣哲，他也不能在父亲之前享受祭品，这已经是由来已久的老规矩了。所以禹不能在鲧之前，汤不能在契之前，文王、武王不能在不窋之前。宋国以帝乙为祖宗，郑国以周厉王为祖宗，这都是对祖先的尊崇。因此《鲁颂》说："一年四季都不懈怠，祭祀不敢出差错。祭祀伟大的天帝，祭祀我伟大的祖先后稷。"君子认为这是合乎礼法的，因为后稷虽然和自己亲近，却先称祭祀天帝。《诗经》说："问候我的姑母们，再问候各位姐姐。"君子认为这也合乎礼法，因为姐姐虽然和自己亲近，却先问候姑母。孔子说："臧文仲，他有三件事做得不够仁爱，有三件事做得不够聪明。使展禽屈居下位，设置了六个关卡收赋税，让他的小妾织席贩卖与民争利，这是三件不仁爱的事情。建造一座讲究的房屋以收藏大龟甲，纵容夏父弗忌举行不合顺序的祭祀，让国人祭祀海鸟爰居，这是三件不聪明的事情。"

六年的闰月，鲁国不举行告朔的仪式，这是不合乎礼法的。闰月是用来补正四时误差的，根据四时来安排农事，农事合乎时令就可以使百姓富裕，养活百姓的方法就在于此了。如果不举行闰月告朔仪式，就是丢弃了颁布时令的政务，怎么能治理百姓？

十三年秋季七月，鲁国太庙正屋的屋顶坏了。《春秋》之所以记载此事，是为了谴责鲁国臣子对太庙的不恭敬。

〔补逸〕《公羊传》："世室"是什么？就是鲁公的庙。周公的庙称太庙，鲁公的庙称世室，其余各公的庙称宫。这是鲁公的庙，为什么要称它为世室呢？世室就等于说是世世敬奉的庙，是世世代代都不能毁掉的庙。周公的庙为什么在鲁国称为太庙？因为周成王封鲁公就是为了将来其能够祭祀周公。册命之时，周公受封在前，鲁公受封在后，

曰："生以养周公，死以为周公主。"然则周公之鲁乎？曰：不之鲁也。封鲁公以为周公主，然则周公曷为不之鲁？欲天下之一乎周也。鲁祭周公，何以为牲？周公用白牲，鲁公用骍刚，群公不毛。鲁祭周公，何以为盛？周公盛，鲁公焘，群公廪。世室屋坏何以书？讥。何讥尔？久不修也。

十六年夏五月，公四不视朔，疾也。

宣公三年春，不郊而望，皆非礼也。望，郊之属也。不郊，亦无望可也。

襄公五年秋，大雩，旱也。

七年夏四月，三卜郊，不从，乃免牲。孟献子曰："吾乃今而后知有卜筮。夫郊祀后稷，以祈农事也，是故启蛰而郊，郊而后耕。今既耕而卜郊，宜其不从也。"

八年秋九月，大雩，旱也。

二十八年秋八月，大雩，旱也。

昭公六年秋九月，大雩，旱也。

十五年春，将禘于武宫，戒百官。梓慎曰："禘之日，其有咎乎！吾见赤黑之祲，非祭祥也，丧氛也。其在莅事乎！"二月癸酉，禘。叔弓莅事，籥入而卒。去乐卒事，礼也。

并且说："周公活着就由鲁国来奉养，周公死了就以鲁国为主祭人。"既然这样，那么周公去了鲁国吗？回答说：没有去鲁国。既然封鲁公作为周公的主祭人，那么周公为什么没有去鲁国呢？是想要天下一心向周。鲁公祭祀周公时，用什么作为牺牲呢？祭祀周公时用白色的牛，祭祀鲁公时用脊背是红色的公牛，祭祀其他各公时用杂色的牛。鲁国祭祀周公时用什么作为食物呢？祭祀周公时，用容器装上专供祭祀用的新谷；祭祀鲁公时，新谷在上，陈谷在下，各一半；祭祀其他各公时，全用陈谷，只是表面覆盖一层新谷。世室的房屋坏了为什么记载？这是为了讥刺。讥刺什么？讥刺长期不进行修缮。

十六年夏季五月，鲁文公第四次没在朔日听政，因为生病。

鲁宣公三年春季，鲁国没有举行郊祭而举行了望祭，这都是不符合礼法的。望祭，是属于郊祭的一种。既然不举行郊祭，也就不必举行望祭了。

鲁襄公五年秋季，鲁国举行大雩祭，这是由于天旱。

七年夏季四月，鲁国三次为郊祭而占卜，结果都不吉利，于是不再宰杀准备用于祭祀的牺牲。孟献子说："我现在才知道卜筮的灵验。举行郊祭来祭祀后稷，是为了祈求农业丰收，所以一到蛰虫启动时就举行郊祭，郊祭以后开始耕作。现在已经开始耕作，然后为郊祭占卜，占卜不吉利是应该的。"

八年秋季九月，鲁国举行大雩祭，因为天旱。

二十八年秋季八月，鲁国举行大雩祭，因为天旱。

鲁昭公六年秋季九月，鲁国举行大雩祭，因为天旱。

十五年春季，鲁国将要在武公庙举行大祭，告知百官准备并斋戒。梓慎说："大祭那天恐怕会有灾祸吧！因为我看见了一股红黑色的妖气，这不是祭祀的祥瑞，是丧事的恶气。大概会应验在主持者身上吧！"二月十五日，举行大祭。由叔弓主持祭祀，在演奏籥舞的人进入时，叔弓突然去世。于是便撤去音乐，但仍然坚持将祭祀进行完毕，这是合乎礼法的。

十六年九月，大雩，旱也。

二十四年秋八月，大雩，旱也。

二十五年秋，书再雩，旱甚也。

〔补逸〕定公元年九月，大雩。《穀梁传》：雩月，雩之正也。秋大雩，非正也；冬大雩，非正也。秋大雩，雩之为非正，何也？毛泽未尽，人力未竭，未可以雩也。雩月，雩之正也，月之为雩之正，何也？其时穷，人力尽，然后雩，雩之正也。何谓其时穷、人力尽？是月不雨，则无及矣；是年不艾，则无食矣，是谓其时穷、人力尽也。雩之必待其时穷、人力尽，何也？雩者，为旱求者也。求者，请也。古之人重请。何重乎请？人之所以为人者，让也，请道去让也。则是舍其所以为人也，是以重之。焉请哉？请乎应上公。古之神人有应上公者，通乎阴阳，君亲帅诸大夫，道之而以请焉。夫请者，非可诒托而往也，必亲之者也，是以重之。

《春秋繁露》：大雩者何？旱祭也。难者曰："大雩祭而请雨，大水鸣鼓而攻社，天地之所为，阴阳之所起也，或请焉，或怒焉者，何？"曰："大旱者，阳灭阴也。阳灭阴者，尊压卑也。固其义也。虽大甚，拜请之而已，无敢有加也。大水者，阴灭阳也。阴灭阳者，卑胜尊也。日食亦然。皆下犯上，以贱伤贵，逆节也，故鸣鼓

十六年九月，鲁国举行大雩祭，因为天旱。

二十四年秋季八月，鲁国举行大雩祭，因为天旱。

二十五年秋季，《春秋》记载两次举行雩祭，因为天旱很严重。

〔补逸〕鲁定公元年九月，举行大雩祭。《穀梁传》：《春秋》记载求雨的月份，这表示求雨是正当的。记载秋季举行大雩祭，这表示求雨是不正当的；冬天举行大雩祭，也表示求雨是不正当的。秋季举行大雩祭，这种雩祭是不正当的，这是为什么呢？因为这时草木没有枯萎，人力没有竭尽，是不可以举行雩祭的。记载雩祭的月份，表示雩祭是正当的，说记载雩祭的月份表明雩祭是正当的，这是为什么呢？因为这时季节已过，人力耗尽，然后举行雩祭，所以雩祭是正当的。什么叫作季节已过、人力耗尽？这个月不下雨，就无法补救了；这一年庄稼长不好，就没有吃的了，这就叫作季节已过、人力耗尽。雩祭一定要等到季节已过、人力耗尽，这是为什么呢？因为雩祭是因干旱请求下雨。求，是恳请的意思。古代的人很重视恳请。为什么重视恳请呢？因为人之所以作为人，是要讲谦让，讲恳请，就排除了谦让。这就舍弃了人之所以作为人的道义了，因此古人把恳请这事看得很重。向谁恳请呢？是向应上公恳请。古代有个叫应上公的神人，他通达阴阳，国君要亲自率领大夫们，领头去恳请。恳请不是可以假托别人前去的，必须亲自前去恳请，所以把恳请看得很重。

《春秋繁露》：大雩祭是什么？是旱祭。问难的人说："大旱就举行雩祭而求雨，大水就击鼓谴责土地神，水灾和旱灾都是天地的作为，是阴阳二气引发的，人有时向它们祈请，有时对它们谴责，为什么呢？"回答说："大旱是阳气抑制阴气。阳气抑制阴气，是以尊压卑。道义上理当如此。即使阳气压抑阴气太过，也只能举行雩祭来拜求而已，不能再做什么。大水是阴气抑制阳气。阴气抑制阳气，是以卑凌尊。日食也是这样。它们都是以下犯上，以贱伤贵，属于违背礼节，所以击鼓

而攻之，朱丝胁之，为其不义也。此亦《春秋》之为强御也。故变天地之位，正阴阳之序，直行其道，而不忘其难，义之至也。是故胁严社而不为不敬灵，出天王而不为不尊上，辞父之命而不为不承亲，绝母之属而不为不孝义矣。”

臣士奇曰：成王以周公有大勋劳于王室，赐以郊、禘、大雩之重祭，如三恪得用先代礼乐，盖殊典也。伯禽之辞与否，或辞而成王不听，皆不可知。揆之大分，必非人臣之所安者矣。

夫郊之为祭大，报天而主日。天无二日，土无二王，惟天子首出万物，覆帱之所及，照临之所至，其精气无所不通，故祭天而天神来格，飨帝而上帝是歆，望于山川，遍于群神，而百灵罔不攸会。诸侯，一国之主耳，虽欲矫诬，淫祀非分，而冥冥有吐之者矣。禘则禘其始祖之所自出，诸侯以肇封为始祖，庙数止于五。若鲁则祀周公，而且不得祖后稷，况所自出之帝耶？大雩者，天子雩五方上帝，配以其帝。周公不得配天，已阙陪祀之位。诸侯祈旱山川于上帝五，人帝何与？故鲁之郊、禘、大雩，皆非礼也。周公其衰，夫子叹之矣。

郊之屡卜而不从，正所谓“神不歆非类”者；其卜而从，亦偶焉耳。鲁人不知警悟，力改前非，而犹欲

来谴责土地神，用红丝绳缠绕来胁制它，因为它不合道义。这也是《春秋》强而有力的表现。因此，《春秋》能改变天地的位次，纠正阴阳的次序，直接推行其正道，而不避忌其困难，是道义的极致。因此威迫庄严的土地神不算是不敬神灵，使周襄王出奔也不算是不尊君长，卫出公拒绝其父蒯聩的命令不算是不从父命，鲁庄公断绝与文姜的母子关系不算是不孝顺，这就是道义。”

臣下我高士奇评论说：周成王因为周公对周王室有大功劳，赐给他郊祭、禘祭、大雩祭等隆重的祭祀，如同黄帝、尧、舜的后代得以使用先代礼乐，这大概是帝王对臣子特殊的恩典。周公的儿子伯禽推辞与否，或者推辞而周成王不听从，都无法知道了。从君臣名分的角度考量，必定不是为人臣子所能安心享有的。

郊祭是重大的祭祀，报答上天而以太阳为主。天空没有两个太阳，地上没有两个君王，只有天子出于万物之上，上天覆盖到的地方，太阳照射到的地方，他的精气没有通达不到的，所以祭祀天神而天神来到，供奉上帝而上帝享用，望祭山川，遍祭群神，各种神灵无不来临。诸侯，只是一国的国君罢了，即使想要假借名义乱来，举行不合名分、不合礼制的祭祀，但是冥冥之中神灵也会吐出他们的祭品。禘就是禘祭其始祖的由来，诸侯以开始受封的人作为始祖，庙数只能有五座。像鲁国就只能祭祀周公，而且不能以后稷为祖，更何况鲁国所自出之帝呢？大雩祭，天子雩祭东西南北中五方上帝，以其帝配五方上帝。周公不能配天，已缺陪祀的神位。诸侯因为名山大川久旱而向五方上帝祈求降雨，和人帝又有什么关系呢？所以鲁国的郊祭、禘祭、大雩祭，都不合礼法。周公衰老时，孔子为他而感叹。

郊祭屡次占卜吉凶都不吉利，正是所说的“神灵不会享用非法祭祀者的祭品”；郊祭占卜吉利，也只是偶然罢了。鲁国人不知道警觉醒悟，努力改正以前的错误，反而仍然想要

詹詹为三望之举，以涂饰耳目。向使望必须卜，河、海有灵，安见不如林放乎？至因旱而举，不得为之盛祭，衹足干天怒而致蕴隆，非旱备也。《经》之书“大”，因旱以显僭，与不时何与？然则必龙见之月乃得雩，余月将坐视其旱而不恤乎？《穀梁》时穷力尽之说，尤为谬戾。

庄公之吉禘过于速，僖公之作主过于缓，夏父之跻僖于闵，武公之宜祧而犹禘，失之谄。闰不告月，世室屋坏，四不视朔，失之慢。僖公登台以书云物，文公闰在三月，《传》讥其非礼，盖至是而周礼之在鲁者，渺乎不可问矣。

不嫌麻烦望祭三处，只是装装样子给自己的耳目欣赏罢了。假使望祭一定要占卜，黄河、东海如有神灵，怎见得不如鲁国知礼的先贤林放呢？至于因为天旱而举行雩祭，不得不做这种盛大祭祀，只能是冒犯上天引发震怒而导致暑气郁结隆盛，这不是在为旱灾做准备。《春秋经》记载雩祭“大”，是通过旱灾来显示超越本分，这与不合时宜有什么相干呢？既然这样，如果一定要在东方苍龙角、亢二宿出现的月份才能举行雩祭，那么其余的月份就要对旱灾袖手旁观而不救济吗？《穀梁传》到季节已过、人力耗尽的时候才能举行雩祭的说法，尤其荒谬乖戾。

鲁国为鲁庄公举行大祭的时间过快，为鲁僖公制作神主的时间过慢，夏父弗忌升鲁僖公的神主在鲁闵公之上，武公的神主应该迁入远祖庙却仍然为他举行了禘祭，过失在于谄媚。闰月不举行告朔的仪式，太庙正屋的屋顶圮坏，鲁文公四次没有在朔日听政，过失在于怠慢。鲁僖公登上观台观望记载云气云色，鲁文公元年闰在三月，《左传》讥刺其做法不合乎礼法，大概到了这时在鲁国保留下来的周礼，已经微渺得不能询问了。

卷十四　城筑蒐狩因事别见者不更载

隐公元年夏四月，费伯帅师城郎。不书，非公命也。新作南门。不书，亦非公命也。

七年夏，城中丘。书，不时也。

九年夏，城郎。书，不时也。

桓公十六年冬，城向。书，时也。

庄公二十八年冬，筑郿，非都也。凡邑，有宗庙先君之主曰都，无曰邑。邑曰筑，都曰城。

二十九年春，新作延厩。书，不时也。凡马，日中而出，日中而入。

冬十二月，城诸及防。书，时也。凡土功，龙见而毕务，戒事也，火见而致用，水昏正而栽，日至而毕。

卷十四　城筑蒐狩因事别见者不更载

鲁隐公元年夏季四月，费伯率领军队在郎地筑城。《春秋》没有记载，是由于不是奉鲁隐公的命令。鲁国重新建造了国都的南门。《春秋》没有记载，也是由于不是出于隐公的命令。

七年夏季，在中丘筑城。《春秋》记载，是因为妨碍农时。

九年夏季，在郎地筑城。《春秋》记载，是由于妨碍农时。

鲁桓公十六年冬季，鲁国在向地修筑城池。《春秋》记载这事，是由于不妨碍农时。

鲁庄公二十八年冬季，鲁国在郿地修筑城池，因为郿城并不是都。凡是城邑，有宗庙和先君神主的叫作都，没有的则叫作邑。建造邑称作筑，建造都称作城。

二十九年春季，鲁国新建了马圈。《春秋》记载这事，是由于这事不符合时令。凡是马，春分时节应该在原野放牧，秋分时节则入圈饲养。

这年冬季十二月，鲁国在诸地和防地修筑城池。《春秋》记载这事，是因为这事不妨碍农时。凡是土木工程的建设，只要见到苍龙角、亢二宿早晨在东方出现，即到了夏历九月、周历十一月，农事已经完毕，就要开始做准备了；等到大火星（即心宿）早晨出在东方，即到了夏历十月初，就要把各种用具放到工地上，到营室星黄昏出现在正南方的时候，就要筑墙立板、动工兴建，到了冬至就要完工。

僖公二十年春,新作南门。书,不时也。凡启塞从时。

文公十二年,城诸及郓。书,时也。

宣公八年,城平阳。书,时也。

成公九年,城中城。书,时也。

十八年,筑鹿囿。书,不时也。

襄公十三年冬,城防。书,事时也。于是将早城,臧武仲请俟毕农事,礼也。

昭公九年冬,筑郎囿。书,时也。季平子欲其速成也,叔孙昭子曰:“《诗》曰:‘经始勿亟,庶民子来。’焉用速成,其以勦民也?无囿犹可,无民,其可乎?”

定公十五年冬,城漆。书,不时告也。以上城筑。

桓公四年春正月,公狩于郎。书,时,礼也。

六年秋,大阅,简车马也。

昭公八年秋,大蒐于红,自根牟至于商、卫,革车千乘。以上蒐狩。

鲁僖公二十年春季，鲁国重新修建了国都的南门。《春秋》记载这事，是由于这事不妨碍农时。凡是修建城门和制造门闩，应该顺应农时。

鲁文公十二年，鲁国在诸地和郓地修筑城池。《春秋》记载这事，是由于这事不妨碍农时。

鲁宣公八年，鲁国在平阳修筑城池。《春秋》记载这事，是由于这事不妨碍农时。

鲁成公九年，鲁国在国都内又建造了一座内城。《春秋》记载这事，是由于这事不妨碍农时。

十八年，鲁国修建了养鹿的园林。《春秋》记载这事，是由于这事妨碍了农时。

鲁襄公十三年冬季，鲁国在防地修筑城池。《春秋》记载这事，是由于这事做得不妨碍农时。当时本来打算早些时候动工筑城，但大夫臧武仲请求等待农事结束以后再动工，这是合乎礼法的。

鲁昭公九年冬季，鲁国在郎地修筑园囿。《春秋》记载这事，是由于这事不妨碍农时。大夫季平子想要加快这一工程的完工进度，大夫叔孙昭子说："《诗经》上说：'开始修建并不急于完工，百姓就会像儿子一样自动跑来帮忙。'哪里用得着加快完工速度而使百姓过分地疲劳呢？一个国家没有园林还是可以的，没有百姓，能行吗？"

鲁定公十五年冬季，鲁国在漆地修筑城池。《春秋》记载这事，是由于没有按时祭告祖庙。以上是筑城。

鲁桓公四年春季正月，鲁桓公在郎地狩猎。《春秋》记载这事，是由于此时正是农闲，狩猎是合于礼法的。

六年秋季，鲁国举行了盛大的阅兵仪式，这是为了检阅战车和驾车的马匹。

鲁昭公八年秋季，鲁国在红地举行了大规模阅兵演习，战车从根牟一直延伸到宋、卫两国的边境上，共出动兵车一千辆。以上是检阅军队与冬猎。

臣士奇曰：千仞之山，跛羊能陵之，以其迤也；数仞之墙，虽有贲、育，猝莫能越，以其峻也。城以保民，奈之何其可废哉？顾城本为民防患于未然，而使之疲于工筑，弃本业而起愁叹，则未然之患犹纾，而目前之困已剧矣。况登丘之呼，亦足动众；梁伯之好，适以资敌。无城犹可，无民，将谁与国乎？是以先王之爱城常不如爱民力。一岁之中，用民不过三日，而又必以农隙之时，使之手足宽然，得以缘南亩，仰事俯育，两无所憾，而后本固邦宁也。

《春秋》，凡用民，无论时之合否皆书，重民力也。鲁之城中丘、城郎，皆以盛夏兴役；而延厩之新，又当大无之后，其为草菅民命，全莫省忧，昭昭简策。若夫襄十三年城防，昭九年筑郎囿，皆在隆冬，于时合矣。而当时一欲早城，一欲速成，而臧武仲与叔孙昭子独能为民请命，不亦仁人之心乎？

然用民必书，而费伯城郎不书，新作南门不书，《左氏》求其说而不得，则皆曰“非公命也”，窃谓不然。隐公之始年，犹未失政，安有非公命而擅兴大众以城者？

臣下我高士奇评论说：千仞高的山，瘸腿的羊也能够爬越它，因为山势逶迤的缘故；数仞高的墙，即使有齐人孟贲、卫人夏育那样的勇力，也不可能一下子翻越过去，因为矮墙陡峻的缘故。城池是用来保卫百姓的，怎么能废弃呢？不过，城池本来是为了帮助百姓防患于未然的，如果使百姓忙于工程建筑而疲惫，以致荒废农事而产生愁苦哀叹，那么没有形成的灾患还可以缓解，而眼前的困苦却已经严重了。况且登上小山的呼喊，也足以发动众人；梁国国君梁伯那种筑城的爱好，正好用来资助敌人。没有城池还可以，没有百姓，国家还有谁呢？所以先王爱惜城池常常不如爱惜民力。一年之中，使用民众不超过三天，而且又必须在农闲之时，使百姓手足宽松，得以到田间耕作，对上侍奉父母，对下养育妻儿，两方面都没有不满意，然后才能使人民安居乐业，国家安宁太平。

在《春秋》一书中，凡是使用民众，无论是否合乎农时都加以记载，这是因为重视民力的缘故。鲁国在中丘修筑城池，在郎地修筑城池，都是在盛夏季节开始动工；而新建马圈之时，又值荒年之后，这种做法是视人命如草芥而任意摧残，全然不知道体恤百姓的疾苦，这些在简册上都记载得明明白白。至于鲁襄公十三年在防地修筑城池，鲁昭公九年在郎地修筑苑囿，都在隆冬时节，是符合时令的。然而当时一个打算早些时候动工修筑城池，一个想要加快郎囿的竣工速度，而唯独大夫臧武仲与叔孙昭子能为民请命，不也是仁人之心吗？

然而使用民众《春秋》就必定记载，可是对鲁隐公元年费伯在郎地修筑城池却没有记载，对鲁国重新修建了国都南门也没有记载，《左氏春秋》（即《左传》）寻找解释的根据而没能够找到，就都解释说"不是出自鲁隐公的命令"，臣下我私下认为不是这样。鲁隐公初年，还没有政治混乱，怎能有不奉鲁隐公的命令就擅自发动大众来修筑城池的事情呢？

至作南门，近在国都，而公弗知，隐其充耳乎？圣人削之，当自有故，不可求矣。

若乃春蒐、夏苗、秋狝、冬狩，先王所以寓军政于四时之田，而作其果敢之气，使之娴于步伐止齐，谙于鼓铎铙镯，而蓄其威怒也。然必有常时，有定所，如鲁狩大野，而郎则非所；蒐为春事，而红则非时，并非所。且以红之蒐考之，是时公室衰微，鲁国兵权半归季氏，自根牟至于商、卫，革车千乘，扫境内以为此役，季实主之，于昭公何与？违天时，易地利，悍然直行其意之所欲，以为凡可以非礼动民，即用以犯上作乱而莫敢忤，有如此蒐矣。故先儒以此为季氏履霜之渐也。

吁！城筑民力所系，蒐狩军政所关，力当留余于下，政当操之自上，其可不加之意哉？

至于修建都城南门，在靠近都城的地方动工，而鲁隐公竟然不知道此事，鲁隐公难道塞上耳朵了吗？孔子删削《春秋》时将这些事删掉，自然应当有原因，现在已经无从得知了。

至于春、夏、秋、冬四季打猎，是先王将军中政事寄寓于四时打猎之中，从而振作士兵的果断勇敢之气，让他们熟悉步伐统一行动，熟悉鼓铎铙镯等号令乐器，从而蓄养他们的威风士气。但是这些活动一定要有固定的时间，有固定的场所，像鲁国在广大的原野进行狩猎，则郎地并不是理想的场所；阅兵是春季做的事情，那么鲁国在红地举行阅兵演习，不但不符合时令，而且也没在合适的场所。再以红地的阅兵来考察，当时鲁国公室衰微，鲁国的兵权有一半掌握在季氏手里，战车从根牟一直延伸到宋、卫两国的边境上，兵车共有一千辆，竭尽国内的力量来开展这项活动，季平子实际上主持了这件事，与鲁昭公又有什么关系呢？违背天时，改变地点，悍然直接实行他心中想做的事，认为一切事情都可以违背礼仪使用民众，就是以此来违抗尊长君上进行叛乱也没有人敢违背他的心意，就像鲁昭公八年秋季这次阅兵一样。所以先世儒者把这件事作为季氏专权霸道的预兆。

唉！修筑城池关系到民力，四季检阅狩猎关系到军政，民力应当留有余地，军政应当由君主掌握，这些能不加以留心吗？

卷十五　孔子仕鲁仲由　冉求　端木赐　高柴

定公十年春，及齐平。夏，公会齐侯于祝其，实夹谷。孔丘相。犁弥言于齐侯曰："孔丘知礼而无勇，若使莱人以兵劫鲁侯，必得志焉。"齐侯从之。孔丘以公退，曰："士兵之！两君合好，而裔夷之俘以兵乱之，非齐君所以命诸侯也。裔不谋夏，夷不乱华，俘不干盟，兵不逼好。于神为不祥，于德为愆义，于人为失礼，君必不然！"齐侯闻之，遽辟之。

将盟，齐人加于载书曰："齐师出竟而不以甲车三百乘从我者，有如此盟！"孔丘使兹无还揖，对曰："而不反我汶阳之田，吾以共命者，亦如之！"

齐侯将享公。孔丘谓梁丘据曰："齐、鲁之故，吾子何不闻焉？事既成矣，而又享之，是勤执事也。且牺象不出门，嘉乐不野合。飨而既具，是弃礼也；若其不具，用秕稗也。

卷十五　孔子仕鲁仲由　冉求　端木赐　高柴

鲁定公十年春季，鲁国和齐国讲和。夏季，定公在祝其会见齐景公，祝其也就是夹谷。当时孔丘担任相礼。犁弥对齐景公说：“孔丘懂得礼仪而缺乏勇气，如果派莱地人用武力劫持鲁侯，一定能够如愿以偿。”齐景公听从了他的建议。孔丘带着定公退出，说：“武士们拿起武器攻上去！两国的国君和好，而边远的东夷俘虏用武力来捣乱，这肯定不是齐君指挥天下诸侯的办法。边地不能图谋中原，东夷不能搅乱华人，俘虏不能扰乱盟会，武力不能逼迫友好。否则对神灵来说是大不吉祥，从德行说是丧失道义，从人的角度说是有违礼法，国君您必然不会这样做的！”齐景公听到这话，忙让莱地人避开。

两国将要盟誓，齐国人在盟书上加上一句话，说：“齐军出境而鲁国不派三百辆甲车跟随我们出战的话，有盟誓为证！”孔丘派兹无还作揖回答说：“你们不归还我们汶水北岸的田地，让我们敬从命令，也有盟誓为证！”

齐景公打算设享礼招待鲁定公。孔丘对梁丘据说：“齐国、鲁国旧有的典礼，您怎么没有听说过呢？如果事情已经完成了，而又举行享礼，这是徒然劳动贵国执事，给执事增加劳累。而且牺尊、象尊不出国门，钟磬这样的乐器不能在野外合奏。设享礼时如果这些东西全部具备，这是抛弃了礼制；如果这些东西不具备，那就像不用五谷而用秕子稗子一样轻微而不郑重。

用秕稗，君辱；弃礼，名恶。子盍图之！夫享，所以昭德也。不昭，不如其已也。”乃不果享。

齐人来归郓、讙、龟阴之田。

十二年夏，仲田为季氏宰，将堕三都，于是叔孙氏堕郈。季氏将堕费，公山不狃、叔孙辄帅费人以袭鲁。公与三子入于季氏之宫，登武子之台。费人攻之，弗克。入及公侧，仲尼命申句须、乐颀下伐之，费人北。国人追之，败诸姑蔑。二子奔齐，遂堕费。

将堕成，公敛处父谓孟孙：“堕成，齐人必至于北门。且成，孟氏之保障也。无成，是无孟氏也。子伪不知，我将不堕。”冬十二月，公围成，弗克。

哀公七年夏，公会吴于鄫。太宰嚭召季康子，康子使子贡辞。太宰嚭曰：“国君道长，而大夫不出门，此何礼也？”对曰：“岂以为礼，畏大国也。大国不以礼命于诸侯，苟不以礼，岂可量也？寡君既共命焉，其老岂敢弃其国？太伯端委以治周礼，仲雍嗣之，断发文身，裸以为饰，岂礼也哉？有由然也。”

十一年春，齐为鄎故，国书、高无丕帅师伐我，及清。季孙谓其宰冉求曰：“齐师在清，必鲁故也，若之何？”求曰：“一子守，二子从公御诸竟。”季孙曰：“不能。”求曰：“居封疆之间。”季孙告二子，二子不可。求曰：“若不可，则君无出，

用秕子稗子，这是贵国国君的耻辱；抛弃礼制，贵国名声就不好。您何不考虑一下！享礼，是用来宣扬德行的。如果不能宣扬，还不如不用。”于是齐国最终没有设享礼。

齐国人前来鲁国归还郓地、讙地、龟阴的田地。

十二年夏季，仲由（即子路）当季氏的家臣首领，打算毁掉季孙、叔孙、孟孙三家的都邑，因此叔孙氏毁掉了郈邑。季氏打算毁掉费邑，公山不狃、叔孙辄率领费邑人袭击鲁国国都。鲁定公和季孙、叔孙、孟孙三人躲进季氏的宫室中，登上武子之台。费邑人进攻，没有攻下。攻到定公身边，孔子命令申句须、乐颀下台回击，费地人战败。国内的人们追上去，在姑蔑打败了他们。公山不狃和叔孙辄两人逃亡到齐国，于是毁掉了费邑。

将要毁掉成邑，公敛处父对孟孙说：“毁掉成邑，齐国人必然可以直抵国境北门。而且成邑是孟氏的保障。没有成邑，就等于没有了孟氏。您假装不知道，我打算不毁掉它。”冬季十二月，鲁定公领兵包围成邑，没有攻下。

鲁哀公七年夏季，哀公和吴人在鄫地会见。吴国太宰伯嚭召见季康子，季康子派子贡前去推辞。太宰伯嚭说：“我们国君跋涉了那么远的路，而贵国大夫不出门，这是什么礼仪？”子贡回答说：“岂敢把这作为礼仪，只是由于害怕大国。大国不用礼仪来命令诸侯，一旦不用礼仪，其后果哪能估量呢？我们国君既已奉命前来，他的执政大臣哪敢丢下国家前来？当年太伯穿着玄端之衣、戴着委貌之冠来推行周礼，仲雍继承他，把头发剪断身上刺画花纹，作为裸体的装饰，难道合于礼法吗？也是有原因才这样做的。”

十一年春季，齐国因为鲁国联合吴国进攻郧地的缘故，令国书、高无丕领兵攻打我鲁国，进至清地。季孙对其家臣首领冉求说：“齐军驻扎在清地，一定是因为鲁国的缘故，怎么办？”冉求说：“您三位中一位留守，两位跟着国君到边境抵御。”季孙说：“做不到。”冉求说：“那就在境内近郊抵御。”季孙告诉了叔孙、孟孙两人，两人不同意。冉求说：“如果不同意，那么国君就不必出去。

一子帅师，背城而战，不属者，非鲁人也。鲁之群室众于齐之兵车，一室敌车，优矣，子何患焉？二子之不欲战也宜，政在季氏。当子之身，齐人伐鲁而不能战，子之耻也，大不列于诸侯矣。”

季孙使从于朝，俟于党氏之沟。武叔呼而问战焉，对曰：“君子有远虑，小人何知？”懿子强问之，对曰：“小人虑材而言，量力而共者也。”武叔曰：“是谓我不成丈夫也。”退而蒐乘。孟孺子洩帅右师，颜羽御，邴洩为右。冉求帅左师，管周父御，樊迟为右。季孙曰：“须也弱。”有子曰：“就用命焉。”季氏之甲七千，冉有以武城人三百为己徒卒。老幼守宫，次于雩门之外。五日，右师从之。公叔务人见保者而泣，曰：“事充，政重，上不能谋，士不能死，何以治民？吾既言之矣，敢不勉乎！”

师及齐师战于郊。齐师自稷曲，师不逾沟。樊迟曰：“非不能也，不信子也。请三刻而逾之。”如之，众从之。师入齐军，右师奔，齐人从之。陈瓘、陈庄涉泗。孟之侧后入以为殿，抽矢，策其马曰：“马不进也。”林不狃之伍，曰：“走乎？”不狃曰：“谁不如？”曰：“然则止乎？”不狃曰：“恶贤？”徐步而死。师获甲首八十，齐人不能师。宵，谍曰：“齐人遁。”

您一人率领军队，背城作战，不参加的就不能算是鲁国人。鲁国都邑住户比齐国的战车要多，即使您一家去对抗齐国战车，也有优势，您担心什么？他们两位不想作战是正常的，因为政权掌握在季氏的手里。您在世的时候，齐国人攻打鲁国而不能奋起作战，这是您的耻辱，大概您不能自立于诸侯之间了。”

季氏让冉求跟着他一起上朝，并让冉求先在党氏之沟等着。叔孙武叔路过此地，喊冉求过来问他关于作战的意见，冉求回答说：“君子有着深远的考虑，小人知道什么？”懿子（即孟孙）硬是问他，他回答说：“小人是考虑才能而后才说话，估计力量而后才出力的。”叔孙说：“这是说我成不了大丈夫啊。”于是回去以后就检阅部队准备作战。孟孙的儿子孟孺子洩率领右军，颜羽为他驾驭战军，邴洩作为车右。冉求率领左军，管周父为他驾驭战车，樊迟作为车右。季孙说：“樊须（即樊迟）太年轻了。”冉求说：“他能够服从命令。”季氏出动甲士七千人，冉有（即冉求）带着三百个武城人作为自己的步兵。派老的小的守御宫室，大军驻扎在南门雩门外边。过了五天，孟孺子洩率领的右军才跟上来。公叔务人（即公为）见到守城的人就掉眼泪，说：“徭役多，赋税重，上面不能谋划，战士不能拼命，用什么来治理百姓？我已经这么说了，敢不努力吗！”

鲁军和齐军在鲁都郊外作战。齐军从稷曲攻击鲁军，鲁军不敢过沟迎战。樊迟对冉求说：“不是军队办不到，而是大家不相信您。请您再三申明号令然后带头冲过沟去。”冉求照他的话做了，大家都跟着他过沟。鲁军左军攻入齐军，右军奔逃，齐国人追击他们。齐大夫陈瓘、陈庄徒步渡过泗水。孟之侧在全军之后最后回来，他抽出箭来鞭打他的马，说：“我走在最后是马不肯往前走。”林不狃的部下说：“逃跑吗？”林不狃说：“我们不如谁呢，为什么要逃跑？”他的部下说：“那么停下来抵抗吗？”林不狃说：“停下来抵抗又哪里高明？”于是他就从容不慌地后撤，结果被齐军杀死。鲁国左军砍下齐军甲士的脑袋八十颗，以致齐国人溃不成军，不能再整顿军队。晚上，间谍报告说：“齐国人逃跑了。”

冉有请从之三，季孙弗许。孟孺子语人曰：“我不如颜羽，而贤于邴泄。子羽锐敏，我不欲战而能默，泄曰‘驱之’。”

公为与其嬖僮汪锜乘，皆死，皆殡。孔子曰：“能执干戈以卫社稷，可无殇也。”冉有用矛于齐师，故能入其军。孔子曰：“义也。”

孔文子之将攻大叔也，访于仲尼。仲尼曰：“胡簋之事，则尝学之矣；甲兵之事，未之闻也。”退，命驾而行，曰：“鸟则择木，木岂能择鸟？”文子遽止之，曰：“圉岂敢度其私，访卫国之难也。”将止，鲁人以币召之，乃归。

季孙欲以田赋，使冉有访诸仲尼。仲尼曰：“丘不识也。”三发，卒曰：“子为国老，待子而行，若之何子之不言也？”仲尼不对，而私于冉有曰：“君子之行也，度以礼。施取其厚，事举其中，敛从其薄。如是，则以丘亦足矣。若不度于礼，而贪冒无厌，则虽以田赋，将又不足。且子季孙若欲行而法，则周公之典在；若欲苟而行，又何访焉？”弗听。

十有二年春，用田赋。

公会吴于橐皋，吴子使大宰嚭请寻盟，公不欲，使子贡对曰：“盟，所以周信也，故心以制之，玉帛以奉之，言以结之，明神以要之。寡君以为苟有盟焉，弗可改也已。若犹可改，日盟何益？今吾子曰‘必寻盟’，若可寻也，亦可寒也。”乃不寻盟。

冉求多次请求追击，季孙没有答应。战后孟孺子对别人说：“我不如颜羽，但比邴泄高明。颜羽精细而敏捷，我不想作战而能不说话，但邴泄却说‘赶着马逃走吧’。”

公为和他宠爱的小童汪锜同坐一辆战车，结果两人都战死，便把他们都加以殡敛。孔子说：“汪锜能够拿起干戈保卫国家，对他可以不用未成年人的丧礼。”冉有使用矛对付齐军，所以能攻进敌阵。孔子说：“这是合于道义的。”

孔文子在快要攻打太叔的时候，去征求孔子的意见。孔子说：“祭祀的事情，那是我曾经学过的；战争的事情，我没有听说过。”孔子退下之后，叫人套上马车就要走，说：“鸟要选择树木，树木哪里能选择鸟呢？”孔文子立刻阻止他，说：“我孔圉怎么敢为自己打算，我访求的是卫国的祸患啊。”孔子打算留下不走，后来鲁国人用财礼来召请他，便又回到鲁国。

季孙（即季康子）想要按田亩多少来征税，特派冉有征求孔子的意见。孔子说：“我孔丘不懂得这个。”冉有一连问了三次，最后说：“您是国家的元老，国家等着您的意见办事，为什么您不表态呢？”孔子不做正式答复，而私下对冉有说：“君子办事情，要根据礼来考量。施舍要力求丰厚，事情要做得适中，赋敛要尽量微薄。像这样，那么按丘收赋税也就够了。如果不根据礼来考量而一味贪婪没有满足，那么即使按田亩征税，还会不够的。而且季孙如果要办事合于法度，那么周公的典章就在那里；如果要随便办事，又何必征求意见呢？”季孙不听。

十二年春季，鲁国开始使用按田亩征税的制度。

哀公在橐皋会见吴人，吴王派太宰伯嚭请求重温过去的盟约，哀公不愿意，派子贡回答说：“盟誓，是用来巩固信用的，所以要在内心来约束它，用玉帛来献给它，用言语来完成它，用神灵来保证它。我们国君认为如果有了盟约，就不能更改了。如果还是可以更改，即便每天盟誓又有什么用处？现在您说‘一定要重温过去的盟约’，如果可以重温，那也可以冷落它。”于是就没有重温过去的盟约。

吴征会于卫。初，卫人杀吴行人且姚而惧，谋于行人子羽。子羽曰："吴方无道，无乃辱吾君，不如止也。"子木曰："吴方无道，国无道，必弃疾于人。吴虽无道，犹足以患卫。往也！长木之毙，无不摽也；国狗之瘈，无不噬也，而况大国乎？"秋，卫侯会吴于郧。公及卫侯、宋皇瑗盟，而卒辞吴盟。

吴人藩卫侯之舍。子服景伯谓子贡曰："夫诸侯之会，事既毕矣，侯伯致礼，地主归饩，以相辞也。今吴不行礼于卫，而藩其君舍以难之，子盍见大宰？"乃请束锦以行，语及卫故，大宰嚭曰："寡君愿事卫君，卫君之来也缓，寡君惧，故将止之。"子贡曰："卫君之来，必谋于其众。其众或欲或否，是以缓来。其欲来者，子之党也；其不欲来者，子之仇也。若执卫君，是堕党而崇仇也。夫堕子者得其志矣。且合诸侯而执卫君，谁敢不惧？堕党、崇仇而惧诸侯，或者难以霸乎！"大宰嚭说，乃舍卫侯。

卫侯归，效夷言。子之尚幼，曰："君必不免，其死于夷乎！执焉而又说其言，从之，固矣。"

十四年春，西狩于大野。叔孙氏之车子鉏商获麟，以为不祥，以赐虞人。仲尼观之，曰："麟也。"然后取之。

小邾射以句绎来奔，曰："使季路要我，吾无盟矣。"

吴国召集卫国参加诸侯会见。起初，卫国人杀了吴国的行人且姚因而害怕，于是就和行人子羽商量。子羽说："吴国人正在无道的时候，恐怕会羞辱我们国君，不如不去参加。"子木说："吴国正在无道的时候，国家无道，必然加害于人。吴国虽然无道，但还足以祸害卫国。还是去吧！高大的树倒下，没有不击倒一些东西的；最好的狗发疯，没有不咬人的，更何况是大国呢？"秋季，卫出公在郧地会见吴人。鲁哀公和卫出公、宋国的皇瑗结盟，最终辞绝了和吴国结盟。

吴国人围住了卫出公的馆舍。子服景伯对子贡说："诸侯的会见，事情结束了，诸侯盟主要向宾客行礼，所在地的主人要馈送给大家食物，以此互相辞别。现在吴国对卫国不执行礼节，反而围住卫国国君的馆舍刁难他们，你何不去见吴国的太宰呢？"子贡请求给他五匹锦就去了，谈到卫国的事情，太宰伯嚭说："我们国君愿意事奉卫国国君，但是卫君来晚了，我们国君害怕，所以打算留下他。"子贡说："卫国国君前来参加盟会，一定和他国中的人商量。那些人有的愿意他来，有的不愿意他来，因此才来晚了。那些愿意的人，是您的朋友；那些不愿意的人，是您的仇敌。如果拘捕了卫国国君，这是打击了您的朋友而抬高了您的仇人。这样一来那些攻击您的人就心愿达成了。而且会合诸侯，却拘捕了卫国国君，哪个诸侯国君不害怕呢？打击朋友、抬高仇人而且又让诸侯害怕，也许难以称霸吧！"太宰伯嚭听了很高兴，就释放了卫出公。

卫出公回国后，学说吴国人的话。子之（即公孙弥牟）当时还年幼，说："国君必然不能免于祸难，恐怕会死在夷人那里吧！被他们拘捕了又喜欢他们的话，要跟他们去是一定的了。"

十四年春季，哀公在西部的大野打猎。叔孙氏的驾车人子钽商猎得麒麟，他认为不吉利，便把它赏赐给主管山泽的官员虞人。孔子细看后，说："这是麒麟。"然后就要了过去。

小邾国的大夫射带着句绎一地，逃亡来到鲁国，说："假如派季路（即子路）和我口头约定，我就可以不用和鲁国盟誓了。"

使子路，子路辞。季康子使冉有谓之曰：“千乘之国，不信其盟，而信子之言，子何辱焉？”对曰：“鲁有事于小邾，不敢问故，死其城下可也。彼不臣而济其言，是义之也，由弗能。”

甲午，齐陈恒弑其君壬于舒州。孔丘三日齐，而请伐齐三。公曰：“鲁为齐弱久矣，子之伐之，将若之何？”对曰：“陈恒弑其君，民之不与者半，以鲁之众，加齐之半，可克也。”公曰：“子告季孙。”孔子辞，退而告人曰：“吾以从大夫之后也，故不敢不言。”

十五年秋，齐陈瓘如楚，过卫，仲由见之，曰：“天或者以陈氏为斧斤，既斫丧公室，而他人有之，不可知也；其使终飨之，亦不可知也。若善鲁以待时，不亦可乎？何必恶焉？”子玉曰：“然。吾受命矣，子使告我弟。”冬，及齐平。

卫孔圉取太子蒯聩之姊，生悝。孔氏之竖浑良夫长而美，孔文子卒，通于内。太子在戚，孔姬使之焉。太子与之盟，为请于伯姬。闰月，良夫与太子入，舍于孔氏之外圃。昏，二人蒙衣而乘，适伯姬氏。孔伯姬杖戈而先，太子与五人介，舆猳从之。迫孔悝于厕，遂劫以登台。栾宁将饮酒，闻乱，使告季子。季子将入，遇子羔将出。季子曰：“吾姑至焉。”子羔曰：“弗及，不践其难！”季子曰：“食焉，不辟其难。”

于是鲁国便派子路去，子路推辞。季康子派冉有对子路说：“一千辆战车的国家，不相信它的盟誓，反而相信您的话，这对您来说有什么屈辱呢？”子路回答说：“鲁国如果和小邾国发生战争，我不敢询问曲直，战死在城下就行了。现在他不尽臣道而使他的话得以实现，这是把他的不尽臣道当成正义了，我仲由不能那么办。”

六月初五，齐国的陈恒在舒州杀了他们的国君齐简公壬。孔子为此斋戒三天，多次请求攻打齐国。哀公说：“鲁国被齐国削弱已经很久了，您要攻打他们，打算怎么办？”孔子回答说：“陈恒杀了他们的国君，百姓有一半不亲附他，凭鲁国的民众加上齐国不服从陈恒的一半百姓，是可以战胜的。”哀公说：“您告诉季孙。”孔子辞谢，退下去告诉别人说：“我由于曾经位列大夫之末，所以不敢不说。”

十五年秋季，齐国的陈瓘到楚国去，经过卫国时，仲由（即子路）拜见他，说：“上天或许是用陈氏作为斧子，把公室砍削以后又为别人所有，现在不能知道；可能让陈氏最后享有，现在也不能知道。如果和鲁国友好以等待时机，不也是可以的吗？何必搞坏关系呢？”子玉（即陈瓘）说：“对。我接受您的命令了，您派人去告诉我弟弟陈常去吧。”冬季，鲁国和齐国讲和。

卫国的孔圉（即孔文子）娶了太子蒯聩的姐姐，生了孔悝。孔圉的僮仆浑良夫个子高大而且面貌英俊，孔文子死后，他就和孔姬私通。当时太子流亡在戚地，孔姬派浑良夫前去。太子和浑良夫盟誓，浑良夫为他向伯姬（即孔姬）请求。闰十二月，浑良夫和太子进入卫国，住在孔氏家外面的菜园里。天黑以后，两人用头巾盖住脸伪装成妇女坐上车，到孔姬家去。孔姬手拿着戈走在前面，太子和五个人身披皮甲，用车子装上公猪跟着准备盟誓。把孔悝逼到墙角，于是劫持他登上台。栾宁正要喝酒，听到有动乱，派人告诉季子（即子路）。子路正要进入国都，碰上子羔（即高柴）正要出逃。子路说：“我姑且去一下。”子羔说：“来不及了，不要去遭受祸难！”子路说：“享受他的俸禄，不能躲避祸难。”

子羔遂出，子路入。太子闻之，惧，下石乞、盂黡敌子路，以戈击之，断缨。子路曰："君子死，冠不免。"结缨而死。孔子闻卫乱，曰："柴也其来，由也死矣。"

十六年夏四月己丑，孔丘卒。公诔之曰："旻天不吊，不慭遗一老，俾屏余一人以在位，茕茕余在疚。呜呼哀哉！尼父，无自律。"子赣曰："君其不没于鲁乎！夫子之言曰：'礼失则昏，名失则愆。'失志为昏，失所为愆。生不能用，死而诔之，非礼也；称'一人'，非名也。君两失之。"

二十一年秋八月，公及齐侯、邾子盟于顾。齐人责稽首，因歌之曰："鲁人之皋，数年不觉，使我高蹈。惟其儒书，以为二国忧。"是行也，公先至于阳谷。齐闾丘息曰："君辱举玉趾，以在寡君之军，群臣将传遽以告寡君。比其复也，君无乃勤。为仆人之未次，请除馆于舟道。"辞曰："敢勤仆人。"

〔发明〕按：儒书一言，岂非孔子之遗风尚足以折冲而御侮耶？

臣士奇曰：天之生孔子，为天下万世也，非为鲁也，故鲁卒不得而用之。然而圣人大可为之兆，已略见于鲁矣。

夹谷之会，犁弥言于齐侯曰："孔丘知礼而无勇，若以莱人劫鲁侯，必得志焉。"吁！孔子岂无勇者哉？圣人所以胜天下者，理而已。仁义足以为甲胄，忠信足以为干橹，故曾子谓子襄曰："吾尝闻大勇于夫子矣：

子羔就出去了，子路进入。太子听到后非常害怕，让石乞、盂黡下台抵挡子路，用戈击中子路，把帽带弄断了。子路说："君子死，帽子也不能不戴。"把帽带系好而死。孔子听到卫国发生动乱，说："高柴会逃回来，仲由将战死。"

十六年夏季四月十一日，孔丘去世。哀公致悼词说："上天不发慈悲啊，不愿意留下这一位国老，让他保护我牢牢居于君位，却使我孤零零地忧愁成病。呜呼哀哉！尼父啊，失去了我所效法的榜样了。"子赣（即子贡）说："国君恐怕不能在鲁国善终吧！夫子他老人家曾经说过：'礼仪丧失就要昏昧，名分丧失就有过错。'丧失礼节是昏昧，失去名节是过错。活着不能任用他，死了又给他致悼词，这不合于礼法；自称'余一人'，这不合于名分。国君两样都丧失了。"

二十一年秋季八月，哀公和齐平公、邾桓公在顾地结盟。齐人责备从前齐平公向哀公叩头而哀公不回礼那件事，因而唱歌说："鲁人的怠慢，几年了自己还没有察觉，使我们远来赴会。正由于那些儒家礼书，造成了两国的忧患。"这一趟，哀公先到阳谷。齐国大夫闾丘息说："劳动国君亲自光临，来慰劳敝国国君的军队，臣下们将要用驿车向敝国国君报告。但等到他们报告回来，国君未免劳累了。由于仆人没有准备好宾馆，请在舟道打扫馆舍下榻。"哀公辞谢说："岂敢劳动贵国的仆人？"

〔发明〕：按：儒家礼书这一句话，难道不是孔子的遗风还足可以击退敌军并且抵御外辱吗？

臣下我高士奇评论说：上天让孔子降生，是为了天下万世的人民，并不单单是为了鲁国，因此鲁国最终不能任用他。然而圣人大有作为的征兆，在鲁国时已经大略看到了。

在夹谷会盟时，犁弥对齐景公说："孔丘懂礼法而缺乏勇武，如果派莱地人用武力劫持鲁侯，定能如愿。"唉！孔子难道真是缺乏勇武的人吗？圣人之所以能超过天下的人，只在于理罢了。仁义足可以充当他的甲胄，忠信足可以充当他的盾牌，因此曾子对子襄说："我曾在夫子那里听说过大勇：

自反而不缩，虽褐宽博，吾不惴焉；自反而缩，千万人，吾往矣。”大勇者，理胜之谓也。登坛数语，而裔俘却，兵车拒，野享罢，久缊之三田，不待兵革而自归。鲁于时不诚赫然一变其积弱之旧哉！

夫邻封震慑，而内之蝥贼不除，则公室欲张而不得也，为是申“大都不耦国”“家富不藏甲”之制，堕三都，翦羽翼，挥申须之戈，从容以定变，诛乱政之首，次第以改弦。当是时，使不以彼妇之口，中沮其用，俾至于期月、三年，东周之治，岂徒托诸空言哉！惜乎，鲁之不能用也！

诸弟子多才多艺，文武兼资。由之信义，著于诸侯，至以千乘之国，不信于盟而重其言。三都之堕，由实左右之。赐也掉三寸之舌，屡抗长蛇之吻。康子不出门，敦盘不再设，藩舍之卫君获有宁宇。而于郊稷曲之役，迟也怂恿之，求也用矛以入之。柴虽懦，其儒行亦足以光重鲁国，则不可谓圣贤之无益于时也。

若夫田赋用而微词以示箴，舒州弑而抗声以请讨，圣人虽老不得志，何尝忘心当世者？伤麟道穷，两楹告梦。生不能用，死乃诔之，诚可惜也！虽然，圣人之生，非为鲁也，为天下万世也。

假如自我反省而理不直，即使对方是穿宽大褐布衣服的低贱者，我也不会吓唬他；假如自我反省而理直气壮，即使有成千上万的敌人，我也会勇往直前。”大勇，是说义理上占了上风。孔子登上坛场只讲了几句话，就使边远的夷族俘虏退却，兵车拒发，野享停止，并且使齐国将长期占领的郓地、讙地、龟阴三地的田地，不动兵戈而自动归还给鲁国。鲁国在当时难道不确实是声威盛大，一改过去长期衰弱的旧貌吗？

邻近的封国被威慑住，而国内对国家有害的人不能除掉，那么公室想要扩展势力就不能做到，所以孔子要再三申明“大都规格不能等同于国都”和“家中富有不能隐藏甲兵”的制度，毁掉三家的都邑，翦除他们的羽翼，他命申句须挥戈迎战费人，从容地平定了变乱，诛杀了乱政的首领，然后依次变更了各项制度。那时，假如不是齐国献的妇人进谗言，阻止了对他的任用，使他的任期满一年、三年，那么东周大治，岂是只托于空言！鲁国不能任用孔子，真是太可惜了！

孔子的众弟子多才多艺，文武兼备。仲由讲求信义，闻名于诸侯，以致有千辆战车的鲁国，其盟誓不被相信，而更重视他的话。毁掉三个都邑，仲由起了主导作用。端木赐鼓动三寸之舌，多次抵抗吴国的挑衅。季康子没有出国门，重温盟约用的敦和盘不再设置，并且使被围在馆舍中的卫出公获得安定的住所。在城郊稷曲的战役中，在樊迟鼓动下，冉求挥动长矛杀入齐军。高柴虽然懦弱，但他的儒生行为也足以光大鲁国，因此不能说圣贤对时局没有好处。

至于孔子对按田亩征税用微言加以告诫，对陈恒在舒州弑杀齐简公大声抗议并请求征讨，圣人即使年老不得志，可他心里何曾不顾念当世呢？孔子感伤麒麟被捕获，表明自己的主张不能实现；孔子梦见自己坐在两根柱子之间受人祭奠，知道自己不久将离开人世。鲁哀公在他活着时不能任用，死时再致悼词，实在是太可惜了！虽然如此，圣人孔子的降生，并不是为了鲁国，而是为了天下万世的人民。

齐

卷十六　齐灭纪

隐公元年八月，纪人伐夷。夷不告，故不书。

二年九月，纪裂𦈡来逆女，卿为君逆也。

冬，纪子帛、莒子盟于密，鲁故也。

八年，公及莒人盟于浮来，以成纪好也。

桓公五年夏，齐侯、郑伯朝于纪，欲以袭之。纪人知之。

六年夏，会于成，纪来谘谋齐难也。冬，纪侯来朝，请王命，以求成于齐，公告不能。

十七年春，盟于黄，平齐、纪，且谋卫故也。

庄公三年秋，纪季以酅入于齐，纪于是乎始判。

冬，公次于滑，将会郑伯，谋纪故也。郑伯辞以难。凡师，一宿为舍，再宿为信，过信为次。

卷十六　齐灭纪

鲁隐公元年八月，纪国人讨伐夷国。夷国没有前来向鲁国报告，所以《春秋》对此事没有记载。

二年九月，纪国的裂繻前来鲁国迎接鲁惠公的女儿，这是卿为国君而来迎娶的。

冬季，纪子帛（即裂繻）和莒子在莒国密地结盟，这是为了调解鲁国和莒国的不和。

八年，鲁隐公和莒人在纪国浮来结盟，以达成对纪国的友好。

鲁桓公五年夏季，齐僖公、郑庄公去纪国朝见，想要乘机袭击纪国。纪国人觉察到了他们的企图。

六年夏季，鲁桓公和纪武侯在鲁国成地相会，这是由于纪武侯想来和鲁桓公商讨如何对付齐国灭纪的企图。冬季，纪武侯前来鲁国朝见鲁桓公，请求得到周天子的命令去向齐国求和，鲁桓公告诉他做不到。

十七年春季，鲁桓公和齐襄公、纪哀侯在齐国黄地结盟，这是为了让齐国、纪国讲和，并且谋划攻打卫国的缘故。

鲁庄公三年秋季，纪哀侯的弟弟纪季带着酅地归入齐国作为附庸，纪国由此开始分裂。

冬季，鲁庄公住在郑国的滑地，打算会见郑伯子仪，是为了谋划纪国之事的缘故。郑伯子仪以国内不安定为理由加以推辞。凡是军队在外，住一夜叫作舍，住两夜叫作信，住两夜以上叫作次。

四年，纪侯不能下齐，以与纪季。夏，纪侯大去其国，违齐难也。

〔补逸〕《公羊传》：大去者何？灭也。孰灭之？齐灭之。曷为不言齐灭之？为襄公讳也。《春秋》为贤者讳。何贤乎襄公？复仇也。何仇尔？远祖也。哀公亨乎周，纪侯谮之。以襄公之为于此焉者，事祖祢之心尽矣。尽者何？襄公将复仇乎纪，卜之，曰："师丧分焉。""寡人死之，不为不吉也。"远祖者，几世乎？九世矣。九世犹可以复仇乎？虽百世可也。家亦可乎？曰：不可。国何以可？国君一体也，先君之耻，犹今君之耻也；今君之耻，犹先君之耻也。国君何以为一体？国君以国为体，诸侯世，故国君为一体也。

今纪无罪，此非怒与？曰：非也。古者有明天子，则纪侯必诛，必无纪者。纪侯之不诛，至今有纪者，犹无明天子也。古者诸侯必有会聚之事，相朝聘之道，号辞必称先君以相接。然则齐、纪无说焉，不可以并立乎天下。故将去纪侯者，不得不去纪也。有明天子，则襄公得为若行乎？曰：不得也。不得，则襄公曷为

四年，纪哀侯不能屈从于齐国的统治，于是把自己所统治的地方全部给了纪季。夏季，纪哀侯永远离开了他的国家，以躲避齐国的祸难。

〔补逸〕《公羊传》：纪哀侯永远离开了他的国家是什么意思？就是说他的国家灭亡了。是谁灭了他的国家？是齐国灭了他的国家。为什么不说齐国灭了他的国家？是为了替齐襄公避讳。《春秋》是替贤良的人避讳的。为什么认为齐襄公贤良？是因为他报了仇。报什么仇？是先祖的仇。齐哀公被周夷王煮杀，就是因为纪炀侯向周夷王说了齐哀公的坏话。从齐襄公做的这件事来看，可以说他侍奉祖先的心完全尽到了。为什么说齐襄公侍奉祖先的心完全尽到了呢？齐襄公准备向纪国报仇，曾卜过卦，卦上说："军队将丧失一半。"齐襄公说："就是寡人我为了复仇而死，也不算不吉利。"齐国的先祖，是几代先祖呢？有九代了。经过九代还可以复仇吗？即使是经过百代也可以报仇。大夫家的仇也可以这样报复吗？回答说：不可以。那么国君的仇为什么可以隔代报复呢？因为历代国君是一个整体，前代国君的耻辱就等于现今国君的耻辱；当今国君的耻辱就等于前代国君的耻辱。为什么历代国君是一个整体？因为国君是以国家为体，诸侯世代相传，所以历代国君是一个整体。

现在纪国的国君并没有罪，这不是迁怒给子孙了吗？回答说：不是。倘若古时候有贤明的周天子，那么纪侯是一定要被诛杀的，纪国一定要被灭亡。纪侯之所以没有被杀死，至今之所以还有纪国，就是因为当时还没有贤明的天子。古时候，诸侯之间有经常聚会的事情，有相互朝见、访问的制度，见面打招呼或者分开告辞时，都必定称引对方的先君以来相互接近。然而现在呢，齐国和纪国没法对话，不可以在天下并存。所以齐国将要除去纪侯，是因为不能不灭亡纪国。如果有贤明的天子存在，那么齐襄公能做出这种事吗？回答说：不能够。既然不能够，那么齐襄公为什么

为之？上无天子，下无方伯，缘恩疾者可也。

臣士奇曰：《公羊》称齐襄公灭纪为九世复仇，其言曰："哀公亨乎周，纪侯谮之。襄公将复仇乎纪，卜之，曰：'师丧分焉。''寡人死之，不为不吉。'"其情激烈，则复仇之说信然矣。以今考之，《史记》注引宋衷之言，哀公荒淫无道者也，其亨于周必有故。纪侯之谮，其果否亦不必辨。但哀公死而立其弟胡公，哀公之少弟山复杀胡公而自立。自哀公至襄公凡十世，而哀公乃其远伯祖也，于不共戴天之义似亦少杀。且襄公鸟兽其行，败伦伤化，忍心害理，彼又岂知有祖宗之仇者？不过假报复之名，以利其土地耳。

按《舆地志》，齐都临淄，在今青州。古纪城在今寿光。寿光距青州七十里，则《春秋》时纪与齐相去直数十里间，所谓卧榻之地不容他人安枕者也。始焉托复仇之孝以攫之，中焉假存纪之仁，终焉窃葬伯姬之义以文饰之。当时号齐襄为小伯，亦狡矣哉！谓其真能复九世之仇，吾不知也。

纪、鲁世为婚姻，又共盟歃，不能救纪，何望于郑？郑固齐党，尝并驱而朝纪，欲以袭之者也。莒益细甚，窃窃为纪图，何济乎？但纪实王后之所出，

干了这种事？因为上面没有贤明的天子，下面又没有主事的一方诸侯之长，齐襄公依据先祖时的恩仇，这么干也就可以了。

臣下我高士奇评论说：《公羊传》称齐襄公灭亡纪国是九世复仇，《公羊传》说：“齐哀公被周夷王煮杀，就是因为纪炀侯向周夷王说了齐哀公的坏话。齐襄公准备向纪国复仇，占卜这件事，卦上说：‘军队将丧失一半。’齐襄公说：‘就是寡人我为了复仇而死，也不算不吉利。’”从齐襄公复仇情绪的激烈程度来看，《公羊传》记载的复仇之说的确可以相信了。现今考究这件事，《史记索隐》引宋衷的话，齐哀公可谓荒淫无道的国君，他被周天子烹煮一定是有原因的。纪炀侯诬陷的事，是否真正如此也不必去分辨。只是齐哀公死后却立了他弟弟胡公，齐哀公的小弟弟山又杀害胡公而自立。从齐哀公到齐襄公总共十世，齐哀公也就是齐襄公的远房伯祖父，对于齐襄公来说，那种不共戴天的义愤似乎也该减弱一些。况且齐襄公的秽行如同鸟兽一样，败坏伦理有伤风化，狠心伤害天理，他又怎么能知道有祖宗之仇这回事呢？只不过是假借复仇之名，来贪图纪国的土地罢了。

据《舆地志》记载，齐国都城临淄，在今天的青州。古代纪城在今天的寿光。寿光距离青州七十里，则《春秋》所记载的那个时期纪国与齐国相距只是数十里的距离，也就是所谓的卧榻之地不容他人安睡。齐襄公开始假托报仇孝敬祖宗之名攫取了纪国土地，中间则以存抚纪国的仁爱之名为托词，最终又窃取了安葬纪国伯姬的正义之名来装饰自己。当时号称齐襄公为小霸，他也真是狡诈啊！说他真正能够复九世之仇，我不知道。

纪国、鲁国世代联姻，又共同歃血盟誓，鲁国不能救援纪国，又怎么能指望郑国呢？郑国本来就是齐国的同伙，曾并驾齐驱去朝见纪侯，准备袭击纪国。莒国更加微弱，暗中想帮助纪国，又有什么用？不过纪侯确实是周王王后的娘家，

欲请王命以求成于齐，而公告不能，王之不足为诸侯重轻亦可见矣。虽然，纪既逼处齐封，其势必折而入于齐。鲁即能为缨冠之救，何益成败？此纪侯之所以去，而季之苟延血食于酅，亦不得已之权也。然其情实可悲矣。

他请求用周天子的命令去与齐国讲和，可鲁桓公却告诉他做不到，周天子不被诸侯重视在这里也能看出来了。尽管如此，纪国既然与齐国封邑接境，它势必会被齐国灭掉而归入齐国的版图。鲁国即使能够在纪国危亡时期解救纪国的燃眉之急，可这对纪国的成败又有什么帮助呢？这就是纪侯之所以逃离了他的国家，而纪季在酅地苟延残喘、延续祖先香火的缘故，这也是迫不得已的权宜之策。可是这种情况也实在太可悲了。

卷十七　齐襄公之弑

桓公十七年夏，及齐师战于奚，疆事也。于是齐人侵鲁疆，疆吏来告。公曰："疆埸之事，慎守其一，而备其不虞。姑尽所备焉。事至而战，又何谒焉？"

庄公八年，齐侯使连称、管至父戍葵丘。瓜时而往，曰："及瓜而代。"期戍，公问不至。请代，弗许，故谋作乱。僖公之母弟曰夷仲年，生公孙无知，有宠于僖公，衣服礼秩如適。襄公绌之。二人因之以作乱。连称有从妹在公宫，无宠，使间公，曰："捷，吾以女为夫人。"

冬十二月，齐侯游于姑棼，遂田于贝丘，见大豕。从者曰："公子彭生也。"公怒，曰："彭生敢见！"射之，豕人立而啼。

卷十七　齐襄公之弑

鲁桓公十七年夏季，鲁国军队和齐国军队在奚地发生战争，这是由于两国边界发生冲突。当时齐国人侵犯鲁国边境，守卫边境的小吏前来报告。鲁桓公说："对于边境上的事情，谨慎地防守自己的一边，并预防发生意外。姑且尽力设防就是了。一旦发现了敌情就立即迎战，又何必请示呢？"

鲁庄公八年，齐襄公派遣大夫连称、管至父领兵驻守葵丘。正逢七月瓜熟的时节出兵，于是齐襄公对连、管二人说："到明年瓜熟的时候，就派人去替换你们。"但一年的防守期限已经满了，齐襄公替换的命令还没有下达。连称、管至父请求派人来接防，齐襄公没有答应，因此连称、管至父二人就暗中策划发动叛乱。齐僖公的同母弟弟名叫夷仲年，他生下了儿子公孙无知，公孙无知深受齐僖公的宠爱，他所穿的衣服和所享受的待遇如同嫡子一样。齐襄公即位以后，降低了公孙无知的待遇。连称、管至父两个人就准备依靠他而发动叛乱。连称有个堂妹在齐襄公的后宫为妾，得不到宠爱，连称就让她去侦察襄公的情况，准备乘机下手，并转达公孙无知的话说："如果事情取得成功，我就把你立为君夫人。"

冬季十二月，齐襄公到姑棼游玩，就在贝丘射猎，发现一只大野猪。随从说："这是公子彭生。"齐襄公大怒，说："彭生怎敢出现在我面前！"用箭射它，野猪前足腾空像人一样站起来啼叫。

公惧,队于车,伤足,丧屦。反,诛屦于徒人费,弗得,鞭之,见血。走出,遇贼于门,劫而束之。费曰:“我奚御哉?”袒而示之背,信之。费请先入,伏公而出,斗,死于门中,石之纷如死于阶下。遂入,杀孟阳于床,曰:“非君也,不类。”见公之足于户下,遂弑之,而立无知。

十年春,齐师伐我。公将战,曹刿请见。其乡人曰:“肉食者谋之,又何间焉?”刿曰:“肉食者鄙,未能远谋。”乃入见,问何以战。公曰:“衣食所安,弗敢专也,必以分人。”对曰:“小惠未遍,民弗从也。”公曰:“牺牲玉帛,弗敢加也,必以信。”对曰:“小信未孚,神弗福也。”公曰:“小大之狱,虽不能察,必以情。”对曰:“忠之属也,可以一战。战则请从。”

公与之乘,战于长勺。公将鼓之,刿曰:“未可。”齐人三鼓,刿曰:“可矣。”齐师败绩。公将驰之,刿曰:“未可。”

齐襄公很害怕，从车上跌落下来，撞伤了脚，还碰掉了鞋。齐襄公出游归来后，向一位名叫费的侍从小臣追问鞋的下落，费没有找到鞋，齐襄公就用鞭子打他，直打得他皮开血出。费被打后跑出宫门，在宫门外遇上作乱的叛贼，叛贼将他劫持并用绳子将他捆绑起来。费说："我哪里会抵御你们呢？"边说边让解开衣服，让他们看自己后背受鞭刑的伤痕，叛贼这才相信了他的话。费表示愿意和他们一起行动，请求为叛贼先进宫去刺探。进入宫中他先将齐襄公隐藏起来，然后出宫和叛贼格斗，结果死在宫门里，侍人石之纷如和叛贼格斗死在台阶下。于是，叛贼都进入宫中，在齐襄公的床上杀死了假冒齐襄公的孟阳，说："杀死的人不是国君，看样子不像他！"后来他们看到齐襄公的脚露在门的下面，于是就将他从门后拖出来杀了，然后立了公孙无知为齐国国君。

十年春季，齐国军队攻打我鲁国。鲁庄公准备出兵应战，曹刿请求进见鲁庄公。他的同乡人劝他说："做大官的人自会谋划这件事，你又何必参与呢？"曹刿说："做大官的人目光短浅，不能深谋远虑。"于是入宫拜见鲁庄公，问鲁庄公靠什么来作战。鲁庄公说："衣服粮食这些用来安生的东西，我不敢独自享用，一定拿出一些分给别人。"曹刿回答说："这些小恩小惠并没有普及民众，百姓不会跟从您去拼死作战的。"鲁庄公说："祭祀神灵用的牛、羊、猪和宝玉、丝绸等物，不敢向鬼神虚报数字，祷告的文辞也一定反映实际情况。"曹刿回答说："这只是小信，还不能取得鬼神的信任，鬼神不会因此保佑您打胜仗的。"鲁庄公又说："对于大大小小的案件，虽然不能一一洞察清楚，但必定按照情理去处理。"曹刿回答说："这才属于尽心竭力为民办事，可以凭借这个跟齐国打一仗。打仗时，请让我跟随前去。"

鲁庄公和曹刿同乘一辆兵车，在鲁地长勺跟齐国军队交战。战斗之初，鲁庄公就准备击鼓进军，曹刿阻止说："现在还不可以。"等齐军擂了三通鼓，曹刿说："可以了。"结果齐军大败而逃。此时鲁庄公要下令追击敌人，曹刿又阻止说："还不可以。"

下视其辙，登轼而望之，曰："可矣。"遂逐齐师。

既克，公问其故。对曰："夫战，勇气也。一鼓作气，再而衰，三而竭。彼竭我盈，故克之。夫大国，难测也，惧有伏焉。吾视其辙乱，望其旗靡，故逐之。"

〔发明〕齐欲灭纪，而鲁以婚姻昵纪，故齐与鲁为仇。长勺之战，齐、鲁相仇之终也。襄公之弑不附于文姜，而附于灭纪，亦为鲁讳耻而已矣。

臣士奇曰：襄公淫于文姜，而戕鲁桓，天理人心澌灭已尽。迹其生平，迁郱、鄑、郚三邑以逼纪，卒使大去其国。总天子之罪人，连五国以伐卫，而取其宝玉。会鲁围郕，而独纳其降。书于《经》者，无一善状。

又按桓公之语管仲曰："昔我先君筑台以为高位，田狩毕弋，不听国政。卑圣侮士，而唯女是崇，九妃六嫔，陈妾数百。食必粱肉，衣必文绣，戎士冻馁，戎车待游车之裂，戎士待陈妾之余。优笑在前，贤才在后。是以国家不日引，不月长。"今观瓜期之不恤，与戎士冻馁

他下车仔细察看了齐军的车辙，然后登上车前的横木瞭望了远处的敌情，说："可以追击了。"于是，鲁庄公就下令追击齐军。

鲁军打了胜仗之后，鲁庄公问曹刿那么指挥是什么缘故。曹刿回答说："作战依靠的是勇气。第一通击鼓，士兵们振作了勇气；第二通击鼓，士兵们的勇气就开始衰退了；第三通击鼓，士兵们的勇气就已经竭尽了。他们的勇气已经耗尽而我们的勇气正旺盛，所以战胜了他们。齐国是个大国，它的实力和动态是难以捉摸的，恐怕会有埋伏。后来，我仔细察看他们的车辙已经杂乱，远望他们的旗子已经倾斜，所以才请您下令追击他们。"

〔发明〕齐国想灭掉纪国，而鲁国因婚姻关系跟纪国亲近，因此齐国和鲁国结仇。长勺之战是齐、鲁两国相互为仇的终结。齐襄公被弑杀一事不附在鲁文姜之乱后，却附在齐国灭掉纪国一事后，这样做也是替鲁国避讳羞耻罢了。

臣下我高士奇评论说：齐襄公与鲁桓公夫人文姜通奸淫乱，又杀害了鲁桓公，已完全丧失了天理人心。考察齐襄公的一生，他迁移郱、鄑、郚三座纪邑的人以逼近纪国，最终使纪哀侯永远离开了他的国家。他又会合周天子的罪人卫惠公，联合鲁、宋、郑、陈、蔡五国共同进攻卫国，然后掠取了卫国的宝玉。他还会同鲁国一起包围郕国，却独自接受郕国的投降。记载在《春秋经》上的齐襄公事迹，没有一件是好事。

又据齐桓公曾经对管仲说过："过去我们齐国先君襄公建筑高台来显示自己地位的尊贵，终日游猎捕射，不理国政。卑视圣贤，侮辱士人，而一心崇爱美女，拥有九妃六嫔，陈列小妾数百人。他吃的一定是精米好肉，穿的一定是有文饰的绸缎，兵士挨饿受冻，兵车的补充只能等待游戏之车的破裂，战士的给养只能等待妃妾吃剩下的粮食。歌舞艺人被宠爱在面前，贤良俊才却被冷落在身后。因此国家不能日新月异地发展壮大。"现在看来，齐襄公在瓜熟戍守一年期满的时候不知抚恤戍城将士，与齐桓公所说的兵士挨饿受冻

之言合。而徒人费、石之纷如与夫孟阳之属，皆所谓优笑在前者也。荒淫若此，未有不亡，而况失职之公孙与怨望怀归之戍卒，会其及也，岂不宜乎？

连称之妹间襄公而襄公死，襄公之妹贼鲁桓而鲁桓死。桓之死，报隐公也；襄之死，报鲁桓也。天道好还，其应不爽，而皆以一妇人与其间，亦足以为女祸之戒矣。

彭生豕立，其说似诞，然苍犬见祟，大厉披发，载在简册，恶已盈而妖气得以乘之，又何怪哉！

鲁桓疆吏之戒，得守御之备。曹刿揶揄肉食，逞三鼓以胜齐。律以王事，真小人矣。

的话正相符合。而齐襄公的侍从费、石之纷如以及孟阳一类的人，都是齐桓公所说的歌舞艺人被宠爱在面前的那类人。荒淫到这种地步，没有不灭亡的，更何况失去职位待遇的公孙无知和那些满腹仇怨一心想要回乡的戍卒，都被齐襄公赶上了，他的被杀难道不是应该的吗？

连称的堂妹侦察齐襄公而齐襄公遇难，齐襄公的妹妹杀死鲁桓公而鲁桓公遇难。鲁桓公的死，是对他害死鲁隐公的报应；齐襄公的死，是对他害死鲁桓公的报应。天道讲求报应，它的报应没有丝毫差错，而且都有一个女人掺和在其中，也足可以作为女人是祸水的告诫了。

野猪像齐国公子彭生一样站立，这种说法似乎荒诞不经，然而苍犬招来神祸，大鬼披头散发，记载在简册上面，恶贯满盈因而妖邪之气得以乘隙而入，又有什么值得奇怪的呢！

鲁桓公对守卫边境小吏的告诫，使鲁国得以进行边境防备守卫。而曹刿嘲笑做官的人，倚仗三通击鼓而战胜齐军。用王朝之事来衡量，真是小人了。

卷十八　齐桓公之伯

桓公二年秋七月，蔡侯、郑伯会于邓，始惧楚也。

庄公八年。初，襄公立，无常。鲍叔牙曰："君使民慢，乱将作矣。"奉公子小白出奔莒。乱作，管夷吾、召忽奉公子纠来奔。

初，公孙无知虐于雍廪。

九年春，雍廪杀无知。公及齐大夫盟于蔇，齐无君也。夏，公伐齐，纳子纠。桓公自莒先入。

秋，师及齐师战于乾时，我师败绩。公丧戎路，传乘而归。秦子、梁子以公旗辟于下道，是以皆止。鲍叔帅师来言曰："子纠，亲也，请君讨之；管、召，仇也，请受而甘心焉。"乃杀子纠于生窦，召忽死之。管仲请囚，鲍叔受之，

卷十八　齐桓公之伯

鲁桓公二年秋季七月，蔡桓侯、郑庄公在蔡国邓地会见，这是由于他们已开始对楚国有所畏惧。

鲁庄公八年。当初，齐襄公即位的时候，政令无常。齐国大夫鲍叔牙说："做国君的使百姓产生轻慢之心，那就要发生变乱了。"于是他保护公子小白出逃到莒国。齐国发生了内乱后，管仲、召忽侍奉公子纠逃奔到鲁国来。

起初，公孙无知虐待齐国大夫雍廪。

九年春季，雍廪杀了公孙无知。鲁庄公和齐国大夫在鲁国蔇地结盟，这是因为齐国当时没有国君。夏季，鲁庄公率兵攻打齐国，准备护送公子纠回国即位。但此时齐桓公小白从莒国抢先回到齐国即位。

秋季，鲁军和齐军在齐国乾时作战，结果鲁军大败。鲁庄公抛弃了自己乘的战车，转乘别的战车逃回鲁国。鲁庄公的车御秦子、车右梁子为了掩护庄公逃走，打着庄公的帅旗故意从别的小路逃跑，引诱齐军追赶他们，因此秦子、梁子都被齐军擒获。鲍叔牙乘胜率领齐军来到鲁国，威逼鲁庄公说："公子纠是我们国君的亲哥哥，请鲁君为我杀掉他；管仲、召忽是我们国君的仇人，请鲁君将活人交给我，送给我们国君亲手杀死他们以快心意。"于是，鲁庄公就在生窦将公子纠杀死，召忽因为公子纠的死亡而自杀了。管仲请求将他囚禁起来，鲍叔牙接受了他的请求，

及堂阜而税之。归而以告曰:“管夷吾治于高傒,使相可也。”公从之。

〔补逸〕《史记》:初,襄公之醉杀鲁桓公,通其夫人,杀诛数不当,淫于妇人,数欺大臣,群弟恐祸及,故次弟纠奔鲁,其母,鲁女也,管仲、召忽傅之。次弟小白奔莒,鲍叔傅之。小白母,卫女也,有宠于釐公。小白自少好善大夫高傒。及雍林人杀无知,议立君,高、国先阴召小白于莒。鲁闻无知死,亦发兵送子纠,而使管仲别将兵遮莒道,射中小白带钩。小白佯死。管仲使人驰报鲁,鲁送纠者行益迟。六日至齐,则小白已入,高傒立之,是为桓公。桓公之中钩佯死以误管仲,已而载温车中驰行,亦有高、国内应,故得先入立。

〔考异〕《管子》:襄公逐小白,小白走莒。三年,襄公薨,公子纠践位。国人召小白。鲍叔曰:“胡不行矣?”小白曰:“不可。夫管仲知,召忽强武,虽国人召我,我犹不得入也。”鲍叔曰:“管仲得行其知于国,国何为乱乎?召忽强武,岂能独图我哉?”小白曰:“夫虽不得行其知,岂且不有焉乎?召忽虽不得众,其及岂不足以图我哉?”鲍叔对曰:“夫国之乱也,智人不得作内事,朋友不能相合摎,而国乃可图也。”乃命车驾,

走到齐国堂阜时就将他释放了。鲍叔牙回到齐国国都,把这件事告诉给了齐桓公,并劝谏齐桓公说:“管仲治理国家政事的才能,胜过齐国的上卿高傒,可以任用他为相。”齐桓公采纳了鲍叔牙的建议。

〔补逸〕《史记》:当初,齐襄公灌醉杀死了鲁桓公,跟鲁桓公的夫人文姜通奸,诛杀惩治的人多次不恰当,奸淫妇女,屡次欺侮大臣,他的几个弟弟唯恐灾祸连累自己,所以次弟公子纠逃到鲁国,他的母亲是鲁君的女儿,管仲、召忽辅佐他。次弟公子小白逃到莒国,鲍叔牙辅佐他。公子小白的母亲是卫君的女儿,受到齐釐公的宠爱。公子小白从小跟大夫高傒要好。等雍林人杀死公孙无知,大家商议拥立新君,高、国两家先暗中到莒国召请公子小白。鲁国人听说公孙无知死了,也派兵送公子纠回来,并派遣管仲另外率领一支人马在莒国通往齐国的路上拦截,射中了公子小白腰带上的钩子。公子小白假装死了。管仲派人飞快报告给鲁国,鲁国护送公子纠回国的人行动更加缓慢。他们走了六天才到达齐国,而这时公子小白已经进入齐都,高傒拥立了他即位,这就是齐桓公。齐桓公被射中带钩,他假装死亡来欺骗管仲,随即乘温车飞快前进,又有高氏、国氏作内应,所以得以先进入齐都即位。

〔考异〕《管子》:齐襄公驱逐公子小白,公子小白逃入莒国。三年后,襄公去世,公子纠即位。国人召公子小白回国。鲍叔牙说:“为什么不回去?”公子小白说:“不行。管仲有智谋,召忽勇武,尽管国人召我,我还是进不去的。”鲍叔牙说:“如果管仲的智谋确实在齐国发挥出来了,齐国为什么还会乱呢?召忽虽然勇武,难道能够单独对付我们吗?”公子小白说:“管仲虽然没能发挥其才智,但难道他是没有才智吗?召忽虽然不得国人支持,但他的党羽难道还不够对付我们吗?”鲍叔牙回答说:“国家一乱,智者无法搞好内政,朋友无法搞好团结,这样国家才可以夺到手。”于是命令车驾做好准备,

鲍叔御小白乘而出于莒。小白曰："夫二人者，奉君令，吾不可以试也。"乃将下，鲍叔履其足，曰："事之济也，在此时；事若不济，老臣死之，公子犹之免也。"乃行，至于邑郊。

鲍叔令车二十乘先，十乘后。鲍叔乃告小白曰："夫国之疑二三子，莫忍老臣。事之未济也，老臣是以塞道。"鲍叔乃誓曰："事之济也，听吾令；事之不济也，免公子者为上，死者为下。我以五乘之实距路。"鲍叔乃为前驱，遂入国，逐公子纠。管仲射小白，中钩，管仲与公子纠、召忽遂走鲁。桓公践位，鲁伐齐，纳公子纠，而不能。

〔补逸〕《国语》：桓公自莒反于齐，使鲍叔为宰。辞曰："臣，君之庸臣也。君加惠于臣，使不冻馁，则是君之赐也。若必治国家者，则非臣之所能也。若必治国家者，则管夷吾乎！臣之所不若夷吾者五：宽惠柔民，弗若也；治国家不失其柄，弗若也；忠信可结于百姓，弗若也；制礼义可法于四方，弗若也；执枹鼓立于军门，使百姓加勇焉，弗若也。"桓公曰："夫管夷吾射寡人中钩，是以滨于死。"鲍叔对曰："夫为其君动也。君若宥而反之，夫犹是也。"桓公曰："若何？"鲍子对曰："请诸鲁。"桓公曰："施伯，鲁君之谋臣也，夫知吾将用之，必不予我矣。若之何？"鲍子对曰："使人请诸鲁曰：'寡君有不令之臣在君之国，欲以戮于群臣，故请之。'

鲍叔牙驾车载着公子小白离开莒国。公子小白说:"管仲和召忽两人是奉君令行事的,我还是不可冒险。"说着就要下车,鲍叔牙踩住公子小白的脚,说:"事情的成功,就在此时;事情倘若不成,就由老臣我牺牲生命,公子您还是可以免除一死的。"于是继续前进,到了都城郊外。

鲍叔牙命令二十辆兵车在前,十辆兵车在后。鲍叔牙便对公子小白说:"他们怀疑我们这些从人,但并不认识老臣我。如果事情不成,老臣我便在前面堵住道路。"鲍叔牙接着对众宣誓说:"事情成功的话,都听从我的命令;万一事情不能成功,能使公子免祸的人为上,战死的人为下。我用五乘兵车的车徒器械拦截道路。"鲍叔牙于是充当前驱,进入国都,驱逐了公子纠。管仲用箭射小白,仅射中带钩,管仲与公子纠、召忽就逃到鲁国去了。齐桓公小白即位以后,鲁国出兵攻打齐国,想送公子纠回国,却没有办到。

〔补逸〕《国语》:齐桓公从莒国回到齐国后,委任鲍叔牙作太宰。鲍叔牙推辞说:"我是国君您的平庸之臣。国君施恩给我,使我免受饥寒,就算您的恩赐了。至于定能治理好国家,就不是臣下我所能胜任了。如果说必定能治理好国家的人,那只有管夷吾才行啊!臣下我有五个方面不如管夷吾:宽惠爱民,我不如他;治理国家不失权柄,我不如他;忠信可以结纳百姓,我不如他;制定礼仪可以示范于四方,我不如他;站在军门之前击鼓指挥,使百姓勇气倍增,我不如他。"桓公说:"管夷吾亲自射寡人,射中了带钩,几乎使我丧命。"鲍叔牙回答他:"他也是为了自己的君主才这样做的。您如果赦免他的罪过而让他回国,他将同样为您效劳。"桓公说:"那么应该怎么办呢?"鲍叔牙回答说:"您可派人去向鲁国请求。"桓公说:"施伯是鲁国的谋臣,他知道我将任用管夷吾,一定不肯给我。怎么办呢?"鲍叔牙回答说:"您让使者向鲁国请求说:'我国国君有一位不忠的臣子在贵国,打算在群臣面前将他处死,所以前来请求。'

则予我矣。”桓公使请诸鲁，如鲍叔之言。

庄公以问施伯，施伯对曰：“此非欲戮之也，欲用其政也。夫管子，天下之才也，所在之国，则必得志于天下。令彼在齐，则必长为鲁国忧矣。”庄公曰：“若何？”施伯对曰：“杀而以其尸授之。”庄公将杀管仲，齐使者请曰：“寡君欲亲以为戮，若不生得以戮于群臣，犹未得请也，请生之。”于是庄公使束缚以予齐使，齐使受而以退。

比至，三衅三浴之，桓公亲逆之于郊，而与之坐，问焉，曰：“昔我先君襄公筑台以为高位，田狩毕弋，不听国政，卑圣侮士，而唯女是崇，九妃六嫔，陈妾数百。食必粱肉，衣必文绣，戎士冻馁，戎车待游车之裂，戎士待陈妾之余。优笑在前，贤才在后。是以国家不日引，不月长，恐宗庙之不扫除，社稷之不血食。敢问为此若何？”管子对曰：“昔我先王昭王、穆王，世法文、武远绩以成名，合群叟，比校民之有道者，设象以为民纪，式权以相应，比缀以度，竱本肇末，劝之以赏赐，纠之以刑罚。班序颠毛以为民纪统。”桓公曰：“为之若何？”管子对曰：“昔者圣王之治天下也，参其国而伍其鄙，定民之居，成民之事，陵为之终，而慎用其六柄焉。”

那么鲁君就会交给我们了。”齐桓公派遣使者向鲁国请求引渡管夷吾回国，按照鲍叔牙说的那样说。

鲁庄公向施伯询问此事，施伯回答说：“齐国这样做不是要杀掉管夷吾，而是要用他执政。管夷吾是天下的才士，他所在的国家，就必定能够得志于天下。假使让他在齐国，那么将来必定长期成为鲁国的忧患。”鲁庄公说：“该怎么办呢？”施伯回答说：“杀掉管夷吾，然后把他的尸体交给齐国使者。”鲁庄公将要杀掉管仲，齐国使者请求说：“敝国国君打算亲自杀掉他，倘若得不到活的并在群臣面前将他处死，犹如您没有实现我国的请求，请贵国让他活着回国。”于是鲁庄公便把管仲捆起来交给齐国使者，齐国使者押着管仲回国。

等到达齐境后，让管仲薰香沐浴了三次，齐桓公亲自到郊外迎接他，和他同坐，询问他说：“以前我们的先君襄公筑高台来显示地位尊贵，田猎捕射，不理国政，卑视圣贤，侮慢士人，只知崇爱女色，拥有九妃六嫔，陈列小妾数百人。吃的一定是精米好肉，穿的一定是有纹饰的绸缎，而战士挨饿受冻，兵车的补充只能等待游戏之车的破裂，战士的给养只能等待侍妾吃剩的粮食。亲近歌舞艺人，疏远贤良俊才。所以国家不能日新月异地发展壮大，我真担心宗庙无人打扫，社稷无人祭祀。请问这该怎么办呢？”管仲回答说：“从前我们先王周昭王、周穆王，效法文王、武王的宏伟功绩以成就功名，集合年高有德的老人，考察百姓中德行道艺好的，制定法令作为百姓规范，根据法令制定相应的度量衡标准，确定衡量多少的标准，统一好事情的根本然后去校正其末，用赏赐劝勉好人，用刑罚纠正坏人。根据头发的白黑排序，使长幼有序，以此作为治理民众的纲纪。”齐桓公说：“具体怎么办？”管仲回答说：“从前圣王治理天下，将都城划分为三区，将郊野划分为五区，以确定百姓的居处，安排百姓的职业，设置陵墓作为送终之处，而且谨慎地使用统治百姓的生、杀、贫、富、贵、贱六大权柄。”

桓公曰："成民之事若何？"管子对曰："四民者勿使杂处，杂处则其言哤，其事易。"公曰："处士、农、工、商若何？"管子对曰："昔圣王之处士也，使就闲燕，处工就官府，处商就市井，处农就田野。

"令夫士群萃而州处，闲燕则父与父言义，子与子言孝，其事君者言敬，其幼者言悌。少而习焉，其心安焉，不见异物而迁焉。是故其父兄之教，不肃而成；其子弟之学，不劳而能。夫是，故士之子恒为士。

"令夫工群萃而州处，审其四时，辨其功苦，权节其用，论比协材。旦暮从事，施于四方，以饬其子弟，相语以事，相示以巧，相陈以功。少而习焉，其心安焉，不见异物而迁焉。是故其父兄之教，不肃而成；其子弟之学，不劳而能。夫是，故工之子恒为工。

"令夫商群萃而州处，察其四时，而监其乡之资，以知其市之贾。负任儋何，服牛轺马，以周四方，以其所有易其所无，市贱鬻贵。旦暮从事于此，以饬其子弟，相语以利，相示以赖，相陈以知贾。少而习焉，其心安焉，不见异物而迁焉。是故其父兄之教，不肃而成；其子弟之学，不劳而能。夫是，故商之子恒为商。

齐桓公说："安排百姓的职业，应怎么办？"管仲回答说："士、农、工、商四类百姓，不可使他们杂居，杂居的话，则他们说话就会杂乱，他们做事就会见异思迁。"齐桓公说："安排士、农、工、商四类百姓的住处，应怎么办？"管仲回答说："从前圣王安置士人时，总是使他们住在闲静的地方，安置工匠靠近官府居住，安置商人靠近市场居住，安置农民靠近田野居住。

"使士人们聚集在一起居住，闲时父与父谈论礼义，子与子谈论孝道，那些事奉君长的人谈论恭敬，那些年纪幼小的人谈论尊敬兄长。从小就熟悉这些，他们的心思就会安定，不会见异思迁。因此士人父兄的教导，不必严厉地进行督促就能成功；士人子弟的本领，不必劳苦就能学会。正因为这样，所以士人的子弟常常为士人。

"使工匠们聚集在一起居住，考虑四季的产品需求，分辨质量的优劣，衡量器材的用途，比较选用合适的材料。他们整天从事这些，使产品适用于四方，以此来教导他们的子弟，互相谈论工事，互相比赛技巧，互相展示成品。从小就熟习这些，他们的心思就会安定，不会见异思迁。因此工匠父兄的教导，不必严厉地督促就能成功；工匠子弟的本领，不必劳苦就能学会。正因为如此，所以工匠的子弟常常为工匠。

"使商人们聚集在一起居住，观察四季的市场需求，熟悉本乡的货源，而预知市场的物价。他们背负肩挑，赶牛驾马，将货物运往四方，用他们所拥有的货物交换他们所没有的货物，贱买贵卖。他们整天从事这些，来教导他们的子弟，互相谈论赢利之道，互相告诉赚钱方式，互相陈说对物价的了解。从小就熟习这些，他们的心思就会安定，不会见异思迁。因此商人父兄的教导，不必严厉地督促就能成功；商人子弟的本领，不用劳苦就能学会。正因为如此，所以商人的子弟常常为商人。

令夫农群萃而州处，察其四时，权节其用，耒耜枷芟，及寒，击菒除田，以待时耕。及耕，深耕而疾耰之，以待时雨。时雨既至，挟其枪刈耨镈，以旦暮从事于田野。脱衣就功，首戴茅蒲，身衣袯襫，沾体涂足，暴其发肤，尽其四支之敏，以从事于田野。少而习焉，其心安焉，不见异物而迁焉。是故其父兄之教，不肃而成；其子弟之学，不劳而能。夫是，故农之子恒为农。野处而不昵，其秀民之能为士者，必足赖也。有司见而不以告，其罪五。有司已于事而竣。”

桓公曰：“定民之居若何？”管子对曰：“制国以为二十一乡。”桓公曰：“善。”管子于是制国以为二十一乡，工商之乡六，士乡十五。公帅五乡焉，国子帅五乡焉，高子帅五乡焉。参国起案，以为三官，臣立三宰，工立三族，市立三乡，泽立三虞，山立三衡。

桓公曰：“吾欲从事于诸侯，其可乎？”管子对曰：“未可，国未安。”桓公曰：“安国若何？”管子对曰：“修旧法，择其善者而业用之，遂滋民，与无财，而敬百姓，则国安矣。”桓公曰：“诺。”遂修旧法，择其善者而业用之，遂滋民，与无财，而敬百姓，国既安矣。

桓公曰：“国安矣，其可乎？”管子对曰：“未可。君若

“使农夫们聚集在一起居住，分辨四季适合种植的农作物，衡量各种农器的用途，置备齐全耒耜枷镰等器械，在天气尚冷的时候，就铲除枯草，修整田地，以便等待立春后耕种。等到耕作时，耕种时翻土要翻得深，用耰盖上土要快，来等待时雨。时雨来了以后，就带上椿、镰、耨、锄等各种农具，早晚在地里干农活。脱下常服，从事劳动，头戴斗笠，身披蓑衣，一身泥水，暴露发肤，竭尽四肢之力，而努力地在地里劳动。从小就熟习这些，他们的心思就会安定，不会见异思迁。因此农家父兄的教导，不必严厉地督促就能成功；农家子弟的本领，不经劳苦就能学会。正因为如此，所以农家的子弟常常是农人。他们居住在郊野之间而不奸恶，其中的优秀人才能够成为士人的，一定是值得依赖的。有关官员发现这种人才却不禀告的，其罪在五刑应当处罚的范围内。有关官员一定要把这些事情办好了，才可以退下。”

齐桓公说：“确定百姓的居处，应怎么办？”管仲回答说：“划分国都城郭以内的地方为二十一乡。”齐桓公说：“好。”管仲于是划定国都城郭以内的地方为二十一乡，工商之乡是六个，士乡是十五个。齐桓公统帅五个乡，国子统帅五个乡，高子统帅五个乡。分国事为三，就是三官，臣子立有三卿，手工业立有三族，市场立有三乡，湖泽立有三虞，山林立有三衡。

齐桓公说：“我要在诸侯各国之间发号施令，可以吗？”管仲回答说：“不可以，国家还没有安定。”齐桓公说：“怎样才能安定国家？”管仲回答说：“整理旧有法令，选择其中好的而依次推行，养育百姓，救济贫民，而且敬重百姓，国家就安定了。”齐桓公说：“好。”于是整理旧有法令，选择其中好的而依次推行，养育百姓，救济贫户，而且敬重百姓，国家于是安定了。

齐桓公说：“国家已经安定了，我在诸侯各国之间发号施令，可以了吗？”管仲回答说：“还不可以。国君您如果

正卒伍，修甲兵，则大国亦将正卒伍，修甲兵，则难以速得志矣。君有攻伐之器，小国诸侯有守御之备，则难以速得志矣。君若欲速得志于天下诸侯，则事可以隐，令可以寄政。”桓公曰：“为之若何？”管子对曰：“作内政而寄军令焉。”桓公曰：“善。”管子于是制国，五家为轨，轨为之长；十轨为里，里有司；四里为连，连为之长；十连为乡，乡有良人焉，以为军令。五家为轨，故五人为伍，轨长帅之；十轨为里，故五十人为小戎，里有司帅之；四里为连，故二百人为卒，连长帅之；十连为乡，故二千人为旅，乡良人帅之；五乡一帅，故万人为一军，五乡之帅帅之。三军，故有中军之鼓，有国子之鼓，有高子之鼓。春以蒐振旅，秋以狝治兵，是故卒伍整于里，军旅整于郊。内教既成，令勿使迁徙。伍之人祭祀同福，死丧同恤，祸灾共之。人与人相畴，家与家相畴，世同居，少同游，故夜战声相闻，足以不乖；昼战目相视，足以相识。其欢欣足以相死。居同乐，行同和，死同哀。是故守则同固，战则同强。君有此士也三万人，以方行于天下，以诛无道，以屏周室，天下大国之君莫之能御也。

正月之朝，乡长复事，君亲问焉，曰：“于子之乡，有居处好学，慈孝于父母，聪慧质仁，发闻于乡里者？有则以告。有而不以告，谓之蔽明，其罪五。”有司

整顿军队，修缮铠甲兵器，那么其他大国也将整顿军队，修缮铠甲兵器，您就难以迅速实现自己的意图了。您有征战的器械，各小国的诸侯也有了防御的准备，那就难以迅速实现自己的意图。您如果想要在天下的诸侯中称心如愿地称霸，那么处理军戎之事就要隐秘，把军令寄寓在国政里面。”齐桓公说：“怎样才能做到这样？”管仲回答说：“处理内政而将军令暗藏其中。”齐桓公说：“好。”管仲于是划定全国，五家为一轨，轨设轨长；十轨为一里，里设有司；四里为一连，连设连长；十连为一乡，乡有良人，这样来推行军令。五家为一轨，因此五人为一伍，由轨长率领他们；十轨为一里，因此五十人为一小戎，由里有司率领他们；四里为一连，所以二百人为一卒，由连长率领他们；十连为一乡，所以二千人为一旅，由乡良人率领他们；五乡为一帅，所以一万人为一军，由五乡之帅率领他们。设有三军，所以有国君亲自率领的中军的鼓，有国子的鼓，有高子的鼓。春天用阅兵来整顿队伍，秋天用田猎来操练士兵，因此卒伍一级的军队在里内整编完成，军旅一级的军队在郊野整编完成。内部教练成功后，命令民众不要迁徙。一伍的人，祭祀要共同祝福，死丧要共同抚恤，灾祸要共同承担。人与人相保，家与家相爱，世代一起居住，从小一起游玩，因此夜间作战，声音互相闻知，就足可以不乱；白天作战，眼睛互相一看，就足可以相识。欢欣的情谊足以让他们互相以死相救。闲居时一同快乐，行动时一同配合，死亡时一同哀悼。因此防守时就一起坚守阵地，出战时就一起强力取胜。君王有这样的士兵三万人，用来横行天下，惩治无道之国，捍卫周王室，天下大国的君主就谁也不能抵御了。

正月朝见时，乡长们报告公事，齐桓公亲自询问，说：“在你们的乡中，有没有平时行义好学，对父母慈爱孝顺，聪明有才、本性仁厚，闻名于乡里的人？有就要报告。如果有却不报告，就叫埋没人才，其罪在五刑处罚的范围内。”主事的人

已于事而竣。桓公又问焉，曰："于子之乡，有拳勇股肱之力秀出于众者？有则以告。有而不以告，谓之蔽贤，其罪五。"有司已于事而竣。桓公又问焉，曰："于子之乡，有不慈孝于父母，不长弟于乡里，骄躁淫暴，不用上令者？有则以告。有而不以告，谓之下比，其罪五。"有司已于事而竣。是故乡长退而修德进贤，桓公亲见之，遂使役官。

桓公令官长期而书伐，以告且选，选其官之贤者而复用之，曰："有人居我官，有功休德，惟慎端悫以待时，使民以劝，绥谤言，足以补官之不善政。"桓公召而与之语，訾相其质，足以比成事，诚可立而授之。设之以国家之患而不疚，退问其乡，以观其所能，而无大厉，升以为上卿之赞。谓之"三选"。国子、高子退而修乡，乡退而修连，连退而修里，里退而修轨，轨退而修伍，伍退而修家，是故匹夫有善可得而举也，匹夫有不善可得而诛也。政既成，乡不越长，朝不越爵。罢士无伍，罢女无家。夫是，故民皆勉为善。与其为善于乡也，不如为善于里；与其为善于里也，不如为善于家。是故士莫敢言一朝之便，皆有终岁之计；莫敢以终岁之议，皆有终身之功。

桓公曰："伍鄙若何？"管子对曰："相地而衰征，则民

报告完毕而退下。齐桓公又向他们询问，说：“在你们的乡中，有没有拳脚强健、力气出众的人？有就要报告。如果有却不报告，就叫埋没贤人，其罪在五刑处罚的范围内。”主事的人报告完毕而退下。齐桓公又向他们询问，说：“在你们的乡中，有没有对父母不慈爱孝顺，在乡里不尊敬长辈，骄横淫暴，不遵行上级命令的人？有就要报告。如果有却不报告，就叫包庇属下，其罪在五刑处罚的范围内。”主事的人报告完毕而退下。因此乡长们回去就勤修德政，推荐贤人，齐桓公亲自接见这些贤人，然后就让他们在官府做官。

齐桓公命令官长每年记录在官有功的人，上报以备选用，以便选拔官员中贤能的人而任用他们，并说：“有人在我的官府，有功绩并且德行好，谨慎正直诚实，待时而动，用劝勉役使百姓，制止诽谤的言论，足以用来替补不称职的官吏。”齐桓公还召见贤能的官员并和他们交谈，仔细考察他们的素质，看他是否可以辅佐完成公务，确实可以担任大官就授给官职。如果拿国家忧患之事考问他还难不倒，就退而考问乡里之事，以考察他的能力，如果没有大的过错，便提拔为上卿的助手。乡长推荐、官长选拔、国君面试叫作“三选”。这样，国子、高子便回去加强治乡，乡长回去加强治连，连长回去加强治里，里长回去加强治轨，轨长回去加强治伍，伍长回去加强治家，因此一个普通人做了好事，就可以得到举荐，一个普通人做了坏事，就受到惩罚。政事成功以后，乡中没有超越尊长的行为，朝中没有超越爵位的行为。没有善行的男子，没有人和他为伍；没有品行的女子，没有人娶她成家。这样一来，百姓就都努力行善。人们与其在乡为善，不如在里为善；与其在里为善，不如在家为善。所以，士人不敢贪图一时的方便，都有长年的打算；又不敢只以一年为期限，都有终身的事业。

齐桓公说：“在国都之外的郊野划分的五区应该怎么治理？”管仲回答说：“根据土地的肥瘠而征收不同的赋税，百姓

不移；征不旅旧，则民不偷；山泽各致其时，则民不苟；陆、阜、陵墐、井田畴均，则民不憾；无夺民时，则百姓富；牺牲不略，则牛羊遂。”

桓公曰：“定民之居若何？”管子对曰：“制鄙，三十家为邑，邑有司；十邑为卒，卒有卒帅；十卒为乡，乡有乡帅；三乡为县，县有县帅；十县为属，属有大夫。五属故立五大夫，各使治一属焉。立五正，各使听一属焉。是故正之政听属，牧政听县，下政听乡。”桓公曰：“各保治尔所，无或淫怠而不听治者。”

正月之朝，五属大夫复事。桓公择是寡功者而谪之，曰：“制地分民如一，何故独寡功？教不善而政不治，一再则宥，三则不赦。”桓公又亲问焉，曰：“于子之属，有居处为义好学，慈孝于父母，聪慧质仁，发闻于乡里者？有则以告。有而不以告，谓之蔽明，其罪五。”有司已于事而竣。桓公又问焉，曰：“于子之属，有拳勇股肱之力秀出于众者？有则以告。有而不以告，谓之蔽贤，其罪五。”有司已于事而竣。桓公又问焉，曰：“于子之属，有不慈孝于父母，不长弟于乡里，骄躁淫暴，不用上令者？有则以告。有而不以告，谓之下比，其罪五。”有司已于事而竣。五属大夫于是退而修属，属退而修县，县退而修乡，乡退而修卒，卒退而修邑，

就不会流动；施政不遗忘旧臣，百姓就不会不敬；山中伐木、水中捕鱼各有定时，百姓就不会苟且从事；陆地、高原、山陵、平地、田畴分配平均，百姓就不埋怨；不抢夺农时，百姓就会富裕；祭祀用的牲畜不妄取于百姓，牛羊就会繁殖。”

齐桓公又说：“划定百姓的居处应怎么办？”管仲回答说：“划分郊野时，三十家为一邑，邑有司；十邑为一卒，卒有卒帅；十卒为一乡，乡有乡帅；三乡为一县，县有县帅；十县为一属，属有大夫。共有五属，所以设立五位大夫，分别让他们管理一属。另外设立五正，分别让他们监察一属的政事。所以五正的职责就是监察五位大夫的治理情况，五位大夫的职责是监察县帅的治理情况，县帅的职责是监察乡帅的治理情况。”齐桓公说：“各自保卫治理好这些地方，不要有所荒怠而不听从管理！”

正月朝见时，五属大夫们都向齐桓公报告公事。齐桓公找出其中功绩少的而指责他们，说：“封予的土地和分配的百姓都是一样的，为什么只有你们功绩少？教育工作不好、政事也没治理好，一次两次可以宽恕，三次就不能赦免了。”齐桓公又继续询问他们，说：“在你们的属里，有没有平时行义好学，对父母慈爱孝顺、聪明有才、本性仁厚，闻名于乡里的人？有就要报告。如果有却不报告，就叫埋没人才，其罪在五刑处罚的范围内。”主事的人报告完毕而退下。齐桓公又询问他们说：“在你们的属里，有没有拳脚强健、力气出众的人？有就要报告。如果有却不报告，就叫埋没贤人，其罪在五刑处罚的范围内。”主事人报告完毕而退下。齐桓公又询问说：“在你们的属里，有没有对父母不慈爱孝顺，在乡里不尊敬长辈，骄横淫暴，不遵行上级命令的人？有就要报告。如果有却不报告，就叫包庇属下，其罪在五刑处罚的范围内。”主事的人报告完毕而退下。这样，五属大夫们都回去加强治属，各属都回去加强治县，各县都回去加强治乡，各乡都回去加强治卒，各卒都回去加强治邑，

邑退而修家。是故匹夫有善可得而举也，匹夫有不善可得而诛也。政既成，以守则固，以征则强。

桓公曰："吾欲从事于诸侯，其可乎？"管子对曰："未可。邻国未吾亲也。君若欲从事于诸侯，则亲邻国。"桓公曰："若何？"管子对曰："审吾疆埸，而反其侵地；正其封疆，无受其资，而重为之币帛以骤聘頫于诸侯，以安四邻，则四邻之国亲我矣。为游士八十人，奉之以车马衣裘，多其资币，使周游于四方，以号召天下之贤士。皮币玩好，使人鬻之四方，以监其上下之所好。择其淫乱者而先征之。"

桓公问曰："夫军令则寄诸内政矣，齐国寡甲兵，为之若何？"管子对曰："轻过而移诸甲兵。"桓公曰："为之若何？"管子对曰："制重罪赎以犀甲一戟，轻罪赎以鞼盾一戟，小罪谪以金分，宥闲罪。索讼者三禁而不可上下，坐成以束矢。美金以铸剑戟，试诸狗马；恶金以铸鉏夷斤欘，试诸壤土。"甲兵大足。

桓公曰："吾欲南伐，何主？"管子对曰："以鲁为主。反其侵地堂、潜，使海于有蔽，渠弭于有渚，环山于有牢。"桓公曰："吾欲西伐，何主？"管子对曰："以卫为主。反其侵地台、原、姑与漆里，使海于有蔽，

各邑都回去加强治家。所以，一个普通的人做了好事，就可以得到举荐；一个普通的人做了坏事，就要受到惩罚。政事有成以后，防守起来就会牢固，打起仗来就会强大。

齐桓公说："这下我在诸侯国之间发号施令，大概可以了吧？"管仲回答说："还不可以。因为邻国还没有同我们亲善。君王您要想在诸侯国之间发号施令，就要亲近邻国。"齐桓公说："怎么与邻国亲善呢？"管仲回答说："审定我们的边境，归还侵占各国的土地；订正邻国的封界，不要接受他们的资财，而要拿出大量毛皮缯帛，不断聘问各国诸侯，这样来安定四周邻国，那么四周邻国就同我国亲善了。派出游士八十人，供给他们车马、衣裘，多给他们物资财币，让他们周游四方各国，以便号召收求天下的贤能之士。选择毛皮缯帛和各种赏玩物品，派商人卖给四方各国，以了解他们君臣上下的嗜好。选择其中荒淫昏乱的国家而首先征伐他们。"

齐桓公问道："军令已经寄寓于国政里了，但齐国缺少铠甲兵器，对此应当怎么办呢？"管仲回答说："让民众交纳铠甲兵器金属等来赎罪减刑。"齐桓公说："具体怎么办呢？"管仲回答说："规定犯重罪者用犀皮做的铠甲和一支戟来赎罪，犯轻罪的人用装饰有花纹的革制盾牌和一支戟来赎罪，犯有不入于五刑的小罪交纳罚金，赦免未查明的犯罪嫌疑人。要求打官司的人，先关禁闭三天，让他们把讼词考虑好，确定不变后，还须交纳一束箭才予以审理。好的金属拿来铸造剑戟，用狗马来试验是否锋利；不好的用来铸造锄、镰、斧、镯等，用土来试验。"于是齐国铠甲兵器非常丰足。

齐桓公说："我想要南征，应依靠哪国东道主供应军需？"管仲回答说："应以鲁国为东道主。要归还侵占他们的堂、潜两邑，使其有大泽可为天堑，有河流可作依傍，有四周群山可作屏障。"齐桓公说："我想要向西征伐，应依靠哪国为东道主？"管仲回答说："应以卫国为东道主。应归还侵占他们的台地、原地、姑地与漆里，使其有大泽可为天堑，

渠弭于有渚，环山于有牢。”桓公曰：“吾欲北伐，何主？”管子对曰：“以燕为主。反其侵地柴夫、吠狗，使海于有蔽，渠弭于有渚，环山于有牢。”四邻大亲。既反侵地，正封疆，地南至于饷阴，西至于济，北至于河，东至于纪、酅。有革车八百乘。择天下之甚淫乱者而先征之。

十年，齐侯之出也，过谭，谭不礼焉。及其入也，诸侯皆贺，谭又不至。冬，齐师灭谭，谭无礼也。谭子奔莒，同盟故也。

十二年秋，宋万弑闵公于蒙泽。

十三年春，会于北杏，以平宋乱。遂人不至。夏，齐人灭而戍之。

冬，盟于柯，始及齐平也。

〔补逸〕《公羊传》：何以不日？易也。其易奈何？桓之盟不日，其会不致，信之也。其不日何以始乎此？庄公将会乎桓，曹子进曰：“君之意何如？”庄公曰：“寡人之生则不若死矣。”曹子曰：“然则君请当其君，臣请当其臣。”庄公曰：“诺。”于是会乎桓。庄公升坛，曹子手剑而从之。管子进曰：“君何求乎？”曹子曰：“城坏压境，君不图与？”管子曰：“然则君将何求？”曹子曰：“愿请汶阳之田。”管子顾曰：“君许诺。”

有河流可作依傍，有四周群山可作屏障。”齐桓公说：“我要北征，应依靠哪国为东道主？”管仲回答说：“应以燕国为东道主。应归还侵占他们的柴夫和吠狗等地，使其有大泽可为天堑，有河流可作依傍，有四周群山可作屏障。”于是四周邻国都亲善起来。在归还侵占的别国土地和订正与邻国的国界以后，齐国领土的四至，南边到达饷阴，西边到达济水，北边到达黄河，东边到达纪、酅两地。齐国有革车八百辆。于是选择天下特别荒淫昏乱的国家，首先征伐他们。

十年，齐桓公当初逃亡在外的时候，曾经过谭国，谭国对他不加礼遇。等到齐桓公回国即位为君，诸侯都去祝贺，谭国又没有去。冬季，齐军灭了谭国，这是因为谭国没有礼貌。谭国国君逃奔到莒国，这是因为谭、莒两国曾经一同结盟的缘故。

十二年秋季，宋国大夫南宫长万在蒙泽杀死了宋闵公。

十三年春季，鲁庄公和齐、宋、陈、蔡、邾各国国君在齐国的北杏会见，为了平定宋国的动乱。但遂国人没有到会。这年夏季，齐国人灭亡了遂国并派军队戍守。

冬季，鲁庄公和齐桓公在齐国柯地结盟，鲁国开始和齐国讲和。

〔补逸〕《公羊传》：柯地会盟为什么不记载日期？因为平安无虞。平安无虞又怎么样？齐桓公主持的盟会不记日子，鲁国国君参加他主持的会见也不再记载平安归来，是信任他。齐桓公之盟为何自此开始不书日？鲁庄公将与齐桓公会面，曹子走近问道：“您的意思是想怎样呢？”鲁庄公说：“寡人我真是生不如死！”曹子说：“既然这样，那么就请您对付他们的国君，我来对付他们的臣子。”鲁庄公说：“好。”于是鲁庄公和齐桓公会面。鲁庄公登到坛上，曹子手持宝剑跟着他。齐国的管子上前问道：“鲁君有什么要求？”曹子说：“我们鲁国的城墙一倒，就压到齐国的边境线上了，你们齐国国君不应当考虑考虑吗？”管子说：“既然这样，那么鲁君有什么要求呢？”曹子说：“想请你们齐国把汶水北岸的土地还给鲁国。”管子回头对齐桓公说：“您可以答应。”

桓公曰："诺。"曹子请盟，桓公下，与之盟。已盟，曹子摽剑而去之。要盟可犯，而桓公不欺；曹子可仇，而桓公不怨。桓公之信著乎天下，自柯之盟始焉。

《史记》：曹沫者，鲁人也，以勇力事鲁庄公。庄公好力，曹沫为鲁将，与齐战，三败北。鲁庄公惧，乃献遂邑之地以和，犹复以为将。齐桓公许与鲁会于柯而盟。桓公与庄公既盟于坛上，曹沫执匕首劫齐桓公，桓公左右莫敢动，而问曰："子将何欲？"曹沫曰："齐强鲁弱，而大国侵鲁亦以甚矣。今鲁城坏，即压齐境，君其图之！"桓公乃许尽归鲁之侵地。既已言，曹沫投其匕首，下坛，北面，就群臣之位，颜色不变，辞令如故。桓公怒，欲倍其约。管仲曰："不可。夫贪小利以自快，弃信于诸侯，失天下之援，不如与之。"于是桓公乃遂割鲁侵地，曹沫三战所亡地尽复于鲁。桓公后悔，欲无与鲁地，而杀曹沫。管仲曰："夫劫许之而倍信杀之，愈一小快耳，而弃信于诸侯，失天下之援，不可。"于是遂与曹沫三败所亡地于鲁。

宋人背北杏之会。十四年春，诸侯伐宋。齐请师于周。夏，单伯会之，取成于宋而还。冬，会于鄄，宋服故也。

齐桓公说："好。"曹子请求盟誓，齐桓公下坛和他盟誓。盟誓完毕，曹子把剑扔在地上就离开了。受要挟而订立的盟约可以违背，可是齐桓公并不采取欺骗手段；曹子可以认为是仇人，可是齐桓公并不怨恨他。齐桓公的信义天下传扬，就是从柯地会盟开始的。

《史记》：曹沫是鲁国人，凭借勇敢和力气侍奉鲁庄公。鲁庄公喜欢勇力之士，曹沫担任鲁国将领，与齐国作战，三次都失败了。鲁庄公十分害怕，便割让遂邑的土地向齐国求和，但还是任用曹沫为将领。齐桓公答应与鲁庄公在柯地会见并订立盟约。当齐桓公和鲁庄公在坛上订立盟约时，曹沫突然拿着匕首胁迫齐桓公，齐桓公的随从人员都不敢动，只得问道："您有什么要求？"曹沫说："齐国强大而鲁国弱小，而齐国侵略鲁国，做得也太过分了。如今鲁国的城墙如果塌下来，就会压在齐国的边境上，您应当考虑这种情况！"齐桓公便答应全部归还鲁国被侵占的土地。齐桓公说完后，曹沫便扔掉匕首，走下土坛，回到面向北边的臣子们的位置上，面色不改，谈吐如旧。齐桓公恼怒，想要违背自己的诺言。管仲说："不行。贪小利而图自己的快意，就会在诸侯面前丧失信用，失去天下各国的支持，不如把土地给他。"当时，齐桓公便归还鲁国被侵占的土地，曹沫三次战败失去的土地，齐国全部都还给了鲁国。齐桓公事后后悔，想不归还鲁国的土地并杀死曹沫。管仲说："劫持时被迫答应了曹沫的要求却又失信杀掉他，满足一时小小的快意，而在诸侯面前丧失信用，失去天下的支持，是不可以的。"于是最终就把曹沫三次打败仗所丢掉的土地归还给了鲁国。

宋国人背弃了春季在北杏的盟会。十四年春季，齐、陈、曹三国联合发兵攻打宋国。齐国请求周僖王出兵。夏季，周天子派单伯领兵和诸侯相会，后来联军与宋国达成和解才各自回国。冬季，单伯和齐桓公、宋桓公、卫惠公、郑厉公在卫国鄄地会见，这是由于宋国重新顺服的缘故。

十五年春，复会焉，齐始霸也。

秋，诸侯为宋伐郳，郑人间之而侵宋。十六年夏，诸侯伐郑，宋故也。郑伯自栎入，缓告于楚。秋，楚伐郑，及栎，为不礼故也。冬，同盟于幽，郑成也。

十七年春，齐人执郑詹，郑不朝也。

夏，遂因氏、颌氏、工娄氏、须遂氏飨齐戍，醉而杀之，齐人歼焉。

二十七年夏，同盟于幽，陈、郑服也。

冬，王使召伯廖赐齐侯命，且请伐卫，以其立子颓也。

二十八年春，齐侯伐卫，战，败卫师，数之以王命，取赂而还。

楚令尹子元欲蛊文夫人，为馆于其宫侧，而振《万》焉。夫人闻之，泣曰："先君以是舞也，习戎备也。今令尹不寻诸仇雠，而于未亡人之侧，不亦异乎！"御人以告子元。子元曰："妇人不忘袭仇，我反忘之。"秋，子元以车六百乘伐郑，入于桔柣之门。子元、鬬御疆、鬬梧、耿之不比为旆，鬬班、王孙游、王孙喜殿。众车入自纯门，及逵市，县门不发，

十五年春季，齐桓公、宋桓公、陈宣公、卫惠公、郑厉公再次在卫国鄄地会见，从此齐国开始称霸。

秋季，诸侯各国为了宋国攻打郳国，郑国人乘机侵袭宋国。十六年夏季，宋国、齐国、卫国攻打郑国，这是因为郑国侵袭宋国的缘故。郑厉公从栎地回到国都，没有及时报告给楚国。秋季，楚国攻打郑国，到达郑国栎地，这是为了报复郑国对楚国不礼貌的缘故。冬季，鲁庄公和齐桓公、宋桓公、陈宣公、卫惠公、郑厉公、许穆公、滑伯、滕子在宋国幽地结盟，与郑国达成和解。

十七年春季，齐国人拘捕了郑国执政大臣郑詹，这是因为郑国不朝见齐国的缘故。

夏季，遂国的因氏、颌氏、工娄氏、须遂氏摆酒食招待齐国戍守遂国的人，把他们灌醉以后全部杀了，齐国人因此而把因氏、颌氏、工娄氏、须遂氏等四族全部歼灭了。

二十七年夏季，鲁庄公和齐桓公、宋桓公、陈宣公、郑文公在宋国幽地共同结盟，这是因为陈国、郑国都已经顺服了。

冬季，周惠王派遣卿士伯廖赐命齐桓公，并且请求齐国出兵攻打卫国，因为卫国立了王子颓做周天子。

二十八年春季，齐桓公领兵攻打卫国，双方交战，结果齐国打败卫国军队，齐桓公以周天子的名义当面谴责了他们的罪过，收取财货后回国。

楚国令尹子元（即楚文王的弟弟）想要诱惑楚文王夫人息妫，就在她的宫室旁边修建了房子，并在里边摇铃跳《万》舞。楚文王夫人听到后，哭泣着说："过去先君用这个舞来演习战备。现在令尹不用于对付仇敌，而用在我这未亡的寡妇的旁边，不也是很奇怪吗！"侍奉的仆人把楚文王夫人的话告诉给了子元。子元感叹说："女人尚且不忘记袭击仇敌，而我却反倒忘记了。"秋季，子元率领六百辆战车攻打郑国都城，一举攻进了郑国远郊的大门桔柣门。子元、鬬御彊、鬬梧、耿之不比率领军队前行，鬬班、王孙游、王孙喜率领军队殿后。楚军车队从郑国的外城门纯门进去，到达了城外大路上的市场，但郑国内城的闸门还没有放下，

楚言而出。子元曰："郑有人焉。"诸侯救郑，楚师夜遁。郑人将奔桐丘，谍告曰："楚幕有乌。"乃止。

冬，饥，臧孙辰告籴于齐，礼也。

三十年冬，遇于鲁济，谋山戎也，以其病燕故也。

〔补逸〕《史记》：山戎伐燕，燕告急于齐。齐桓公救燕，遂伐山戎，至于孤竹而还。燕庄公遂送桓公入齐境。桓公曰："非天子，诸侯相送不出境。吾不可以无礼于燕。"于是分沟割燕君所至与燕，命燕君复修召公之政，纳贡于周，如成、康之时。诸侯闻之，皆从齐。

《管子》：桓公北伐孤竹，未至卑耳之溪十里，阘然止，瞠然视，援弓将射，引而未敢发也，谓左右曰："见是前人乎？"左右对曰："不见也。"公曰："事其不济乎！寡人大惑。今者，寡人见人长尺，而人物具焉，冠，右袪衣，走马前疾。事其不济乎！寡人大惑，岂有人若此者乎？"管仲对曰："臣闻登山之神有俞儿者，长尺，而人物具焉。霸王之君兴，而登山神见。且走马前疾，道也；袪衣，示前有水也；右袪衣，示从右方涉也。"至卑耳之溪，有赞水者，曰："从左方涉，其深及冠；从右方涉，其深至膝。若右涉，其大济。"桓公

楚军怀疑有埋伏，用楚国话议论了一阵就退出了外城。子元说："郑国有人才。"诸侯各国军队救援郑国，楚军在夜里逃走了。郑国人本来已准备逃往桐丘，但刺探敌情的人报告说："楚军的帐篷上有乌鸦。"于是郑国人就停止了逃跑。

冬季，鲁国发生饥荒，大夫臧孙辰向齐国请求购买粮食，这是合乎礼法的。

三十年冬季，鲁庄公和齐桓公在鲁国济水非正式会见，谋划攻打山戎，这是因为山戎威胁燕国的缘故。

〔补逸〕《史记》：山戎进攻燕国，燕国向齐国告急。齐桓公为了救援燕国，就征讨山戎，一直攻打到孤竹才返回。燕庄公就送齐桓公，一直送到齐国境内。齐桓公说："不是天子，诸侯之间相送不出国境。我不能对燕国没有礼貌。"于是挖沟为界，把燕庄公所到的齐国地方割让给燕国，要求燕庄公再行燕召公的德政，向周王室交纳贡品，如同周成王、周康王的时候一样。诸侯听到了这事，都追随齐国。

《管子》：齐桓公向北征讨孤竹国，在距卑耳山谷还差十里的地方，突然站立停止不前，睁大眼睛直视前方，引弓准备发射，却引而未发，对身边人说："看见这个前面的人了吗？"身边的人回答说："没有看见。"齐桓公说："事情大概不能成功吧！寡人我感到十分疑惑。刚才，寡人我看见一个一尺高的人，完全具备了正常人的形状，戴着帽子，撩起右边衣襟，在马前快速奔跑。事情大概不能成功吧！寡人我感到十分疑惑，难道真有这样的人吗？"管仲回答说："臣下我听说登山的神中有个名叫俞儿的，身高只有一尺，而完全具备了正常人的形状。建立霸业的君王兴起时，这种登山神就会出现。而且登山神在马前快速奔跑，是给我们做向导；撩起衣襟，是表示前面有水；右边衣襟撩起，是指示要从右方渡过。"到达卑耳山谷后，有协助引导渡水的人，报告说："从左方涉渡，河水深及人的帽子；从右方涉渡，河水深至人的膝盖。如果从右方涉渡，大概就会成功。"齐桓公

立拜管仲于马前曰："仲父之圣至若此！寡人之抵罪也久矣。"管仲对曰："夷吾闻之，'圣人先知无形'。今已有形，而后知之，臣非圣也，善承教也。"

《韩非子》：管仲、隰朋从于桓公而伐孤竹，春往冬反，迷惑失道。管仲曰："老马之智可用也。"乃放老马而随之，遂得道。行山中，无水。隰朋曰："蚁冬居山之阳，夏居山之阴。蚁壤一寸，而仞有水。"乃掘地，遂得水。以管仲之圣而隰朋之智，至所不知，不难师于老马与蚁。今人不知以其愚心而师圣人之智，不亦过乎！

三十一年夏六月，齐侯来献戎捷，非礼也。凡诸侯有四夷之功，则献于王，王以警于夷。中国则否。诸侯不相遗俘。

〔补逸〕《说苑》：齐桓公将伐山戎孤竹，使人请助于鲁。鲁君进群臣而谋，皆曰："师行数千里，入蛮夷之地，必不反矣。"于是鲁许助之而不行。齐已伐山戎孤竹，而欲移兵于鲁。管仲曰："不可。诸侯未亲，今又伐远而还诛近邻。邻国不亲，非伯王之道。君之所得山戎之宝器者，中国之所鲜也，不可以不进周公之庙乎！"桓公乃分山戎之宝献之周公之庙。明年起兵伐莒，鲁下令，丁男悉发，五尺童子皆至。孔子曰："圣人转祸为福，报怨以德。"此之谓也。

在管仲的马前站着拜谢说："仲父您的圣明竟达到了这种地步！寡人我早就应受处罚了。"管仲回答说："夷吾我听说过这样的话，'圣人能从无形中预知吉凶'。现在事物已经有形，然后我才知道，我不是圣人，只是善于接受教诲罢了。"

《韩非子》：管仲、隰朋跟随齐桓公去攻打孤竹国，春季出发前往，到冬季才返回，迷失了道路。管仲说："老马的智慧可以利用。"于是就放开老马让它自己走，而大家跟着它，便找到了道路。走在山中，没有了水。隰朋说："蚂蚁冬季住在山的南面，夏季住在山的北面。蚂蚁洞口的土堆高一寸，在它下面七尺深的地方就有水。"于是就按照蚂蚁洞来挖地，便得到了水。凭借管仲那样的圣明和隰朋那样的智慧，遇到自己不知道的东西，也都不惜向老马和蚂蚁学习。现在的人不知道用自己的愚拙之心去学习圣人的智慧，不也是错误的吗！

三十一年夏季六月，齐桓公前来鲁国进献戎人俘虏，这是不合乎礼法的。凡是诸侯讨伐四方夷狄有功，就把抓获的俘虏奉献给周天子，周天子用来警戒四方夷狄。而在中原各诸侯国之间则不必这样。诸侯之间不能互相赠送俘虏。

〔补逸〕《说苑》：齐桓公准备攻打山戎孤竹，派人向鲁国请求帮助。鲁国国君召进群臣一起商量。群臣都说："行军数千里，进入到蛮夷的地方，必然一去不复返。"于是鲁国答应援助齐国却不见行动。齐国攻打山戎孤竹以后，就想转移军队对付鲁国。管仲说："不能这样。诸侯还未亲附，现在攻打远处国家又回师诛灭近邻。邻国不亲附我们，不是建立霸业的道路。君王您从山戎国得到的宝物，是中原所少见的，不可以不进献给周公庙啊！"齐桓公就将从山戎得到的宝物分出一部分，进献给周公庙。第二年，齐国兴兵攻打莒国，鲁国下令，征发所有的成年男子，五尺多高的小孩都来了。孔子说："圣人能够转祸为福，用恩德来回报怨恨。"说的就是这样的事。

三十二年春，城小谷，为管仲也。

齐侯为楚伐郑之故，请会于诸侯。宋公请先见于齐侯。夏，遇于梁丘。

八月癸亥，公薨于路寝。子般即位，次于党氏。冬十月己未，共仲使圉人荦贼子般于党氏，成季奔陈，立闵公。

闵公元年春，狄人伐邢。管敬仲言于齐侯曰："戎狄豺狼，不可厌也；诸夏亲昵，不可弃也；宴安鸩毒，不可怀也。《诗》云：'岂不怀归？畏此简书。'简书，同恶相恤之谓也。请救邢以从简书。"齐人救邢。

秋八月，公及齐侯盟于落姑，请复季友也。齐侯许之，使召诸陈，公次于郎以待之。书曰"季子来归"，嘉之也。冬，齐仲孙湫来省难。书曰"仲孙"，亦嘉之也。仲孙归，曰："不去庆父，鲁难未已。"公曰："若之何而去之？"对曰："难不已，将自毙，君其待之。"公曰："鲁可取乎？"对曰："不可，犹秉周礼。周礼，所以本也。臣闻之：'国将亡，本必先颠，而后枝叶从之。'鲁不弃周礼，未可动也。君其务宁鲁难而亲之。亲有礼，因重固，间携贰，覆昏乱，伯王之器也。"

三十二年春季，齐国在小谷筑城，这是为管仲修筑的。

齐桓公因为楚国攻打郑国的缘故，请求和各国诸侯会见。宋桓公请求先会见齐桓公。夏季，齐桓公、宋桓公在宋国梁丘举行非正式会见。

八月初五，鲁庄公死在正寝里。子般即位做了国君，住在党氏家里。冬季十月初二，鲁桓公的儿子共仲（即庆父）派养马人荦在党氏家里刺杀了子般，鲁庄公的三弟成季（即季友）逃亡到陈国，于是庆父立了鲁闵公启为国君。

鲁闵公元年春季，狄人攻打邢国。管敬仲（即管仲）对齐桓公说："戎狄犹如豺狼一样，欲望是不能满足的；而中原各诸侯国之间则要相互亲近，彼此是不能舍弃的；安逸等于毒药，是不能怀恋的。《诗经》说：'难道不想回去？怕的是这个竹简上的军令。'竹简上的军令文字，说的是同仇敌忾、患难与共的意思。因此请求君王您遵从简书上的话救援邢国。"于是齐国人就出兵救援邢国。

秋季八月，鲁闵公和齐桓公在齐国的落姑结盟，请求齐国帮助让季友回国。齐桓公答应了鲁闵公的请求，派人从陈国召回季友，鲁闵公住在鲁国都城近郊的郎地等待季友。《春秋》记载说"季子回到国内"，这是赞美季友。这年冬季，齐国大夫仲孙湫前来鲁国对发生的祸难表示慰问。《春秋》记载称他为"仲孙"而没记他的名字，也是表示赞美他。仲孙湫回国后，对齐桓公说："如果不除掉庆父，鲁国的祸难就不会停止。"齐桓公说："怎么样才能除掉他？"仲孙湫回答说："他不断地在鲁国制造祸乱，必将会自取灭亡，请君王等着吧。"齐桓公说："可以乘机夺取鲁国吗？"仲孙湫回答说："不可以，目前他们还秉持着周礼。周礼，是立国的根本。臣下我听说过这样的话：'一个国家将要灭亡，如同树的躯干必定先倒下，然后枝叶才跟着枯落。'鲁国不抛弃周礼，是不能动它的。君王应致力于平息鲁国的祸难并且亲睦它。亲近讲究礼仪的国家，依靠稳定坚固的国家，离间内部离心离德的国家，灭亡昏暗混乱的国家，这是完成称霸称王大业的策略。"

二年秋八月辛丑，共仲使卜齮贼公于武闱。哀姜与知之，故孙于邾。齐人取而杀之于夷。冬，齐高子来盟。

〔补逸〕《公羊传》：高子者何？齐大夫也。何以不称使？我无君也。然则何以不名？喜之也。何喜尔？正我也。其正我奈何？庄公死，子般弑，闵公弑，比三君死，旷年无君。设以齐取鲁，曾不兴师徒，以言而已矣。桓公使高子将南阳之甲，立僖公而城鲁。或曰，自鹿门至于争门者是也。或曰，自争门至于吏门者是也。鲁人至今以为美谈，曰："犹望高子也！"

冬十二月，狄人伐卫，遂灭卫。详见卫事《卫文公定狄难》。卫之遗民男女七百有三十人，益之以共、滕之民为五千人，立戴公，以庐于曹。许穆夫人赋《载驰》。齐侯使公子无亏帅车三百乘、甲士三千人以戍曹，归公乘马，祭服五称，牛、羊、豕、鸡、狗皆三百，与门材；归夫人鱼轩，重锦三十两。僖之元年，齐桓公迁邢于夷仪。二年，封卫于楚丘。邢迁如归，卫国忘亡。

僖公元年春，诸侯救邢。邢人溃，出奔师。师遂逐狄人，具邢器用而迁之，师无私焉。夏，邢迁于夷仪。诸侯城之，救患也。凡侯伯，救患、分灾、讨罪，礼也。

二年秋季八月二十四日，鲁国的共仲（即庆父）让大夫卜齮在正寝的旁门武闱刺杀了鲁闵公。哀姜事先知道刺杀鲁闵公的事，所以她逃到了邾国。齐国人向邾国索要哀姜并在夷地将她杀死。冬季，齐国的高子前来鲁国盟会。

〔补逸〕《公羊传》：高子是什么人？他是齐国的大夫。为什么不说齐桓公派遣他来呢？因为我们鲁国没有国君。既然这样，那么为什么不写他的名字高傒？是因为喜欢他。为什么喜欢他？因为他安定我们鲁国。说他安定我们鲁国是为什么？我们鲁国庄公死后，子般被弑杀，闵公被弑杀，接连三个国君死去，跟空了多年没有国君一样。假设用齐国的力量来夺取鲁国，不必动用军队，只要说句话就行了。齐桓公派高子率领南阳的士兵，拥立鲁僖公并且修筑鲁国都城。有人说，从鹿门到争门是那时营建的。也有人说，从争门到吏门是那时营建的。鲁国人至今作为美谈传说着："还希望高子来呀！"

冬季十二月，狄人攻打卫国，于是灭亡了卫国。详见卫事《卫文公定狄难》。卫国的遗民男女老少只有七百三十人，加上共地、滕地的百姓共计五千人，拥立卫戴公为国君，寄居在曹邑。许国国君穆公的夫人为此做了《载驰》这首诗。齐桓公派公子无亏率领战车三百辆、甲士三千人戍守卫国曹邑，并赠送给卫戴公驾车的马四匹，祭服五套，牛、羊、猪、鸡、狗各三百头，还有做门户用的木材；赠送给卫戴公夫人用鱼皮装饰的车子和细软的锦缎三十匹。鲁僖公元年，齐桓公将邢国迁到夷仪。鲁僖公二年，把卫国封在楚丘。由于处置得当，邢国迁居好像回到老家一样，卫国也忘记了自己的灭亡。

鲁僖公元年春季，齐桓公、宋桓公、曹昭公等诸侯亲自率军救援邢国。邢国人纷纷溃逃，逃到诸侯的军队中。诸侯军队于是就追击狄人，登记归还邢人器用并迁居，军队没有私吞任何财物。夏季，邢国迁到夷仪。诸侯为其建筑都城，这是为了救助患难。凡是诸侯霸主，出面救助患难、分担灾害、讨伐罪人，都是合乎礼法的。

秋，楚人伐郑，郑即齐故也。盟于荦，谋救郑也。

二年春，诸侯城楚丘而封卫焉。不书所会，后也。

秋，盟于贯，服江、黄也。

冬，楚人伐郑，鬬章囚郑聃伯。

三年秋，会于阳谷，谋伐楚也。

〔补逸〕《公羊传》：此大会也。曷为末言尔？桓公曰："无障谷！无贮粟！无易树子！无以妾为妻！"

〔发明〕据此，则桓公之会，无不有命，不独葵丘之会也。然属孝公于宋，首犯"树子"之禁，何欤？

齐侯为阳谷之会来寻盟。冬，公子友如齐莅盟。

楚人伐郑，郑伯欲成，孔叔不可，曰："齐方勤我，弃德不祥。"

齐侯与蔡姬乘舟于囿，荡公。公惧，变色，禁之，不可。公怒，归之，未绝之也。蔡人嫁之。

四年春，齐侯以诸侯之师侵蔡。蔡溃，遂伐楚。楚子使

秋季，楚国人攻打郑国，是由于郑国亲近齐国的缘故。鲁僖公和齐桓公、宋桓公、郑文公、曹昭公、邾人在宋国荦地结盟，这是为了谋划救援郑国一事。

二年春季，诸侯在楚丘筑城并把卫国封在那里。《春秋》没有记载诸侯会见一事，这是因为鲁僖公到会迟了。

秋季，齐桓公、宋桓公、江国国君、黄国国君在宋国贯地结盟，这是因为江、黄两国已经归服了齐国的缘故。

冬季，楚国人攻打郑国，楚国大夫鬬章囚禁了郑国大臣聃伯。

三年秋季，齐桓公、宋桓公、江国国君、黄国国君在齐国阳谷会见，这是为了谋划攻打楚国。

〔补逸〕《公羊传》：这次阳谷大会是一次盛大的盟会。为什么只提会面而未提盟誓？齐桓公在会盟时提出："不要阻断河流！不要囤积谷物！不要把应当立的嫡子换掉！不要把妾变成妻！"

〔发明〕据此记载，那么齐桓公的会盟，没有一次不发布命令的，不只是葵丘会盟有命令。然而齐桓公把自己的儿子齐孝公托付给宋国，第一个违犯不要更换应当立的嫡子这条禁令，是为什么呢？

齐桓公为了阳谷的会见，前来鲁国重温盟好。冬季，公子友到齐国参加盟会。

楚军攻打郑国，郑文公想要求和，大夫孔叔不同意，他说："齐国现在正在为我们郑国勤劳奔忙，丢弃了他们的恩德不会有好结果。"

齐桓公和夫人蔡姬在园囿里乘船游玩，蔡姬故意摇动乘船吓唬齐桓公。齐桓公害怕，变了脸色，让她停止摆动，她不听。齐桓公大怒，把她送回娘家蔡国，但还没有和她断绝婚姻关系。可蔡国人却把她改嫁给其他人了。

四年春季，齐桓公率领齐国、鲁国、宋国、陈国、卫国、郑国、许国、曹国等诸侯国的军队侵袭蔡国。结果蔡国的军队溃败了，于是齐桓公又率领诸侯的军队征讨楚国。楚成王派遣使臣

与师言曰:“君处北海,寡人处南海,唯是风马牛不相及也。不虞君之涉吾地也,何故?”管仲对曰:“昔召康公命我先君太公曰:‘五侯九伯,女实征之,以夹辅周室。’赐我先君履:东至于海,西至于河,南至于穆陵,北至于无棣。尔贡包茅不入,王祭不共,无以缩酒,寡人是征。昭王南征而不复,寡人是问。”对曰:“贡之不入,寡君之罪也,敢不共给?昭王之不复,君其问诸水滨。”师进,次于陉。

夏,楚子使屈完如师。师退,次于召陵。齐侯陈诸侯之师,与屈完乘而观之。齐侯曰:“岂不穀是为?先君之好是继。与不穀同好,何如?”对曰:“君惠徼福于敝邑之社稷,辱收寡君,寡君之愿也。”齐侯曰:“以此众战,谁能御之?以此攻城,何城不克?”对曰:“君若以德绥诸侯,谁敢不服?君若以力,楚国方城以为城,汉水以为池,虽众,无所用之!”屈完及诸侯盟。

陈辕涛涂谓郑申侯曰:“师出于陈、郑之间,国必甚病。若出于东方,观兵于东夷,循海而归,其可也。”申侯曰:

到诸侯军队中对齐桓公说:“国君您住在北方,寡人我住在南方,即使是马牛放逸,发情相诱,彼此也不会到一起的。不料国君您进入到我的地界,不知道是什么缘故呢?”管仲回答道:“从前召康公命令我们齐国先君太公说:‘五等诸侯、九州伯长,如果有罪行你有权讨伐他们,来辅佐周王室。’召康公赐给我们先君征伐的范围是:东边到大海,西边到黄河,南边到穆陵,北边到无棣。现在你们楚国不向周王室进贡裹束的菁茅,周王的祭祀就供应不上,致使周王室没有过滤酒糟的东西,我们国君因此特来征伐你们,惩治你们楚国这项罪过。另外,周昭王当年巡狩南方最后没有能够回国,我们国君特来向你质问这件事。”楚国使臣回答说:“不进贡裹成捆儿的菁茅,这是我们国君的过失,以后怎敢不供给呢?至于周昭王南巡没有回国,您还是到水边去问一问是怎么回事吧!”齐桓公见楚国不肯服罪,就继续向楚地进军,驻扎在陉地。

同年夏季,楚成王又派遣使臣屈完到诸侯军队中来。因此诸侯军队后退,驻扎在召陵。齐桓公让诸侯的军队列好阵势,然后和屈完同坐在兵车上观看诸侯军队的行列。齐桓公说:“这些诸侯起兵出征难道是为了我个人吗?只不过是为了继承先君的友好关系罢了。你们楚国不妨也同我们建立友好关系,怎么样?”屈完回答说:“承蒙君王您光临敝邑,向我国社稷之神求福,忍受耻辱容纳我国国君,共同建立友好关系,这是我国国君的愿望。”齐桓公说:“我率领这些诸侯军队去作战,谁能抵挡?用这些诸侯军队去攻城,哪座城攻不下来?”屈完回答说:“您如果能用德行安抚诸侯,哪个敢不服从?您如果单靠武力的话,我们楚国就用方城山作为守御的城墙,以汉水作为护城河,你们的军队即使众多,恐怕也没有用处!”于是,楚国使臣屈完就和诸侯立了和好的盟约。

陈国大夫辕涛涂对郑国大夫申侯说:“诸侯军队行军经过陈国、郑国之间,两国要供给往返军需,必定十分困乏。如果往东方走,向东夷显示兵力,然后沿着海边回国,那就行了。”申侯说:

“善。”涛涂以告，齐侯许之。申侯见曰：“师老矣，若出于东方而遇敌，惧不可用也。若出于陈、郑之间，共其资粮扉屦，其可也。”齐侯说，与之虎牢，执辕涛涂。秋，伐陈，讨不忠也。许穆公卒于师，葬之以侯，礼也。凡诸侯薨于朝会，加一等；死王事，加二等。于是有以衮敛。冬，叔孙戴伯帅师会诸侯之师侵陈。陈成，归辕涛涂。

〔补逸〕《韩非子》：蔡女为桓公妻，桓公与之乘舟，夫人荡舟，桓公大惧，禁之，不止，怒而出之。乃且复召之，蔡因更嫁之。桓公大怒，将伐蔡。仲父谏曰：“夫以寝席之戏，不足以伐人之国，功业不可冀也。请无以此为规也。”桓公不听。仲父曰：“必不得已，楚之菁茅不贡于天子三年矣，君不如举兵为天子伐楚。楚服，因还袭蔡，曰：‘余为天子伐楚，而蔡不以兵听从，遂灭之。’此义于名而利于实，故必有为天子诛之名，而有报仇之实。”

《史记》：《管仲列传》：桓公实怒少姬，南袭蔡，管仲因而伐楚，责包茅不入贡于周室。桓公实北征山戎，而管仲因而令燕修召公之政。

“好。”辕涛涂把他的意见告诉了齐桓公，齐桓公同意了他的行军路线。但申侯进见齐桓公时，却说：“诸侯军队在外面已经太久而疲惫了，如果往东方走而遇到敌人，恐怕军队不能打硬仗了。倘若取道陈国、郑国之间，由两国供给军粮、军鞋，那就行了。”齐桓公很高兴，便赏赐给他虎牢一地，而把辕涛涂捉了起来。秋季，齐国和江、黄两国的军队联合攻打陈国，这是为了讨伐陈国辕涛涂对齐国的不忠诚。许穆公死在军中，他虽是男爵，却用安葬侯爵的规格安葬他，这是合乎礼法的。凡是诸侯在朝会时期死去，举行葬礼时加升爵位一级；为天子作战死去，举行葬礼时加升爵位二级。也只有在这种情况下，才有公侯用天子、三公的衮服入殓。冬季，鲁国大夫叔孙戴伯率兵会合诸侯的军队攻打陈国。陈国求和，于是就把辕涛涂放回陈国了。

〔补逸〕《韩非子》：蔡哀侯的女儿做齐桓公的妻子，齐桓公和她乘船游玩，她摇动船身，齐桓公十分害怕，下令禁止她摇，她却还不停止，齐桓公愤怒地把她休回娘家去了。齐桓公准备再次把她召回，蔡国却趁机将她改嫁了。齐桓公十分恼怒，准备去攻打蔡国。仲父（即管仲）规劝说：“拿夫妻之间开玩笑的戏言作为理由，还不足以用来讨伐别人的国家，这样去讨伐，要建立功业是没有指望的。请不要因为这件事多作计较。”齐桓公不肯听从。仲父说：“如果您一定不能打消这个念头，那么楚国已经三年不向周天子进贡特产菁茅了，您不如起兵去为周天子讨伐楚国。楚国屈服后，再回过来袭击蔡国，说：‘我为周天子讨伐楚国，而蔡国却不派兵来听候调用，于是消灭它。’这样做，在名义上是正义的，而在实际上是有利的，所以必须有了为周天子去讨伐的名义，然后才可以有报仇的实效。”

《史记·管仲列传》：齐桓公实际是由于少姬改嫁而发怒，向南袭击蔡国，管仲趁机转移目标去讨伐楚国，谴责它不把裹成捆儿的菁茅进贡给周王室。齐桓公实际上是向北征讨山戎，而管仲就趁机让燕国实行燕召公的政教。

桓公既得管仲与鲍叔、隰朋、高傒，修齐国政，连五家之兵，设轻重鱼盐之利，以赡贫穷，禄贤能，齐人皆说。

〔发明〕按：史迁所纪与《韩非》同意，后段亦可檃括《管子》，故附载之。

五年夏，会于首止，会王大子郑，谋宁周也。

陈辕宣仲怨郑申侯之反己于召陵，故劝之城其赐邑，曰："美城之，大名也，子孙不忘。吾助子请。"乃为之请于诸侯而城之，美。遂谮诸郑伯曰："美城其赐邑，将以叛也。"申侯由是得罪。

秋，诸侯盟。王使周公召郑伯，曰："吾抚女以从楚，辅之以晋，可以少安。"郑伯喜于王命，而惧其不朝于齐也，故逃归不盟。孔叔止之，曰："国君不可以轻，轻则失亲，失亲患必至。病而乞盟，所丧多矣。君必悔之！"弗听，逃其师而归。

六年夏，诸侯伐郑，以其逃首止之盟故也。围新密，郑所以不时城也。秋，楚子围许以救郑。诸侯救许，乃还。

冬，蔡穆侯将许僖公以见楚子于武城。许男面缚衔璧，大夫衰绖，士舆榇。楚子问诸逢伯。对曰："昔武王克殷，

齐桓公得到管仲后，与鲍叔牙、隰朋、高傒一起整顿齐国的政事，实施以五家为基层单位的军制，通过铸造货币控制物价，通过海盐捕鱼等来获利，救济贫穷困苦的人，起用优待贤能之士，齐国人都高兴。

〔发明〕按：司马迁《史记》中所记载的与《韩非子》意思相同，《史记》后面的一段也可以囊括《管子》，所以附载在后面。

五年夏季，鲁僖公和齐桓公、宋桓公、陈宣公、卫文公、郑文公、许僖公、曹昭公在首止相会，会见周王太子郑，谋划安定周王室。

陈国辕宣仲（即辕涛涂）怨恨郑国申侯在楚国召陵出卖自己，所以故意劝申侯在齐桓公赐给的封邑虎牢上筑城，他说："把城筑得美观些，可以扩大名声，子孙不会忘记您的功德。我可以帮助您请求。"于是就为他向诸侯请求，得到允许而后筑起城墙，建得很壮观。辕涛涂就在郑文公面前诬陷申侯说："他把赐予的封邑修筑得很壮观，准备叛乱。"申侯因此得罪了郑文公。

秋季，诸侯举行会盟。周惠王派执政大臣周公召见郑文公，对他说："我安抚你，希望你去顺服楚国，并让晋国辅助你，这就可以使你们国家稍得安定了。"郑文公对周惠王的命令感到高兴，但对没有朝见齐国感到害怕，所以就准备逃回国中不参加首止盟誓。郑国大夫孔叔劝阻他，说："国君您不能轻率行事，一旦轻率就会失掉亲近的国家，失掉了亲近的国家祸患必然到来。等到国家困难时再去乞求结盟，损失的东西就更多了。君王您一定会后悔此事！"郑文公不听，丢下了他的军队逃回郑国。

六年夏季，鲁僖公会合齐桓公、宋桓公、陈宣公、卫文公、曹昭公等诸侯军队攻打郑国，因为郑文公逃离首止那次结盟的缘故。诸侯的军队包围了郑国新筑之城密邑，这是郑国在不合时令的时候筑城的缘故。秋季，楚成王包围许国来救援郑国。诸侯军队又前去救援许国，楚成王便撤围回国了。

冬季，蔡穆侯带领许僖公到楚国的武城去见楚成王。许僖公两手反绑，嘴里衔着玉璧，大夫穿着丧服，士抬着棺材。楚成王询问大夫逢伯如何处置。回答说："从前周武王战胜殷商后，

微子启如是。武王亲释其缚，受其璧而祓之，焚其榇，礼而命之，使复其所。”楚子从之。

〔辨误〕按：《论语》，微子去之，不过行遁而已，未尝奔周也。微子已遁矣，武王克商时，又安得有面缚衔璧之事？故或曰奔周，或曰面缚，皆传之讹也。宋儒王柏谓面缚衔璧之事必属武庚。盖入商之时，纣已自焚，武庚嫡冢，父死子继，则武庚此时已为殷君，力不敌周，故衰絰、舆榇，造军门而听罪，此事理之最确者。

七年春，齐人伐郑。孔叔言于郑伯曰：“谚有之曰：‘心则不竞，何惮于病？’既不能强，又不能弱，所以毙也。国危矣，请下齐以救国。”公曰：“吾知其所由来矣。姑少待我。”对曰：“朝不及夕，何以待君？”夏，郑杀申侯以说于齐，且用陈辕涛涂之谮也。初，申侯，申出也，有宠于楚文王。文王将死，与之璧，使行，曰：“唯我知女。女专利而不厌，予取予求，不女疵瑕也。后之人将求多于女，女必不免。我死，女必速行！无适小国，将不女容焉。”既葬，出奔郑，又有宠于厉公。子文闻其死也，曰：“古人有言曰：‘知臣莫若君。’弗可改也已！”

〔补逸〕《吕氏春秋》：荆文王曰：“苋譆数犯我以义，违我以礼，与处则不安，旷之而不穀得焉。

微子启就是这样做的。周武王亲自给他松绑，接受了他的玉璧并为他举行了除灾之礼，烧掉他的棺材，给他礼遇而命令他，然后又让他返回了封地。"楚成王听从了逢伯的话。

〔辨误〕按：《论语》记载微子启弃官而去，只不过是逃遁罢了，不曾逃奔到西周。微子启既然已经逃走了，周武王战胜殷商的时候，又怎能有两手反绑、嘴衔玉璧请罪之事呢？所以，有人说微子启逃奔到西周，有人说微子启双手反绑请罪，都是误传的谣言。宋代儒生王柏认为双手反绑、嘴衔玉璧的事必然是属于武庚。大概周武王进入殷商都城的时候，商纣王烧死自己，武庚是商纣王的嫡长子，父亲死亡儿子继位，那么武庚这时已成为殷商国君了，他由于力量不能与西周抗衡，所以穿着丧服、抬着棺材，到周武王的军营大门去请罪，这是最正确的事理。

七年春季，齐国人攻打郑国。郑国大夫孔叔对郑文公说："俗语中有这样的话：'心里意志不坚强，为什么还怕屈辱？'既然不能够坚强，又不能示弱，就会导致灭亡的后果。目前国家危险了，请您向齐国屈服以挽救国家。"郑文公说："我知道他们是为什么来的了。姑且稍等我一下。"孔叔回答说："如今情况紧急，就像早晨的露水等不到晚上一样，怎能等待您呢？"这年夏季，郑国杀了大夫申侯以讨好齐国，这也是由于陈国大夫辕涛涂的诬陷。当初，申侯是申女所生，受到楚文王的宠信。楚文王将要死的时候，给他玉璧，让他走，并说："只有我才了解你。你一向是垄断财货而永不满足，从我这取得从我这求得，我都不怪罪你。但后来的嗣君会向你索取大量财货，你必定不免于罪。我死后，你一定要快点出走！不要到小国去，他们是不会容纳你的。"楚文王安葬后，申侯逃到了郑国，后来又受到郑厉公的宠信。楚国令尹子文听到申侯的死讯，说："古人有句话说：'没有人比国君更了解臣下。'看来这句话真是不能改变的啊！"

〔补逸〕《吕氏春秋》：楚文王说："苋僖多次据义冒犯我，据礼违背我，和他在一起就不安，但时间长了，我从中有所得。

不以吾身爵之，后世有圣人，将以非不穀。”于是爵之五大夫。“申侯伯善持养吾意，吾所欲，则先我为之。与处则安，旷之而不穀丧焉。不以吾身远之，后世有圣人，将以非不穀。”于是送而行之。申侯伯如郑，阿郑君之心，先为其所欲，三年而知郑国之政也，五月而郑人杀之。是后世之圣人使文王为善于上世也。

秋，盟于甯母，谋郑故也。管仲言于齐侯曰：“臣闻之：‘招携以礼，怀远以德。德礼不易，无人不怀。’”齐侯修礼于诸侯，诸侯官受方物。郑伯使太子华听命于会，言于齐侯曰：“洩氏、孔氏、子人氏三族，实违君命。若君去之以为成，我以郑为内臣，君亦无所不利焉。”齐侯将许之。管仲曰：“君以礼与信属诸侯，而以奸终之，无乃不可乎？子父不奸之谓礼，守命共时之谓信。违此二者，奸莫大焉。”公曰：“诸侯有讨于郑，未捷。今苟有衅，从之，不亦可乎？”对曰：“君若绥之以德，加之以训辞，而帅诸侯以讨郑。郑将覆亡之不暇，岂敢不惧？若总其罪人以临之，郑有辞矣，何惧？且夫合诸侯，以崇德也，会而列奸，何以示后嗣？夫诸侯之会，其德、刑、礼、义，无国不记。记奸之位，

如果不由我亲自封给他爵位，后代如果有圣人，就要因为这事批评我了。”于是授予苋僖五大夫的爵位。楚文王又说：“申侯伯善于掌握我的心意，我所想要的，他就做在我的前头。和他在一起就感到安适，时间长了，寡人我就从中迷失了。如果我不自己疏远他，后世有圣人，将要为这事怪罪我了。”于是送走了申侯伯。申侯伯到了郑国，逢迎郑国君主的心意，抢先做郑国君主想要做的事，经过三年就掌握了郑国的政权，可是才过五个月郑国人就杀了他。这是后代的圣人使楚文王在前世做好事啊。

秋季，鲁僖公和齐桓公、宋桓公、陈国的世子款、郑国的太子华在鲁国的甯母结盟，这是为了谋划处理郑国的事情。管仲对齐桓公说：“臣下我听说过这样的话：‘招抚拥有二心的国家要用礼，怀柔地处远方的国家要用德。只要不违背德和礼，没有不归服的人。’”齐桓公就以礼对待诸侯，各诸侯国的官员分别接受了齐国应当贡给周王的贡物。郑文公派遣太子华前去听候诸侯会议的命令，太子华对齐桓公说：“郑国泄氏、孔氏、子人氏这三个家族，违背国君您的命令。如果国君您除掉他们而与敝国讲和，我愿把郑国作为齐国的封内之臣，这对国君您来说也没有什么不利的。”齐桓公准备答应郑太子华。但管仲说：“国君您开始用礼义与诚信联合诸侯，如今却要用邪恶来结束盟会，恐怕不行吧？儿子对父亲不相违背叫作礼，谨守君命恪尽职守叫作信。违背这两个方面，没有比这再大的邪恶了。”齐桓公说：“诸侯进攻郑国，没有得胜。如今幸而有他们父子嫌隙的机会可乘，听从他的话，不也可以吗？”管仲回答说：“国君您应当用德来安抚郑国，加上教训之言，进而率领诸侯讨伐郑国。郑国挽救危亡还来不及，岂敢不害怕？如果领着违背父命的罪人去攻打郑国，郑国就有理了，还害怕什么？况且会合诸侯的目的是为了尊崇德行，现在诸侯盟会却让子华这样的奸邪之人占有席位，拿什么示范后代？再说，诸侯会盟的时候，他们的德行、刑罚、礼仪、道义，没有一个国家不加记载。如果记载了奸邪之人列于盟会席位一事，

君盟替矣。作而不记，非盛德也。君其勿许！郑必受盟。夫子华既为太子，而求介于大国以弱其国，亦必不免。郑有叔詹、堵叔、师叔三良为政，未可间也。”齐侯辞焉。子华由是得罪于郑。冬，郑伯使请盟于齐。

闰月，惠王崩。襄王恶太叔带之难，惧不立，不发丧，而告难于齐。

八年春，盟于洮，谋王室也。郑伯乞盟，请服也。襄王定位而后发丧。

九年夏，会于葵丘，寻盟，且修好，礼也。王使宰孔赐齐侯胙，曰：“天子有事于文、武，使孔赐伯舅胙。”齐侯将下拜。孔曰：“且有后命。天子使孔曰：‘以伯舅耋老，加劳赐一级，无下拜！’”对曰：“天威不违颜咫尺，小白余敢贪天子之命，无下拜？恐陨越于下，以遗天子羞。敢不下拜？”下拜，登，受。

秋，齐侯盟诸侯于葵丘，曰：“凡我同盟之人，既盟之后，言归于好。”宰孔先归，遇晋侯，曰：“可无会也！齐侯不务德而勤远略，故北伐山戎，南伐楚，西为此会也。东略之不知，西则否矣。其在乱乎！君务靖乱，无勤于行。”晋侯乃还。

那么国君您的会盟就会废弃了。但做了事而不被记载，就不算是盛美的德行。国君您还是不要答应！郑国一定会接受盟约的。子华既然身为太子，却求助于大国来削弱他的国家，也一定不能免于祸患。郑国有叔詹、堵叔、师叔三位贤明的大夫执政，不能钻郑国的空子。”于是齐桓公拒绝了太子华的要求。太子华因此在郑国获罪。这年冬季，郑文公派使者到齐国请求订立盟约。

闰十二月，周惠王驾崩。周襄王忧虑太叔带乘机制造祸难，害怕自己不能被立为周王，因此秘不发丧，而向齐国报告祸难。

八年春季，鲁僖公和周王室的人、齐桓公、宋桓公、卫文公、许僖公、曹共公、陈太子款在洮地举行会盟，商量如何安定周王室。郑文公乞求参加盟会，是为了表示顺服。周襄王即位后才发布周惠王的丧事。

九年夏季，鲁僖公和周王室太宰宰孔、齐桓公、宋襄公、卫文公、郑文公、许僖公、曹共公在葵丘会见，重温过去的盟约，并且为了进一步发展友好关系，这样做是合于礼法的。周襄王派宰孔把祭肉赐给齐桓公，并对他说：“天子祭祀周文王、武王，派我把祭肉赐给伯舅。”齐桓公将要下阶跪拜。宰孔说：“还有下面的命令。天子让我说：‘因为伯舅年岁大了，加上有功劳，加赐一等，不用下阶跪拜！’”齐桓公回答说：“天子的威严距离我的颜面不过咫尺之远，小白我岂敢接受天子的命令，而不下拜？只恐怕我在下位违背礼法，给天子带来羞辱。岂敢不下阶跪拜呢？”于是齐桓公下阶跪拜，再登堂，接受祭肉。

这年秋季，齐桓公在葵丘和诸侯会盟，他说：“凡是我们一同结盟的国家，盟誓之后，就都要归于和好。”宰孔先于诸侯回去，途中遇上了晋献公，他对晋献公说：“可不必去参加会盟了！齐桓公不致力于修德而忙着向远方进攻，所以向北攻打山戎，向南边攻打楚国，又在西边举行了这次会盟。是否要向东边征伐还不知道，攻打西边的晋国是不可能的了。晋国的忧患恐怕在于内乱吧！国君您应该致力于平定国内的祸乱，而不要忙于远行参加盟会。”晋献公于是就回国了。

〔补逸〕《公羊传》:贯泽之会,桓公有忧中国之心,不召而至者,江人、黄人也。葵丘之会,桓公震而矜之,叛者九国。

《穀梁传》:桓盟不日,此何以日?美之也。为见天子之禁,故备之也。葵丘之盟,陈牲而不杀,读书,加于牲上,壹明天子之禁,曰:“毋雍泉!毋讫籴!毋易树子!毋以妾为妻!毋使妇人与国事!”

《国语》:即位数年,东南多有淫乱者,莱、莒、徐夷、吴、越,一战帅服三十一国。遂南征伐楚,济汝,逾方城,望汶山,使贡丝于周而反,荆州诸侯莫不来服。遂北伐山戎,㓨令支、斩孤竹而南归,海滨诸侯莫不来服。与诸侯饰牲为载,以约誓于上下庶神,与诸侯戮力同心。西征,攘白翟之地,至于西河,方舟设泭,乘桴济河,至于石抗。县车束马,逾大行与辟耳之溪拘夏,西服流沙、西吴。南城周,反胙于绛,岳滨诸侯莫不来服。而大朝诸侯于阳谷。兵车之属六,乘车之会三。诸侯甲不解累,兵不解翳,弢无弓,服无矢。隐武事,行文道,帅诸侯而朝天子。

〔补逸〕《公羊传》：贯泽的那次盟会，齐桓公有忧虑中原诸侯国的心思，没有召唤而自行前来参加结盟的有江国人、黄国人。而这次葵丘的盟会，齐桓公恃威震慑诸侯，一脸傲慢的样子夸耀自己的功劳，最后背叛葵丘之盟的竟然有九个国家。

《穀梁传》：齐桓公的盟会都不记载日期，这次葵丘结盟为什么记载日期呢？是为了赞美齐桓公。因为他能宣明周天子的禁令，因而完备地记载这件事。在葵丘的盟会上，陈列牲畜而不宰杀，然后朗读盟书，放置在牲畜身上，专门用来宣明周天子的禁令，禁令规定："不要壅塞泉源！不要制止买进粮食！不要改立太子！不要立妾为正妻！不要让妇人参与国家大事！"

《国语》：齐桓公即位数年以后，东南地区有许多荒淫无道的诸侯国，如莱国、莒国、徐夷、吴国、越国，齐桓公一次征战就使三十一个诸侯国相率而归服。于是齐桓公向南攻打楚国，渡过汝水，越过方城山，望祭汶山，责令楚国向周王室进贡蚕丝然后返回，荆州诸侯没有不来归服的。于是向北征伐山戎，击败山戎的属国令支，一直斩伐到孤竹国境才南归，沿海的各诸侯国没有不来归服的。齐桓公与诸侯摆好祭神的牲畜，书写盟辞，用盟约向天地之间的诸神发誓，要与诸侯同心协力。齐桓公向西的征战中又夺取了白狄的土地，一直到达西河，将船并在一起，编制木筏，乘筏渡河，到达晋地石抗。齐国军队悬吊起兵车、拉紧马缰绳，越过太行山与辟耳山的拘夏溪，向西征服流沙、西吴之地。向南征发诸侯的军队为周王室筑城守卫，又帮助晋惠公回到绛都继承君位，北岳恒山附近的诸侯国没有不前来归服的。还曾在齐国阳谷举行诸侯大会。举行六次事关征讨的诸侯军事盟会，主持三次不带兵车的诸侯和平会盟。诸侯不必解下挂起的铠甲，不用打开封好的兵器，弓衣里没有弓，箭袋里没有箭。齐桓公停止武事，实行文治，率领诸侯朝见周天子。

葵丘之会，天子使宰孔致胙于桓公曰："余一人之命有事于文、武，使孔致胙。"且有后命，曰："以尔自卑劳，实谓尔伯舅，无下拜。"桓公召管子而谋，管子对曰："为君不君，为臣不臣，乱之本也。"桓公惧，出见客，曰："天威不违颜咫尺，小白余敢承天子之命曰'尔无下拜'？恐陨越于下，以为天子羞。"遂下拜，升，受命。赏服大路、龙旂九旒、渠门赤旂，诸侯称顺焉。

桓公忧天下诸侯，鲁有夫人、庆父之乱，二君杀死，国绝无嗣。桓公闻之，使高子存之。翟人攻邢，桓公筑夷仪以封之，男女不淫，牛马选具。翟人攻卫，卫人出庐于曹，桓公城楚丘以封之。其畜散而无育，桓公与之系马三百。天下诸侯称仁焉。于是天下诸侯知桓公之为己动也，是故诸侯归之，譬若市人。

桓公知诸侯之归己也，故使轻其币而重其礼，故天下诸侯罢马以为币，缕纂以为奉，鹿皮四个。诸侯之使垂橐而入，捆载而归。故拘之以利，结之以信，示之以武，故天下小国诸侯既许桓公，莫之敢背。就其利而信其仁，畏其武。

在葵丘大会诸侯的时候，周襄王派王室太宰宰孔送祭肉给齐桓公，说："我祭祀了先王文王、武王，特派遣宰孔把祭肉送给你。"而且后边还有命令，说："因为你谦卑劳顿，加上我应该称你为伯舅，你不必下堂跪拜受赐。"齐桓公便召见管仲与他商量，管仲回答说："做君主的不行君礼，做臣子的不行臣礼，这是祸乱的根本啊。"齐桓公很害怕，出来接见客人宰孔，说："天子的威严距离我的颜面不过咫尺之远，小白我岂敢接受天子'你不必下堂跪拜'的命令？我怕从高处摔下，给天子带来羞辱。"于是下堂跪拜受赐，然后登堂，接受祭肉。周襄王赏赐给齐桓公大辂车、缀有九条流苏的龙旗和渠门赤色大旗等，天下诸侯都称颂齐桓公的做法是合乎礼法的。

齐桓公是为天下诸侯操劳的，鲁国有鲁庄公夫人哀姜和鲁庄公弟弟庆父发动的叛乱，使鲁国两个国君被杀，君位中断无人继承。齐桓公知道此事后，使高傒立鲁僖公而保存了鲁国。狄人攻打邢国，齐桓公修筑夷仪城，让邢国人迁到那里，使邢国的百姓不被奸淫掳掠，牛马也得以保全。狄人攻打卫国，卫国人寄居曹地，齐桓公在楚丘筑城，让卫国人迁到那里。卫国人的牲畜已经散失而不能繁殖，所以齐桓公给予他们养在马厩里的良马三百匹。天下诸侯都称道齐桓公的仁德。这样天下的诸侯知道齐桓公会为自己奔走出力，因此诸侯归附齐桓公，就好像去赶集的人一样。

齐桓公知道天下的诸侯归附自己，因而让诸侯们带着轻微的礼物来朝见，而以重礼回赠给他们，所以天下诸侯用瘦马作为礼币，用麻织的粗布作为玉器的衬垫，鹿皮四张。各国诸侯的使者总是空囊而入，满载而归。所以齐国用财利来吸引诸侯，用信义来结交诸侯，用武力来威慑诸侯，因而天下小国诸侯既已与齐国结盟，就没有敢背叛盟约的了。他们贪图齐桓公的财利而相信齐桓公的仁义，也害怕齐桓公的武力。

桓公知天下诸侯多与己也，故又大施忠焉。可为动者为之动，可为谋者为之谋。军谭、遂而不有也，诸侯称宽焉。通齐国之鱼盐于东莱，使关市讥而不征，以为诸侯利，诸侯称广焉。筑葵兹、宴、负夏、领釜丘，以御戎翟之地，所以禁暴于诸侯也。筑五鹿、中牟、盖与、牡丘，以卫诸夏之地，所以示权于中国也。教大成，定三革，隐五刃，朝服以济河，而无怵惕焉，文事胜矣。是故大国惭愧，小国协附。唯能用管夷吾、甯戚、隰朋、宾胥无、鲍叔牙之属，而伯功立。

〔发明〕按：此《国语》总叙齐桓、管仲前后事功，故附于葵丘之后。

〔补逸〕《史记》：三十五年夏，会诸侯于葵丘。周襄王使宰孔赐桓公文武胙、彤弓矢、大路，命无拜。桓公欲许之，管仲曰："不可。"乃下拜受赐。秋，复会诸侯于葵丘，益有骄色。周使宰孔会，诸侯颇有叛者。晋侯病，后，遇宰孔。宰孔曰："齐侯骄矣，第无行。"从之。

是时周室微，唯齐、楚、秦、晋为强。晋初与会，献公死，国内乱。秦穆公辟远，不与中国会盟。楚成王初收荆蛮有之，夷狄自置。唯独齐为中国会盟，而桓公能宣其德，故诸侯宾会。于是桓公称曰："寡人南伐至召陵，望熊山；北伐山戎、离枝、孤竹；西伐大夏，

齐桓公看到天下的诸侯大多前来归顺自己，因此对他们大施忠信。可以奔走出力的就为他们奔走出力，可以出谋划策的就为他们出谋划策。率领军队灭亡谭国、遂国而不据为己有，诸侯都称道他宽宏大量。使齐国得以与东莱夷通运鱼盐，让关卡市场只稽查而不征税，作为各国诸侯之利，诸侯都称道他广施恩惠。修筑葵兹、晏、负夏、领釜丘等要塞，用来防御戎狄，这是防止诸侯受到戎狄暴掠的措施。修筑五鹿、中牟、盖与、牡丘等关口，来保卫诸夏之地，这是向中原各国展示权威的措施。教化大功告成，放下各种甲革，收起各种兵器，穿着朝服渡过黄河与晋国盟会而无所戒惧，正是由于文治圆满地完成了。于是使大国之君感到惭愧，小国诸侯归附。只因能够任用管夷吾、甯戚、隰朋、宾胥无、鲍叔牙之类的人，从而使霸业建立起来。

〔发明〕按：这是《国语》总括叙述齐桓公、管仲的先后功绩，所以附在葵丘大会的后面。

〔补逸〕《史记》：齐桓公三十五年（即鲁僖公九年）夏季，齐桓公在葵丘会合诸侯。周襄王派宰孔将祭过文王和武王的祭肉、朱红色弓箭、大辂车赐给齐桓公，还命令不必行跪拜大礼。齐桓公想照办，管仲说：“不可以。”齐桓公就下堂跪拜接受周王赐的东西。这年秋季，再次在葵丘会合诸侯，齐桓公更加有骄傲的神色。周襄王派宰孔参加了盟会，这时诸侯中已经有人叛离。晋献公病重，上路迟了，遇到宰孔。宰孔说：“齐侯骄傲了，姑且不要去了。”晋献公听从了他的话。

这时周王室衰弱，只有齐国、楚国、秦国、晋国是强大的。晋国首次参加诸侯盟会，晋献公死后，国内混乱。秦穆公处在偏僻边远地区，不参加中原各国的盟会。楚成王刚刚收服荆蛮占有了那个地区，把自己当成夷狄。只有齐国主持中原各国的集会盟誓，而齐桓公能够宣扬周王室的德威，所以诸侯服从。当时齐桓公声称：“我向南征讨到了召陵，瞭望熊山；向北征讨山戎、离枝、孤竹；向西征讨大夏，

涉流沙，束马悬车，登太行，至卑耳山而还。诸侯莫违寡人。寡人兵车之会三，乘车之会六。九合诸侯，一匡天下。昔三代受命，有何以异于此乎？吾欲封泰山，禅梁父。”管仲固谏，不听，乃说桓公以远方珍怪物至乃得封，桓公乃止。

齐桓公既霸，会诸侯于葵丘，而欲封禅。管仲曰：“古者封泰山、禅梁父者七十二家，而夷吾所记者十有二焉。昔无怀氏封泰山，禅云云；虑羲封泰山，禅云云；神农封泰山，禅云云；炎帝封泰山，禅云云；黄帝封泰山，禅亭亭；颛顼封泰山，禅云云；帝俈封泰山，禅云云；尧封泰山，禅云云；舜封泰山，禅云云；禹封泰山，禅会稽；汤封泰山，禅云云；周成王封泰山，禅社首。皆受命，然后得封禅。”桓公曰：“寡人北伐山戎，过孤竹；西伐大夏，涉流沙，束马悬车，上卑耳之山；南伐至召陵，登熊耳山，以望江、汉。兵车之会三，而乘车之会六，九合诸侯，一匡天下，诸侯莫违我。昔三代受命，亦何以异乎？”于是管仲睹桓公不可穷以辞，因设之以事曰：“古之封禅，鄗上之黍，北里之禾，所以为盛。江、淮之间，一茅三脊，所以为藉也。东海致比目之鱼，西海致比翼之鸟。然后物有不召而自至者，十有五焉。今凤凰、麒麟不来，嘉谷不生，而蓬蒿藜莠茂，

经过流沙，拉紧马缰绳，悬吊起战车，登上太行山，到达卑耳山才回来。诸侯都不敢违抗我。我先后召集军事盟会三次，和平盟会六次。九次会合诸侯，使天下安定下来。从前夏、商、周三代承受天命，跟我这样有什么不同呢？我想到泰山祭天，到梁父山祭地。”管仲坚决劝阻，齐桓公不听，管仲就劝说齐桓公要等远方珍奇怪异的东西到了才能去祭天地，齐桓公这才停止了。

齐桓公称霸以后，在葵丘会合诸侯，并想去泰山祭祀天地。管仲说：“古代在泰山筑坛祭天、在梁父山辟场祭地的帝王有七十二家，而夷吾我所记得的有十二家。从前无怀氏在泰山祭天，在云云山祭地；伏羲氏在泰山祭天，在云云山祭地；神农氏在泰山祭天，在云云山祭地；炎帝在泰山祭天，在云云山祭地；黄帝在泰山祭天，在亭亭山祭地；颛顼在泰山祭天，在云云山祭地；帝喾在泰山祭天，在云云山祭地；唐尧在泰山祭天，在云云山祭地；虞舜在泰山祭天，在云云山祭地；夏禹在泰山祭天，在会稽山祭地；商汤在泰山祭天，在云云山祭地；周成王在泰山祭天，在社首山祭地。他们都是在承受天命之后，然后才去举行封禅大典。”齐桓公说：“寡人我北面讨伐山戎，经过孤竹；西面讨伐大夏，穿越沙漠地带，拉紧马缰绳，悬吊起战车，登上卑耳山；南面讨伐楚国，到达召陵，登上熊耳山，远眺长江、汉水。举行军事盟会三次，和平会盟六次，九次会合诸侯，使天下安定了下来，各国诸侯不敢违抗我的命令。这与从前的夏、商、周三代承受天命相比，又有什么不同？”这时管仲发现很难用言语去让齐桓公感到理屈词穷，就引用具体事例来劝谏说：“古代帝王到泰山祭祀天地，都用鄗上所产的黍子、北里所产的粟米作为祭品。还用长江、淮河流域所产的三脊灵茅，作为垫席。另外还从东海找来比目鱼，从西海找来比翼鸟。其他珍贵之物不召而自来的，有十五种之多。现在凤凰、麒麟没有来，嘉谷没有长出来，而蓬蒿藜莠等恶草长得很茂盛，

鸱枭数至，而欲封禅，毋乃不可乎？”于是桓公乃止。

九月，晋献公卒。冬十月，里克杀奚齐于次。十一月，里克杀公子卓于朝。齐侯以诸侯之师伐晋，及高梁而还，讨晋乱也。令不及鲁，故不书。齐隰朋帅师会秦师，纳晋惠公。

十年夏四月，周公忌父、王子党会齐隰朋立晋侯。

十一年夏，戎伐京师，王子带召之也。黄人不归楚贡。冬，楚人伐黄。

十二年春，诸侯城卫楚丘之郛，惧狄难也。

黄人恃诸侯之睦于齐也，不共楚职，曰：“自郢及我九百里，焉能害我？”夏，楚灭黄。

冬，齐侯使管夷吾平戎于王。王以上卿之礼飨管仲。管仲辞曰：“臣，贱有司也。有天子之二守国、高在，若节春秋来承王命，何以礼焉？陪臣敢辞。”王曰：“舅氏！余嘉乃勋，应乃懿德，谓督不忘！往践乃职，无逆朕命！”管仲受下卿之礼而还。君子曰：“管氏之世祀也宜哉！让，不忘其上。”

十三年春，齐侯使仲孙湫聘于周。夏，会于咸，淮夷病杞故，且谋王室也。秋，为戎难故，诸侯戍周，仲孙湫致之。

鸱鸮等恶鸟多次飞来，在这种情况下想要举行封禅大典，恐怕不可以吧？”齐桓公这才停止了封禅。

九月，晋献公去世。冬季十月，晋国大夫里克在守丧的茅屋里杀了奚齐。十一月，里克又在朝廷上杀了公子卓。齐桓公率领诸侯军队攻打晋国，到达晋国高梁就回国了，这样做是为了讨伐晋国的祸乱。命令没有传到鲁国，所以《春秋》没有记载。齐国大夫隰朋率领军队会合秦军，把晋惠公送回国内即位。

十年夏季四月，周襄王卿士周公忌父、周襄王大夫王子党会合齐国大夫隰朋立晋惠公为晋国国君。

十一年夏季，戎人攻打京师，是王子带把戎人召来的。黄国人不给楚国送贡品。冬季，楚国人攻打黄国。

十二年春季，诸侯在卫国的楚丘修筑了外城，这样做是因为害怕狄人入侵带来的祸难。

黄国人倚仗诸侯和齐国和睦，而不向楚国进贡，他们说：“从楚国郢都到我国有九百里，楚国怎能危害我国？”这年夏季，楚国出兵灭亡了黄国。

冬季，齐桓公派管仲前去为戎人与周襄王调解。周襄王以上卿的礼节设宴款待管仲。管仲辞谢说：“下臣只是一个低贱的官员。现在齐国有天子所命的两位守国上卿国氏、高氏在，如果他们在春秋两季来承受天子的命令，又用什么礼节接待他们呢？陪臣我谨敢辞谢。”周襄王说：“舅父！我赞美你的功勋，接受你的美德，可以说功勋、美德笃厚是不能忘记的！回去履行你的职责吧，不要违背我的命令！”最后，管仲接受了下卿的礼节后回国。君子对此评论说：“管氏世世代代享受祭祀是应该的啊！因为他谦让有礼而不忘记爵位比他更高的上卿。”

十三年春季，齐桓公派遣大夫仲孙湫到周王室聘问。夏季，鲁僖公和齐桓公、宋襄公、陈穆公、卫文公、郑文公、许僖公、曹共公在卫国咸地会见，一则因为淮夷威胁杞国的缘故，同时也是为了谋划安定周王室。秋季，由于戎人造成祸难的缘故，诸侯各国派兵戍守京师，齐国的仲孙湫带领军队前去。

十四年春，诸侯城缘陵而迁杞焉。不书其人，有阙也。

十五年春，楚人伐徐，徐即诸夏故也。三月，盟于牡丘，寻葵丘之盟，且救徐也。孟穆伯帅师及诸侯之师救徐，诸侯次于匡以待之。秋，伐厉，以救徐也。冬，楚败徐于娄林，徐恃救也。

十六年夏，齐伐厉，不克，救徐而还。

秋，王以戎难告于齐，齐征诸侯而戍周。

十一月乙卯，郑杀子华。

十二月，会于淮，谋鄫，且东略也。城鄫，役人病，有夜登丘而呼曰："齐有乱。"不果城而还。

十七年春，齐人为徐伐英氏，以报娄林之役也。

冬十月乙亥，齐桓公卒。十二月乙亥，赴。辛巳，夜殡。

十八年秋八月，葬齐桓公。

十九年，陈穆公请修好于诸侯，以无忘齐桓之德。冬，盟于齐，修桓公之好也。

〔补逸〕《韩诗外传》：昔鲍叔有疾，管仲为之不食，不纳浆。甯戚患之。管仲曰："生我者父母，知我者鲍子。士为知己者死，马为知己者良。鲍子死，天下莫我知，

十四年春季，诸侯在杞国缘陵筑城并把杞都迁到那里。《春秋》没有记载筑城的人，是因为文字上有缺失。

十五年春季，楚国人攻打徐国，是因为徐国靠近中原各国的缘故。三月，鲁僖公和齐桓公、宋襄公、陈穆公、卫文公、郑文公、许僖公、曹共公在牡丘结盟，是为了重温葵丘之盟，并且救援徐国。鲁国的孟穆伯率领军队和诸侯的军队一起前去救援徐国，诸侯则住在卫国匡地等待。秋季，诸侯联军攻打厉国，以救援徐国。冬季，楚国军队在娄林打败徐国，是由于徐国仗着诸侯国的救援而懈怠。

十六年夏季，齐国发兵攻打厉国，没有攻下来，但因此援救了徐国然后回去。

秋季，周襄王把戎人造成的祸难报告给齐国，于是齐国征调诸侯的军队前去戍守京师。

冬季十一月十二日，郑国杀掉了太子华。

十二月，鲁僖公和齐桓公、宋襄公、陈穆公、卫文公、郑文公、许僖公、邢侯、曹共公在淮地会见，是为了商量鄫国的事情，同时研究向东方进攻。在为鄫国筑城时，服劳役的人很困乏，有人在夜里登上小山大声呼喊："齐国发生动乱了。"没等筑完城，诸侯就各自回国去了。

十七年春季，齐国人为徐国攻打英氏，是为了报复娄林之役。

冬季十月初七，齐桓公去世。十二月初八，齐国向诸侯报丧。十四日，夜间入殓。

十八年秋季八月，安葬了齐桓公。

十九年，陈穆公请求在诸侯之间重修过去的友好关系，以示不忘记齐桓公的德行。冬季，陈国、蔡国、楚国、郑国等在齐国会盟，重修了过去齐桓公建立的友好关系。

〔补逸〕《韩诗外传》：从前鲍叔牙有病，管仲因此不吃东西，不喝水浆。甯戚对此感到非常忧虑。管仲说："生养我的是父母亲，理解我的是鲍叔牙。士为赏识自己的人献身，马为了解自己的人驯良。鲍子死了，天下就没有人理解我，

安用水浆？虽为之死，亦何伤哉？”

《吕氏春秋》：齐桓公合诸侯，卫人后至。公朝而与管仲谋伐卫。退朝而入，卫姬望见君，下堂再拜，请卫君之罪。公曰：“吾于卫无故，子曷为请？”对曰：“妾望君之入也，足高气强，有伐国之志。见妾而有动色，伐卫也。”明日君朝，揖管仲而进之。管仲曰：“君舍卫乎？”公曰：“仲父安识之？”管仲曰：“君之揖朝也恭，而言也徐，见臣而有惭色，臣是以知之。”君曰：“善。仲父治外，夫人治内，寡人知终不为诸侯笑矣。”

齐桓公与管仲谋伐莒，谋未发而闻于国。桓公怪之，曰：“与仲父谋伐莒，谋未发而闻于国，其故何也？”管子曰：“国必有圣人也。”桓公曰：“嘻！日之役者，有执蹠痛而上视者，意者其是耶！”乃令复役，无得相代。少顷，东郭牙至。管仲曰：“此必是已。”乃令宾者延之而上，分级而立。管仲曰：“子邪，言伐莒者？”对曰：“然。”管仲曰：“我不言伐莒，子何故言伐莒？”对曰：“臣闻：‘君子善谋，小人善意。’臣窃意之也。”管仲曰：“我不言伐莒，子何以意之？”对曰：“臣闻：‘君子有三色：显然善乐者，钟鼓之色也；湫然清净者，衰绖之色也；艴然充盈、手足矜者，兵革之色也。’日者臣望君之

我哪里还用得着喝水吃饭呢？即使让我为鲍子献身，对我又有什么妨碍呢？"

《吕氏春秋》：齐桓公会合诸侯，卫国人迟到了。齐桓公上朝时和管仲谋划要讨伐卫国。退朝后，回到后宫，卫姬望见君主，下堂拜了两拜，为卫国君主请罪。齐桓公说："我同卫国又没有什么事，你为什么替他请罪？"卫姬回答说："我看见您进来，趾高气扬，有讨伐其他国家的意向。您看到我时脸色有变化，这说明您要讨伐卫国。"第二天，齐桓公上朝，向管仲行拱手礼，请他进来，管仲说："您放弃讨伐卫国的事了吗？"齐桓公说："仲父怎么知道呢？"管仲说："您在朝廷上作揖很恭敬，语言很委婉，见到臣下我后显露出惭愧的神色，我因而知道您改变了主意。"齐桓公说："很好。仲父你治理宫外的事，我的夫人治理宫内的事，寡人我知道自己终究不会被诸侯们耻笑了。"

齐桓公和管仲谋划进攻莒国，谋划的事情还没有公布就被国人知道了。齐桓公对此事感到很奇怪，说："我跟你谋划进攻莒国，谋划的事情还没有公布，就被国人知道了，这是什么缘故？"管仲说："国内一定出了圣人。"齐桓公说："啊！那日服役的人中，有一个拿着工具向上张望的人，我料想就是这个人吧！"于是桓公下令那天服役的人再来服役，不得让人替代。一会儿，东郭牙来了。管仲说："一定就是这个人。"于是命令礼宾官员领他上来，分宾主在台阶上站定。管仲说："说要进攻莒国的人就是你吧？"东郭牙回答说："是的。"管仲说："我没有宣布要进攻莒国，你为什么说要进攻莒国？"东郭牙回答说："臣下我听说：'君子善于谋划，小人善于猜测。'这件事是臣下我私下里猜测到的。"管仲说："我没有宣布要进攻莒国，你凭什么这么猜测？"东郭牙回答说："我听说过：'君子有三种表情：欣喜高兴的，是敲钟打鼓时的喜庆表情；淡然清静的，是居丧守孝的表情；满腔愤怒、手脚舞动的，是要发动战争的表情。'那天我看见您

在台上也，艴然充盈、手足矜者，此兵革之色也。君呿而不唫，所言者‘莒’也。君举臂而指，所当者莒也。臣窃以虑诸侯之不服者，其惟莒乎！臣故言之。”

《管子》：楚伐莒，莒君使人求救于齐。桓公将救之。管仲曰：“君勿救也。”公曰：“其故何也？”管子对曰：“臣与其使者言，三辱其君，颜色不变。臣使官无满其礼，三强其使者，争之以死。莒君，小人也。君勿救！”桓公果不救，而莒亡。

《韩非子》：晋人伐邢，齐桓公将救之。鲍叔曰：“太蚤。邢不亡，晋不敝；晋不敝，齐不重。且夫持危之功，不如存亡之德大。君不如晚救之以敝晋，齐实利；待邢亡而复存之，其名实美。”桓公乃弗救。

《管子》：桓公曰：“四夷不服，恐其逆政游于天下而伤寡人，寡人之行为此有道乎？”管子对曰：“吴、越不朝，请珠象而以为币乎！发、朝鲜不朝，请文皮、毤服而以为币乎！禺氏不朝，请以白璧为币乎！昆仑之虚不朝，请以璆琳、琅玕为币乎！故夫握而不见于手，合而不见于口而辟千金者，珠也，然后八千里之吴、越可得而朝也；一豹之皮，容金而金也，然后八千里之发、朝鲜可得而朝也；怀而不见于抱，挟而不见于掖，

在台上，满腔愤怒、手脚舞动，这是要发动战争的表情。您的嘴张开而不闭合，是说‘莒’字的口形。您举起胳膊指点，所指的方向正是莒国。臣下我私下考虑到不服齐国的诸侯国，只有莒国吧！所以臣下我说要进攻莒国。”

《管子》：楚国攻打莒国，莒国国君派人向齐国请求救援。齐桓公准备救援莒国。管仲说：“国君您不要去救援。”齐桓公说：“这是什么原因？”管仲回答说：“臣下我与莒国的使者交谈时，三次侮辱莒国国君，莒国使者脸色不改变。臣下我让官员扣减送给他的赠礼，三次强迫莒国使者接受，莒国使者以死抗争。这说明莒国国君是个小人。国君您不要去救援！”齐桓公果真不去救援，于是莒国灭亡了。

《韩非子》：晋国人攻打邢国，齐桓公将要援救邢国。鲍叔牙对齐桓公说：“还太早。邢国不被灭亡，晋国就不会疲敝；晋国不疲敝，齐国的地位就不会显得重要。再说扶持处在危险之中的国家的功德，不如恢复濒临灭亡的国家的功德大。您不如晚一点去援救邢国，以使晋国疲敝，这对齐国实际更有利；等到邢国灭亡以后再使它重新存在下去，那名声实在更美好。”齐桓公就不去救援邢国了。

《管子》：齐桓公说：“四周夷族不顺服，恐怕他们要倒行逆施，使一些落后政策流行天下而损害寡人我的威信，寡人我的行动，对此事有处治的方法吗？”管仲回答说：“吴国、越国不来朝见，就请用他们所产的珍珠和象牙作为货币吧！北发、朝鲜不来朝见，就请用他们所产的有纹路的皮子和脱毛之皮做的衣服而作为货币吧！禺氏不来朝见，就请用他们所产的白璧作为货币吧！昆仑各国不来朝拜，就请用他们所产的璆琳玉、琅玕玉作为货币吧！所以握在手里看不见、含在嘴里看不见，但价值千金的，是珍珠，用它作货币后八千里远的吴国、越国就会前来朝见；一张豹皮，可以用来做衣袖和衣襟，价值千金，用它作货币后八千里远的北发、朝鲜就会前来朝见；抱在怀里看不见、夹在腋下也看不见，

而辟千金者，白璧也，然后八千里之禺氏可得而朝也；簪珥而辟千金者，璆琳、琅玕也，然后八千里昆仑之虚可得而朝也。故物无立，事无接，远近无以相因，则四夷不得而朝矣。”

桓公曰：“鲁梁之于齐也，千谷也，蜂螫也，齿之有唇也。今吾欲下鲁梁，何行而可？”管子对曰：“鲁梁之民俗为绨，公服绨，令左右服之，民从而服之。公因令齐勿敢为，必仰于鲁梁，则是鲁梁释其农事而作绨矣。”桓公曰：“诺。”即为服于泰山之阳，十日而服之。管子告鲁梁之贾人曰：“子为我致绨千匹，赐子金三百斤，什至而金三千斤，则是鲁梁不赋于民财用足也。”鲁梁之君闻之，则教其民为绨。

十三月，而管子令人之鲁梁，鲁梁郭中之民道路扬尘，十步不相见，绁䋷而踵相随，车毂齺骑连伍而行。管子曰：“鲁梁可下矣。”公曰：“奈何？”管子对曰：“公宜服帛，率民去绨，闭关毋与鲁梁通使。”公曰：“诺。”后十月，管子令人之鲁梁，鲁梁之民饿馁相及，应声之正无以给上。鲁梁之君即令其民去绨修农，谷不可以三月而得，鲁梁之人籴十百，齐粜十钱。

但价值千金的，是白璧，用它作货币以后八千里远的禺氏就会前来朝见了；头簪耳环的材料，价值千金的，是璆琳玉、琅玕玉，用它作货币后八千里远的昆仑各国就会前来朝见。所以宝物如果没人主持管理，各地的经济事物如果不去联通，远近地区无法互利，那么四方夷族就不会前来朝见。”

齐桓公说：“鲁国的南梁对于齐国来说，多产千钟细粮，对齐国的高粱米来说就像蜂螫一样不利，但又与齐国联系紧密如唇齿相依。现在我准备夺取鲁国的南梁，怎么做才可以呢？”管仲回答说：“鲁国南梁百姓的习俗是制作粗厚光滑的丝织品绨，您亲自带头穿绨服，叫身边的侍从也穿绨服，百姓也会跟着穿绨服。您乘机让齐国不要制作绨服，必须仰仗鲁国南梁供给，这样的话，鲁国南梁的人见到生产绨的利润大，就都放弃农事而从事绨的生产了。”齐桓公说：“好。”就在接近鲁国南梁的泰山之南用绨制作衣服，十天后就穿上了用绨做的衣服。管仲告诉鲁国南梁的商人说：“你们为我们送来绨一千匹，就赐给你们金子三百斤，送来绨一万匹就赐给你们金子三千斤，这样的话，鲁国南梁不用向百姓征税财用就充足了。”鲁国南梁的封君听到这个消息，就让他的百姓生产绨。

十三个月后，管仲叫人到鲁国南梁探听情况，鲁国南梁城里的百姓拥挤，道路上尘土飞扬，十步内相互看不见面，走路的小步相随，坐车的车轮交错，骑马的列队而行。管仲说：“鲁国南梁可以攻下了。”齐桓公说：“要怎么做？”管子回答说：“您应当穿上帛服，率领百姓去掉绨服，关闭关口不要与鲁国南梁流通往来。”齐桓公说：“好。”十个月以后，管仲叫人前往鲁国南梁探听，鲁国南梁的百姓相继饥饿，平时一说就得的正常赋税无法交纳。鲁国南梁的封君就立即命令百姓停止绨布生产而从事农业，但谷物在三个月的时间内不能够生产出来，于是鲁国南梁的人就花费每石上千钱的高价买进谷物，齐国则以每石十钱的低价卖出谷物。

二十四月，鲁梁之民归齐者十分之六。三年，鲁梁之君请服。

《说苑》：齐桓公谓管仲曰："吾国甚小，而财用甚少，而群臣衣服舆马甚汰，吾欲禁之，可乎？"管仲曰："臣闻之：'君尝之，臣食之；君好之，臣服之。'今君之食也，必桂之浆，衣练紫之衣、狐白之裘，此群臣之所奢大也。《诗》曰：'不躬不亲，庶民不信。'君欲禁之，胡不自亲乎？"桓公曰："善。"于是更置练帛之衣、大白之冠朝，一年而齐国俭也。

《韩非子》：齐桓公好服紫，一国尽服紫。当是时也，五素不得一紫。桓公患之，谓管仲曰："寡人好服紫，紫贵甚，一国百姓好服紫不已，寡人奈何？"管仲曰："君何不试勿衣紫也，谓左右曰：'吾甚恶紫之臭。'于是左右适有衣紫而进者，公必曰：'少却！吾恶紫臭。'"公曰："诺。"于是日，郎中莫衣紫；其明日，国中莫衣紫；三日，境内莫衣紫也。

桓公微服而行于民间，有鹿门稷者，行年七十而无妻。桓公问管仲曰："有民老而无妻者乎？"管仲曰："有鹿门稷者，行年七十矣，而无妻。"桓公曰："何以令之有妻？"管仲曰："臣闻之：'上有积财，则民臣必匮乏于下；

二十四个月以后，鲁国南梁的百姓逃到齐国的人有十分之六。过了三年，鲁国南梁的封君自愿请求归服齐国。

《说苑》：齐桓公对管仲说："我们国家很小，财物用品很少，但群臣的服饰车马却十分奢侈，我想禁止这种风气，可以吗？"管仲说："臣下我听说过：'国君品尝过的东西，臣子们就爱吃它；国君喜好的服饰，臣子们就爱穿它。'现在您的饮食，一定是桂花调制的浆汤，穿的一定是紫色绸衣、狐狸腋下的白毛皮做的珍贵皮袍，这就是群臣奢侈的原因。《诗经》上说：'不从自身做起，百姓就不会相信。'您想要禁止这种风气，为什么不从自己开始做起呢？"齐桓公说："好。"于是就重新制作了白色丝绸衣服、白色丝绸帽子穿戴上朝，一年之后，齐国就节俭成风了。

《韩非子》：齐桓公喜欢穿紫色的衣服，于是全国的人都穿紫色的衣服。因此在那个时候，五匹没有染色的布也换不到一匹紫色的布。齐桓公对此十分忧虑，对管仲说："我喜欢穿紫色的衣服，所以紫色的衣料昂贵得厉害，但全国的老百姓却喜欢穿紫色的衣服没个完，寡人我该怎么呢？"管仲说："您为什么不试一下不穿紫色衣服呢？您可以对身边的侍从说：'我非常厌恶紫色衣服的气味。'如果在这个时候侍从中正好有穿着紫色衣服来进见的人，您一定要说：'稍微退后一点！我厌恶紫色衣服的气味。'"齐桓公说："好。"就在这一天，郎中就没有人再穿紫色衣服了；第二天，国都中也没有人再穿紫色衣服了；到第三天，齐国境内没有人再穿紫色衣服了。

齐桓公穿了便衣到民间巡视，有一个名叫鹿门稷的人，已经七十岁了却还没有妻子。齐桓公向管仲询问说："有年老却还没有妻子的老百姓吗？"管仲说："有一个名叫鹿门稷的人，活到七十岁了，还没有妻子。"齐桓公说："用什么办法能让他娶上妻子？"管仲说："臣下我听说过这样的话：'君主有积聚的财物，那么在下面的臣民一定就会穷困贫乏；

宫中有怨女，则有老而无妻者。'"桓公曰："善。"令于宫中："女子未尝御，出嫁之。"乃令男子二十而室，女子十五而嫁，则内无怨女，外无旷夫。

《说苑》：桓公之平陵，见家人有年老而自养者。公问其故。对曰："吾有子九人，家贫无以妻之，吾使佣而未反也。"桓公取外御者五人妻之。管仲入见，曰："公之施惠不亦小矣？"公曰："何故？"对曰："公待所见而施惠焉，则齐国之有妻者少矣。"公曰："若何？"管仲曰："令国丈夫二十而室，女子十五而嫁。"

齐桓公出猎，逐鹿而走入山谷之中，见一老公，而问之曰："是为何谷？"对曰："为愚公之谷。"桓公曰："何故？"对曰："以臣名之。"桓公曰："今视公之仪状，非愚人也，何为以公名？"对曰："臣请陈之。臣故畜牸牛，生子而大，卖之而买驹。少年曰：'牛不能生马。'遂持驹去。傍邻闻之，以臣为愚，故名此谷为愚公之谷。"桓公曰："公诚愚矣！夫何为而与之？"桓公遂归，明日朝，以告管仲。管仲正襟再拜，曰："此夷吾之愚也。使尧在上，咎繇为理，安有取人之驹者乎？若有见暴如是叟者，又必不与也。公知狱讼之不正，故与之耳。请退而修政。"孔子曰："弟子记之！桓公，

宫中有年长而守空房的女子，那么在民间的百姓就会有年老而没有妻子的人。'"齐桓公说："好。"就在宫中发布命令："女子还没有和君主共寝过的，就把她嫁出去。"于是命令男子二十岁娶妻，女子十五岁出嫁，所以宫中不再有守空房的年长女子，外面也不再有久不成婚的成年男子。

《说苑》：齐桓公到平陵，发现民家有一个年纪很老的人却自己烧火做饭。齐桓公问他为什么这样。那位老人回答说："我有九个儿子，家里很穷不能给他们娶妻，我让他们出去帮人做工还没有回来。"齐桓公让非贴身的侍女五人嫁给老人的儿子为妻。管仲进宫拜见齐桓公，说："大王所施的恩惠，不也太小了吗？"齐桓公问道："为什么呢？"管仲回答说："大王要等自己见到才施恩惠，那么齐国有妻室的人就太少了。"齐桓公问："该怎么办呢？"管仲说："命令国内的男子二十岁就娶妻成家，女子十五岁就出嫁。"

齐桓公外出打猎，为追逐一头鹿而跑进一个山谷之中，看见一位老翁，问他说："这是什么谷？"老翁回答说："是愚公谷。"齐桓公说："为什么取这个名字？"老翁回答说："因为我而起了这个名字。"齐桓公说："现在我看你这样的仪表，不像是愚蠢的人，此谷为什么因你而取名愚公谷呢？"老翁回答说："请让我陈述原因。我从前养过一头母牛，生下的牛犊长大后，我卖掉它买了一匹马驹。有个年轻人说：'牛是不能生马的。'于是牵走了我的马驹。邻居听说这件事后，认为我太愚蠢了，所以把这个山谷命名为愚公谷。"齐桓公说："你确实太愚蠢了！你为什么要把马驹给他呢？"齐桓公于是回到宫中，第二天上朝时，将此事告诉给管仲。管仲整理好衣服，拜了两拜说："这是我的过错。假若尧帝在上，咎繇（即皋陶）做法官，怎么会有随便取别人马驹的事呢？如果有人像这个老翁一样被欺凌，也决不会给他马驹的。老翁知道打官司判案不公正，所以把马驹给了他。请让我退下好好地整顿政事。"孔子说："弟子们要记住这件事！齐桓公，

霸君也；管仲，贤佐也，犹有以智为愚者也，况不及桓公、管仲者也？”

《新序》：昔者，齐桓公出游于野，见亡国故城郭氏之墟。问于野人曰：“是为何墟？”野人曰：“是为郭氏之墟。”桓公曰：“郭氏者曷为墟？”野人曰：“郭氏者，善善而恶恶。”桓公曰：“善善而恶恶，人之善行也。其所以为墟者，何也？”野人曰：“善善而不能行，恶恶而不能去，是以为墟也。”桓公归，以语管仲。管仲曰：“其人为谁？”曰：“不知也。”管仲曰：“君亦一郭氏也。”于是桓公招野人而赏焉。

《韩诗外传》：齐桓公出游，遇一丈夫，裒衣应步，带著桃殳。桓公怪而问之，曰：“是何名？何经所在，何篇所居？何以斥逐？何以避余？”丈夫曰：“是名二桃，桃之为言亡也。夫日日慎桃，何患之有？故亡国之社以戒诸侯，庶人之戒在于桃殳。”桓公说其言，与之共载。来年正月，庶人皆佩。《诗》曰：“殷监不远。”

《韩非子》：齐桓公饮酒醉，遗其冠，耻之，三日不朝。管仲曰：“此非有国之耻也，公胡其不雪之以政？”公曰：“善。”因发仓囷，赐贫穷；论囹圄，出薄罪。处三日，

是建立霸业的国君；管仲，是贤明的辅佐，他们君臣二人还有把智者当成愚者的时候，更何况赶不上齐桓公和管仲的人呢？”

《新序》：从前，齐桓公出游到野外，看见一处亡国的老城，那是郭氏的废墟。齐桓公问郊野之人说：“这是什么废墟啊？”郊野之人回答说：“这是郭氏的废墟。”齐桓公说：“郭氏的地方为什么会成为废墟呢？”郊野之人说：“郭氏喜欢善人而讨厌恶人。”齐桓公说：“喜欢善人而讨厌恶人，这是做人最好的行为。但是郭氏的地方竟会变成废墟，是为什么呢？”郊野之人说：“喜欢好的却不能够实行，讨厌坏的却不能够除去，因此郭氏故地才变成废墟。”齐桓公回到齐都，把郊野之人的话告诉给管仲。管仲说：“那个人是谁？”齐桓公说：“不知道。”管仲说：“君主您也是一位郭氏啊。”因此，齐桓公便招来了郊野之人并赏赐他。

《韩诗外传》：齐桓公外出游历，遇到一位成年男子，穿着衣襟宽大的衣服，迈着跛行的雁步，腰带上别着桃木做的殳杖。齐桓公感觉他的样子很奇怪就询问他，说：“这桃木做的殳杖叫什么名字？在哪部经典、哪篇文章里？你为什么被贬逐？为什么躲避我？”成年男子回答说：“这个东西名叫二桃，桃的意思就是逃亡。每天都谨慎地戒备着逃亡，又有什么灾患呢？因此被灭亡的国家留下的社宫，可以用来警戒诸侯，百姓则用桃木做的殳杖来警戒自己。”齐桓公听了他的话十分高兴，和他共同乘车游历。次年正月，百姓都佩带上了用桃木做的殳杖。《诗经》中说：“要借鉴的殷商历史并不遥远。”

《韩非子》：齐桓公喝酒喝醉了，丢失了自己的帽子，为此而感到耻辱，因此连续三天没有上朝听政。管仲说：“这不是拥有国家者的耻辱，您为什么不用搞好政事来洗刷这种耻辱呢？”齐桓公说：“好！”于是打开粮仓谷囤，把粮食赐给贫穷的人；审查监狱，把轻罪的人释放出去。过了三天，

而民歌之曰："公胡不复遗冠乎?"或曰："管仲雪桓公之耻于小人，而生桓公之耻于君子矣。使桓公发仓囷而赐贫穷，论囹圄而出薄罪，非义也，不可以雪耻。使之而义也，桓公宿义，须遗冠而后行之，则是桓公行义为遗冠也。是虽雪遗冠之耻于小人，而亦遗宿义之耻于君子矣。且夫发仓囷而赐贫穷者，是赏无功也；论囹圄而出薄罪者，是不诛过也。夫赏无功，则民偷幸而望于上；不诛过，则民不惩而易为非。此乱之本也，安可以雪耻哉?"

齐桓公时，有处士曰小臣稷，桓公三往而弗得见。桓公曰："吾闻布衣之士不轻爵禄，无以易万乘之主；万乘之主不好仁施义，亦无以下布衣之士。"于是五往，乃得见之。

《说苑》：齐桓公设庭燎，为士之欲造见者，期年而士不至。于是东野鄙人有以九九之术见者，桓公曰："九九何足以见乎?"鄙人对曰："臣非以九九为足以见也，臣闻主君设庭燎以待士，期年而士不至。夫士之所以不至者，君，天下贤君也，四方之士皆自以论而不及君，故不至也。夫九九，薄能耳，而君犹礼之，况贤于九九乎？夫泰山不辞壤石，江海不逆小流，所以成大也。

民众便为此唱道："国君为什么不再次丢失帽子呢？"有人说："管仲在小人之中为齐桓公洗刷了耻辱，却在君子之中为齐桓公平添了耻辱。假如齐桓公打开粮仓谷囤把粮食赐给穷人，审查监狱把罪轻的人放出来，是不合道义的，就不能够用来洗刷耻辱。做这些事如果合乎道义，齐桓公把这种合乎道义的事撇在一边不做，要等丢了帽子以后才做，那么齐桓公实行道义就是因为丢了帽子的缘故。这样的话，虽然在小人之中洗刷了丢失帽子的耻辱，却也在君子之中平添了一向不行道义的耻辱了。况且打开粮仓谷囤而把粮食赐给贫穷的人，这是奖赏没有功劳的人；审查监狱而把罪轻的人释放出去，这是不惩处有罪过的人。奖赏没有功劳的人，那么民众就会侥幸地希望从君主那里得到意外的赏赐；不惩处有罪过的人，那么民众就不会从惩罚中吸取教训而容易为非作歹。这些都是国家混乱的根源，哪能用来洗刷耻辱呢？"

齐桓公的时候，有个没有做官的读书人叫小臣稷，齐桓公去拜访他三次都没能见到。齐桓公说："我听说身穿布衣的平民百姓不看轻爵位俸禄，就没法轻视拥有万辆兵车的大国君主；拥有万辆兵车的大国君主不爱好施行仁义，也就不能谦卑地尊重平民百姓。"这样去了五次，才见到了小臣稷。

《说苑》：齐桓公在庭院中设置了照明的火炬，以示对想要前来求见的士人的礼敬，可过了一年，没有士人到来。这时有个住在都城东郊的乡下人以九九乘法来求见，齐桓公说："九九算术哪够前来求见呢？"乡下人回答说："臣子我也并不认为凭九九算术便够格前来求见，我听说您在庭院中设置了火炬礼待士人，可过了一年却没有士人来。士人之所以不来，是因为国君您是天下的贤明君主，四方的士人都自认为赶不上您，所以没有来。这九九算术只是浅薄的技能而已，但如果您连懂得这种浅薄技能的人都能以礼相待，更何况那些比懂九九算术更有才的人呢？泰山因为不嫌弃土壤碎石，江海因为不拒绝细小溪流，所以能成为大山大水。

《诗》曰：‘先民有言，询于刍荛。’言博谋也。”桓公曰：“善。”乃因礼之。期月，四方之士相携而并至。《诗》曰：“自堂徂基，自羊徂牛。”言以内及外，以小及大也。

齐桓公使管仲治国，管仲对曰：“贱不能临贵。”桓公以为上卿，而国不治。桓公曰：“何故？”管仲对曰：“贫不能使富。”桓公赐之齐国市租一年，而国不治。桓公曰：“何故？”对曰：“疏不能制亲。”桓公立以为仲父。齐国大安，而遂霸天下。孔子曰：“管仲之贤，不得此三权者，亦不能使其君南面而霸矣。”

齐桓公之时，霖雨十旬。桓公欲伐漅陵，其城之值雨也未合。管仲、隰朋以卒徒造于门。桓公曰：“徒众何以为？”管仲对曰：“臣闻之，雨则有事。夫漅陵不能雨，臣请攻之。”公曰：“善。”遂兴师伐之。既至，大卒间外，士在内矣。桓公曰：“其有圣人乎！”乃还旗而去之。

臣士奇曰：齐桓公以奔莒之余，因高、国之奉，庸鲍叔荐贤之公，忘射钩滨死之耻，卒用仲父，作内政，寄军令，成节制之师，通鱼盐之利，国以殷富，士气腾饱。用三万人以方行天下，南征北伐，东略西讨，朝服济河，而无所怵惕焉。孔子许其一匡之功，《孟子》载

《诗经》上说：‘古人有句名言，要向割草打柴的人请教。’说的是要广泛听取意见。”齐桓公说：“说得好。”于是便礼待他。过了一个月，四方的士人一起来到了。《诗经》上说：“从堂上到庭阶，从羊到牛。”讲的就是从内到外、从小到大的道理。

齐桓公命管仲治理国家，管仲回答说：“低贱的人不能管理高贵的人。”齐桓公就拜他为上卿，但国家还是没治理好。齐桓公问道：“这是什么缘故？”管仲回答说：“贫穷的人不能驱使富有的人。”齐桓公便将齐国一年的市场税收赐给了他，但国家仍没有治理好。齐桓公问道：“这是什么缘故？”管仲回答说：“和您关系疏远的人不能控制和您关系亲密的人。”齐桓公就尊他为仲父。于是齐国治理得很好，并终于称霸天下。孔子说：“管仲这样的贤才，如果不能得到这三种权力，也不能使他的国君面朝南称霸。”

齐桓公的时候，连绵大雨下了一百天。齐桓公想要攻打漅陵，那里的城墙修筑赶上下雨还未合拢。管仲、隰朋率领士卒抵达宫门。齐桓公说：“来这么多人干什么？”管仲回答说：“臣下我听说，下雨就会有事。漅陵那地方的人不能防备雨患，我请求攻打他们。”齐桓公说：“好吧。”于是就出动军队攻打漅陵。到达漅陵之后，漅陵有大批步兵隐蔽在城外，甲士埋伏在城内。齐桓公说：“漅陵大概有圣人吧！”于是就掉转军旗离开了漅陵。

臣下我高士奇评论说：齐桓公小白在逃到莒国以后，通过高氏、国氏的拥戴，接受鲍叔牙荐举贤人的公正建议，忘记被管仲射中带钩差点丧命的耻辱，最终任用仲父（即管仲）改革内政，把军令寄寓在国政里面，建成了军纪严明的军队，畅通鱼盐贸易来获利，齐国因此而富裕起来，士气旺盛饱满。桓公用三万人的军队纵横驰骋天下，南征北伐，东掠西讨，穿着朝服渡过黄河，去与当时强大的晋国举行盟会，而无所戒惧。孔子赞许他安定天下的功劳，《孟子》里记载

其五命之盛。谅哉，一世之雄，而仲诚天下才也！

尝综其收摄人心之大略言之：一曰攘外，一曰恤患，一曰尊王。自周室既东，大防渐缊，鲁以宗国首为潜、唐之役，未几而楚丘劫掠，辱逮王官，自是而燕、齐、邢、卫之间，屡见告矣。若楚，则介恃荆蛮，淫名坐大，其势于王畿尤逼。肆其豕突而无与为难，雄心弗戢，不至于问鼎观兵不已者。桓为是，先致淮、徐之伐，旋掣令支之水，然后大合八国之兵，登熊耳而望江、汉，问昭王之不复，责缩酒之不共，楚始知中国有人，弭耳震魄而不敢朵颐神器者，则桓伯攘外之力也。

郑为中原屏蔽，子元逞蛊媚之心，无故以车六百乘宵突纯门，其势最棘，桓特救之。楚幕乌而桐丘之窜始息。鲁有庆父之乱，旷年无君，自南阳之甲下，定僖公而城鲁，周公、禽父之祀不馁矣。邢、卫之中狄患也，一则城楚丘而封之，一则具器用而迁之。邢迁如归，卫国忘亡，谁之赐也？其后淮夷复为杞患，而又城之，而又迁之，犹前志也。其他缨冠襘恤之谊，

齐桓公在葵丘盟会上发布五项盟约的盛况。确实啊，齐桓公是一代英雄，而管仲也确实是天下的杰出人才啊！

我曾经综合考察齐桓公笼络人心的大概话术：第一叫作攘除外患，第二叫作救济危难，第三叫作尊奉周王室。自从周王室东迁，大纲逐渐紊乱了，鲁国作为天下宗仰的国家首先在潜地、唐地跟戎人开战，不久戎人在楚丘劫掠，使王室官员凡伯受到被抓的屈辱，从此燕国、齐国、邢国、卫国之间，多次禀报告急。至于说到楚国，仗恃是荆蛮，使用超越本分的名号，逐渐强大起来，它的势力尤其逼近王室京畿地区。楚国放肆地像猪受惊奔突一样横冲直撞、流窜侵袭，而没有人敢与它作对，它的雄心不会收敛，不达到问鼎观兵的程度就不罢手。齐桓公正因为如此，先对淮夷、徐夷进行讨伐，随后渡过令支的濡水，然后会合鲁国、宋国、陈国、卫国、郑国、许国、曹国、齐国等八国的军队，登上熊耳山而眺望长江、汉水，责问楚国周昭王南巡为什么没有回国，责问楚国为什么不向周王室进贡过滤酒糟的菁茅，楚国这才知道中原有人才，因而俯首帖耳、心惊胆战而不敢垂涎神器，这就是齐桓公称霸攘除外患的力量。

郑国是中原的屏障，楚国令尹子元放任蛊惑讨好息妫之心，无端率领六百辆战车乘夜攻入郑国都城的外城门纯门，当时形势特别紧急，齐桓公特地率领诸侯军队前去救援。楚军的帐篷上有了乌鸦，郑国人准备逃往桐丘的主意才打消。鲁国发生了庆父之乱，空了多年没有国君，齐桓公派遣高子率领南阳的士兵来到，拥立鲁僖公并且修筑鲁国都城，鲁国祖先周公、伯禽有后代祭祀供奉才不饥饿了。邢国、卫国遭到了狄人入侵的灾患，齐桓公一则修筑楚丘城把卫国封到那里，一则登记归还邢人器具用品并将邢国迁到夷仪。邢国迁居好像回到老家一样，卫国人也忘了自己的灭亡，这是谁的恩惠呢？此后淮夷重新成为杞国的忧患，齐桓公在缘陵修筑城池，然后又把杞国迁到那里，还是之前救助诸侯的志向。其他不暇结缨系领急切救助的正义行为，

难一二数。而如新城之顿，许昌旋告，轨里星驰，尤能缓急人之最善者，则桓伯恤患之德也。

子颓之祸，卫实奖蝥贼，以来至是。伯廖之命下，义旗西指，卫师挠败，天讨彰矣。惠王之有贰心于叔带也，襄后几不立，桓惟是控大国，扶小国，会于首止，以定其位。甯母畝而王贡通，皆捧日之忠也。及惠后崩，而忧犹未弭，因是有于洮之聚，葵丘申禁，而王章赫矣。加劳下拜，而陨越滋惧矣。戎难告，而成周之令行矣。迹五伯中，能緦緦念切天家而不厌至再至三者，如桓有几？此尤尊王之大惠而不容泯没者也。

他如重信义，则忍曹沫之剑；从善言，则却子华之奸；退召陵，礼服义之使；遣隰朋，置晋君之位：皆皎皎微节之堪传者。而当两鄄、两幽、贯泽、阳谷以来，所以招携服贰、为内安外攘之谋者，念深而礼谨，虑周而义著，事事皆当人心。

乃骄溢之萌，始于径陈，而成于葵丘之伐，使宰孔见微而窃议，晋侯闻言而竟还。其后暮气益衰，

难以一一列举。而像从郑国新筑之城密邑撤除包围时，许国都城许昌旋即告危，齐国的基层百姓星夜急驰，尤其能在危急时满足别人的最大希望，则是齐桓公救济祸难的德行。

王子颓的祸乱，卫国实际上帮助了作乱之人，以致到了这种地步。伯廖传下周惠王的命令，齐军义旗西指，卫军被打得大败，彰显了周天子的惩罚。周惠王有意让王子带取代太子郑（即周襄王）继位，周襄王之后几乎不能继位，齐桓公为此控持大国，扶助小国，在卫国的首止召集诸侯相会，来谋划安定太子郑的地位。通过在鲁国的甯母歃血结盟，诸侯各国才恢复向周王室进贡，这都是拥戴天子的忠诚。等到周惠王驾崩，王室的祸患还未完全消除，因此有在洮地举行的诸侯聚会，有在葵丘聚会时重申天子的禁令，因而天子的法令更加显赫了。被周襄王褒奖有功劳，齐桓公却仍下阶跪拜，对违背礼法的行为更加害怕了。戎人侵袭的危难一报告，齐国征调诸侯的军队戍守成周的命令就下达了。考察春秋五霸之中，能够忧惧关切周天子而不嫌麻烦多次相助的霸主，像齐桓公这样的能有几人？尤其是这种尊奉周王室的大恩，是不容泯灭的。

其他如重视信用，忍受鲁国曹沫的利剑胁迫；听从善言，拒绝郑国子华的奸计；率诸侯军队退守召陵，礼待顺服大义的楚国使臣屈完；派遣隰朋率领军队会合秦军，送晋惠公夷吾回国继位：这些都是明明白白值得传颂的一些小事。而自两次在卫国鄄地结盟，两次在宋国幽地结盟，以及在宋国贯泽、齐国阳谷结盟以来，为了招来尚未归心的国家、收服存有二心的国家，为了安定内部、攘除外患所做的谋划，无不思虑深远而礼仪恭敬，考虑周全而道义显著，事事都能符合人心。

他骄傲自大的萌芽，始于伐楚之役结束后取道陈国撤军，成于葵丘盟会上自我夸耀功劳，使宰孔见微知著私下议论，晋献公听了宰孔的话不参加盟会就直接回国了。此后暮气更深，

不可复振，此胡氏所谓假之不久而遂归也。至次陉大举，不闻天吏之临；封国美谈，未有黼扆之命，虽使业盖人群，声施历祀，论世者不能无遗憾焉。

况身经篡夺之后，不戒前车，属托孝公，祇资争柄。五公子之际，棼如乱丝。竖刁、易牙、开方，与先君之优笑在前者，夫何以异？身死家闹，户有尸虫，亦其自取哉！

不能重新振作，这就是胡安国所说的借了不久就还回去了。至于率领八国军队攻打楚国驻扎在陉地这么大的行动，没有听说周天子的官吏光临；派遣上卿高傒拥立鲁僖公即位并修筑鲁国都城，被鲁国人作为乐于称道的好事，也没有周天子的命令。虽然使他功业超过众人，名声远扬后世，评论世事的人不能不对此有所遗憾。

况且他自身经历篡夺君位之事以后，却不借鉴前车覆亡的教训，把三儿子孝公托付给宋襄公，只是增加了争端。他的五个儿子公子无亏、公子昭、公子潘、公子商人、公子元之时，纷争内斗如同乱丝。竖刁、易牙、开方三人，和齐桓公所说的齐国先君齐襄公跟前宠信的歌舞艺人，又有什么区别呢？齐桓公身死之后，国家闹得一团糟，致使自己的尸体生蛆，蛆虫爬到门外，这也是他自取其祸啊！

卷十九 齐五公子争立

僖公二年,齐寺人貂始漏师于多鱼。

十七年。齐侯之夫人三:王姬、徐嬴、蔡姬。皆无子。齐侯好内,多内宠,内嬖如夫人者六人:长卫姬,生武孟;少卫姬,生惠公;郑姬,生孝公;葛嬴,生昭公;密姬,生懿公;宋华子,生公子雍。公与管仲属孝公于宋襄公,以为太子。雍巫有宠于卫共姬,因寺人貂以荐羞于公,亦有宠,公许之立武孟。管仲卒,五公子皆求立。冬十月乙亥,齐桓公卒。易牙入,与寺人貂因内宠以杀群吏,而立公子无亏。孝公奔宋。

〔补逸〕《韩非子》:人有设桓公隐者,曰:"一难,二难,三难,何也?"桓公不能对,以告管仲。管仲对曰:"一难,近优而远士;二难也,去其国而数之海;三难也,君老而晚置太子。"桓公曰:"善。"不择日而庙礼太子。或曰:"管仲之射隐不得也。物之所谓难者,必借人成势而勿侵害己,可谓一难也;贵妾不使二后,

卷十九 齐五公子争立

鲁僖公二年，齐国的寺人貂开始在多鱼泄露军事机密。

十七年。齐桓公有三位夫人：王姬、徐嬴、蔡姬。三人都没有儿子。齐桓公喜好女色，内宠很多，宫内得宠如同夫人的人有六位：大卫姬，生了武孟；小卫姬，生了惠公；郑姬，生了孝公；葛嬴，生了昭公；密姬，生了懿公；宋华子，生了公子雍。齐桓公和管仲把孝公托付给宋襄公，把他立为太子。雍巫（即易牙）受到大卫姬的宠信，并通过寺人貂的关系把美味的食物进献给桓公，从而受到齐桓公的宠信，桓公答应他立武孟为继承人。管仲去世后，除孝公之外，其余五个公子都谋求被立为嗣君。这年冬季十月初七，齐桓公去世。易牙进入宫中，和寺人貂依靠内宠杀掉一些大夫，立公子无亏（即武孟）为国君。孝公则逃亡到宋国。

〔补逸〕《韩非子》：有个给齐桓公出谜的人，说："一难，二难，三难，是什么？"齐桓公不能回答，告诉给管仲。管仲回答说："第一个灾难，君主接近优伶而远离贤士；第二个灾难，君主离开国都而屡次到海边游玩；第三个灾难，君主年老却很晚才立太子。"齐桓公说："说得好。"于是急得没有选择吉日就在宗庙里举行了策立太子的仪式。有人说："管仲的猜谜没有猜中。事情之中称得上难的，是一定要给予别人权力来造成他的威势却又不让他侵害自己，这可以说是第一个困难；提高姬妾的地位但又不使她们和王后地位相等，

二难也；爱孽不使危正嫡，专听一臣而不敢偶君，此则可谓三难也。”

《吕氏春秋》：管仲有病，桓公往问之，曰：“仲父之疾病矣，渍甚，国人弗讳，寡人将谁属国？”管仲对曰：“昔者，臣尽力竭智，犹未足以知之也。今病在于朝夕之中，臣奚能言？”桓公曰：“此大事也，愿仲父之教寡人也。”管仲敬诺，曰：“公谁欲相？”公曰：“鲍叔牙可乎？”管仲对曰：“不可。夷吾善鲍叔牙。鲍叔牙之为人也，清廉洁直，视不己若者不比于人，一闻人之过，终身不忘。勿已，则隰朋其可乎？隰朋之为人也，上志而下求，丑不若黄帝而哀不己若者。其于国也，有不闻也；其于物也，有不知也；其于人也，有不见也。勿已乎，则隰朋可也。夫相，大官也，处大官者，不欲小察，不欲小智，故曰‘大匠不斫，大庖不豆，大勇不斗，大兵不寇’。”桓公行公用私恶，用管子而为五伯长；行私阿所爱，用竖刁而虫出于户。

《史记》：管仲病，桓公问曰：“群臣谁可相者？”管仲曰：“知臣莫如君。”公曰：“易牙如何？”对曰：“杀子以适君，非人情，不可。”公曰：“开方如何？”对曰：“倍亲以适君，非人情，难近。”公曰：“竖刁如何？”对曰：“自宫以适君，非人情，难亲。”管仲死，而桓公不用管仲言，

这可以说是第二个困难；宠爱妃妾生的儿子但又不使他们危害嫡长子，专门听从一个大臣的意见但又使他不敢和国君抗衡，这就可以说是第三个困难了。”

《吕氏春秋》：管仲有病，齐桓公前去问候他，说：“您的病很重了，如果病情危急，发生国人无法避忌的事，寡人我将把国家托付给谁好呢？”管仲回答说：“以前臣下我尽心竭力，还不能够发现这样一个人。如今得了重病，生死在于朝夕之间，臣下我又怎么说得上来呢？”齐桓公说：“这可是大事，希望您能教给寡人。”管仲恭敬地同意了，问道：“您想要任用谁为相呢？”齐桓公说：“鲍叔牙可以吗？”管仲回答道：“不行。夷吾我跟鲍叔牙关系很好。鲍叔牙的为人，清廉正直，对待不如自己的人，不愿和他们在一起，偶尔听到人家的一次过错，就终身不忘。万不得已的话，隰朋大概还可以吧？隰朋的为人，既能记取先世的事例，又能不耻下问，他自愧不如黄帝，又能同情不如自己的人。他对于国家政治，有不去过问的事；他对于事物，有不去了解的方面；他对于人，有不重视的细节。不得已的话，隰朋可以为相。相，是一个很高的官职，处于高官位置上的人，不需要过于明察，也不需要小聪明，所以说‘高明的工匠不亲手砍削，高超的厨师不亲自陈列餐具器皿，大勇的人不亲身去格斗，真正强大的军队不进行劫掠’。”齐桓公出于公心，抛却个人恩怨，任用管仲而成为五霸之首；后来徇私偏袒自己喜欢的人，重用竖刁而致使自己的尸体生蛆，爬到门外。

《史记》：管仲病了，齐桓公问道：“众臣中谁可以为相？”管仲说：“没有人比国君更了解臣下。”齐桓公说：“易牙怎么样？”管仲回答说：“他杀了自己的儿子来迎合君主，不近人情，不可任用。”桓公说：“开方怎么样？”管仲回答说：“他背弃自己的父母来迎合君主，不近人情，难以接近。”齐桓公说：“竖刁怎么样？”管仲回答说：“他阉割自己来迎合君主，不近人情，难以亲信。”管仲死后，齐桓公没有采用他的意见，

卒近用三子，三子专权。

《吕氏春秋》：管仲有疾，桓公往问之，曰："仲父之疾病矣，将何以教寡人？"管仲曰："齐鄙人有谚曰：'居者无载，行者无埋。'今臣将有远行，胡可以问？"桓公曰："愿仲父之无让也。"管仲对曰："愿君之远易牙、竖刁、常之巫、卫公子启方。"公曰："易牙烹其子以慊寡人，犹尚可疑耶？"管仲对曰："人之情，非不爱其子也。其子之忍，又将何有于君？"公又曰："竖刁自宫以近寡人，犹尚可疑耶？"管仲对曰："人之情，非不爱其身也。其身之忍，又将何有于君？"又曰："常之巫审于死生，能去苛病，犹尚可疑耶？"管仲对曰："死生，命也；苛病，失也。君不任其命，守其本，而恃常之巫，彼将以此无不为也。"公又曰："卫公子启方事寡人十五年矣，其父死而不敢归哭，犹尚可疑耶？"管仲对曰："人之情，非不爱其父也。其父之忍，又将何有于君？"公曰："诺。"

管仲死，尽逐之。食不甘，宫不治，苛病起，朝不肃。居三年，公曰："仲父不亦过乎！孰谓仲父尽之乎？"于是皆复召而反。明年，公有病。常之巫从中出，曰："公将以某日薨。"易牙、竖刁、常之巫相与作乱，

最终亲近和任用易牙、开方、竖刁三人，于是三人执掌了齐国大权。

《吕氏春秋》：管仲有病，齐桓公前去问候他，说："仲父您的病很严重了，将用什么话来教诲寡人呢？"管仲说："齐国的乡下人有句谚语说道：'居家的人不用准备外出时车上装载的东西，行路的人不用准备农居时需要埋藏的东西。'如今臣下我将要远离人世了，哪里还值得询问？"齐桓公说："希望仲父您不要谦让。"管仲回答说："希望君主疏远易牙、竖刁、常之巫、卫国公子启方。"齐桓公说："易牙不惜烹煮自己的儿子来满足寡人的口味，这样的人还要怀疑吗？"管仲回答说："人的本性，不是不疼爱自己的儿子啊。自己的儿子都忍心煮死，对君主又会有什么不忍心做的呢？"齐桓公又说："竖刁自己阉割了自己来接近寡人，这样的人还要怀疑吗？"管仲回答说："人的本性，不是不爱惜自己的身体啊。自己的身体都忍心去阉割，对君主又会有什么不忍心做的呢？"齐桓公又说："常之巫能审察死生之理，能驱除鬼降给人的疾病，这样的人还要怀疑吗？"管仲回答说："死和生，是命中注定的；鬼降给人的疾病，是由于精神失常引起的。君主不听任天命，守住精神，却去依靠常之巫，他将利用这一点而无所不为了。"齐桓公又说："卫国公子启方事奉寡人十五年了，他的父亲死了都不敢回去哭丧，这种人还要怀疑吗？"管仲回答说："人的本性，不是不爱自己的父亲啊。父亲死了他都忍心不回去奔丧，对君主又会有什么不忍心做的呢？"齐桓公说："好吧。"

管仲死后，齐桓公把易牙、竖刁、常之巫、卫国公子启方全都赶走了。此后齐桓公吃饭不香甜，内宫不安定，鬼病缠身，朝政混乱。过了三年，齐桓公说："仲父的话不免也有错吧！谁说仲父的话都可信呢？"于是又把他们四人全都召了回来。次年，齐桓公生病了。常之巫从宫中出来，说："国君将在某日去世。"于是易牙、竖刁、常之巫就共同作乱，

塞宫门，筑高墙，不通人，矫以公令。有一妇人逾垣入，至公所。公曰：“我欲食。”妇人曰：“吾无所得。”公又曰：“吾欲饮。”妇人曰：“吾无所得。”公曰：“何故？”对曰：“常之巫从中出曰：‘公将以某日薨。’易牙、竖刁、常之巫相与作乱，塞宫门，筑高墙，不通人，故无所得。卫公子启方以书社四十下卫。”公慨焉流涕出曰：“嗟乎！圣人之所见，岂不远哉？若死者有知，我将何面目以见仲父乎？”蒙衣袂而绝乎寿宫。虫流出于户，上盖以杨门之扇，三月不葬。

十八年春，宋襄公以诸侯伐齐。三月，齐人杀无亏。齐人将立孝公，不胜四公子之徒，遂与宋人战。夏五月，宋败齐师于甗，立孝公而还。

二十六年，东门襄仲、臧文仲如楚乞师。冬，公以楚师伐齐，取谷。凡师，能左右之曰“以”。置桓公子雍于谷，易牙奉之，以为鲁援。楚申公叔侯戍之。桓公之子七人为七大夫于楚。

二十七年夏，齐孝公卒。有齐怨，不废丧纪，礼也。

文公十四年，子叔姬妃齐昭公，生舍。叔姬无宠，舍无威。公子商人骤施于国，而多聚士，尽其家，贷于公有司以继之。夏五月，昭公卒，舍即位。秋七月乙卯夜，齐商人

堵塞宫门，筑起高墙，不准人进出宫，假称这是齐桓公的命令。有一妇人翻墙进入宫内，到了齐桓公那里。齐桓公说："我想吃东西。"妇人说："我没有地方能弄到吃的东西。"齐桓公又说："我想喝水。"妇人说："我没有地方能弄到水。"齐桓公说："这是什么缘故？"妇人回答说："常之巫从宫中出去说：'您将在某日去世。'易牙、竖刁、常之巫共同作乱，堵塞宫门，筑起高墙，不准人进出宫，所以没有地方能弄到食物和水。卫国公子启方带着四十个书社投奔了卫国。"齐桓公感慨叹息，流着眼泪说："唉！圣人所预料到的，难道不是很远吗？如果死者尚有灵知，我将有什么脸面去见仲父呢？"于是用衣袖蒙住脸，死在寿宫。蛆虫从门户爬出，尸体上盖着杨门的门板，三个月还没有入棺下葬。

十八年春季，宋襄公率领诸侯军队攻打齐国。三月，齐国人杀掉了公子无亏以讨好宋国。齐国人准备立孝公为国君，但抵抗不住另外四个公子一伙的反对，四公子一伙就领兵和宋国人作战。夏季五月，宋国在齐国甗地打败了齐军，立孝公为齐国国君后才回国。

二十六年，鲁国大夫东门襄仲（即公子遂）、臧文仲到楚国请求出兵。冬季，鲁僖公率领楚国军队攻打齐国，占领了齐国谷地。凡是领兵打仗，能够随意指挥别国军队叫作"以"。鲁僖公把齐桓公的儿子公子雍安置在谷地，由易牙事奉他，以作为鲁国的后援。楚国的申公叔侯戍守在那里。齐桓公的儿子中有七人在楚国做了大夫。

二十七年夏季，齐孝公去世。鲁国虽然对齐国有怨恨，但并没有因此废弃对邻国君主的丧礼，这是合乎礼法的。

鲁文公十四年，子叔姬嫁给齐昭公为夫人后，生了儿子舍。子叔姬不受宠爱，因此公子舍就没有威信。公子商人屡次在国内施舍财物，并且蓄养了许多门客，把自己的家产都用光了，又向掌管公室财物的官员借贷来继续施舍。这年夏季五月，齐昭公去世，公子舍即位。秋季七月乙卯这天夜里，齐国的公子商人

弑舍而让元。元曰："尔求之久矣，我能事尔。尔不可使多蓄憾，将免我乎？尔为之！"有星孛入于北斗，周内史叔服曰："不出七年，宋、齐、晋之君皆将死乱。"齐人定懿公，使来告难，故书以九月。齐公子元不顺懿公之为政也，终不曰"公"，曰"夫己氏"。襄仲使告于王，请以王宠求昭姬于齐，曰："杀其子，焉用其母？请受而罪之。"冬，单伯如齐请子叔姬，齐人执之，又执子叔姬。

十五年春，季文子如晋，为单伯与子叔姬故也。齐人许单伯请而赦之，使来致命。书曰"单伯至自齐"，贵之也。齐人来归子叔姬，王故也。齐人侵我西鄙，谓诸侯不能也。遂伐曹，入其郛，讨其来朝也。季文子曰："齐侯其不免乎！己则无礼，而讨于有礼者，曰：'女何故行礼？'礼以顺天，天之道也。己则反天，而又以讨人，难以免矣。《诗》曰：'胡不相畏？不畏于天。'君子之不虐幼贱，畏于天也。在《周颂》曰：'畏天之威，于时保之。'不畏于天，将何能保？以乱取国，奉礼以守，犹惧不终；多行无礼，弗能在矣。"

杀了公子舍，然后让位给自己的哥哥公子元。公子元说："你想得到君位已有很长时间了，我能够安心侍奉你为君。你不要因为让我做国君而对我积下许多怨恨，到那时，我还能免于被杀吗？还是你做国君吧！"鲁国发现有彗星进入北斗星附近，周王的内史叔服预测说："不超出七年时间，宋国、齐国、晋国的国君都将死于叛乱。"齐国人稳定了齐懿公商人的君位后，才派人来鲁国报告杀掉公子舍的祸难，所以《春秋》把公子商人杀公子舍的事记载在九月。齐国的公子元不服懿公执掌政权，始终不称他为"公"，而是叫"那个人"。鲁国大夫襄仲派人报告周匡王，请求用周天子的尊宠向齐国求取昭姬（即子叔姬），说："既然杀了她的儿子公子舍，又哪里用得着她的母亲？请求让鲁国接纳而惩办她。"冬季，周王室大夫单伯到齐国请求送回子叔姬，齐国人把单伯抓了起来，同时又抓了子叔姬。

十五年春季，鲁国大夫季文子到晋国去，这是为了请晋国帮忙说服齐国释放单伯和子叔姬的缘故。齐国人终于答应了单伯要子叔姬回国的请求并赦免了他，并让他前来鲁国传达这项命令。《春秋》记载说"单伯从齐国来"，这是表示对他的尊重。齐国人前来鲁国送回子叔姬，这是因为周匡王有命令的缘故。齐懿公侵袭鲁国西部边境，因为他认为其他诸侯不能来救援鲁国。随后又攻打曹国，攻进了曹国国都的外城，这是为了讨伐曹文公曾于这年夏季来鲁国朝见。季文子说："齐懿公恐怕不能免于祸难吧！他自己不遵守礼法，反而讨伐遵守礼法的国家，还说：'你为什么对鲁国行礼？'礼是用来顺应上天意志的，这是上天运行的规律。他自己违反上天意志，却反而讨伐别人，这就难免有祸难了。《诗经》上说：'为什么不相互敬畏？不敬畏上天。'君子之所以不虐待幼小和卑贱者，就是由于畏惧上天。《周颂》里说：'畏惧上天的威命，因此就能保有福禄。'如果不畏惧上天，怎么能够保得住福禄？乘动乱夺得国家政权，即使遵守礼法来保持国君的地位，尚且害怕不得善终；更何况又做了许多不合乎礼法的事情，这就更加不能存在下去了。"

十六年春王正月，及齐平。公有疾，使季文子会齐侯于阳谷。请盟，齐侯不肯，曰："请俟君间。"夏五月，公四不视朔，疾也。公使襄仲纳赂于齐侯，故盟于郪丘。

十七年夏四月癸亥，葬声姜。有齐难，是以缓。齐侯伐我北鄙，襄仲请盟。六月，盟于谷。襄仲如齐拜谷之盟，复曰："臣闻齐人将食鲁之麦。以臣观之，将不能。齐君之语偷。臧文仲有言曰：'民主偷，必死。'"

十八年春，齐侯戒师期，而有疾。医曰："不及秋将死。"公闻之，卜，曰："尚无及期！"惠伯令龟，卜楚丘占之，曰："齐侯不及期，非疾也。君亦不闻。令龟有咎。"

齐懿公之为公子也，与邴歜之父争田，弗胜。及即位，乃掘而刖之，而使歜仆。纳阎职之妻，而使职骖乘。夏五月，公游于申池，二人浴于池。歜以扑抶职，职怒。歜曰："人夺女妻而不怒，一抶女，庸何伤？"职曰："与刖其父而弗能病者何如？"乃谋弑懿公，纳诸竹中。归，舍爵而行。齐人立公子元。秋，襄仲、庄叔如齐，惠公立故也。

十六年春季，周历正月，鲁国和齐国讲和。鲁文公因为有病，便派季文子在齐国阳谷会见齐懿公。季文子请求盟誓，齐懿公不肯，说："请等贵国国君病好再行盟誓吧。"这年夏季五月，鲁文公第四次没有在朔日听政，这是因为他生病的缘故。鲁文公派襄仲馈送礼物给齐懿公，所以两国在齐国郪丘结盟。

十七年夏季四月初四，鲁国安葬了声姜。因为有齐国造成的灾难，所以推迟至今。齐懿公攻打鲁国北部边境，襄仲请求与之结盟。这年六月，双方在齐国谷地结盟。襄仲到齐国拜谢在谷地的那次结盟，回来后对鲁文公说："臣下我听说齐国人打算吃掉鲁国的麦子。据我观察，恐怕做不到。因为齐国国君的话苟且而毫无远虑。臧文仲有句话说：'君主苟且而偷安，他必然很快就会死去。'"

十八年春季，齐懿公发布出兵攻打鲁国日期的命令后，就得了病。医生说："国君等不到秋季就要死去。"鲁文公听到这个消息后，让人占卜，并说："希望他等不到出兵攻打我国的日期就死去！"惠伯把要占卜的事情告诉卜人用龟甲占卜，卜楚丘占卜后说："齐侯等不到出兵的日期就要死去，但他不是由于生病死去。我们国君也听不到他的死讯了。告诉龟甲要占卜的事情的人也有灾祸。"

齐懿公做公子的时候，曾和邴歜的父亲争夺田地，结果没有得胜。等他即位以后，邴歜的父亲已经死了，他就掘出邴歜父亲的尸体并砍掉他的双脚，但又让邴歜为他驾车。他夺占了阎职的妻子，但又让阎职做他的车右副手。这年夏季五月，齐懿公在申地游玩，邴歜、阎职二人在池子里洗澡。邴歜用马鞭抽打阎职，阎职大怒。邴歜说："别人夺占了你的妻子你都不生气，我打你一鞭子，又有什么妨碍？"阎职说："这与被人砍掉了父亲的脚却不敢怨恨的人相比，怎么样？"于是两人就策划杀害了齐懿公，并把尸体放在竹林里。回去后，两人告祭了宗庙然后才逃走。后来齐国人立了公子元为国君，这就是齐惠公。这年秋季，鲁国大夫襄仲、庄叔去齐国祝贺，这是由于齐惠公即位的缘故。

臣士奇曰：无知之祸，桓身历之。会首止而伦定，戒树子而禁申，似非不知国本之为重者，奈何闇于自谋，建储不决，致如隐之所谓三难也？桓公无適子，诸姬所出凡六人，长曰无亏，次惠公，次孝公，次昭公，次懿公，次公子雍。无亏当立，而桓公与管仲乃属孝公于宋襄公以为太子。及雍巫有宠于卫共姬，因寺人貂以荐羞，又许立无亏。虽昧奕者举棋之义，而无亏以长，固为治命矣。但既许无亏以立，而储位未正，又无罢黜孝公之命，使宋襄无所藉口，则其势必至于争。总之，一念床笫之私情，缠绵寡断，不知实以阶之祸耳。

桓公死，无亏立，国人相与奉之，逾年为君矣。宋襄拥孝公来伐，谕之以辞命可也，举齐国之众以拒之可也。拒之不敌，奉无亏以出，上告天王，下控方伯，徐图反正，亦无不可也。若何一战不胜，而遽以无亏为说，齐尚有人耶？然孝公篡而继其世者，昭公也。昭公生舍，为商人所弑，商人即懿公也。懿公被弑于歜、职，公子元嗣立，即惠公也。桓公之子五人，后先皆主其国，亦一异也。

管仲谏行言听，能得之于取威定伯之始；及其霸业既成，狎昵群小，虽以将死丁宁之言，格而不入，

臣下我高士奇评论说：公孙无知的祸难，齐桓公曾亲身经历过。首止会盟之后，天下的伦理便确定了，他告诫诸侯要立嫡子为太子，而且申明了禁令，说明他似乎并非不知立太子作为国家根本的重要性，为什么他为自己做的谋划却很糊涂，选择继承人时犹豫不决，以致发生谜语所说的三个灾难呢？齐桓公没有嫡子，众宠妾所生的儿子共有六个，大儿子无亏、二儿子惠公、三儿子孝公、四儿子昭公、五儿子懿公、小儿子公子雍。公子无亏应当被立为国君，然而齐桓公和管仲却把孝公嘱托给宋襄公，让他做太子。等雍巫受到大卫姬的宠爱，通过寺人貂献给齐桓公美味佳肴，桓公又许诺要立公子无亏为国君。即使有违下棋者不悔棋的原则，但公子无亏因年长被确立为继承人，本来是他生前清醒时说的话。然而齐桓公既然答应立公子无亏，又没有明确他继承人的位置，也没有罢黜立孝公的命令，使宋襄公没有借口，就势必要造成争夺。总之，齐桓公总是挂念床笫间的私情，情意缠绵，优柔寡断，而不知这实际是引发祸难的阶梯。

齐桓公去世后，公子无亏即位，国人共同事奉他，转年他就成为国君了。宋襄公护卫着孝公前来讨伐，齐国通过辞令对他讲明道理是可以的，发动整个齐国的民众来抵抗他也是可以的。如果抵抗不住，也可以事奉公子无亏出国，上告于周天子，下告于诸侯霸主，慢慢地图谋恢复正常，也不是不可以的。为何齐国一仗没能取胜，便马上把公子无亏杀掉取悦宋国，齐国还有杰出的人物吗？然而齐孝公篡位后，他的继位者是齐昭公。齐昭公生了公子舍，被公子商人杀掉，公子商人也就是齐懿公。齐懿公又被邴歜、阎职弑杀，公子元继承君位，就是齐惠公。齐桓公的儿子五人，先后都主持国政，这也是天下的一件奇闻。

管仲的劝谏之言被听取，是在齐桓公取得威信、确立霸主地位的初期；等到齐桓公的霸业已经成就，便亲近许多小人，即使是管仲临终前嘱咐告诫的话，他都抵触而不采纳，

岂非言于忧患者易为功，言于安乐者难为力耶？吁！亦可慨矣。

这难道不是在困苦患难时进谏很容易成功，在安逸享乐时进谏却难以奏效吗？唉！这也令人感慨啊。

卷二十　灵景经略小国晏子相齐附

襄公二年春，齐侯伐莱。莱人使正舆子赂夙沙卫以索马牛皆百匹，齐师乃还。君子是以知齐灵公之为灵也。夏，齐姜薨，齐侯使诸姜、宗妇来送葬。召莱子，莱子不会，故晏弱城东阳以逼之。

六年十一月，齐侯灭莱，莱恃谋也。于郑子国之来聘也，四月，晏弱城东阳，而遂围莱。甲寅，堙之环城，傅于堞。及杞桓公卒之月，乙未，王湫帅师及正舆子、棠人军齐师，齐师大败之。丁未，入莱。莱共公浮柔奔棠。正舆子、王湫奔莒，莒人杀之。四月，陈无宇献莱宗器于襄宫。晏弱围棠，十一月丙辰而灭之，迁莱于郳，高厚、崔杼定其田。

十七年，齐晏桓子卒，晏婴粗缞斩、苴绖带、杖、菅屦、食鬻、居倚庐、寝苫、枕草。其老曰："非大夫之礼也。"曰："唯卿为大夫。"

卷二十　灵景经略小国晏子相齐附

鲁襄公二年春季，齐灵公攻打莱国。莱国人派遣正舆子用精选的马和牛各一百匹贿赂齐灵公的宠臣夙沙卫，齐国军队就退了回去。君子通过此事而知道齐灵公的谥号为“灵”的缘故。夏季，鲁成公夫人齐姜去世，齐灵公派嫁给齐国大夫的姜姓女子和同姓大夫的妻子前来鲁国为齐姜送葬。同时又召见莱子，莱子不参加会见，所以齐国晏弱在东阳筑城以逼迫他。

六年十一月，齐灵公灭了莱国，这是由于莱国倚仗贿赂夙沙卫的谋略而不防备的缘故。在郑国子国前来鲁国聘问的时候，即去年四月，晏弱在东阳筑城，然后就包围了莱国。去年四月甲寅，齐国围绕着城的四周堆起土山，紧挨着小墙。到杞桓公去世的今年三月十五日，王湫领兵和正舆子、棠邑人迎战齐军，齐国军队将他们打得大败。二十七日，齐军进入莱国。莱共公浮柔逃奔到棠邑。正舆子、王湫逃亡到莒国，莒国人杀掉了他们。四月，陈无宇把莱国宗庙里的宝器献于齐襄公庙。晏弱随后又包围堂邑，十一月丙辰灭掉莱国，然后把莱国的百姓迁到郳地，高厚、崔杼主持划定分配莱国的土地疆界。

十七年，齐国晏桓子（即晏弱）去世，他的儿子晏婴穿粗布丧服、腰系麻绳、手拄竹杖、脚穿草鞋，每天只喝稀粥，住草棚、睡草垫子、头枕着草。他的家臣之长说：“这不是大夫的礼仪。”晏婴说：“只有卿才能行大夫之礼，我还够不上行大夫礼仪的身份。”

昭公三年，燕简公多嬖宠，欲去诸大夫，而立其宠人。冬，燕大夫比以杀公之外嬖。公惧，奔齐。书曰“北燕伯款出奔齐”，罪之也。

六年十一月，齐侯如晋，请伐北燕也。士匄相士鞅逆诸河，礼也。晋侯许之。十二月，齐侯遂伐北燕，将纳简公。晏子曰：“不入！燕有君矣，民不贰。吾君贿，左右谄谀，作大事不以信，来尝可也。”

七年春王正月，暨齐平，齐求之也。癸巳，齐侯次于虢。燕人行成，曰：“敝邑知罪，敢不听命？先君之敝器请以谢罪。”公孙晳曰：“受服而退，俟衅而动，可也。”二月戊午，盟于濡上。燕人归燕姬，赂以瑶罋、玉椟、斝耳，不克而还。

十二年春，齐高偃纳北燕伯款于唐，因其众也。

〔考异〕《公羊传》：伯于阳者何？公子阳生也。子曰：“吾乃知之矣。”在侧者曰：“子苟知之，何以不革？”曰：“如尔所不知何？《春秋》之信史也，其序则齐桓、晋文，其会则主会者为之也。其词则丘有罪焉尔。”

〔发明〕按：此传闻师说之误，欧阳公所以致疑于三《传》也。

鲁昭公三年，燕简公有很多宠爱的人，他想要除掉大夫们而立他宠爱的人为大夫。冬季，燕国大夫们互相联合起来杀掉了燕简公宠爱的人。燕简公害怕，逃亡到齐国。《春秋》记载说“北燕伯款外出逃亡到齐国”，这是归罪于他。

六年十一月，齐景公到晋国请求出兵攻打北燕。士匄辅佐士鞅在黄河边上迎接他，这是合乎礼法的。晋平公同意了齐国的要求。十二月，齐景公就攻打北燕，打算把燕简公送回国去。晏婴说：“不能送他回去！因为燕国有了国君了，百姓对他没有二心。我们的国君贪财，左右的人阿谀奉承，办大事不讲信用，这是不可以的。”

七年春季，周历正月，北燕和齐国讲和，这是齐国要求的。十八日，齐景公领兵驻扎在虢地。燕国派人求和，说：“敝邑已经知道罪过，岂敢不听从贵国的命令？请求将先君的陈旧器物献出来谢罪。”公孙皙对景公说：“我们暂且接受他们的归服而退兵，等他们有过失再出动军队讨伐它，这样做是可以的。”二月十四日，双方在濡水岸边结盟。燕国人把燕姬嫁给齐景公，并送给他玉瓮、玉匣、有耳的玉杯，齐国没有取得胜利就回国了。

十二年春季，齐国的高偃把北燕伯款送到唐地，这是因为唐地的群众愿意接纳他。

〔考异〕《公羊传》：《春秋》“纳北燕伯于阳”的“伯于阳”是谁？是公子阳生。孔子说：“我那时已经知道‘伯于阳’三字为人名，‘于’为‘子’之误，‘阳’下脱‘生’字。”孔子身边的人说：“您既然已知道了其中的脱误，为什么不更改过来呢？”孔子说：“那对你们所不知道的事情该怎么办呢？《春秋》是一部信史，在遵守尊卑秩序方面，只有齐桓公、晋文公主持的盟会，诸侯无不依照等级秩序行事；其他盟会，则按照主会者的意志行事。如果在文辞方面褒贬诸侯有误，那么孔丘我是有罪的。”

〔发明〕按：这是口耳相传老师解说经义的错误，欧阳修因此对《春秋》三传产生怀疑。

十四年秋八月，莒著丘公卒。郊公不戚，国人弗顺，欲立著丘公之弟庚舆。蒲余侯恶公子意恢而善于庚舆，郊公恶公子铎而善于意恢，公子铎因蒲余侯而与之谋曰："尔杀意恢，我出君而纳庚舆。"许之。冬十二月，蒲余侯兹夫杀莒公子意恢，郊公奔齐。公子铎逆庚舆于齐，齐隰党、公子钽送之，有赂田。

十九年秋，齐高发帅师伐莒，莒子奔纪鄣，使孙书伐之。初，莒有妇人，莒子杀其夫，已为嫠妇。及老，托于纪鄣，纺焉，以度而去之。及师至，则投诸外。或献诸子占。子占使师夜缒而登，登者六十人。缒绝，师鼓噪，城上之人亦噪。莒共公惧，启西门而出。七月丙子，齐师入纪。

二十年，齐侯疥，遂痁，期而不瘳。诸侯之宾问疾者多在。梁丘据与裔款言于公曰："吾事鬼神丰，于先君有加矣。今君疾病，为诸侯忧，是祝、史之罪也。诸侯不知，其谓我不敬。君盍诛于祝固、史嚚以辞宾？"公说，告晏子。晏子曰："日宋之盟，屈建问范会之德于赵武。赵武曰：'夫子之家事治，言于晋国，竭情无私。其祝、史祭祀，陈信不愧。其家事无猜，其祝、史不祈。'建以语康王。康王曰：'神人无怨，宜夫子之光辅五君，以为诸侯主也。'"

十四年秋季八月，莒国国君著丘公去世了。著丘公的儿子郊公并不悲伤，国内的人们都不顺从他，想要拥立著丘公的弟弟庚舆为新君。莒大夫蒲余侯讨厌公子意恢而和庚舆关系好，郊公讨厌公子铎而跟意恢关系好。公子铎依靠蒲余侯并且跟他商量说："只要你杀掉意恢，我就驱逐国君而接纳庚舆为君。"蒲余侯答应了。冬季十二月，蒲余侯兹夫杀死了莒国的公子意恢，郊公逃亡到齐国。公子铎到齐国迎接庚舆，齐国的隰党、公子钽送行，莒国送给齐国土地以表示感谢。

十九年秋季，齐国的高发率领军队攻打莒国，莒共公庚舆逃亡到莒国纪鄣，齐国又派孙书继续攻打纪鄣。起初，莒国有个女人，莒共公杀了她的丈夫，她就成了寡妇。等到她年老以后，寄居在纪鄣，她纺线搓成许多绳子，丈量了城墙的高度后便收藏起来。等到齐国的军队来到城下，她就把绳子扔到城外。有人捡到绳子献给子占(即孙书)。子占派士兵在夜间攀绳登城，登上城墙的有六十个人。绳子断了，军队击鼓呐喊，登上城的人也呐喊。莒共公害怕，便打开西门逃走了。七月十四日，齐国的军队进入纪鄣。

二十年，齐景公得了疥疮，后来得了疟疾，一年都没有痊愈。诸侯派来探病的客人大多数还在齐国。梁丘据和裔款对景公说："我们事奉鬼神的祭品丰厚，比先君还有所增加。如今国君您病得很厉害，让诸侯担忧，这是祝、史的罪过。诸侯们不了解情况，恐怕会认为是我们不敬鬼神。国君您何不诛杀了祝固、史嚚以向诸侯宾客们解释呢?"齐景公很高兴，便告诉了晏婴。晏婴说："从前在宋国会盟，楚国屈建向晋国赵武询问范会的德行。赵武说：'他老人家家族中的事情治理得很好，为晋国所发表的言论，竭尽忠诚而没有个人私心。他的祝、史祭祀，向鬼神陈述实际情况而内心不觉愧疚。他的家族中没有可以猜疑的事情，他的祝、史也不向鬼神祈求。'屈建把这些话告诉给了楚康王。楚康王说：'神和人都没有怨恨，难怪他老人家能辅佐文、襄、灵、成、景五位国君成为诸侯的盟主。'"

公曰："据与款谓寡人能事鬼神，故欲诛于祝、史，子称是语，何故？"对曰："若有德之君，外内不废，上下无怨，动无违事，其祝、史荐信，无愧心矣。是以鬼神用飨，国受其福，祝、史与焉。其所以蕃祉老寿者，为信君使也，其言忠信于鬼神。其适遇淫君，外内颇邪，上下怨疾，动作辟违，从欲厌私，高台深池，撞钟舞女，斩刈民力，输掠其聚，以成其违，不恤后人。暴虐淫从，肆行非度，无所还忌，不思谤讟，不惮鬼神。神怒民痛，无悛于心。其祝、史荐信，是言罪也；其盖失数美，是矫诬也；进退无辞，则虚以求媚，是以鬼神不飨其国以祸之，祝、史与焉。所以夭昏孤疾者，为暴君使也，其言僭嫚于鬼神。"

公曰："然则若之何？"对曰："不可为也。山林之木，衡鹿守之；泽之萑蒲，舟鲛守之；薮之薪蒸，虞候守之；海之盐蜃，祈望守之。县鄙之人，入从其政；逼介之关，暴征其私；承嗣大夫，强易其贿；布常无艺，征敛无度；宫室日更，淫乐不违；内宠之妾，肆夺于市；外宠之臣，僭令于鄙。私欲养求，不给则应。民人苦病，夫妇皆诅。祝有益也，诅亦有损。聊摄以东，姑尤以西，其为人也多矣。虽其善祝，岂能胜亿兆人之诅？君若欲诛于祝、史，修德而后可。"公说。

齐景公说："梁丘据和裔款认为寡人我能够事奉鬼神，所以想要诛杀祝、史，您却说出这些话，是什么缘故？"晏婴回答说："如果是有德行的国君，国家和宫里的事情都不荒废，上上下下都没有怨恨，举动没有违背礼仪的事，他的祝、史向鬼神陈说真实情况，就没有惭愧之心了。因此鬼神享用他的祭品，国家也受到鬼神的福佑，祝、史也有一份功劳。他们之所以子孙多福、健康长寿，因为他们是诚实国君的使者，他们的话对鬼神忠诚信实。如果他们恰巧碰上荒淫的国君，国家和宫内的事情偏颇邪恶，上上下下怨恨嫉妒，举动邪僻背理，放纵欲望满足私心，高台深池，奏乐歌舞，耗尽民力，掠夺百姓的积蓄，以满足自己的违礼行为，而不体恤后代；暴虐放纵，胡作非为，无所顾忌，不考虑怨谤，不害怕鬼神。神灵发怒而百姓痛恨，他的心里还不肯悔改。他的祝、史向鬼神陈说真实情况，这就等于报告国君的罪过；如果他们掩盖过错、列举好事，这就是对鬼神瞎编欺诈；真假都不能陈述，只好陈述不相关的空话来向鬼神讨好，因此鬼神不但不享用他们国家的祭品，还降下灾祸，祝、史也难于逃脱。他们之所以夭折患病，是因为他们是暴虐国君的使者，他们的话欺诈轻侮了鬼神。"

齐景公说："这样的话，该怎么办呢？"晏婴回答说："已经没办法了。山林中的树木，由衡鹿看守；湖泽中的芦苇，由舟鲛看守；荒野中的柴禾，由虞候看守；大海中的盐蛤，由祈望看守。偏僻地方的乡巴佬，入朝管理政事；靠近国都的关卡，对过关的私人财物征收重税；世袭的大夫，强买别人的货物；发布的政令没有准则，征收赋税没有节制；宫室每天轮换着住，迷恋荒淫作乐不肯离开；宫内受宠幸的姬妾，在市场上肆意掠夺；外边的宠信之臣，在边境上假传命令。私欲滋长并求得满足，下边不能供给就立即治罪。百姓痛苦困乏，男男女女都在诅咒。祈祷有好处，诅咒也会带来坏处。聊地、摄地以东，姑水、尤水以西，那里人口多得很。即使祝、史善于祈祷，难道能胜过亿兆人口的诅咒？国君如果想要诛杀祝、史，只有修养德行后才可以。"齐景公很高兴。

使有司宽政，毁关，去禁，薄敛，已责。

十二月，齐侯田于沛，招虞人以弓，不进。公使执之，辞曰："昔我先君之田也，旃以招大夫，弓以招士，皮冠以招虞人。臣不见皮冠，故不敢进。"乃舍之。仲尼曰："守道不如守官。"君子韪之。

齐侯至自田，晏子侍于遄台，子犹驰而造焉。公曰："唯据与我和夫！"晏子对曰："据亦同也，焉得为和？"公曰："和与同异乎？"对曰："异。和如羹焉，水、火、醯、醢、盐、梅以烹鱼肉，焯之以薪，宰夫和之，齐之以味，济其不及，以泄其过；君子食之，以平其心。君臣亦然。君所谓可，而有否焉；臣献其否，以成其可。君所谓否，而有可焉；臣献其可，以去其否。是以政平而不干，民无争心。故《诗》曰：'亦有和羹，既戒既平。鬷嘏无言，时靡有争。'先王之济五味、和五声也，以平其心，成其政也。声亦如味，一气、二体、三类、四物、五声、六律、七音、八风、九歌，以相成也；清浊、大小、短长、疾徐、哀乐、刚柔、迟速、高下、出入、周疏，以相济也。君子听之，以平其心，心平德和。故《诗》曰：'德音不瑕。'今据不然：君所谓可，据亦曰可；君所谓否，据亦曰否。若以水济水，谁能食之？若琴瑟之专一，谁能听之？同之不可也如是。"

饮酒乐，公曰："古而无死，其乐若何！"晏子对曰："古

于是就让官吏放宽政令，毁掉关卡，废除禁令，减轻赋税，免除百姓对公家所欠的债务。

十二月，齐景公在沛地打猎，用弓召唤管理山林的虞人，虞人不来进见。齐景公派人逮了他，虞人辩解说："从前我们先君打猎时，用红旗召唤大夫，用弓召唤士人，用皮冠召唤虞人。臣下没有见到皮冠，所以不敢进见。"于是景公便释放了他。孔子说："遵守君臣之道不如遵守为官之礼。"君子认为这话是对的。

齐景公从打猎的地方回来，晏婴在遄台陪侍，子犹（即梁丘据）驱车赶来进见。齐景公说："只有梁丘据和我比较和谐啊！"晏婴回答说："梁丘据也只不过是跟您相同而已，哪里能称得上和谐？"齐景公说："和谐与相同不一样吗？"晏子回答说："不一样。和谐好像做羹汤，用水、火、醋、酱、盐、梅来烹调鱼肉，用柴火烧煮，厨工加以调和，使味道适中，补足不够的味道，消去太浓的味道。君子食用这样的羹汤，以使内心达到平静。君臣上下之间也是这样。国君认为可行的，但其中有不可行的；臣下指出其中不可行的，从而使可行的更加周全。国君认为不可行的，但其中有可行的；臣下指出其中可行的，而去掉不可行的。因此政事平和而不违背礼仪，百姓没有争夺之心。所以《诗经》说：'有着美味调和的羹汤，五味具备浓度适中。神灵来享无所指责，上下不争心平气和。'先王调匀五味、谐和五声，是用来平静他的内心，完成政事的。声音也像味道一样，是由一气、二体、三类、四物、五声、六律、七音、八风、九歌互相构成的；是由清浊、大小、短长、缓急、哀乐、软硬、快慢、高低、出入、疏密互相调节的。君子听这种音乐，来使内心平静；内心平静，德行就和谐。所以《诗经》说：'德音没有瑕疵。'如今梁丘据不是这样：国君认为可行的，他也说可行；国君认为不可行的，他也说不可行。就像用清水调剂清水，谁能爱吃？就像用琴瑟老弹一个声音，谁能爱听？君臣相同并不可行，就是这个道理。"

喝酒喝得正高兴的时候，齐景公说道："古人如果长生不死的话，他们的欢乐会怎么样啊！"晏子回答齐景公说："自古以来

而无死，则古之乐也，君何得焉？昔爽鸠氏始居此地，季荝因之，有逢伯陵因之，蒲姑氏因之，而后大公因之。古若无死，爽鸠氏之乐，非君所愿也。”

〔补逸〕《晏子春秋》：公孙接、田开疆、古冶子事景公，以勇力搏虎闻。晏子过而趋，三子者不起。晏子入见公，曰：“臣闻明君之蓄勇力之士也，上有君臣之义，下有长率之伦；内可以禁暴，外可以威敌。上利其功，下服其勇。故尊其位，重其禄。今君之蓄勇力之士也，上无君臣之义，下无长率之伦；内不以禁暴，外不以威敌。此危国之器也，不若去之。”

公曰：“三子者，搏之恐不得，刺之恐不中也。”晏子曰：“此皆力攻勍敌之人也，无长幼之礼。”因请公使人少馈之二桃，曰：“三子何不计功而食桃？”

公孙接仰天而叹曰：“晏子，智人也。夫使公之计吾功者，不受桃，是无勇也。士众而桃寡，何不计功而食桃矣？接一搏猏而再搏乳虎，若接之功，可以食桃，而无与人同矣！”援桃而起。

田开疆曰：“吾仗兵而却三军者再，若开疆之功，亦可以食桃，而无与人同矣！”援桃而起。

如果长生不死，那种欢乐只能是古人的欢乐，国君您哪能享受得到呢？从前爽鸠氏最早居住在这个沛地，季荝因袭他们，有逢伯陵又因袭季荝，蒲姑氏又因袭有逢伯陵，然后太公因袭蒲姑氏。古人如果长生不死，那种快乐只能是爽鸠氏得到沛地的快乐，不是国君您所希望得到的快乐啊。”

〔补逸〕《晏子春秋》：公孙接、田开疆、古冶子事奉齐景公，以勇猛力大、敢抓老虎闻名。晏子从他们面前经过，而且有礼貌地快走几步，但是这三个勇士却一动不动。晏子入朝拜见齐景公，说：“臣下我听人讲，圣明的国君收养勇士，对上应讲究君臣的道义，对下应遵守长幼有序的伦理；对内依靠他们可以制止暴力，对外依靠他们可以压制敌人。在上位的人能利用他们建立功业，下面的人也佩服他们的勇力。因此，给他们尊贵的地位、丰厚的俸禄。如今您收养的勇士，对上没有君臣的道义，对下不守长幼的伦理；对内不能依靠他们制止暴力，对外不能依靠他们压制敌人。这是危害国家的东西呀，不如除掉他们。”

齐景公说：“这三个人，逮捕他们只怕抓不到，刺杀他们又怕击不中。”晏子说：“这三个人都是用勇力可以攻克劲敌的人，但是不懂长幼的礼貌。”因而请求景公派人故意只给他们送两颗桃子，并对他们说：“你们三位为什么不计算功劳大小来吃国君送的桃子呢？”

公孙接仰望天空，叹息着说：“晏子是个聪明的人呀。他让国君计算我们的功劳，我们不接受桃子吧，就是没有勇气的表现。勇士多而桃子少，怎能不计功吃桃呢？我公孙接捕捉过一次大野猪，两次活捉过小老虎，像我这样的功劳，可以吃桃，并且没有人的功劳能跟我的功劳同等了！”于是拿着桃子站起身来。

田开疆说：“我手持武器，两次使敌军一退再退，像我田开疆这样的功劳，也可以吃桃，并且没有人的功劳能跟我的功劳同等了！”于是拿着另一颗桃子站起身来。

古冶子曰："吾尝从君济于河，鼋衔左骖，以入砥柱之流。当是时也，冶少不能游，潜行，逆流百步，顺流九里，得鼋而杀之。左操骖尾，右挈鼋头，鹤跃而出。津人皆曰：'河伯也！'若冶视之，则大鼋之首。若冶之功，可以食桃，而无与人同矣。二子何不反桃？"抽剑而起。

公孙接、田开疆曰："吾勇不子若，功不子逮。取桃不让，是贪也；然而不死，无勇也。"皆反其桃，挈领而死。古冶子曰："二子死之，冶独生之，不仁；耻人以言，而夸其声，不义；恨乎所行，不死，无勇。虽然，二子同桃而节，冶专其桃而宜。"亦反其桃，挈领而死。

使者复曰："已死矣。"公殓之以服，葬之以士礼焉。

《说苑》：景公正昼，被发，乘六马，御妇人以出正闺，刖跪击其马而反之，曰："尔非吾君也。"公惭而不朝。晏子睹裔敖而问曰："君何故不朝？"对曰："昔者，君正昼，被发，乘六马，御妇人，出正闺，刖跪击其马而反之，曰：'尔非吾君也。'公惭而反，不果出，是以不朝。"晏子入见。公曰："昔者寡人有罪，被发，乘六马，以出正闺，刖跪击其马而反之，曰：'尔非吾君也。'寡人以天子大夫之赐，得率百姓，以守宗庙。今见

古冶子说:“我曾跟随国君横渡黄河,一只大鳖咬住车左边的马,潜入到砥柱山的激流之中。当时,我年轻,还不十分擅长游泳,我钻到水里,逆流而上潜行百步,然后又顺流而下潜行九里,抓住大鳖,将它杀掉。然后左手抓住骖马的尾巴,右手提着鳖的头,像白鹤一样跳出水面。渡口的人齐声称赞说:‘河神呀!’我仔细一看,才知他们指的是大鳖的头。像我古冶子的功劳,也可以吃桃,并且没有人的功劳能跟我的功劳同等。你们二位为什么不把桃子放回原处?”说着,拔剑而起。

公孙接、田开疆说:“我们的勇敢精神不如您,功劳也赶不上您。取桃不谦让,这是贪婪的表现,这样还不去死,是没有勇气。”二人说完都把桃子放回原处,刎颈而死。古冶子说:“他们二人死在这件事上,我一个人独自活着,是没有仁德;我用言语羞辱他们二人,又夸耀自己的声誉,是不讲道义;悔恨自己的行为,而又不死,是没有勇气。即使这样,如果他们二人同食一桃是合乎他们本分的,我独食一桃也是合适的。”说完也把桃子放回原处,刎颈而死。

使者回来禀报说:“勇士们已经死了。”景公让人将勇士的尸体穿好衣服,装进棺材,用国士的礼仪把他们埋葬了。

《说苑》:齐景公大白天披头散发,乘坐六匹马拉的车子,带上妇人,将要出后宫小门,侍臣刖跪打马让他返回后宫,并说:“您不像我的国君。”齐景公感到惭愧而不上朝。晏子看见裔敖就问他说:“国君为什么不上朝?”裔敖回答说:“前不久,国君大白天披头散发,乘坐六匹马拉的车子,带着妇人,将要出后宫,刖跪打马让他返回,并说:‘您不像我的国君。’国君感到惭愧而返回,因为不能按自己的心愿外出,所以他不上朝。”晏子入宫求见。齐景公说:“前几天,寡人我有过错,披头散发,乘坐六匹马拉的车子,将要出后宫,刖跪打马让我返回,还说:‘您不像我的国君。’寡人我依靠着天子和大夫的帮助,能够统领百姓,并能保住宗庙社稷。如今却被

戮于刖跪，以辱社稷，吾犹可以齐于诸侯乎？”晏子对曰：“君无恶焉。臣闻之：‘下无直辞，上有隐君；民多讳言，君有骄行。’古者明君在上，下有直辞；君上好善，民无讳言。今君有失行，而刖跪有直辞，是君之福也，故臣来庆。请赏之，以明君之好善；礼之，以明君之受谏。”公笑曰：“可乎？”晏子曰：“可。”于是令刖跪倍资，无正，时朝无事。

二十二年春王二月甲子，齐北郭启帅师伐莒，莒子将战。苑羊牧之谏曰：“齐帅贱，其求不多，不如下之，大国不可怒也。”弗听，败齐师于寿余。齐侯伐莒，莒子行成。司马灶如莒莅盟，莒子如齐莅盟，盟于稷门之外，莒于是乎大恶其君。

二十三年，莒子庚舆虐而好剑，苟铸剑，必试诸人。国人患之，又将叛齐，乌存帅国人以逐之。庚舆将出，闻乌存执殳而立于道左，惧将止死。苑羊牧之曰：“君过之！乌存以力闻可矣，何必以弑君成名？”遂来奔。齐人纳郊公。

二十六年，齐有彗星，齐侯使禳之。晏子曰：“无益也，祇取诬焉。天道不谄，不贰其命，若之何禳之？且天之有彗也，以除秽也。君无秽德，又何禳焉？若德之秽，禳之何损？《诗》曰：‘惟此文王，小心翼翼。昭事上帝，聿怀多福。

受过刖刑断足之人刖跪侮辱，有辱国家，我还可以同诸侯们平起平坐吗?”晏子回答说：“国君您不要记恨这件事。臣下我听说：‘下面没有直言的臣子，上面就有隐瞒过恶的昏君；百姓讲话忌讳多，国君就有骄奢的行为。’古时候，开明的君主在上，下臣就有直言；君主喜欢做好事，百姓讲话就没有忌讳。现在国君您的行为有了过失，而刖跪有直言，是国君您的福气，所以臣下我前来庆贺。请您奖赏刖跪，以表明国君乐闻善言；礼待刖跪，以显示国君能够纳谏。”齐景公笑着说：“这样行吗?”晏子说：“当然行。”于是齐景公下令增加刖跪一倍资产，且不得征税，当时朝中平安无事。

二十二年春季，周历二月十六日，齐国的北郭启率领军队攻打莒国，莒共公准备迎战。大夫苑羊牧之劝谏说：“齐国军队的将领地位低下，他的要求也一定不会多，不如向他屈服，大国是不可以激怒的。”莒共公不肯听从，在寿余打败了齐国军队。齐景公亲自领兵攻打莒国，莒共公被迫求和。齐国的司马灶到莒国参加结盟，莒共公到齐国参加结盟，双方在齐都西门稷门外边盟誓，莒国人因此而非常讨厌他们的国君。

二十三年，莒共公庚舆暴虐而又喜欢玩剑，如果铸造了新剑，他就一定要拿活人来试用。国内的百姓都为此忧虑，他又准备背叛齐国，于是莒大夫乌存率领国内的百姓驱逐了他。庚舆将要出国，听说乌存拿着殳站在道路的旁边，害怕他会把自己留下杀了。苑羊牧之说：“国君您尽管过去吧！乌存以勇力过人闻名就可以了，何必用弑杀国君来成名呢?”庚舆于是逃亡前来鲁国。接着齐国人把郊公送回莒国复位。

二十六年，齐国上空出现彗星，齐景公连忙派人祭祷消灾。晏婴说：“这样做是没有用处的，只能招来欺骗。天道不可以怀疑，不违背它的命令，为什么要去祭祷呢？而且天上有彗星，是用来扫除污秽的。如果国君没有污秽的德行，又去祭祷什么呢?倘若国君德行污秽，祭祷又能减轻什么罪过呢?《诗经》上说：‘这位文王，小心翼翼。他光明正大地事奉天帝，招来各种福禄。

厥德不回，以受方国。'君无违德，方国将至，何患于彗？《诗》曰：'我无所监，夏后及商。用乱之故，民卒流亡。'若德回乱，民将流亡。祝、史之为，无能补也。"公说，乃止。

臣士奇曰：齐灵肆其暴横，数伐邻国。围齐之役，身几不免，事在鲁襄之十有八年。伐灭莱裔，其一端也。莱恃夙沙之赂，而不虞齐人之复至，自取灭亡，为齐役属。夹谷之会，将以莱兵劫鲁侯可见矣。

晏子显君，与管仲后先辉映；而《传》所载数事，无足深取。齐庄无道，陵犯伯国，荧庭、郫邵之兵，淫逞已甚，不戢自焚，旋以拊楹队命。晏子虽尝忧之，不闻能强谏也。及庄公被弑，不过以枕股三踊，同众人之报，其谓民望何？景公嗣世，叠经崔、庆、栾、高之乱，皆不能有所匡正，而燕款之纳，仅至唐邑，未能即其国都，与仲父之城三亡国者，殆霄壤矣。郊公之奔，始焉归庚舆而溺其赂，其后不终，赋《旄丘之葛》，仅能补过也。

当时晋政多门，诸侯解体。齐景阴有小伯之志，是以假置君为市义之术。伐徐盟莒，咸、沙、安甫

他的德行没有不好，四方之国都来归附。'国君只要没有不好的德行，四方的国家就会来到，哪里还用得着怕彗星？《诗经》说：'我没有什么可借鉴的，就借鉴夏朝和殷商的历史。它们因为政事混乱的缘故，百姓终于流亡。'倘若德行违背天地而混乱，百姓将要流亡。如果这样，祝、史的所作所为，是弥补不了的。"齐景公听了以后很高兴，于是就停止了祭祷。

臣下我高士奇评论说：齐灵公放任他的暴虐骄横，多次出兵攻打邻国。诸侯军队围攻齐国都城的战役，齐灵公自身几乎不免于难，此事记载在鲁襄公十八年。伐灭莱国后裔，只是事情的一个方面。莱国仗着对齐灵公宠臣夙沙卫的贿赂，却没有料到齐军再次攻来，是自取灭亡，最终被齐国役使。这些在鲁定公与齐景公举行夹谷之会时，齐景公准备让莱地士兵用武力劫持鲁定公就可以看出来了。

晏子辅佐国君扬名，与管仲先后交相辉映，而《左传》所记载的几件事，没有太多可取之处。齐庄公昏庸无道，冒犯诸侯霸主晋国，派兵攻入晋国的荧庭、郫邵等地，已经过分逞强了，用兵不收敛就会玩火自焚，不久因在崔杼家拍着柱子勾引棠姜丧命。晏子虽曾对这些感到忧虑，但没听说他能坚决地进行劝谏。等到齐庄公被崔杼弑杀，晏子只不过头枕在庄公尸体的大腿上号哭，跳脚号哭了三次，同报答一般人一样，对民众的期望怎么交代呢？齐景公继承君位，先后经历崔氏、庆氏、栾氏、高氏的祸乱，晏子都不能有所匡扶纠正，而送北燕伯款回国，也仅仅送到唐邑安置，未能使他回到国都，与管仲筑城安置邢国、卫国、杞国三个即将灭亡的国家，大概已是天壤之别。莒郊公逃奔到齐国后，齐景公最初让庚舆回莒国继位而贪图莒国的土地贿赂，其后庚舆不得善终，晏子吟诵了《旄丘之葛》，仅能弥补过失。

当时晋政权由许多大族控制，诸侯人心离散。齐景公暗地里怀有成为小霸的志向，因此假借安置小国国君作为邀买人心的策略。攻打徐国结盟莒国，在卫国咸、沙、齐国安甫

之间，左提右挈，伯国莫敢致诘焉。世之所谓以其君显者，此也。窃谓不然。方莱裔之噪，齐君负大不义于天下。及孔子以礼责齐景公，愧悔无地。晏子能以一言感悟齐侯，三田来归，书之简策。鲁有余荣，而齐君转圜之美亦声施不朽，乃其显君之最大者。管、晏并称，意当以此，岂在霸业哉！

尝读《晏子春秋》，其言论多可采。先儒谓其本墨氏。夫墨氏，原于老子者也。晏子于患难之际，大抵以退避为长策，如云："人有君而人弑之，吾焉得死之，而焉得亡之？"正老氏教也。二桃而杀三勇士，清净流为名法，不其然哉！

等地举行诸侯会盟，拉拢控制卫文公、郑文公等诸侯，诸侯霸主晋国也不敢对他有所责备。世上所谓晏子使其国君扬名的事就是指这些。我私下认为不是这样。当夹谷之会上莱国后裔喧嚷的时候，齐景公背弃天下人做了很不合道义的事。等孔子用礼法责备齐景公，齐景公羞愧后悔无地自容。晏子能用一句话使齐景公感动而醒悟，使郓地、讙地、龟阴三处田地得以归还鲁国，记载在简册上面。鲁国有无限的荣耀，而齐景公知错能改的美名也因此传扬不朽，这才是晏子使其国君齐景公扬名的最重要的事。管子、晏子并列称呼，我想应当因为这件事，哪是在霸业方面呢！

我曾经阅读《晏子春秋》，他的言论多有可取之处。前世儒者认为他的思想源于墨子。墨子的思想，是源于老子的。晏子在患难之中，大多是以退避作为长远的策略，比如他曾说过："别人有了国君而又杀了他，我怎能为他而死，又怎能为他而逃亡呢？"这正是老子的学说。用两个桃子杀掉三个勇士，老子清静治国的学说演变为刑名法术之学，不正是这样吗！

卷二十一　崔庆之乱

宣公十年夏，齐惠公卒。崔杼有宠于惠公，高、国畏其逼也，公卒而逐之，奔卫。书曰"崔氏"，非其罪也；且告以族，不以名。凡诸侯之大夫违，告于诸侯曰："某氏之守臣某失守宗庙，敢告。"所有玉帛之使者则告，不然，则否。

成公十七年，齐庆克通于声孟子，与妇人蒙衣乘辇而入于闳。鲍牵见之，以告国武子。武子召庆克而谓之，庆克久不出，而告夫人曰："国子谪我。"夫人怒。国子相灵公以会，高、鲍处守。及还，将至，闭门而索客。孟子诉之曰："高、鲍将不纳君，而立公子角，国子知之。"秋七月壬寅，刖鲍牵而逐高无咎。无咎奔莒，高弱以卢叛。齐人来召鲍国而立之。初，鲍国去鲍氏而来为施孝叔臣。施氏卜宰，匡句须吉。施氏之宰有百室之邑，与匡句须邑，使为宰，

卷二十一　崔庆之乱

鲁宣公十年夏季，齐惠公去世。崔杼受到齐惠公的宠信，高氏、国氏二家害怕他的威逼，如今惠公死了，他们就驱逐了他，崔杼逃奔到卫国。《春秋》记载说“崔氏”，是表明不是崔杼的罪过；而且把此事通告诸侯时只称其族氏，不称其名。凡是诸侯的大夫离开本国，通告各诸侯时说：“某氏的守臣某，失守宗庙，谨此通告。”凡是友好往来的国家都发给通告，不是，就不予通告。

鲁成公十七年，齐国的庆克和齐灵公的母亲声孟子私通，有一次和一个女人一起穿着女人衣服乘辇进入宫中的夹道门。鲍牵看见了他们，把这事报告了国武子。武子把庆克召来告诉他这件事，从此庆克很久不出家门，而告诉声孟子说：“国子责备了我。”声孟子大怒。国武子为齐灵公相礼参加诸侯会盟，由高无咎、鲍牵留守。等到齐灵公他们回国，将要到达都城的时候，城门已被关闭，并且检查过客。声孟子诬陷说：“高无咎、鲍牵两人打算不接纳国君进城，而立公子角为国君，国子也参与了这件事。”秋季七月十三日，灵公下令砍去了鲍牵的双脚并驱逐了高无咎。高无咎逃奔到莒国，其子高弱率领卢地人叛变。齐国人来到鲁国召回鲍牵的弟弟鲍国，让他继承鲍氏的职位。起初，鲍国离开鲍氏来到鲁国，做施孝叔的家臣。施氏要通过占卜来选择家宰的人选，占卜的结果是选用匡句须吉利。施氏的家宰拥有一百家的采邑，于是施氏给了匡句须采邑，让他做家宰，

以让鲍国而致邑焉。施孝叔曰："子实吉。"对曰："能与忠良，吉孰大焉？"鲍国相施氏忠，故齐人取以为鲍氏后。仲尼曰："鲍庄子之知不如葵，葵犹能卫其足。"

〔考证〕《家语》：樊迟问于孔子曰："鲍牵事齐君，执政不挠，可谓忠矣，而君刖之，其为至闇乎？"孔子曰："古之仕者，国有道，则尽忠以辅之；国无道，则退身以避之。今鲍庄子食于淫乱之朝，不量主之明暗，以受大刑，是智之不如葵，葵犹能卫其足。"

冬，齐侯使崔杼为大夫，使庆克佐之，帅师围卢。国佐从诸侯围郑，以难请而归。遂如卢师，杀庆克，以穀叛。齐侯与之盟于徐关而复之。十二月，卢降。使国胜告难于晋，待命于清。

十八年春，齐为庆氏之难故，甲申晦，齐侯使士华免以戈杀国佐于内宫之朝，师逃于夫人之宫。书曰"齐杀其大夫国佐"，弃命，专杀，以穀叛故也。使清人杀国胜，国弱来奔，王湫奔莱。庆封为大夫，庆佐为司寇。既齐侯反国弱，使嗣国氏，礼也。

襄公十年三月癸丑，齐高厚相大子光以先会诸侯于锺离，不敬。士庄子曰："高子相大子以会诸侯，将社稷是卫，而皆不敬，弃社稷也，其将不免乎！"

他却让给鲍国，并把采邑也给了鲍国。施孝叔说："占卜的结果确定您做家宰是吉利的。"匡句须回答说："能够把这一职位让给忠良，还有什么比这更大的吉利吗？"果然鲍国辅佐施氏很忠诚，所以齐国人把他召回做鲍氏的继承人。孔子说："鲍庄子（即鲍牵）的智慧还不如葵菜，葵菜尚且能保护它的脚。"

〔考证〕《家语》：樊迟向孔子请教说："鲍牵事奉齐国国君，执掌国政刚正不屈，可以说是忠诚了，而齐君却砍去了他的双脚，这也太昏庸了吧？"孔子说："古时候做官的人，国家政治清明，就竭尽忠诚来辅佐国君；国家政治黑暗，就退隐自身来躲避政事。如今鲍牵享受风气败坏之朝的俸禄，不考虑君王的圣明和昏庸，因此遭受砍去双脚的重刑，所以鲍牵的智慧不如葵菜，葵菜还能保护它的脚。"

冬季，齐灵公委任崔杼做大夫，让庆克辅佐他，率领军队包围卢地。当时国佐（即国武子）正跟随诸侯包围郑国，听说此事后，以齐国发生祸难为由请求回国。于是就到了包围卢地的军队里，杀掉庆克，并率领穀地人叛变。齐灵公和他在徐关结盟，并恢复了他的官位。十二月，卢地宣布投降。齐国派遣国佐的儿子国胜到晋国报告祸难，并让国胜在清地等候命令。

十八年春季，齐国因为发生了庆氏祸难，正月二十九日，齐灵公派士师华免用戈把国佐杀死在内宫的前堂，众人逃进了夫人的宫中。《春秋》记载说"齐国杀掉其大夫国佐"，这是他废弃君命、专权杀人、率领穀地人叛变的缘故。齐灵公又派清地人杀掉了国胜，国胜的弟弟国弱逃亡来到鲁国，国佐的党徒王湫逃奔到莱地。于是庆克的儿子庆封做了大夫，另一个儿子庆佐做了司寇。后来齐灵公让国弱回国，使他继承国氏宗嗣，是符合礼法的。

鲁襄公十年三月二十六日，齐国的高厚作为太子光的相礼，在宋国锺离先期和诸侯会见，会谈时表现出不恭敬。晋国的士庄子说："高子作为太子的相礼来会见诸侯，应该捍卫他们的国家，但他们都表现出不恭敬，这是抛弃了国家，恐怕将不免于祸难吧！"

十八年冬十月，会于鲁济，同伐齐。齐侯御诸平阴。

十九年，齐侯娶于鲁，曰颜懿姬，无子。其姪鬷声姬，生光，以为太子。诸子仲子、戎子。戎子嬖。仲子生牙，属诸戎子。戎子请以为太子，许之。仲子曰："不可。废常不祥，间诸侯难。光之立也，列于诸侯矣。今无故而废之，是专黜诸侯，而以难犯不祥也。君必悔之！"公曰："在我而已。"遂东太子光。使高厚傅牙，以为太子，夙沙卫为少傅。齐侯疾，崔杼微逆光，疾病而立之。光杀戎子，尸诸朝，非礼也。妇人无刑。虽有刑，不在朝市。夏五月壬辰晦，齐灵公卒，庄公即位，执公子牙于句渎之丘。以夙沙卫易己，卫奔高唐以叛。八月，齐崔杼杀高厚于洒蓝，而兼其室。书曰"齐杀其大夫"，从君于昏也。齐庆封围高唐，弗克。冬十一月，齐侯围之，见卫在城上，号之，乃下。问守备焉，以无备告。揖之，乃登。闻师将傅，食高唐人。殖绰、工偻会夜缒纳师，醢卫于军。

二十一年春，齐侯使庆佐为大夫，复讨公子牙之党，执公子买于句渎之丘。公子鉏来奔。叔孙还奔燕。

十八年冬季十月，鲁襄公和晋平公、宋平公、卫殇公、郑简公、曹成公、莒犁比公、邾悼公、滕成公、薛献公、杞孝公、小邾穆公等国国君在鲁境济水边上相会，共同出兵攻打齐国。齐灵公率兵在平阴抵抗。

十九年，齐灵公从鲁国娶妻，叫颜懿姬，没有生儿子。她陪嫁的侄女鬷声姬，生了公子光，齐灵公把他立为太子。灵公的姬妾中有仲子、戎子。其中戎子受宠。仲子生了公子牙后，托付给戎子抚育。戎子请求立公子牙为太子，齐灵公答应了。仲子说："不可以。废弃立嫡常规不吉祥，触犯诸侯将难以成事。公子光立为太子，已经参与诸侯盟会了。如今无缘无故废弃他，这是专横而蔑视诸侯，是难以成功的事去触犯不吉祥的事。国君一定会为这样做后悔的！"齐灵公说："废与立一切在我罢了。"于是把太子光迁移到东部边境。他派高厚做公子牙的太傅，把公子牙立为太子，夙沙卫做少傅。齐灵公生病，崔杼暗中把公子光接来，在齐灵公病危时把他立为太子。公子光杀掉了戎子，把她的尸体陈列在朝堂上，这是不合乎礼法的。国家对于妇女没有专门设立刑罚。即使犯了死罪，也不能把尸体陈列在朝堂和市集上。夏季五月二十九日，齐灵公去世，齐庄公（即公子光）即位，在句渎之丘拘捕了公子牙。庄公认为是夙沙卫出主意废掉了自己，于是夙沙卫逃奔到高唐后发动了叛乱。八月，齐国崔杼在洒蓝杀了高厚，并兼并了他的家产和封地。《春秋》记载说"齐国杀其大夫"，这是因为高厚顺从了国君昏聩的命令。齐国的庆封率领军队包围高唐，没能攻克。冬季十一月，齐庄公亲自率领军队包围高唐，看见夙沙卫在城上，大声喊他，夙沙卫便走下城来。庄公问夙沙卫高唐的防守情况，夙沙卫告诉他说没有什么防守。庄公向夙沙卫作揖，夙沙卫又登上城墙。他听说齐军将要缘城进攻，就让高唐人饱食一顿。殖绰、工偻会在夜里从城上用绳子拴人把齐军迎接进城，把夙沙卫在军中剁成了肉酱。

二十一年春季，齐庄公任命庆佐做大夫，再次讨伐公子牙的党羽，在句渎之丘拘捕了公子买。公子鉏逃亡来到鲁国。叔孙还逃奔到燕国。

秋，晋栾盈出奔楚。冬，会于商任，锢栾氏也。齐侯、卫侯不敬。叔向曰："二君者，必不免。会朝，礼之经也；礼，政之舆也；政，身之守也。怠礼失政，失政不立，是以乱也。"

齐庄公朝，指殖绰、郭最曰："是寡人之雄也。"州绰曰："君以为雄，谁敢不雄？然臣不敏，平阴之役，先二子鸣。"庄公为勇爵，殖绰、郭最欲与焉。州绰曰："东闾之役，臣左骖迫，还于门中，识其枚数，其可以与于此乎？"公曰："子为晋君也。"对曰："臣为隶新，然二子者，譬于禽兽，臣食其肉而寝处其皮矣。"

二十二年秋，栾盈自楚适齐。晏平仲言于齐侯曰："商任之会，受命于晋。今纳栾氏，将安用之？小所以事大，信也。失信不立。君其图之！"弗听。退告陈文子曰："君人执信，臣人执共。忠信笃敬，上下同之，天之道也。君自弃也，弗能久矣。"冬，会于沙随，复锢栾氏也。栾盈犹在齐。晏子曰："祸将作矣！齐将伐晋，不可以不惧。"

二十三年夏，晋将嫁女于吴，齐侯使析归父媵之，以藩载栾盈及其士，纳诸曲沃。

秋，齐侯伐卫。先驱，穀荣御王孙挥，召扬为右。申驱，成秩御莒恒，申鲜虞之傅挚为右；曹开御戎，晏父戎为右。

秋季，晋国的栾盈逃奔到楚国。冬季，鲁襄公和晋平公、齐庄公、宋平公、卫殇公、郑简公、曹武公、莒犁比公、邾悼公在商任相会，是为了禁锢栾盈。齐庄公、卫殇公态度不恭敬。叔向说："这两位国君，一定不能免于祸难。会盟和朝见，是礼仪的规范；礼仪，是政事的载体；政事，是存身的地方。轻慢礼仪就会使政事有错失，政事有错失就不能立身，因此就会发生祸乱。"

齐庄公上朝时，指着殖绰、郭最说："这两个人是寡人的雄鸡。"州绰在一旁说："君王认为他们是雄鸡，谁敢不认为是雄鸡？然而臣不才，在平阴战役中，我可是比他们先打鸣。"齐庄公设置勇士的爵位，殖绰、郭最想要得到这爵位。州绰说："东闾那次战役，臣的左骖马因为路窄不能前进，盘旋在门洞里，因此我记下了门扇上的乳钉数目，我大概可以得到这个爵位吧？"齐庄公说："您那时是为晋国国君卖力啊。"州绰回答说："臣做国君的仆从不久，然而这两位，如果用禽兽做比喻，臣早已吃了他们的肉并睡在他们的皮上了。"

二十二年秋季，栾盈从楚国到了齐国。晏平仲对齐庄公说："商任之会时，我们接受了晋国的命令。如今接纳栾盈，打算怎么任用他？小国事奉大国，靠的是信用。失掉信用便不能立身。国君您还是考虑一下！"齐庄公不听从。晏平仲退下告诉陈文子说："做人君的要保持信用，做人臣的要保持恭敬。忠诚、信用、笃实、恭敬，上下共同保持它，这是天道。国君要是自暴自弃，就不能长久在位了。"冬季，诸侯在沙随会见，是为了重申禁锢栾氏。栾盈这时还在齐国。晏平仲说："祸乱将要发生了！齐国将会攻打晋国，这不能不让人害怕。"

二十三年夏季，晋国要把女儿嫁给吴国，齐庄公派析归父送陪嫁的女子到晋国，于是析归父用篷车载着栾盈和他的门下士，把他们安置在曲沃。

秋季，齐庄公发兵攻打卫国。前锋部队，由榖荣驾驭王孙挥的战车，召扬做车右。第二队，由成秩驾驭莒恒的战车，申鲜虞的儿子傅挚做车右。由曹开驾驭齐庄公的战车，晏父戎做车右。

贰广，上之登御邢公，卢蒲癸为右。启，牢成御襄罢师，狼蘧疏为右。胠，商子车御侯朝，桓跳为右。大殿，商子游御夏之御寇，崔如为右。烛庸之越驷乘。自卫将遂伐晋。晏平仲曰："君恃勇力，以伐盟主。若不济，国之福也。不德而有功，忧必及君。"崔杼谏曰："不可。臣闻之：'小国间大国之败而毁焉，必受其咎。'君其图之！"弗听。陈文子见崔武子曰："将如君何？"武子曰："吾言于君，君弗听也。以为盟主，而利其难。群臣若急，君于何有？子姑止之。"文子退，告其人曰："崔子将死乎！谓君甚，而又过之，不得其死。过君以义，犹自抑也，况以恶乎？"齐侯遂伐晋，取朝歌。为二队，入孟门，登大行，张武军于荧庭，戍郫邵，封少水，以报平阴之役，乃还。赵胜帅东阳之师以追之，获晏氂。八月，叔孙豹帅师救晋，次于雍榆，礼也。冬，晋人克栾盈于曲沃。

齐侯还自晋，不入，遂袭莒，门于且于，伤股而退。明日，将复战，期于寿舒。杞殖、华还载甲夜入且于之隧，宿于莒郊。明日，先遇莒子于蒲侯氏。莒子重赂之，使无死，曰："请有盟。"华周对曰："贪货弃命，亦君所恶也。昏而受命，日未中而弃之，何以事君？"莒子亲鼓之，从而伐之，获杞梁。莒人行成。齐侯归，遇杞梁之妻于郊，

齐庄公的副车上，由上之登驾驭邢公的战车，卢蒲癸做车右。左翼部队，由牢成驾驭襄罢师的战车，狼蘧疏做车右。右翼部队，由商子车驾驭侯朝的战车，桓跳做车右。后军，由商子游驾驭夏之御寇的战车，崔如做车右。烛庸之越等四人共乘一辆车殿后。齐庄公从卫国准备攻打晋国。晏平仲说："国君凭仗勇力去攻打盟主。如果不成功，乃是国家的福气。如果没有德行而取得功劳，忧患肯定累及国君。"崔杼劝谏说："不可以攻打晋国。臣听说：'小国钻大国祸乱的空子而加以攻击，必定要受到灾祸。'国君还是考虑一下！"齐庄公不听从。陈文子进见崔杼（即崔武子），说："打算拿国君怎么办？"崔杼说："我已经对国君说了，国君不听。我们把晋国奉为盟主，反而趁其祸难谋取利益。群臣倘若有急，哪里还会顾及国君？您姑且不用管了。"陈文子退下，告诉他的手下人说："崔杼将要死了吧！他认为国君太过分，而所作所为又超过国君，他不会得到好死的。所作所为在道义上超过了国君，尚且需要自我抑制，何况是做坏事呢？"齐庄公于是攻打晋国，占领了朝歌。然后兵分两路，一路攻入孟门，一路登上太行陉，在荧庭建起表木，然后派兵戍守郫邵，在少水收拾晋军尸体筑成京观，用来报复平阴那次战役，然后才收兵回国。赵胜率领晋国东阳的军队来追击，俘虏了晏氂。这年八月，叔孙豹率领鲁国军队救援晋国，驻扎在雍榆，这是合乎礼法的。冬季，晋国人在曲沃战胜了栾盈。

齐庄公从晋国回来，没入国境，就去袭击莒国，攻打且于的城门，因大腿受伤而退走。第二天，准备再战，并约定在寿舒集中军队。杞植、华还用战车载着甲士，夜里进入且于的隘道，露宿在莒都的郊外。第二天，先和莒犁比公在蒲侯氏相遇。莒犁比公送给他们厚礼，让他们不要死战，说："请求和你们结盟。"华还（即华周）回答说："贪财而背弃君令，也是国君所厌恶的。昨晚接受命令，今天还没到中午就背弃了，还用什么来事奉国君呢？"莒犁比公亲自击鼓，追击攻打齐军，杀了杞殖（即杞梁）。莒人仍然主动和齐国讲和。齐庄公回国时，在郊外遇到杞植的妻子，

使吊之。辞曰："殖之有罪，何辱命焉？若免于罪，犹有先人之敝庐在，下妾不得与郊吊。"齐侯吊诸其室。

〔补逸〕《说苑》：齐庄公且伐莒，为车五乘之宾，而杞梁、华舟独不与焉，故归而不食。其母曰："汝生而无义，死而无名，则虽五乘，孰不汝笑也？汝生而有义，死而有名，则五乘之宾尽汝下也。"趣食，乃行。杞梁、华舟同车，侍于庄公而行，至莒。莒人逆之。杞梁、华舟下斗，获甲首三百。庄公止之，曰："子止！与子同齐国。"杞梁、华舟曰："君为五乘之宾，而舟、梁不与焉，是少吾勇也。临敌涉难，止我以利，是污吾行也。深入多杀者，臣之事也。齐国之利，非吾所知也。"遂进斗，坏军陷陈，三军弗敢当。至莒城下，莒人以炭置地，二人立有间，不能入。隰侯重为右，曰："吾闻古之士犯患涉难者，其去遂于物也。来！吾逾子。"隰侯重杖楯伏炭，二子乘而入，顾而哭之。华舟后息，杞梁曰："汝无勇乎？何哭之久也？"华舟曰："吾岂无勇哉？是其勇与我同也，而先吾死，是以哀之。"莒人曰："子毋死，与子同莒国。"杞梁、华舟曰："去国归敌，非忠臣也。去长受赐，非正行也。且鸡鸣而期，日中而忘之，非信也。深入多杀者，臣之事也。

派人向她吊唁。她辞谢说:“杞植有罪,怎敢劳驾国君派人吊唁?倘若他能够免罪,还有先人的破屋子在那里,下妾不能接受在郊外的吊唁。”齐庄公就到她的家里去吊唁。

〔补逸〕《说苑》:齐庄公将要攻打莒国,建立了享受五乘爵禄的侍卫队伍,但只有杞梁、华舟不在其中,因此他们回家后都吃不下饭。杞梁的母亲说:“你们活着不得道义,死了也没有名声,即使成为享受五乘爵禄的侍卫,谁不嘲笑你们?你们活着能够履行道义,死后又有名声,就是享受五乘爵禄的侍卫,也全在你们之下。”于是催促他们吃饭后动身。杞梁、华舟同乘一辆战车,做齐庄公的侍从,一起到了莒国。莒人迎击齐军。杞梁、华舟下车搏斗,俘获甲士三百人。齐庄公制止他俩说:“你们住手吧!我与你们一同统治齐国。”杞梁、华舟说:“国君您设置享有五乘爵禄的侍卫队伍,华舟、杞梁不在其中,这是小看我们的勇气。面对敌人,身处危难,又用利益来制止我们,这是玷污我们的行为。深入敌阵多杀敌人,是臣下的职责。享有齐国什么利益,不是我们所要了解的。”于是又上前战斗,毁坏敌军营垒,冲锋陷阵,三军没有人能够抵挡。一直攻到莒城之下,莒人用火炭铺地,杞梁、华舟二人站立了一会儿,不能攻入。隰侯重当时做车右,说:“我听说古代的勇士敢于冒灾祸赴危难,那是去实现他们赴死的愿望。来吧!我让你们从我身上过去。”于是隰侯重依仗盾牌伏在火炭上,杞梁、华舟二人踏在隰侯重背上攻入城内,回头看着隰侯重痛哭失声。华舟在杞梁之后停止哭泣,杞梁说:“你没有勇气了吧?为什么哭了这么久?”华舟说:“我怎么会没有勇气呢?这是因为隰侯重的勇敢和我们一样,却死在我们前面,因此为他悲哀。”莒人说:“你们不要前来送死,我们与你们一起共同享有莒国。”杞梁、华舟说:“离开祖国而投奔敌人,不是忠臣。背离君长而接受赏赐,不是正当的行为。况且鸡叫时约定,到中午时就忘记了誓言,这不是守信。深入敌阵多杀敌人,是臣子的职责。

莒国之利，非吾所知也。”遂进斗，杀二十七人而死。其妻闻之而哭，城为之陁，而隅为之崩。

《列女传》：杞梁之妻无子，内外皆无五属之亲。既无所归，乃枕其夫之尸于城下而哭。内诚动人，道路过者莫不为之挥涕。十日而城为之崩。既葬，曰：“吾何归矣？上则无父，中则无夫，下则无子。内无所依，以见吾诚；外无所倚，以立吾节。吾岂能更二哉？”遂赴淄水而死。

二十四年春，孟孝伯侵齐，晋故也。夏，齐侯既伐晋而惧，将欲见楚子。楚子使薳启彊如齐聘，且请期。齐社，蒐军实，使客观之。陈文子曰：“齐将有寇。吾闻之：‘兵不戢，必取其族。’”秋，齐侯闻将有晋师，使陈无宇从薳启彊如楚辞，且乞师。崔杼帅师送之，遂伐莒，侵介根。八月，会于夷仪，将以伐齐，水，不克。冬，楚子伐郑，以救齐，门于东门，次于棘泽。诸侯还救郑。楚子自棘泽还，使薳启疆帅师送陈无宇。齐人城郏。

二十五年春，齐崔杼帅师伐我北鄙，以报孝伯之师也。公患之，使告于晋。孟公绰曰：“崔子将有大志，不在病我，必速归，何患焉？其来也不寇，使民不严，异于他日。”齐师徒归。

享受到莒国的什么利益，不是我们所要了解的。”于是又上前战斗，杀了二十七人之后战死。杞梁的妻子知道此事后放声痛哭，城墙因此崩塌，城墙角也因此崩坏。

《列女传》：杞梁的妻子没有生下儿女，她婆家和娘家都没有五服内的亲属。她既已没有去处，便在城下枕着她丈夫的尸体哭泣。她心中的诚意感动了他人，过路的人无不为她流泪。十天后城墙因此崩塌。安葬杞梁以后，她说：“我到哪里寻找归宿呢？上无父亲，中无丈夫，下无儿女。家中无依无靠，来表现我的真诚；家外无所倚仗，来保全我的节操。我怎么能再改嫁他人呢？”于是投淄水自杀了。

二十四年春季，孟孝伯领兵入侵齐国，这是因为晋国的缘故。夏季，齐庄公攻打晋国以后又害怕，打算会见楚康王。楚康王派遣薳启彊到齐国聘问，并且商量会见的日期。齐国人在军中祭祀社神，举行大阅兵，让薳启彊观看。陈文子说：“齐国将要有敌人入侵。我听说：‘如果武力不收敛，必然危害到自己的族类。’”秋季，齐庄公听说晋国要发兵，派陈无宇随从薳启彊去楚国，说明将有战事不能会面，同时请求楚国出兵救援。崔杼领兵护送他们，于是乘机攻打莒国，侵袭介根。八月，鲁襄公与晋平公、宋平公、卫殇公、郑简公、曹武公、莒犁比公、邾悼公、滕成公、薛献公、杞文公、小邾穆公在夷仪会见，准备攻打齐国，因为发生了水灾，没能行动。这年冬季，楚康王率军攻打郑国，来救援齐国，攻打郑都的东门，驻扎在棘泽。诸侯回军救援郑国。楚康王从棘泽回来，派薳启彊率领军队护送陈无宇。齐人在郏地为周灵王筑城。

二十五年春季，齐国的崔杼率领军队攻打鲁国北部边境，以报复孟孝伯对他们的那次进攻。鲁襄公很担心，便派人向晋国报告。鲁国大夫孟公绰说：“崔杼将要有大的野心，他的目的不在于困扰我国，一定会很快撤军回国，有什么可担忧的呢？他来的时候不行掠夺，役使百姓不严厉，和以前不同。”齐军果然空来一趟就回去了。

齐棠公之妻，东郭偃之姊也。东郭偃臣崔武子，棠公死，偃御武子以吊焉。见棠姜而美之，使偃取之。偃曰："男女辨姓。今君出自丁，臣出自桓，不可。"武子筮之，遇《困》☱之《大过》☱。史皆曰："吉。"示陈文子，文子曰："夫从风，风陨妻，不可娶也。且其繇曰：'困于石，据于蒺藜，入于其宫，不见其妻，凶。'困于石，往不济也；据于蒺藜，所恃伤也；入于其宫，不见其妻，凶，无所归也。"崔子曰："嫠也，何害？先夫当之矣。"遂取之。

庄公通焉，骤如崔氏，以崔子之冠赐人。侍者曰："不可。"公曰："不为崔子，其无冠乎？"崔子因是，又以其间伐晋也，曰："晋必将报。"欲弑公以说于晋，而不获间。公鞭侍人贾举而又近之，乃为崔子间公。

夏五月，莒为且于之役故，莒子朝于齐。甲戌，飨诸北郭。崔子称疾不视事。乙亥，公问崔子，遂从姜氏。姜入于室，与崔子自侧户出。公拊楹而歌，侍人贾举止众从者，而入，闭门。甲兴，公登台而请，弗许；请盟，弗许；请自刃于庙，弗许。皆曰："君之臣杼疾病，不能听命。近于公宫，陪臣干掫有淫者，不知二命。"公逾墙，又射之。中股，反队，遂弑之。贾举、州绰、邴师、公孙敖、封具、铎父、襄伊、

齐国棠公的妻子，是东郭偃的姐姐。东郭偃是崔杼的家臣，棠公死了，东郭偃为崔杼驾车前去吊丧。崔杼一见棠姜便喜欢上了她的姿色，让东郭偃把棠姜嫁给自己。东郭偃说："男女婚配前要辨明姓氏。如今您是齐丁公的后代，我是齐桓公的后代，同姓不可以通婚。"崔杼卜筮，得到《困》卦䷮变为《大过》卦䷛。太史都说："吉利。"拿给陈文子看，陈文子说："丈夫变为风，风吹落妻子，是不可以娶的。而且它的爻辞说：'被石头所困，以蒺藜为依靠，走进家中，看不见妻子，凶。'被石头所困，意味着做了却不能成功；以蒺藜为依靠，意味着所依靠的对象会使人受伤；走进家中，看不见妻子，凶，意味着没有归宿。"崔杼说："她是个寡妇，有什么妨碍？再说她的前夫棠公已经承担这凶险了。"于是就娶了棠姜为妻。

齐庄公和棠姜私通，经常到崔杼家去，把崔杼的帽子赐给别人。侍从说："不可以这样做。"齐庄公说："不用崔杼的帽子，难道就没有别人的帽子可用了吗？"崔杼因此怀恨庄公，又因为庄公趁晋国有难攻打过晋国，说："晋国一定会报这个仇。"崔杼想要弑杀齐庄公讨好晋国，但找不到下手的机会。齐庄公曾鞭打过侍从贾举，鞭打后又亲近他，于是贾举便为崔杼寻找杀掉齐庄公的机会。

夏季五月，莒国由于且于之役的缘故，莒犁比公到齐国朝见。十六日，齐庄公在北城设享礼招待莒犁比公。崔杼推说有病不理政事。十七日，齐庄公去问候崔杼，趁机和棠姜幽会。姜氏进入内室，和崔杼从侧门出去。齐庄公拍着柱子唱起歌，侍从贾举把庄公众随从拦在门外，而独自进入崔家，并关闭大门。甲士突然冲出来，齐庄公登上高台请求饶命，众人不答应；请求结盟，也不答应；请求在祖庙里自杀，还是不答应。众人都说："国君您的臣子崔杼病重，不能来听从命令。况且这里靠近国君的宫室，家臣只知道巡夜搜捕淫乱者，不知还有其他命令。"齐庄公跳墙逃命，众人又射击他。射中了大腿，他坠落在墙里，甲士们于是弑杀了齐庄公。贾举、州绰、邴师、公孙敖、封具、铎父、襄伊、

偻堙皆死。祝佗父祭于高唐，至，复命，不说弁而死于崔氏。申蒯，侍渔者，退谓其宰曰："尔以帑免，我将死。"其宰曰："免，是反子之义也。"与之皆死。崔氏杀鬷蔑于平阴。

晏子立于崔氏之门外，其人曰："死乎？"曰："独吾君也乎哉？吾死也？"曰："行乎？"曰："吾罪也乎哉？吾亡也？"曰："归乎？"曰：君死，安归？君民者，岂以陵民？社稷是主。臣君者，岂为其口实？社稷是养。故君为社稷死，则死之；为社稷亡，则亡之。若为己死而为己亡，非其私昵，谁敢任之？且人有君而弑之，吾焉得死之？而焉得亡之？将庸何归？"门启而入，枕尸股而哭，兴，三踊而出。人谓崔子必杀之，崔子曰："民之望也。舍之，得民。"卢蒲癸奔晋，王何奔莒。

〔补逸〕《晏子春秋》：晏子为庄公臣，言大用，每朝赐爵益邑。俄而不用，每朝致邑与爵。爵邑尽，退朝而乘，喟然而叹，终而笑。其仆曰："何叹笑相从数也？"晏子曰："吾叹也，哀吾君不免于难；吾笑也，喜吾自得也，吾亦无死矣。"

偻堙都被杀死。祝佗父到高唐祭祀，他回到国都回报使命，还没来得及脱掉祭服就在崔杼家里被杀死。申蒯是管理渔业的官员，退出来对他的家宰说："你带领我的妻子儿女逃走，我准备一死。"他的家宰说："我逃脱了，这是违背了为您而死的道义。"于是就和申蒯一起自杀而死。崔杼又在平阴杀掉了鬷蔑。

晏子（即晏平仲）站在崔家的大门外，他的随从说："您要殉死吗？"晏子说："他难道只是我一个人的国君吗？为什么我要殉死呢？"随从的人说："那么您要出逃吗？"晏子说："他的死是我的罪过吗？我为什么要逃亡呢？"随从的人说："那么您要回去吗？"晏子说："国君死了，我回到哪里去？身为百姓的国君，难道可以因此凌驾于百姓之上吗？是让他来主持国政的。作为国君的臣子，难道只是为了他的俸禄吗？应该保护国家。所以国君为国家而死，那么臣子就为他而死；国君为国家而逃亡，那么臣子就为他而逃亡。如果国君为自己而死、为自己而逃亡，不是他自己亲近宠爱的人，谁敢承担陪死的责任？况且有人得到国君的信任而又杀了国君，我怎能为他而死？又怎能为他而逃亡呢？可是又能回到哪里去呢？"崔杼家的大门打开，晏子就进去了，头枕在庄公尸体的大腿上号哭，然后站起来，跳脚号哭三次之后才出去。有人对崔杼说一定要杀了晏子，崔杼说："他是百姓仰望的人。放了他，能得到民心。"卢蒲癸逃亡到晋国，王何逃亡到莒国。

〔补逸〕《晏子春秋》：晏子做齐庄公的大臣，他的言论大受齐庄公采用，每次朝见，齐庄公都赏赐晏子爵位，增加封地。过了不长时间，又不再采用晏子的主张，每次朝见，晏子都归还封地和爵位。爵位和封地退还完毕后，晏子退朝后乘上车，喟然叹息，最后又笑了起来。晏子的仆人问道："您为什么叹息之后这么快又跟着笑起来了呢？"晏子回答说："我之所以长叹，是哀伤我的国君不能避免一场灾难；我之所以又发笑，是高兴自己悠然自得，我自己也不会因此而死了。"

崔杼果弑庄公。晏子立崔杼之门，门启而入。崔子曰："子何不死？子何不死？"晏子曰："祸始，吾不在也；祸终，吾不知也。吾何为死？且吾闻之：'以亡为行者，不足以存君；以死为义者，不足以立功。'婴岂其婢子也哉？其缢而从之也？"遂袒免，坐，枕君尸而哭，兴，三踊而出。

崔杼既弑庄公而立景公，杼与庆封相之，劫诸将军大夫及显士庶人于大宫之坎上，令无得不盟者。为坛三仞，坎其下，以甲千列环其内外。盟者皆脱剑而入，惟晏子不肯，崔杼许之。有敢不盟者，戟拘其颈，剑承其心。令自盟曰："不与崔、庆而与公室者，受其不祥！"言不疾，指不至血者，死。所杀七人。

次及晏子。晏子奉杯血，仰天叹曰："呜呼！崔子为无道而弑其君，不与公室而与崔、庆者，受此不祥！"俯而饮血。崔杼谓晏子曰："子变子言，则齐国吾与子共之；子不变子言，戟既在脰，剑既在心，维子图之也！"晏子曰："劫吾以刃而失其志，非勇也；回吾以利而倍其君，非义也。崔子！子独不为天讨乎？《诗》云：'莫莫葛藟，施于条枚。恺悌君子，求福不回。'

崔杼果真弑杀了齐庄公。晏子站在崔杼的家门口，崔杼的家门一打开晏子就走了进去。崔杼问："您为什么不死？您为什么不死？"晏子回答说："这场大祸开始时，我不在场；大祸结束，我也不知道。我为什么要死？再说我听到过这样的话：'认为随君逃亡是高尚行为的人，不足以使国君保全；认为随君死亡是合乎道义的人，不足以建立功业。'我晏婴难道是婢女一样的人吗？怎么能用上吊的办法跟随国君死难呢？"于是晏子脱掉上衣露出左臂，摘掉帽子，坐下来，枕着庄公的尸体大哭，然后站起身，跳脚号哭三次后走出崔杼家门。

崔杼弑杀庄公之后立景公为国君，他与庆封辅佐景公，他们把齐国的众将军、大夫以及知名人士、庶民百姓劫持到太公庙的祭坑边，命令他们每个人都要盟誓。修筑一个三仞高的土台，在台下挖掘了土坑，用一千多名穿着铠甲的兵士列队环绕在土坑的内外。盟誓的人都要解下佩剑进去，只有晏子不肯摘剑，崔杼答应了他的要求。有敢不盟誓的，就用戟钩住他的脖子，用剑抵住他的心口。下令让他们自己盟誓说："不依附崔杼、庆封而追随公室的人，将要承受灾祸！"说话吞吞吐吐和手指没沾到血的人，一律杀死。共杀了七个人。

按次序轮到晏子。晏子手捧盛血的杯具，仰天叹息说："唉！崔杼做此无道之事，弑杀自己的国君，不依附公室而追随崔杼、庆封的人，将要承受这灾祸！"说完，躬身喝掉杯中的血。崔杼对晏子说："您如果改变您说的话，那么我就与您共同统治齐国；您不改变您说的话，戟就在您脖子上，剑就在您心口，希望您仔细想想吧！"晏子说："用兵刃劫持我，而使我放弃自己的信念，这不是勇敢；用利禄使我改变心意，而背弃我的国君，这不符合道义。崔子！您难道不会受到上天的惩治吗？《诗经》说：'繁茂的葛藤，蔓延到树木的枝条上。快乐而平易近人的君子，祈求福禄不违背祖先之道。'

今婴且可以回而求福乎？曲刃钩之，直兵推之，婴不革矣。”

崔杼将杀之。或曰：“不可。子以子之君无道而杀之。今其臣，有道之士也，又从而杀之，不可以为教矣。”崔子遂舍之。晏子曰：“若大夫为大不仁而为小仁，焉有中乎？”趋出，授绥而乘。其仆将驰，晏子抚其手，曰：“徐之！疾不必生，徐不必死。鹿生于野，命悬于厨。婴命有系矣！”按之成节而后去。《诗》云：“彼己之子，舍命不渝。”晏子之谓也。

《韩诗外传》：齐崔杼弑庄公。荆蒯芮使晋而反，其仆曰：“君之无道也，四邻诸侯莫不闻也。以夫子而死之，不亦难乎？”荆蒯芮曰：“善哉，而言也！早言，我能谏；谏而不用，我能去。今既不谏，又不去。吾闻之：‘食其食，死其事。’吾既食乱君之食，又安得治君而死之？”遂驱车而入，死其事。仆曰：“人有乱君，犹必死之；我有治长，可无死乎？”乃结辔自刎于车上。君子闻之，曰：“荆蒯芮可谓守节死义矣。仆夫则无为死也，犹饮食而遇毒也。《诗》曰：‘夙夜匪懈，以事一人。’荆先生之谓也。《易》曰：‘不恒其德，或承之羞。’仆夫之谓也。”

如今我晏婴就可以违背先王之道而追求福禄吗？弯弯的兵刃钩杀我，直直的兵刃推进我的胸口，我晏婴不会因此而改变信念。”

崔杼将要杀害晏子。有人对崔杼说：“不可以。您因为您的国君无道而把他杀掉了。如今国君的大臣，是个有道之士，如果再接着杀害他，就不能推行教化了。”崔杼于是释放了晏子。晏子说：“像崔大夫这样，干下杀害国君这件最不仁的恶事，而又做了释放我这件小仁的好事，又怎么能是中正呢？”于是快步走了出去，手拉绳索，登上车。他的车夫准备赶车奔驰，晏子按住车夫的手，说：“慢慢走吧！疾驰不一定就能活命，缓行不一定就死。鹿生活在旷野，但是命运却由厨师来主宰。我晏婴的性命也系于别人之手啊！”于是控制着马车按照适宜的速度离开了。《诗经》说：“就是这样一个人啊，宁可舍弃性命也不改变自己的信念。”说的就是晏子吧。

《韩诗外传》：齐国的崔杼弑杀了齐庄公。荆蒯芮出使晋国返回齐国，他的车夫说：“国君无道，四周毗邻的诸侯没有不知道的。像先生这样为他去死，不是太为难了吗？”荆蒯芮说：“你说得很好啊！你早告诉我，我还能规劝君王；规劝他不听，我还可以离开他。如今已不能规劝，又不能离开。我听说过这样的话：‘享受他人的俸禄，要为他人的事而死。’我既已享受了昏君的俸禄，又怎么能找到一个明君而为他赴死呢？”于是赶车进入都城，为庄公而死。他的车夫说：“有人遇上了昏君，还能为他赴死；我遇上了明主，难道不应该殉死吗？”于是他拴好马缰绳，在车上自杀了。君子听说了这件事，说：“荆蒯芮可称得上是坚守节操为道义而死了。车夫就不用殉死了，这就好比饮食遇到了毒物。《诗经》上说：‘从早到晚不肯懈怠，来侍奉君王一人。’说的就是荆先生这样的人。《易经》上说：‘不能恒久保持美德，有时受到别人的羞辱。’说的就是车夫这样的人。”

《说苑》：齐人弑其君，鲁襄公援戈而起，曰："孰臣而敢杀其君乎？"师惧曰："夫齐君，治之不能，任之不肖，纵一人之欲，以虐万夫之性，非所以立君也。其身死，自取之也。今君不爱万夫之命，而伤一人之死，奚其过也！其臣已无道矣，其君亦不足惜也。"

叔孙宣伯之在齐也，叔孙还纳其女于灵公，嬖，生景公。丁丑，崔杼立而相之，庆封为左相，盟国人于大宫，曰："所不与崔、庆者……"晏子仰天叹曰："婴所不唯忠于君、利社稷者是与，有如上帝！"乃歃。辛巳，公与大夫及莒子盟。大史书曰："崔杼弑其君。"崔子杀之。其弟嗣书，而死者二人。其弟又书，乃舍之。南史氏闻大史尽死，执简以往。闻既书矣，乃还。闾丘婴以帷缚其妻而载之，与申鲜虞乘而出。鲜虞推而下之，曰："君昏不能匡，危不能救，死不能死，而知匿其昵，其谁纳之？"行及弇中，将舍。婴曰："崔、庆其追我。"鲜虞曰："一与一，谁能惧我？"遂舍。枕辔而寝，食马而食。驾而行，出弇中，谓婴曰："速驱之！崔、庆之众，不可当也。"遂来奔。崔氏侧庄公于北郭。丁亥，葬诸士孙之里，四翣，不跸，下车七乘，不以兵甲。

晋侯济自泮，会于夷仪，伐齐，以报朝歌之役。齐人

《说苑》：齐国人弑杀了他们的国君，鲁襄公听说后便拿着戈站起来说："哪里有臣子胆敢杀死自己国君的呢？"师惧说："那齐国国君治国无能，任用的臣子无才无德；他放纵个人的私欲，来戕害万人的性命，不是应该立为国君的人。他的死亡是自己造成的。如今国君您不爱惜万民的性命，却只伤悼一个人的死亡，这是多么错误啊！齐国的臣子已经不守臣道了，齐国的国君也不值得惋惜了。"

叔孙宣伯在齐国的时候，叔孙还把叔孙宣伯的女儿嫁给齐灵公，受到宠爱，生下齐景公。五月十九日，崔杼立景公为国君并辅佐他，庆封做左相，又在太公庙和国人结盟，说："有不亲附崔氏、庆氏的……"晏子仰天长叹说："我晏婴如果不亲附忠君、利国的人，有天帝为证！"于是歃血。二十三日，齐景公和大夫们以及莒犁比公结盟。太史记载说："崔杼弑其君。"崔杼杀了太史。太史的弟弟继续这样写，因而接连有两个人被杀死。太史还有个弟弟又这样写，崔杼这才放过他。南史氏闻知太史都被杀死了，拿着竹简前去。听到已经如实记载了，这才回去。闾丘婴用车的帷布把他的妻子裹起来装在车上，和申鲜虞坐一辆车逃走。申鲜虞把闾丘婴的妻子推下车，说："国君昏庸不能匡正，国君危难不能救援，国君死了不能同死，却只知道把自己亲爱的人藏匿起来，还有谁会接纳我们？"走到弇中狭道，准备住下来。闾丘婴说："崔氏、庆氏恐怕在追我们。"申鲜虞说："打起来一对一，谁能让我们害怕？"于是就住下来。头枕着马缰绳睡觉，先喂饱马自己才吃饭。然后又套上车继续赶路，走出了弇中狭道，申鲜虞对闾丘婴说："快些赶马！崔氏、庆氏人多势众，不能抵挡。"于是逃到鲁国。崔氏在城北把齐庄公的棺材用砖草草围砌住。二十九日，将齐庄公埋葬在士孙之里，只用四把长柄扇，也没有开路清道，送葬只用破车七辆，也没有用甲士列出军阵。

晋平公渡过泮水，和鲁襄公、宋平公、卫殇公、郑简公、曹武公、莒犁比公、邾悼公、滕成公、薛献公、杞文公、小邾穆公在夷仪会合，攻打齐国，以报复朝歌那次战役。齐国人

以庄公说，使隰鉏请成。秋七月己巳，同盟于重丘，齐成故也。

〔补逸〕《晏子春秋》：晏子臣于庄公，公不说，饮酒，令召晏子。晏子至，入门，公令乐人奏歌曰："已哉！已哉！寡人不能说也，尔何来为？"晏子入坐，乐人三奏，然后知其为己也。遂起，北面坐地。公曰："夫子从席，曷为坐地？"晏子对曰："婴闻讼夫坐地。今婴将与君讼，敢毋坐地乎？婴闻之：'众而无义、强而无礼、好勇而恶贤者，祸必及其身。'若公者之谓矣。且婴言不用，愿请身去。"遂趋而归。管籥其家者纳之公，财在外者斥之市，曰："君子有力于民，则进爵，不辞贵富；无力于民而旅食，不恶贫贱。"遂徒行而东，耕于海滨。居数年，果有崔杼之难。

二十七年春，齐庆封来聘，其车美。孟孙谓叔孙曰："庆季之车不亦美乎？"叔孙曰："豹闻之：'服美不称，必以恶终。'美车何为？"叔孙与庆封食，不敬。为赋《相鼠》，亦不知也。

齐崔杼生成及彊而寡。娶东郭姜，生明。东郭姜以孤入，曰棠无咎，与东郭偃相崔氏。崔成有疾而废之，而立明。成请老于崔，崔子许之。偃与无咎弗予，曰："崔，宗邑也，必在宗主。"成与彊怒，将杀之，告庆封曰："夫子之身，亦子所知也，

想用杀庄公的事向晋国解释，派隰钼请求讲和。秋季七月十二日，诸侯共同在重丘结盟，这是由于他们和齐国讲和的缘故。

〔补逸〕《晏子春秋》：晏子做齐庄公的臣子，庄公不喜欢他，饮酒时，让人把晏子召来。晏子到来，刚进门，庄公命令乐人奏歌，歌词说："算了吧！算了吧！寡人不喜欢你，你来干什么？"晏子入座，乐人接连演奏了几次，晏子这才明白这是针对自己的。于是他起身，脸朝北坐在地上。庄公说："您陪我就席，为什么要坐在地上？"晏子回答说："我晏婴听说打官司的人要坐在地上。如今我要同您打官司，敢不坐在地上吗？我听说过这样的话：'依仗势众而不讲道义，凭借强暴而不讲礼节，崇尚勇力而厌恶贤能的人，灾祸一定会降临到自己身上。'说的就是像您一样的人。再说，我的言论不被采用，愿意请命离开朝廷。"于是快步赶回家。把锁藏在家里的财物都交纳给国家，散失在外的财货都斥卖于街市，说："君子能为民众出力，就应该加官晋爵，不拒绝富贵；君子不能为民众出力，就应该像平民百姓一样饮食，不厌恶贫贱的生活。"于是他徒步向东走去，到海滨耕种为生。过了几年，果真发生了崔杼杀害庄公的祸难。

二十七年春季，齐国的庆封前来鲁国聘问，他乘坐的车子很漂亮。孟孙对叔孙说："庆封（即庆季）的车子，不也太漂亮了吗？"叔孙说："我听说：'车马服饰的漂亮和人不相称，必定要尝到恶果。'漂亮的车子有什么用？"叔孙招待庆封吃饭，庆封表现得不恭敬。叔孙为他吟诵《相鼠》这首诗，他也不明白这是讽刺自己。

齐国的崔杼生下崔成和崔彊，妻子就死了。崔杼又娶了东郭姜（即棠姜）为妻子，生了崔明。东郭姜带了前夫棠公的儿子进入崔门，儿子名叫棠无咎，和东郭偃一起辅佐崔氏。崔成因为有病而被废弃，于是立崔明为继承人。崔成请求在崔地养老，崔杼答应了他。东郭偃和棠无咎不同意给他崔地，说："崔地是宗庙所在的地方，一定要归于宗主。"崔成和崔彊很生气，要杀掉他们，便告诉庆封说："我父亲的情况，您也是知道的，

唯无咎与偃是从，父兄莫得进矣。大恐害夫子，敢以告。"庆封曰："子姑退，吾图之。"告卢蒲嫳。卢蒲嫳曰："彼，君之仇也，天或者将弃彼矣。彼实家乱，子何病焉？崔之薄，庆之厚也。"他日又告，庆封曰："苟利夫子，必去之。难，吾助女。"九月庚辰，崔成、崔彊杀东郭偃、棠无咎于崔氏之朝。崔子怒而出，其众皆逃，求人使驾，不得。使圉人驾，寺人御而出，且曰："崔氏有福，止余犹可。"遂见庆封。庆封曰："崔、庆，一也，是何敢然！请为子讨之。"使卢蒲嫳帅甲以攻崔氏。崔氏堞其宫而守之，弗克。使国人助之，遂灭崔氏，杀成与彊，而尽俘其家，其妻缢。嫳复命于崔子，且御而归之。至，则无归矣，乃缢。崔明夜辟诸大墓。辛巳，崔明来奔。庆封当国。

二十八年，齐庆封好田而耆酒，与庆舍政，则以其内实迁于卢蒲嫳氏，易内而饮酒。数日，国迁朝焉。使诸亡人得贼者以告而反之，故反卢蒲癸。癸臣子之，有宠，妻之。庆舍之士谓卢蒲癸曰："男女辨姓，子不辟宗，何也？"曰："宗不余辟，余独焉辟之？赋诗断章，余取所求焉，恶识宗？"癸言王何而反之，二人皆嬖。使执寝戈而先后之。

他只听从棠无咎和东郭偃的话，父老兄长都说不上话。我们很怕这样会有害于他老人家，特地向您报告。”庆封说：“你们先回去，我考虑一下。”庆封告诉了卢蒲嫳。卢蒲嫳说：“崔杼是国君的仇人，上天或许将要抛弃他了。他其实是家里发生了内乱，您担忧什么呢？崔家的没落，就是庆家的强盛。”过了几天，崔成和崔彊又对庆封说起这件事，庆封说：“只要有利于崔杼他老人家，一定要除掉东郭偃和棠无咎。如果有困难，我来帮助你们。”九月初五，崔成、崔彊在崔氏的朝堂上杀掉了东郭偃、棠无咎。崔杼大怒出走，他的手下人都逃走了，找人套车，却找不到。只好让养马的人套上车，由阉人驾驶着车子出去，崔杼还说：“崔氏如果有福，祸患只在我自己身上就可以。”于是去见庆封。庆封说：“崔氏、庆氏是一家，这些人怎么敢这样！请让我为您讨伐他们。”便派卢蒲嫳率领甲士攻打崔氏。崔氏加固了宫墙上的矮墙守卫着，卢蒲嫳没能攻克。让国人帮助攻打，于是灭亡了崔氏，杀掉了崔成和崔彊，并夺取了崔家的全部人口和财物，崔杼的妻子东郭姜上吊而死。卢蒲嫳向崔杼复命，并驾车送他回家。崔杼到家后，一看已经无家可归，就上吊而死了。崔明连夜躲藏到先人墓地。初六，崔明逃亡来到鲁国。从此庆封掌握了齐国国政。

二十八年，齐国的庆封爱好打猎并喜好喝酒，把政权交给儿子庆舍去处理，他自己则带着妻妾财物搬到卢蒲嫳家里去住，两人互相交换妻妾并喝酒作乐。几天以后，官员们就改到这里来朝见。庆封让那些逃亡在外而知道崔氏余党的人，如果前来告发就允许他们回来，所以让卢蒲癸回来了。卢蒲癸当了子之（即庆舍）的家臣，受到宠信，庆舍就把女儿嫁给了他。庆舍的家臣对卢蒲癸说：“男女结婚要辨别是否同姓，您却不避讳同宗，这是为什么？”卢蒲癸说：“同宗不避我，我怎么能避开同宗呢？就像吟诵诗时断章取义一样，我得到我所需求的东西就行了，哪里顾得上什么同宗？”卢蒲癸又对庆舍说起王何，让王何回国，两个人都受到了宠信。庆舍让他俩拿着近身武器作为自己的前后护卫。

公膳日双鸡，饔人窃更之以鹜。御者知之，则去其肉，而以其洎馈。子雅、子尾怒，庆封告卢蒲嫳。卢蒲嫳曰："譬之如禽兽，吾寝处之矣。"使析归父告晏平仲。平仲曰："婴之众不足用也，知无能谋也。言弗敢出，有盟可也。"子家曰："子之言云，又焉用盟？"告北郭子车。子车曰："人各有以事君，非佐之所能也。"陈文子谓桓子曰："祸将作矣，吾其何得！"对曰："得庆氏之木百车于庄。"文子曰："可慎守也已。"

卢蒲癸、王何卜攻庆氏，示子之兆，曰："或卜攻仇，敢献其兆。"子之曰："克，见血。"冬十月，庆封田于莱，陈无宇从。丙辰，文子使召之，请曰："无宇之母疾病，请归。"庆季卜之，示之兆，曰："死。"奉龟而泣，乃使归。庆嗣闻之，曰："祸将作矣。"谓子家："速归，祸作必于尝，归犹可及也。"子家弗听，亦无悛志。子息曰："亡矣！幸而获在吴、越。"陈无宇济水，而戕舟发梁。

卢蒲姜谓癸曰："有事而不告我，必不捷矣。"癸告之。姜曰："夫子愎，莫之止，将不出，我请止之。"癸曰："诺。"十一月乙亥，尝于大公之庙，庆舍莅事。卢蒲姜告之，且止之。弗听，曰："谁敢者？"遂如公。麻婴为尸，庆奊为上献。卢蒲癸、王何执寝戈。庆氏以其甲环公宫。陈氏、鲍氏之圉人为优。庆氏之马善惊，士皆释甲束马而饮酒，且观优，至于鱼里。

卿大夫在公家的伙食是每天两只鸡，管伙食的人偷着换成了鸭子。送饭的人知道了，就剔掉鸭子肉，而只送上肉汤。栾氏子雅、高氏子尾大怒，庆封告诉了卢蒲嫳。卢蒲嫳说："他们好比禽兽，我就要睡在他们的皮上了。"庆封派析归父把准备杀他们的意思告诉晏平仲。晏平仲说："我晏婴的手下人不堪使用，我的智谋也无法出谋划策。但这些话决不会泄露出去，可以盟誓。"子家（即析伯父）说："您已经这样说了，又哪里用得着盟誓？"又告诉了北郭子车。子车说："人各自有事奉国君的方式，这不是我北郭佐所能做到的。"陈文子对儿子陈桓子（即陈无宇）说："祸难将要发生了，我们能得到什么！"陈无宇回答说："可以在都城的庄街得到一百车庆氏的木材。"陈文子说："要谨慎地保住它。"

卢蒲癸、王何为攻打庆氏占卜，把卦象给庆舍看，说："有人为攻打仇人而占卜，请你看看征兆如何。"庆舍说："能成功，见到了血。"冬季十月，庆封在莱地打猎，陈无宇跟随。十七日，陈文子派人召回陈无宇，陈无宇向庆封请求说："我母亲病重，请让我回去。"庆封为他占卜，并把卦象给他看，说："这是将死的卦象。"陈无宇便捧着龟甲哭泣，庆封就让他回去了。庆封的族人庆嗣听到这件事，说："祸难将要发生了。"便对子家（即庆封）说："快点回去，祸难必定在尝祭时发生，回去还来得及。"庆封不听，也没有悔改的意思。子息（即庆嗣）说："他要逃亡了！侥幸的话能逃到吴国、越国。"陈无宇渡河后，就破坏了渡船并拆去了桥梁。

卢蒲癸的妻子卢蒲姜对卢蒲癸说："有事情如果不告诉我，必定不能成功。"卢蒲癸便告诉了她。卢蒲姜说："我父亲庆舍刚愎自用，没有人去劝阻他，他是不会出来的，请让我去劝阻他。"卢蒲癸说："好。"十一月初七，在太公庙举行尝祭，庆舍准备亲临祭祀。卢蒲姜告诉他有人将要发动祸乱，并劝阻他不要去。庆舍不听，说："谁敢这样？"于是就到祭祀的地方。麻婴充当祭尸，庆奊做上献。卢蒲癸、王何拿着近身武器护卫。庆氏率领他的甲士包围公宫来警卫。陈氏、鲍氏的养马人演戏。庆氏的马容易受惊，甲士们就都解甲系马喝酒，又到鱼里去看戏。

栾、高、陈、鲍之徒介庆氏之甲。子尾抽桷击扉三，卢蒲癸自后刺子之，王何以戈击之，解其左肩。犹援庙桷，动于甍，以俎壶投，杀人而后死。遂杀庆绳、麻婴。公惧。鲍国曰："群臣为君故也。"陈须无以公归，税服而如内宫。

庆封归，遇告乱者。丁亥，伐西门，弗克。还伐北门，克之。入伐内宫，弗克。反陈于岳，请战，弗许，遂来奔。献车于季武子，美泽可以鉴。展庄叔见之曰："车甚泽，人必瘁，宜其亡也。"叔孙穆子食庆封，庆封泛祭，穆子不说，使工为之诵《茅鸱》，亦不知。既而齐人来让，奔吴。吴勾馀予之朱方，聚其族焉而居之，富于其旧。子服惠伯谓叔孙曰："天殆富淫人，庆封又富矣。"穆子曰："善人富谓之赏，淫人富谓之殃。天其殃之也，其将聚而歼旃。"

〔补逸〕《韩非子》：庆封为乱于齐，而欲走越。其族人曰："晋近，奚不之晋？"庆封曰："越远，利以避难。"族人曰："变是心也，居晋而可；不变是心也，虽远越，其可以安乎？"

崔氏之乱，丧群公子，故鉏在鲁，叔孙还在燕，贾在句渎之丘。及庆氏亡，皆召之，具其器用，而反其邑焉。与晏子邶殿其鄙六十，弗受。子尾曰："富，人之所欲也，何独

栾氏子雅、高氏子尾、陈氏须无(即陈文子)、鲍氏鲍国家的人都穿上了庆氏家人脱下的甲衣。子尾抽出椽子在门上敲了三下，卢蒲癸从后面刺庆舍，王何用戈猛击，把庆舍的左肩砍掉了。庆舍还攀援着庙宇的椽子，竟拉动了屋梁，他又把陈置肉的案板和装酒的壶投掷出去，把人打死然后才死去。于是卢蒲癸等人杀掉了庆绳(即庆奊)、麻婴。齐景公非常害怕。鲍国说："群臣这样做是为了国君。"陈须无护着齐景公回去，脱去祭服进入内宫。

庆封回来时，又遇到报告动乱的人。十九日，庆封攻打西门，没能攻克。又去攻打北门，攻打下来。进入城中攻打内宫，没有攻克。庆封回军在岳街摆开阵势，请求决战，也没有得到允许，于是逃奔来到鲁国。庆封把车子献给季武子，车子美丽的光泽可以照出人影。展庄叔见了，说："车子如此光泽，主人必定有忧患，他的灭亡是应该的。"叔孙穆子(即叔孙豹)设宴款待庆封，庆封先远散祭品，叔孙穆子不高兴，让乐工为他吟诵《茅鸱》这首诗，他也不明白这是讽刺自己不敬的用意。不久齐国人前来鲁国责问，庆封又逃奔到吴国。吴王勾馀把朱方送给庆封，庆封聚集了他的族人居住在那里，比原来还富有。子服惠伯对叔孙穆子说："上天大概是要让坏人富有，庆封又富有了。"叔孙穆子说："好人富有叫作奖赏，坏人富有叫作灾殃。上天大概要让他遭殃，这是要把他们聚拢在一起而歼灭掉。"

〔补逸〕《韩非子》：庆封在齐国作乱，而想要逃到越国去。他同族的人对他说："晋国很近，为什么不到晋国去？"庆封说："越国遥远，对躲避灾难有利。"同族的人说："如果改变这作乱的心思，居住在晋国也就可以了；如果不改变这作乱的心思，即使远居越国，难道就可以安宁了吗？"

崔氏动乱时，齐国的公子们四散逃亡，所以公子钽逃亡到鲁国，叔孙还逃亡到燕国，公子贾逃亡到句渎之丘。等到庆氏灭亡后，齐国把他们都召回来，为他们准备了日常器用，又还给他们封邑。齐景公封给晏子邶殿边境上的六十个城邑，晏子不肯接受。子尾说："富有，是人们所希望得到的，为什么唯独

弗欲?”对曰:“庆氏之邑足欲,故亡。吾邑不足欲也,益之以邶殿,乃足欲。足欲,亡无日矣。在外不得宰吾一邑,不受邶殿,非恶富也,恐失富也。且夫富,如布帛之有幅焉,为之制度,使无迁也。夫民,生厚而用利,于是乎正德以幅之,使无黜嫚,谓之幅利。利过则为败。吾不敢贪多,所谓幅也。”与北郭佐邑六十,受之。与子雅邑,辞多受少。与子尾邑,受而稍致之。公以为忠,故有宠。释卢蒲嫳于北竟。

求崔杼之尸,将戮之,不得。叔孙穆子曰:“必得之。武王有乱臣十人,崔杼其有乎?不十人,不足以葬。”既,崔氏之臣曰:“与我其拱璧,吾献其柩。”于是得之。十二月乙亥朔,齐人迁庄公,殡于大寝。以其棺尸崔杼于市,国人犹知之,皆曰:“崔子也。”

二十九年二月癸卯,齐人葬庄公于北郭。

昭公三年秋,齐侯田于莒,卢蒲嫳见,泣且请曰:“余发如此种种,余奚能为?”公曰:“诺。吾告二子。”归而告之。子尾欲复之。子雅不可,曰:“彼其发短而心甚长,其或寝处我矣。”九月,子雅放卢蒲嫳于北燕。

四年秋七月,楚子以诸侯伐吴,使屈申围朱方。八月甲申,克之。执齐庆封,而尽灭其族。余见《楚灵王之乱》。

〔补逸〕《吕氏春秋》:崔杼与庆封谋杀齐庄公,庄

您不要?”晏子回答说:“庆氏的城邑满足了自己的欲望,所以他逃亡了。我的城邑还不能满足自己的欲望,如果把邶殿六十邑加上,就满足了。满足了欲望,离逃亡也就没有多久了。逃亡在外我连一座城邑都不能主宰,我不接受邶殿六十邑,并不是讨厌富有,而是害怕失去富有。而且那富有就像布帛一样有一定的尺寸,给它设定一定的幅度,让它不能改变。百姓总想生活丰厚,器用富足,所以要端正德行来加以限制,使之既不放逸也不怠忽,这叫限制私利。私利过了头就要败坏。我不敢贪多,就是所说的限制。”景公封给他北郭佐邑六十座,他接受了。封给子雅城邑,子雅推辞的多而接受的少。封给子尾城邑,子尾接受后又立刻还给齐景公。齐景公认为子尾忠诚,所以子尾受到宠信。卢蒲嫳被放逐到齐国北部边境。

齐国人寻找崔杼的尸体,准备戮尸,但没能找到。叔孙穆子说:“一定能找到崔杼的尸体。周武王有十个治世之臣,崔杼难道有吗?只要他没有这样的十个人,就不能够安葬。”不久之后,崔氏的一个家臣说:“把崔氏的大玉璧给我,我就献出他的棺材。”这才得到了崔杼的尸体。十二月初一,齐国人迁葬了齐庄公,在正寝停放棺材。用棺材装着的崔杼尸体暴露于街市,国人还认得出他,都说:“这是崔杼。”

二十九年二月初六,齐国人在外城北面埋葬了齐庄公。

鲁昭公三年秋季,齐景公在莒地打猎,卢蒲嫳进见,一边哭泣一边请求说:“我的头发如此短少,我还能做什么坏事呢?”齐景公说:“好。我告诉那二位。”回去后就告诉了子尾和子雅。子尾想让卢蒲嫳回国。子雅不同意,说:“他这个人头发虽然短少但心计很多,他也许又想要睡在我的皮上了。”九月,子雅把卢蒲嫳放逐到北燕。

四年秋季七月,楚灵王率领诸侯攻打吴国,派遣屈申围攻朱方。八月甲申日这一天,攻克了朱方。活捉了齐国的庆封,并把他的族人全部杀了。余下的见《楚灵王之乱》。

〔补逸〕《吕氏春秋》:崔杼和庆封谋划杀害了齐庄公,庄

公死，更立景公，崔杼相之。庆封又欲杀崔杼而代之相，于是掾崔杼之子，令之争后。崔杼之子相与私斗，崔杼往见庆封而告之。庆封谓崔杼曰："且留，吾将兴甲以杀之。"因令卢蒲嫳兴甲以诛之，尽杀崔杼之妻子及支属，烧其室屋，报崔杼曰："吾已诛之矣。"崔杼归无归，因而自绞也。庆封相景公，景公苦之。

庆封出猎，景公与陈无宇、公孙灶、公孙虿诛封。庆封以其属斗，不胜，走如鲁。齐人以为让，又去鲁而如吴，王予之朱方。荆灵王闻之，率诸侯以攻吴，围朱方，拔之。得庆封，负之斧质，以徇于诸侯军，因令其呼之曰："毋或如齐庆封，弑其君而弱其孤，以亡其大夫！"乃杀之。

臣士奇曰：国家之所倚赖者，世臣。弃世臣而使群小间之，未有不及于祸败者也。高、国，齐之世臣，而鲍氏自叔牙援立桓公，亦有功世族也。崔、庆二氏，特疏贱者耳。使与政柄，而国氏、高氏、鲍氏以一妇人之谗，覆宗夷族，诚可为深叹也。庆克通于声孟，丑迹外宣。鲍牵愤而言之，国武子以是被谪弃位，而姣者毒构其中。灵公不察索客之由，刖鲍牵而走无咎，遂使倒行逆施，高弱为盗据之臣，国佐受擅诛之辟。彼昏若此，

公死后，又立了齐景公，崔杼当了齐景公的相。庆封又想杀死崔杼而取代他为相，于是挑拨崔杼的儿子们，让他们争夺继承权。崔杼的儿子们相互私斗，崔杼前去拜见庆封并告诉他这件事。庆封对崔杼说："你先留在这儿，我准备发兵去杀掉他们。"于是就命令卢蒲嫳带兵前去诛杀，把崔杼的妻子儿女以及宗族亲属全部杀死，并烧了他们的房屋，向崔杼回报说："我已经杀掉他们了。"崔杼回去后无家可归，就自缢而死了。庆封于是成为齐景公的相，景公深以为苦。

庆封外出打猎，景公与陈无宇、公孙灶（即子雅）、公孙虿（即子尾）起兵讨伐庆封。庆封率领他的部下应战，没有取胜，逃往鲁国。齐国人责备鲁国收留庆封，庆封又离开鲁国而到了吴国，吴王把朱方给了庆封。楚灵王听到这个消息，率领诸侯的军队攻打吴国，包围了朱方，并攻克了它。捕获了庆封，把斧子铁砧架在他身上，在诸侯军中巡行示众，还让他高呼道："不能再像齐国庆封那样，弑杀其国君、欺辱丧父的新君，并强迫大夫盟誓！"然后杀掉庆封。

臣下我高士奇评论说：国家所依赖的人，是历代有功勋的旧臣。抛弃历代有功勋的旧臣而让众多小人钻了国家的空子，没有不遭受灾祸与失败的。高氏、国氏，是齐国世代有功勋的旧臣，而鲍氏自从鲍叔牙辅佐拥立齐桓公开始，也是有功于齐国的大家族。崔、庆二家，只是关系疏远、地位低贱的家族罢了。让崔氏、庆氏执掌政权，而国氏、高氏、鲍氏因为声孟子这个女人的谗言，就使宗族覆灭，确实是令人深深叹息的事情。庆克与声孟子私通，丑恶的事迹在外面宣扬开来。鲍牵气愤地告诉了国武子，国武子因为此事遭受惩罚并丢掉了官位，而淫妇声孟子在这件事当中恶毒地进行诬陷。齐灵公不考察在城门检查过客的缘由，砍去了鲍牵的双脚并驱逐了高无咎，于是导致倒行逆施，使高无咎的儿子高弱成为割据叛乱的臣子，使国佐（即国武子）受到了擅自诛杀大臣的刑罚。齐灵公如此昏庸，

虽有卫足之智，安能亢宗也？

戎子欲立子牙，而高厚为之傅。庄公反正，修郄高氏，崔杼阿其旨，杀之洒蓝而兼有其室。盖自是崔、庆愈强而齐国之大家几尽矣。何怪其弑君淫酗，祸乱相随属，而无所致难于其间也！崔杼有宠惠公，高、国畏其逼而逐之，盖亦逆知后世之患者。

屏虎穷山，惟恐不远，而又进而狎之，恃其不噬，难矣。庄公德其援己，使之为政。而己复不君，纳伯国之逋逃，以挑其怒；又重之以干戈，恃外援而不事盟主。崔杼曾无所匡救，一意从谀，彼已豫畜一剸刃之狡童，以谢大国之讨己，乃乘废置而弄其权，况乎又有棠姜之事，巧与相值也。身被恶名，著之史册，杼罪不胜诛，而后知高、国之畏逼，诚非过计矣。

庆封助成弑逆，崔杼倚之。杼生成及疆，而以棠姜之前子入使主家政，废成而立姜子明。成又请老于崔，不得，谋于庆封讨杀二子。杼也愤之，庆封因是尽灭崔氏之室。杼无所归，卒符蒺藜之占。杼乃今而知

即使鲍牵有保全双脚的智慧，又怎能庇护宗族呢？

齐灵公的小妾戎子想要立公子牙为太子，齐灵公就让高厚做公子牙的太傅。齐庄公公子光作为太子被废而复立后，对高氏复仇，崔杼迎合他的旨意，在洒蓝杀了高厚并兼并了他的家产和封地。大概从此以后，崔氏、庆氏的势力越来越强大，而齐国的大家族几乎绝灭了。何必奇怪崔杼弑杀国君而庆封饮酒无度，灾祸变乱相接续，却没有办法在他们当中制止祸难呢！崔杼受到齐惠公的宠信，高氏、国氏畏惧他的威逼在惠公去世后就驱逐了他，大概也是预料到后世将会发生祸乱。

把老虎摒弃到深山里只怕还不够远，却又让老虎出来并亲近它，以为它不会吃自己，太难了。齐庄公感激崔杼拥立自己为君，让他掌管国家政事。而自己又不行为君之道，接收来自霸主晋国的逃亡之人栾盈，来挑动晋国发怒；又以武力相加进行征伐，倚仗楚国作为外援，而不事奉盟主晋国。崔杼竟没有一点匡正补救，只是一心阿谀奉承，他自己已经提前畜养了一位准备刺杀齐庄公的狡猾的仆从贾举，以便找一个搪塞的理由来辞谢强大晋国对自己的讨伐，又利用废立国君来把持操弄朝权，何况又正好赶上了有棠姜与齐庄公私通幽会的事。崔杼自身背负恶名，记载在史书上，他犯下的罪恶即使杀了他也不能抵偿，然后才知道高氏、国氏畏惧他的威逼而驱逐他，确实不是错误的谋划了。

庆封促成了弑逆，崔杼依赖他。崔杼的妻子生下了崔成和崔疆，崔杼却让续娶的妻子棠姜与前夫生下的儿子棠无咎进入崔家，让他主持家政，并废掉崔成而立棠姜与自己生的儿子崔明为继承人。崔成还请求在崔地养老，没能实现，他便与庆封谋划诛杀棠无咎和棠姜的弟弟东郭偃二人。崔杼对此十分愤怒，庆封便乘此机会全部灭亡了崔氏家族。崔杼无家可归而自杀，最终应验了以蒺藜为依靠会使自己受到伤害的占卜爻辞。崔杼事到如今才知道

人之杀其子，亦如己之杀人子乎！洒蓝之恨，应亦少快，不独庄公矣。

庆封委政庆舍，荒淫无度，自恃舍之勇足以弹压亡人，于是庄公之党复集，而舍粗疏刚愎，剑在其颈而犹不悟，卒死卢蒲嫳之手。夫卢蒲嫳者，庄公之党人也。前者庆封用之，以屠灭崔氏；今复假手以剪覆庆氏，倚伏相寻，昭昭不爽。庆封虽幸逃死朱方，卒就楚灵之钺。

观崔、庆相戕，祸端报反之机，大类羿、浞已事。螳螂、黄雀之喻，信足为奸雄乱贼之炯戒也。卢蒲癸崎岖隐忍，臣役庆舍，欲为庄公复仇，壻于庆而又贼之，其志苦，其谋狡矣。发短心长，放之北燕，有以也。庆舍之女知有夫而不知有父，安可与杞梁妻同日语哉？

别人杀掉自己的儿子，也如同自己杀掉别人的儿子了吧！高厚在洒蓝被杀的遗恨，也应当稍得慰藉了，不只是齐庄公一人。

庆封把政事托付给庆舍去处理，而自己则荒淫无度，自恃庆舍的勇力足以镇压那些逃亡在外的人。在这时齐庄公的党羽重新又聚集起来，而庆舍性情粗率并且刚愎自用，剑抵在他的脖子上，他还是不能够醒悟，最终死在卢蒲嫳的手上。卢蒲嫳是齐庄公一伙的人。此前庆封任用他，来屠灭崔氏；现在他又假借他哥哥卢蒲癸之手来除掉庆氏，祸福相因，昭然若揭，没有丝毫差错。庆封虽然侥幸逃亡到吴国的朱方，最终还是被楚灵王杀死。

纵观崔氏、庆氏的相互戕害，灾祸发生与报应到来的过程，大体类似后羿、寒浞的往事。"螳螂捕蝉、黄雀在后"的比喻，确实足以作为对奸雄乱贼明白的鉴戒了。卢蒲癸在困厄中克制忍耐，当了庆舍的奴仆，想要为齐庄公报仇，当了庆舍的女婿然后又杀了庆舍，他用心良苦，计谋十分狡猾。卢蒲癸的头发短少可是心计很多，他最终被流放到北燕，是有原因的。庆舍的女儿卢蒲姜只知道有丈夫卢蒲癸，却不知道有父亲庆舍，怎么可以与杞梁的妻子同日而语呢？

卷二十二 陈氏倾齐

桓公五年春正月，甲戌，己丑，陈侯鲍卒。再赴也。于是陈乱，文公子佗杀太子免而代之。公疾病而乱作，国人分散，故再赴。

庄公二十二年春，陈人杀其太子御寇。陈公子完与颛孙奔齐，颛孙自齐来奔。齐侯使敬仲为卿。辞曰："羁旅之臣，幸若获宥，及于宽政，赦其不闲于教训，而免于罪戾，弛于负担，君之惠也。所获多矣，敢辱高位以速官谤？请以死告。《诗》云：'翘翘车乘，招我以弓。岂不欲往，畏我友朋。'"使为工正。饮桓公酒，乐。公曰："以火继之。"辞曰："臣卜其昼，未卜其夜，不敢。"君子曰："酒以成礼，不继以淫，义也。以君成礼，弗纳于淫，仁也。"

初，懿氏卜妻敬仲，其妻占之，曰："吉。是谓'凤皇于飞，和鸣锵锵。有妫之后，将育于姜。五世其昌，并于正卿。

卷二十二　陈氏倾齐

鲁桓公五年春季正月，去年十二月二十一日，今年正月初六，陈桓公鲍去世。《春秋》之所以记载两个日子，是由于发布两次讣告而日期不同。当时陈国发生动乱，陈文公的儿子陈佗杀了太子免而取代了他。陈桓公病危的时候陈国动乱发生了，国内臣民纷纷逃散，所以陈国发布了两次讣告。

鲁庄公二十二年春季，陈国人杀了他们的太子御寇。陈国的公子敬仲（即公子完）和颛孙逃亡到齐国，颛孙又从齐国逃到鲁国。齐桓公让敬仲做卿。敬仲辞谢说："寄居在外的小臣，有幸获得宽恕，能在齐国宽厚的政治下，赦免我的不谙熟教训，才得以免除罪过，放下负担，这是国君的恩惠。我所得到的已经很多，怎敢玷辱这样的高位而招致不称职的指责？谨冒死上告。《诗》说：'贵人坐在高高的车上，手持弓来招呼我。我岂不想前去，怕我朋友的讥讽指责。'"于是桓公让他做工正。敬仲请齐桓公饮酒，桓公喝得很高兴。桓公说："点上烛火继续畅饮。"敬仲辞谢说："臣只占卜了白天请国君饮酒，没有占卜夜晚陪饮，所以不敢奉命。"君子说："酒用来完成礼仪，不能没有节制，这是义。和国君饮酒完成了礼仪，不再使他饮酒过度，这是仁。"

起初，陈国大夫懿氏要把女儿嫁给敬仲而占卜吉凶，他的妻子占卜后，说："吉利。这叫作'凤凰飞翔，和鸣声清脆嘹亮。妫氏的后代，养育在齐姜。到第五代就要昌盛，和正卿并列朝班。

八世之后，莫之与京’。”陈厉公，蔡出也，故蔡人杀五父而立之，生敬仲。其少也，周史有以《周易》见陈侯者，陈侯使筮之。遇《观》䷓之《否》䷋，曰：“是谓‘观国之光，利用宾于王’。此其代陈有国乎！不在此，其在异国；非此其身，在其子孙。光，远而自他有耀者也。《坤》，土也；《巽》，风也；《乾》，天也。风为天于土上，山也。有山之材，而照之以天光，于是乎居土上，故曰‘观国之光，利用宾于王’。庭实旅百，奉之以玉帛，天地之美具焉，故曰‘利用宾于王’。犹有观焉，故曰其在后乎！风行而著于土，故曰其在异国乎！若在异国，必姜姓也。姜，太岳之后也。山岳则配天，物莫能两大。陈衰，此其昌乎！”

及陈之初亡也，陈桓子始大于齐；其后亡也，成子得政。

襄公二十九年秋九月，齐公孙虿、公孙灶放其大夫高止于北燕。乙未，出。书曰“出奔”，罪高止也。高止好以事自为功，且专，故难及之。为高氏之难故，高竖以卢叛。十月庚寅，闾丘婴帅师围卢。高竖曰：“苟使高氏有后，请致邑。”齐人立敬仲之曾孙酀，良敬仲也。十一月乙卯，高竖致卢而出奔晋。晋人城绵而置旃。

三十一年，齐子尾害闾丘婴，欲杀之，使帅师以伐阳州。我问师故。夏五月，子尾杀闾丘婴以说于我师。工偻

第八代以后,没有人可以和他争强'。"陈厉公是蔡国的女子所生,所以蔡国人杀掉了五父(即陈佗)而立他为君,后来厉公生了敬仲。在敬仲年少的时候,有一个成周的太史拿着《周易》去见陈厉公,陈厉公让他占筮。占到《观》卦䷓变成《否》卦䷋,说:"这就叫'出聘他国而观光其国,利于做君王的贵宾'。这个人大概要代替陈而享有整个国家吧!但不是在这里,而是在别国;不是在这个人本身,而是在他的子孙。光,是从另外的远处照耀而来的。《坤》是土,《巽》是风,《乾》是天。风起于天而行于土上,这就是山。有了山上的物产,又有天光照耀,这就使他居于土上,所以说'出聘他国而观光其国,利于做君王的贵宾'。庭中陈列的礼物上百件,另外奉有金玉和布帛,天上地下美好的物品都齐备了,所以说'利于做君王的贵宾'。还有等着观看的,所以说他的昌盛在后代吧!风的运行最后要落在土地上,所以说他的昌盛在别国吧!如果在别的国家,一定是姜姓的国家。姜姓,是太岳的后代。山岳高大足以配天,但事物不能两者一般大。陈国衰亡时,这个宗族大概就要昌盛了吧!"

等到陈国第一次被楚国灭亡,陈桓子开始在齐国昌大;后来陈国再次被楚国灭亡,陈成子就取得了齐国的政权。

鲁襄公二十九年秋季九月,齐国的公孙虿(即子尾)、公孙灶(即子雅)放逐他们的大夫高止到北燕。九月初二,高止动身出国。《春秋》记载说"出逃",这是归罪于高止。高止喜欢生事而且自以为功,又专横独断,所以祸难降临到他身上。由于高氏遭受祸难的缘故,高止的儿子高竖占据卢地发动了叛乱。十月二十七日,闾丘婴率领军队包围卢地。高竖说:"如果能让高氏保有后代,我就把封邑归还给国君。"齐国人立了敬仲的曾孙酀为高氏继承人,这是认为敬仲贤良。十一月二十三日,高竖归还卢地然后出逃到晋国。晋国人在绵地筑城然后把他安置在那里。

三十一年,齐国子尾担心闾丘婴为害,想要杀掉他,派他率军攻打鲁国的阳州。鲁国发兵前去质问齐国出兵的缘故。夏季五月,子尾杀掉闾丘婴,来向鲁国军队解释。闾丘婴的党羽工偻

洒、渻灶、孔虺、贾寅出奔莒。出群公子。

昭公二年，韩宣子来聘，遂如齐纳币。见子雅，子雅召子旗，使见宣子。宣子曰："非保家之主也，不臣。"见子尾，子尾见彊。宣子谓之如子旗。大夫多笑之，惟晏子信之，曰："夫子，君子也。君子有信，其有以知之矣。"

三年，齐侯使晏婴请继室于晋。既成昏，晏子受礼，叔向从之宴，相与语。叔向曰："齐其何如？"晏子曰："此季世也，吾弗知齐其为陈氏矣！公弃其民，而归于陈氏。齐旧四量，豆、区、釜、钟。四升为豆，各自其四以登于釜。釜十则钟。陈氏三量皆登一焉，钟乃大矣。以家量贷，而以公量收之。山木如市，弗加于山；鱼、盐、蜃、蛤，弗加于海。民参其力，二入于公，而衣食其一。公聚朽蠹，而三老冻馁。国之诸市，屦贱踊贵。民人痛疾，而或燠休之。其爱之如父母，而归之如流水。欲无获民，将焉辟之？箕伯、直柄、虞遂、伯戏其相胡公、大姬，已在齐矣。"

初，景公欲更晏子之宅，曰："子之宅近市，湫隘嚣尘，不可以居，请更诸爽垲者。"辞曰："君之先臣容焉，臣不足以嗣之，于臣侈矣。且小人近市，朝夕得所求，小人之利也。敢烦里旅？"公笑曰："子近市，识贵贱乎？"

洒、渻灶、孔虺、贾寅逃奔到莒国。子尾还驱逐了公子们。

鲁昭公二年，晋平公派韩宣子来鲁国聘问，随后又到齐国奉献订婚聘礼。见到子雅后，子雅召来儿子子旗，让他拜见韩宣子。韩宣子说："子旗不是能保住家族的人，不像个臣子。"见到子尾后，子尾让儿子彊拜见韩宣子。韩宣子说彊像子旗一样。齐国的大夫大多讥笑韩宣子，只有晏子相信他的话，说："韩先生是个君子。君子有信用，他这样判断是有根据的。"

三年，齐景公派晏婴（即晏子）去晋国，请求再嫁一位女子到晋国以代替少姜。订婚以后，晏子接受晋国的享礼，叔向陪他饮宴，互相谈话。叔向问道："齐国目前的情况怎么样？"晏子说："齐国这时已到了末世了，我不知道齐国什么时候就要为陈氏所有了！国君抛弃了他的百姓，使他们归附陈氏。齐国原来有四种量器，是豆、区、釜、钟。四升为一豆，各以四进位，直到成一釜。十釜就是一钟。而陈氏的前三种量器豆、区、釜，都比齐国统一的量度增加了四分之一，钟的容量就更大了。他们使用自家的大量器借出，而用公家的小量器收回。山上的木材运到市场上，价格不比在山上高；鱼、盐、蜃、蛤，价格也不比在海边高。百姓创造的财富分为三份，两份归于国家，只有一份维持衣食。国库的积蓄腐烂生虫了，而老人们却挨冻受饿。国都的各个市场上，鞋子便宜而假腿昂贵。百姓有苦痛疾病，陈氏就去安抚慰问。百姓爱戴陈氏如同自己的父母，归附陈氏如同流水。想要不得到百姓们的拥护，哪里能避得开呢？箕伯、直柄、虞遂、伯戏等这些陈氏的祖先，他们的神灵都佑助着当初封在陈国的胡公、大姬夫妇，已经在齐国了。"

起初，齐景公打算给晏子更换住宅，说："您的住宅靠近市场，低湿狭小喧闹多尘，不能居住，请为您更换一所高爽干燥的房子吧。"晏子辞谢说："国君的先臣住在这里，臣不足以继承祖业，住在这里已经是奢侈了。而且小人我靠近市场，早晚随时能得到所需要的东西，这是小人的好处。怎敢麻烦邻里大众为我造新房子呢？"景公笑着说："您靠近市场，知道物品的贵贱吗？"

对曰："既利之，敢不识乎？"公曰："何贵？何贱？"于是景公繁于刑，有鬻踊者，故对曰："踊贵，屦贱。"既已告于君，故与叔向语而称之。景公为是省于刑。君子曰："仁人之言，其利溥哉！晏子一言而齐侯省刑。《诗》曰：'君子如祉，乱庶遄已。'其是之谓乎！"及晏子如晋，公更其宅，反则成矣。既拜，乃毁之，而为里室，皆如其旧，则使宅人反之，曰："且谚曰：'非宅是卜，惟邻是卜。'二三子先卜邻矣，违卜不祥。君子不犯非礼，小人不犯不祥，古之制也。吾敢违诸乎？"卒复其旧宅。公弗许。因陈桓子以请，乃许之。

齐公孙灶卒。司马灶见晏子曰："又丧子雅矣。"晏子曰："惜也！子旗不免，殆哉！姜族弱矣，而妫将始昌。二惠竞爽，犹可；又弱一个焉，姜其危哉！"

八年七月甲戌，齐子尾卒，子旗欲治其室。丁丑，杀梁婴。八月庚戌，逐子成、子工、子车，皆来奔，而立子良氏之宰。其臣曰："孺子长矣，而相吾室，欲兼我也。"授甲将攻之。陈桓子善于子尾，亦授甲将助之。或告子旗，子旗不信。则数人告，将往；又数人告于道，遂如陈氏。桓子将出矣，闻之而还，游服而逆之。请命。对曰：

晏子回答说："既然以它为利，怎能不知道呢？"景公说："什么贵？什么贱？"当时齐景公滥用刑罚，街市上有卖假腿的，所以晏子回答说："假腿贵，鞋子贱。"晏子把情况告诉景公后，所以在与叔向谈话时又提到这事。景公为此减轻了刑罚。君子说："仁人的话，好处真大啊！晏子一句话，齐侯就减轻了刑罚。《诗经》说：'君子降下福祉，祸乱几乎可以快速被制止。'说的就是这种情况吧！"等到晏子去了晋国，景公改建他的住宅，晏子回来时已经建成了。晏子拜谢景公以后，就拆毁了新宅，重新建好邻里的房屋，使它们都和原来的一样，并让原来的住户搬回来，说："况且谚语说：'并不是住宅需要选择，唯有好邻居需要选择。'你们几位都是我原来选择的好邻居，违背这种选择不吉祥。君子不做不合礼法的事，小人不做不吉祥的事，这是自古以来的制度。我敢违背它吗？"最终还是恢复了自己的旧宅。景公不允许。晏子通过陈桓子代为请求，景公才答应了。

齐国的公孙灶去世。司马灶进见晏子，说道："又失去子雅了。"晏子说："可惜啊！子旗也不能免于祸患，危险啊！姜姓衰弱了，而妫姓将要开始昌盛了。惠公的两个孙子子雅和子尾强干精明，还可以维持姜姓；现在又失去一个，姜姓恐怕要危险了！"

八年七月初八，齐国的子尾去世了，子旗想要控制子尾的家政。十一日，子旗杀掉了子尾的家宰梁婴。八月十四日，驱逐了子成、子工、子车，这三个人都逃到鲁国来，子旗重新为子尾的儿子子良立了家宰。子良的家臣说："您从孩子长大了，子旗却要帮忙管我们的家事，目的是想要兼并我们啊。"于是就把武器衣甲给家臣分发下去，准备攻打子旗。陈桓子和子尾交好，也把武器衣甲分发下去准备帮助他们攻打。有人向子旗报告，子旗还不相信。又有好几个人前来报告，子旗于是准备到子良家里去看个究竟；又有几个人在路上向他报告，于是他就到陈氏那里。陈桓子将要出发了，听说子旗到来又回去了，穿上平常的便服出来迎接他。子旗请问陈桓子的意图。陈桓子回答说：

“闻彊氏授甲将攻子,子闻诸?”曰:“弗闻。”“子盍亦授甲?无宇请从。”子旗曰:“子胡然?彼,孺子也,吾诲之,犹惧其不济,吾又宠秩之。其若先人何?子盍谓之?《周书》曰:‘惠不惠,茂不茂。’康叔所以服弘大也。”桓子稽颡曰:“顷、灵福子。吾犹有望。”遂和之如初。

九月,楚师围陈。晋侯问于史赵曰:“陈其遂亡乎?”对曰:“未也。”公曰:“何故?”对曰:“陈,颛顼之族也,岁在鹑火,是以卒灭。陈将如之。今在析木之津,犹将复由。且陈氏得政于齐而后陈卒亡。自幕至于瞽瞍无违命,舜重之以明德,置德于遂。遂世守之,及胡公不淫,故周赐之姓,使祀虞帝。臣闻盛德必百世祀,虞之世数未也。继守将在齐,其兆既存矣。”

十年,齐惠栾、高氏皆耆酒信内,多怨;强于陈、鲍氏而恶之。夏,有告陈桓子曰:“子旗、子良将攻陈、鲍。”亦告鲍氏。桓子授甲而如鲍氏,遭子良醉而骋。遂见文子,则亦授甲矣。使视二子,则皆将饮酒。桓子曰:“彼虽不信,闻我授甲,则必逐我。及其饮酒也,先伐诸?”陈、鲍方睦,遂伐栾、高氏。子良曰:“先得公,陈、鲍焉往?”遂伐虎门。

"听说彊氏（即子良）分发武器衣甲准备攻打您，您听说这件事了吗？"子旗说："没有听说。"陈桓子说："您为什么不把武器衣甲也分发下去？我陈无宇请求跟随您一起去。"子旗说："您为什么要这样做呢？子良他只是个孩子，我教导他，还害怕他不能成功，所以又宠爱并给他立了家宰。如果和他互相攻打，对先人怎么交代呢？您何不去对他说一说？《周书》说：'施惠于不感激施惠的人，劝勉于不接受劝勉的人。'这就是康叔做事宽宏大量的缘故。"听到这些，陈桓子磕着头说："但愿顷公、灵公福佑您。我还希望您能赐惠于我呢。"于是两家和好如初。

九月，楚国军队包围陈国。晋平公询问史赵说："陈国会就此灭亡了吗？"史赵回答说："不能。"晋平公说："是什么缘故？"史赵回答说："陈国是颛顼氏的后代，岁星在鹑火时，颛顼氏由此最终灭亡。陈氏也将会这样。现在，岁星在箕宿、斗宿间的银河里，所以陈国还会复兴。况且陈氏要在齐国取得政权后才能最终灭亡。这一族从幕到瞽瞍，都没有违背天命，舜又增加了盛德，德行一直落到遂的身上。遂的后人世代保持它，一直到胡公不淫，所以周王室赐妫姓给他，让他祭祀虞舜。臣听说有盛德者一定享有百代祭祀，现在虞舜的世系辈数还没到这个数目。因此继承保持祖业的人将在齐国兴盛，它的预兆已经在那里了。"

十年，齐惠公的后代栾施（即子旗）、高彊（即子良）都嗜好喝酒，听信妻妾的话，积怨甚多；势力比陈氏、鲍氏强而又厌恶陈氏、鲍氏。夏季，有人告诉陈桓子说："子旗、子良将要攻打陈氏、鲍氏。"同时也告诉了鲍氏。陈桓子把兵器衣甲发给部下并跑到鲍氏那里，路上正遇见子良喝醉酒后驾车驰骋。于是去见鲍文子，鲍文子也已经把兵器衣甲分发下去了。他们派人去探听子旗、子良两人的动静，得知他们都正准备饮酒。陈桓子说："传言即使不真实，但是他们一旦闻知我们分发了武器衣甲，必定会驱逐我们。趁他们喝酒的机会，先攻打他们怎么样？"陈氏、鲍氏这时正和睦，于是就一起攻打栾氏、高氏。子良说："只要我们先得到国君相助，陈氏、鲍氏还能往哪里逃呢？"于是攻打虎门。

晏平仲端委立于虎门之外，四族召之，无所往。其徒曰："助陈、鲍乎？"曰："何善焉？""助栾、高乎？"曰："庸愈乎？""然则归乎？"曰："君伐，焉归？"公召之，而后入。公卜使王黑以灵姑铚率，吉。请断三尺焉而用之。五月庚辰，战于稷，栾、高败，又败诸庄。国人追之，又败诸鹿门。栾施、高彊来奔。陈、鲍分其室。

晏子谓桓子："必致诸公。让，德之主也。让之谓懿德。凡有血气，皆有争心，故利不可强，思义为愈。义，利之本也。蕴利生孽，姑使无蕴乎！可以滋长。"桓子尽致诸公，而请老于莒。

桓子召子山，私具幄幕、器用、从者之衣屦，而反棘焉。子商亦如之，而反其邑。子周亦如之，而与之夫于。反子城、子公、公孙捷而皆益其禄。凡公子、公孙之无禄者，私分之邑。国之贫约孤寡者，私与之粟。曰："《诗》云：'陈锡载周。'能施也。桓公是以霸。"公与桓子莒之旁邑，辞。穆孟姬为之请高唐，陈氏始大。

昭子至自晋，大夫皆见。高彊见而退。昭子语诸大夫曰："为人子，不可不慎也哉！昔庆封亡，子尾多受邑，而稍致诸君。君以为忠，而甚宠之。将死，疾于公宫，辇而归，

晏平仲（即晏子）穿着朝服站在虎门之外，四个家族都召请他，他一个都没去。他的部下说："帮助陈氏、鲍氏吗？"晏子说："他们有什么值得帮助的？"部下又说："帮助栾氏、高氏吗？"晏子说："他们难道能胜过陈氏、鲍氏吗？"部下问："那么回去吗？"晏子说："现在国君遭到进攻，我们能回哪里去？"齐景公召见他，他这才进去。齐景公为派王黑用自己的旗帜领兵而占卜，占卜的结果是吉利。王黑请求砍去三尺以后再使用。五月庚辰日，双方在稷门作战，栾氏、高氏战败，陈氏、鲍氏又在庄街打败了他们。国都的人追赶他们，再次在鹿门击败他们。栾施、高彊逃亡到鲁国来。陈氏、鲍氏分了他们的家产。

晏子对陈桓子说："一定要把分得的栾氏、高氏的家产交给国君。谦让，是德行的主干。能让给别人是美德。凡是有血气的人，都有争夺之心，所以利益不可以强取，想着道义才能胜人一筹。道义，是利益的根本。积聚财利就会产生祸害，姑且使它不要积聚吧！可以让它慢慢生长。"陈桓子把分得的财产全部交给了齐景公，并请求在莒地养老。

陈桓子召见子山，私下准备了帐幕、器物用具、随从的衣服鞋子，并且把棘地还给了他。对子商也是这样，把封邑归还给他。对子周也是这样，把夫于给了他。又让子城、子公、公孙捷回国，并且都增加了他们的俸禄。凡是公子、公孙中没有俸禄的，私下将自己的封邑分给他们。对国内贫穷孤寡的人，私下分给他们粮食。陈桓子说："《诗经》说：'文王把受到的赏赐布陈开来赐给别人就创建了周朝。'这就是能够施舍的缘故。齐桓公也因此而成为霸主。"齐景公赐给陈桓子莒地附近的城邑，但他辞谢了。景公母亲穆孟姬为他请求高唐作为封地，从此陈氏开始强大。

叔孙昭子从晋国回到鲁国，大夫们都来进见。只有高彊进见之后就退了出来。叔孙昭子对各位大夫说："作为人子，不可以不谨慎呀！从前庆封逃亡，子尾得到了很多城邑，但随后又把封邑全部归还给了国君。国君认为他很忠诚，因而十分宠信他。子尾临死的时候，在国君的宫中得了病，用车送他回去，

君亲推之。其子不能任，是以在此。忠为令德，其子弗能任，罪犹及之，难不慎也？丧夫人之力，弃德旷宗，以及其身，不亦害乎！《诗》曰：‘不自我先，不自我后。’其是之谓乎！”

二十六年，齐侯与晏子坐于路寝，公叹曰：“美哉室！其谁有此乎？”晏子曰：“敢问何谓也？”公曰：“吾以为在德。”对曰：“如君之言，其陈氏乎！陈氏虽无大德，而有施于民。豆、区、釜、钟之数，其取之公也薄，其施之民也厚。公厚敛焉，陈氏厚施焉，民归之矣。《诗》曰：‘虽无德与女，式歌且舞。’陈氏之施，民歌舞之矣。后世若少惰，陈氏而不亡，则国其国也已。”公曰：“善哉！是可若何？”对曰：“唯礼可以已之。在礼，家施不及国。民不迁，农不移，工贾不变，士不滥，官不滔，大夫不收公利。”公曰：“善哉！我不能矣。吾今而后知礼之可以为国也。”对曰：“礼之可以为国也久矣，与天地并。君令、臣共，父慈、子孝，兄爱、弟敬，夫和、妻柔，姑慈、妇听，礼也。君令而不违，臣共而不贰；父慈而教，子孝而箴；兄爱而友，弟敬而顺；夫和而义，妻柔而正；姑慈而从，妇听而婉：礼之善物也。”公曰：“善哉！寡人今而后闻此礼之上也。”对曰：“先王所禀于天地，以为其民也，是以先王上之。”

国君亲自推着他走。他的儿子不能继承父业，因此才逃到这里。忠诚是美德，他的儿子不能继承这种美德，罪过尚且降临到他身上，怎么能不谨慎呢？丧失了先人子尾的功劳，丢弃了美德，断绝了对祖宗的祭祀，罪过还延及自身，不也是祸害吗！《诗经》说：'祸患的到来不在我前头，也不在我后头。'说的就是这吧！"

二十六年，齐景公和晏子在正厅里坐着，齐景公叹息说："多么漂亮的宫室啊！我死后谁会拥有这里呢？"晏子说："敢问国君您是什么意思？"齐景公说："我认为这里将来要归于有德行的人。"晏子回答说："如果真像您所说的那样，那么恐怕要属于陈氏吧！陈氏虽然没有大的功德，但他们对民众肯于施舍。豆、区、釜、钟等器量的容积，陈氏从采邑中征税就用公家的小量器，而对民众施舍就用自家的大量器。公室征税多，而陈氏施舍多，因此民众都渐渐归向他了。《诗经》说：'虽然没有美德给予你，也应当边歌边舞。'陈氏的施舍，民众已经为之唱歌跳舞了。将来您的后代倘若稍有怠惰，而陈氏又不灭亡，那么齐国就会变成他的国家了。"齐景公说："说得好啊！这事可怎么办呢？"晏子回答说："只有依靠礼法才可以阻止这件事发生。如果符合礼仪，家族的施舍就不能扩大到国内。这样民众就不迁移，农夫就不搬迁，工商业者就不改行，士人就不失职，官吏就不傲慢，大夫就不占取公家的利益。"齐景公说："说得好啊！可我不能做到了。我从今以后知道礼可以用来治理国家了。"晏子回答说："礼可以用来治理国家已经很久了，可以说和天地同样长久。君王发令、臣下恭从，父亲慈爱、儿子孝顺，哥哥仁爱、弟弟恭敬，丈夫和善、妻子温柔，婆婆慈爱、媳妇听从，这是符合礼的。君王发令而不违礼，臣下恭敬而没有二心；父亲慈爱而能教育子女，儿子孝顺而能规劝父亲；哥哥仁爱而友善，弟弟恭敬而顺从；丈夫和蔼而合理，妻子温柔而正派；婆婆慈爱而肯听从规劝，媳妇听话而能委婉陈辞：这是礼的好现象。"齐景公说："说得好啊！寡人从今以后知道礼应当加以崇尚了。"晏子回答说："先王从天地那里接受了礼，用它来治理民众，所以先王崇尚它。"

〔补逸〕《晏子春秋》：景公饮酒，田桓子侍，望见晏子而复于公曰："请浮晏子。"公曰："何故也？"无宇对曰："晏子衣缁布之衣，麋鹿之裘，栈轸之车，而驾驽马以朝，是隐君之赐也。"公曰："诺。"

晏子坐，酌者奉觞进之，曰："君命浮子。"晏子曰："何故也？"田桓子曰："君赐之卿位以尊其身，宠之百万以富其家。群臣之爵，莫尊于子，禄莫重于子。今子衣缁布之衣，麋鹿之裘，栈轸之车，而驾驽马以朝，是则隐君之赐也！故浮子。"晏子避席曰："请饮而后辞乎？其辞而后饮乎？"公曰："辞然后饮。"晏子曰："君之赐卿位以尊其身，婴非敢为显受也，为行君令也。宠以百万以富其家，婴非敢为富受也，为通君赐也。臣闻古之贤君，臣有受厚赐而不顾其困族，则过之；临事守职不胜其任，则过之。君之内隶，臣之父兄，若有离散在于野鄙，此臣之罪也。君之外隶，臣之所职，若有播越在于四方，此臣之罪也。兵革之不完，战车之不修，此臣之罪也。若夫敝车驽马以朝，意者非臣之罪乎？且臣以君之赐，父之党，无不乘车者；母之党，无不足于衣食者；妻之党，无冻馁者；国之闲士，待臣而后举火者数百家。

〔补逸〕《晏子春秋》：齐景公饮酒，大夫田桓子（即陈桓子，名无宇）侍立在一旁，他望见晏子后禀告景公说："请罚晏子喝酒。"景公问："什么原因呢?"田桓子回答说："晏子穿黑布做的衣服，麋鹿皮做的皮袄，乘坐编排竹木制成的棚车，套着劣等的马，就这样来朝见您，这是隐没了国君给他的恩赐。"景公听后说："好吧。"

晏子入座，斟酒的人捧着酒杯献给晏子，说："国君命令罚您喝酒。"晏子说："是什么缘故呢?"田桓子说："国君赐给您卿位来使您地位尊贵，给您百万俸禄的恩宠来使您家庭富足。众位大臣的爵位，没有谁比您再尊贵了，众位大臣的俸禄，没有谁比您更高了。如今您穿着黑色的布衣和麋鹿皮的皮袄，乘坐着棚车，套着劣等的马，就这个样子来拜见国君，这是隐没国君给您的恩赐啊！所以要罚您喝酒。"晏子离开座位说："请问是先让我饮酒然后再作说明呢？还是先做说明然后再喝酒呢?"景公说："先做说明，然后饮酒。"晏子说："国君赐给我卿位来使我显贵，但我晏婴不敢为了显贵而接受恩赐，而是为了执行国君的命令。国君用百万俸禄的恩宠来使我家庭富足，但我晏婴不敢为了发家致富而承受国君的宠爱，而是为了传达国君的恩赐。臣听说古时的贤君，对于那些受到国君重赏却不关心其贫困宗族的臣子，就责备他们；对于那些治理国事、担任职务却力不胜任的臣子，也责备他们。国都中的臣属以及臣的父兄，如果有谁流离失所，生活在荒郊旷野，这是臣的过错。国君在国都以外城邑的臣属以及臣主管的官员，倘若有人迁徙逃亡，四处流浪，这也是臣的过错。兵器衣甲不完备，战车得不到修缮，这还是臣的过错。至于乘坐破车劣马来朝见国君，我想这不应该是臣的过错吧？而且，臣用国君您的恩赐，让父系亲族的人中，没有不乘坐车子的；让母系亲族的人中，没有不丰衣足食的；让妻子亲族的人中，没有受冻挨饿的；让国中无业的闲士，靠臣的接济然后才能烧火做饭的，共有几百家。

如此者,为彰君赐乎?为隐君赐乎?"公曰:"善。为我浮无宇也!"

《史记》:司马穰苴者,田完之苗裔也。齐景公时,晋伐阿、甄,而燕侵河上,齐师败绩。景公患之,晏婴乃荐田穰苴,曰:"穰苴虽田氏庶孽,然其人文能附众,武能威敌,愿君试之。"景公召穰苴,与语兵事,大说之,以为将军,将兵扞燕、晋之师。穰苴曰:"臣素卑贱,君擢之闾伍之中,加之大夫之上,士卒未附,百姓不信,人微权轻,愿得君之宠臣、国之所尊以监军,乃可。"于是景公许之,使庄贾往。穰苴既辞,与庄贾约曰:"旦日日中会于军门。"

穰苴先驰至军,立表下漏待贾。贾素骄贵,以为将已之军,而已为监,不甚急。亲戚左右送之,留饮。日中而贾不至,穰苴则仆表决漏,入,行军勒兵,申明约束。约束既定,夕时,庄贾乃至。穰苴曰:"何后期为?"贾谢曰:"不佞亲戚大夫送之,故留。"穰苴曰:"将受命之日,则忘其家;临事约束,则忘其亲;援枹鼓之急,则忘其身。今敌国深侵,邦内骚动,士卒暴露于境,君寝不安席,食不甘味,百姓之命皆悬于君,何谓相送乎?"召军正,问曰:"军法期而后至者云何?"对曰:"当斩。"庄贾惧,使人驰报景公,请救。既往,未及反,

像这样，是彰显了国君的恩赐呢？还是隐没了国君的恩赐呢？”景公说：“很好。你替我罚田无宇喝酒吧！”

《史记》：司马穰苴，是田完（即敬仲）的后代。齐景公时，晋国攻打齐国的阿邑、甄邑，燕国侵犯齐国黄河南岸的领土，齐国的军队被打得大败。齐景公为此忧愁，晏婴就向齐景公推荐田穰苴，说：“穰苴虽然是田氏的庶出子弟，可是这个人，论文才能使众人归附，论武略能使敌人畏惧，请国君用他试一试。”齐景公召见田穰苴，跟他谈论军事，十分高兴，就任命他做将军，领兵抵抗燕国、晋国的军队。田穰苴说：“臣向来地位低贱，国君将我从平民中提拔起来，置于大夫之上，士兵还未亲附，百姓还未信任，我身份卑微，权势不重，希望得到一位国君所宠爱、国家所尊重的大臣来做监军才行。”齐景公便答应了他的要求，派庄贾前往。田穰苴辞别齐景公以后，跟庄贾约定说：“明天中午在营门会面。”

田穰苴在第二天率先赶到军营，设置了观测日影的木表和标记时刻的漏壶，等待庄贾。庄贾向来骄横显贵，认为主将已到军中，而自己又是监军，不是很着急。亲戚僚属又为他送行，留他喝酒。到了中午庄贾还不到，田穰苴就放倒木表，将漏壶里的水倒掉，进入营中，检阅队伍，整顿士兵，宣布规章号令。部署完毕，傍晚时，庄贾才到。田穰苴说：“为什么迟误了期限？”庄贾表示歉意说：“我的亲戚同僚们为我送行，所以耽搁了。”田穰苴说：“作为将帅，接受命令的那一天，就应忘掉自己的家庭；面对军队宣布规章号令，就应忘掉自己的双亲；拿起鼓槌擂响战鼓的危急时刻，就应忘掉自己的生命。如今敌人已深入国境，国内动荡不安，士兵们在边境上日晒雨淋，国君睡不安稳，吃不香甜，百姓的性命都维系在你手上，还讲究什么送行呢？”说罢把军法官召来，问道：“军法上对于约定了时间却迟到的人该怎么办？”军法官回答说：“应当判处斩刑。”庄贾害怕了，派人飞马报告齐景公，请求解救。庄贾派去的人走后，还没来得及返回，

于是遂斩庄贾以徇三军。三军之士皆振栗久之。

景公遣使者持节赦贾，驰入军中。穰苴曰："将在军，君令有所不受。"问军正曰："军中不驰，今使者驰，云何？"正曰："当斩。"使者大惧。穰苴曰："君之使，不可杀之。"乃斩其仆、车之左驸、马之左骖，以徇三军。遣使者还报，然后行。

士卒次舍、井灶、饮食、问疾、医药，身自拊循之，悉取将军之资粮享士卒，身与士卒平分粮食，最比其羸弱者。三日而后勒兵，病者皆求行，争奋出为之赴战。晋师闻之，为罢去。燕师闻之，渡水而解。于是追击之，遂取所亡封内故境，而引兵归。

未至国，释兵旅，解约束，誓盟而后入邑。景公与诸大夫郊迎，劳师成礼，然后反归寝。既见穰苴，尊为大司马。田氏日以益尊于齐。

已而大夫鲍氏、高、国之属害之，谮于景公。景公退穰苴，苴发病而死。

〔发明〕按：陈桓子无宇生僖子乞，执齐国之政、操废立之权者，自僖子始。穰苴之忠，其亦田氏之独出者欤！

田穰苴就已经将庄贾斩首，并向三军展示。三军将士们都震惊恐惧了好一会儿。

齐景公派遣使者拿着符节前来赦免庄贾，车马飞奔冲入军营。田穰苴说："将领在军队里，国君的命令有的可以不接受。"并问军法官道："军营中不得驾车奔驰，现在使者驾车驰入军营，按军法该怎么样？"军法官说："应当判处斩刑。"使者大为恐惧。田穰苴说："国君的使者，不可处死他。"于是斩杀了使者的车夫，砍断车厢左边的立木，杀了左边驾车的马，并向三军展示。田穰苴让使者回去报告，然后出发。

行军时，对于士兵安营驻扎、掘井立灶、饮水吃饭、探问疾病、安排医药，田穰苴都亲自过问关照，并拿出将军名下全部的粮食来给士兵享用，自己同士兵平分粮食，而且是和那些瘦弱的士兵一个标准。三天之后整顿部队准备出战，生病的士兵都请求同行，争先奋勇地为他去参加战斗。晋国军队听到这个消息，就撤回去了。燕国军队听到这个消息，也撤回黄河北岸，退散而去。于是齐国乘势追击他们，直到收复了边境线以内所有丢失的国土，然后领兵回来。

军队尚未到达国都，田穰苴就解除了军队的武装，取消了战时的规章号令，宣誓遵守回到国都后的种种规定，然后才进入都城。齐景公和公卿大夫们到郊外迎接，按照礼节慰劳将士们之后，这才回到寝宫去。齐景公接见了田穰苴，尊封他为大司马。从此，田氏在齐国的地位一天天显贵起来。

后来，大夫鲍氏、高氏、国氏这些人忌恨穰苴，在齐景公面前说他的坏话，于是齐景公罢免了田穰苴，田穰苴得病死去了。

〔发明〕按：陈桓子陈无宇生下儿子僖子乞，执掌齐国的国政、操纵废立大权的人就从僖子乞开始。田穰苴的忠诚，大概也是田氏突出的一个吧！

哀公五年，齐燕姬生子，不成而死。诸子鬻姒之子荼嬖，诸大夫恐其为太子也，言于公曰：“君之齿长矣，未有太子，若之何?”公曰：“二三子间于忧虞，则有疾疢，亦姑谋乐，何忧于无君?”公疾，使国惠子、高昭子立荼，置群公子于莱。秋，齐景公卒。冬十月，公子嘉、公子驹、公子黔奔卫，公子钼、公子阳生来奔。莱人歌之曰：“景公死乎，不与埋；三军之事乎，不与谋；师乎师乎，何党之乎?”

〔补逸〕《晏子春秋》：景公有男五人，所使傅之者皆有车百乘者也，晏子其一焉。公召其傅曰：“勉之！将以而所傅为子。”及晏子，晏子辞曰：“君命其臣，据其肩以尽其力，臣敢不勉乎？有车之家，是一国之权臣也。人人以君命命之曰：‘将以而所傅为子。’此离树别党、倾国之道也。婴不敢受命。愿君图之！”

淳于人纳女于景公，生孺子荼，景公爱之。诸田谋欲废公子阳生而立荼，公以告晏子。晏子曰：“不可。夫以贱匹贵，国之害也；置大立少，乱之本也。夫阳生，长而国人戴之，君其勿易！夫服位有等，故贱不陵贵；立子有礼，故孽不乱宗。愿君教荼以礼，而勿陷于邪；导之以义，而勿湛于利。长少行其道，宗孽得其伦。夫阳生敢毋使荼餍粱肉之味，玩金石之声，而有患乎?

鲁哀公五年，齐景公的夫人燕姬生了个儿子，没有成年就死了。姬妾鬻姒的儿子荼受到了宠爱，大夫们担心荼做太子，便对齐景公说："国君您的年纪大了，还没有太子，该怎么办呢？"景公说："各位陷入忧虑之中，就会生病，莫如姑且去寻欢作乐，何必忧虑没有嗣君呢？"景公得病，让国惠子、高昭子立公子荼为太子，并把公子们安置在莱邑。秋季，齐景公去世。冬季十月，公子嘉、公子驹、公子黔逃奔到卫国，公子鉏、公子阳生逃到鲁国来。莱邑人歌唱道："景公死了啊，不参加埋葬；三军的大事啊，不参加谋划；公子们啊公子们，你们又能去何方？"

〔补逸〕《晏子春秋》：齐景公有五个儿子，所派去给他们当老师的人，都是拥有兵车一百乘的卿大夫，晏子是其中之一。齐景公分别召见五个儿子的老师说："努力吧！我准备立你所教导的儿子为太子。"轮到晏子时，晏子辞让说："国君命令他的臣子，要让他根据所能承担的责任竭尽全力，臣子敢不努力吗？现在拥有兵车一百乘的卿大夫，都是整个国家的权臣。如果每个老师都以国君的命令命令自己说：'将把你所教导的儿子立为太子。'这是离间太子树立党羽，是倾覆国家的做法。我晏婴不敢接受命令。希望国君您仔细考虑此事！"

淳于国的人将一个女子献给齐景公，生下孺子荼，齐景公很爱公子荼。田氏诸人图谋废掉公子阳生而立公子荼为太子，齐景公把这件事告诉了晏子。晏子说："这样做不行。让低贱的等同于高贵的，是国家的祸害；废年长的立年少的，是动乱的根本。公子阳生年长，国人拥戴他，国君还是不要改立别人！服制、爵位有等级，所以低贱的不能超越高贵的；立太子有礼法，所以庶子不乱嫡子。希望国君您用礼仪教导公子荼，而不使他陷于邪恶之中；用道义引导他，而不使他沉溺于私利之中。年长的、年少的各自按规矩行事，嫡子、庶子各自符合伦常。公子阳生怎敢不让公子荼饱食美味佳肴、欣赏钟磬之音，而使他有忧患呢？

废长立少，不可以教下；尊孽卑宗，不可以利所爱。长少无等，宗孽无别，是设贼树奸之本也。君其图之！古之明君，非不知繁乐也，以为乐淫则哀；非不知立爱也，以为义失则忧。是故制乐以节，立子以道。若夫恃谗谀以事君者，不足以责信。今君用谗人之谋，听乱夫之言也，废长立少，臣恐后人之有因君之过以资其邪，废少而立长以成其利者。君其图之！"公不听。

景公没，田氏杀君荼，立阳生。杀阳生，立简公，而取齐国。

六年，齐陈乞伪事高、国者，每朝，必骖乘焉。所从，必言诸大夫曰："彼皆偃蹇，将弃子之命。皆曰：'高、国得君，必逼我。盍去诸？'固将谋子，子早图之！图之，莫如尽灭之。需，事之下也。"及朝，则曰："彼虎狼也，见我在子之侧，杀我无日矣。请就之位。"又谓诸大夫曰："二子者祸矣！恃得君而欲谋二三子，曰：'国之多难，贵宠之由。尽去之而后君定。'既成谋矣，盍及其未作也，先诸？作而后，悔亦无及也。"大夫从之。夏六月戊辰，陈乞、鲍牧及诸大夫以甲入于公宫。昭子闻之，与惠子乘如公，战于庄，败。

废除年长的拥立年少的，不能用来教诲臣下；尊宠庶子贬低嫡子，不会有利于所爱的人。年长的、年少的没有等级，嫡子、庶子没有差别，这样做是出现谗毁造成奸邪的根源。国君您还是考虑一下吧！古代的明君，不是不知道要使音乐繁复，但认为享乐过度就会产生悲哀；不是不知道要立自己喜爱的儿子，但认为道义丢失就会产生忧虑。因此制作音乐要有节制，确立太子要守道义。至于依仗谗毁和阿谀来侍奉国君的人，是不足以信任的。现在国君您采用谗谀之人的计谋，听信作乱之人的言语，废长立少，臣担心后人中有借助国君的过错来助长奸邪、再废少立长来达到谋求私利目的的人。您还是考虑一下吧！"齐景公没有听从。

齐景公去世以后，田氏杀掉国君公子荼，拥立公子阳生即位。后来又杀掉公子阳生，拥立齐简公即位，从而窃取了齐国大权。

六年，齐国的陈乞假装事奉高氏、国氏，每逢上朝，必是和他们同坐一辆车，站在车右的位置。而且每次随从时，一定说众位大夫的坏话，说："他们都很骄傲，都将要抛弃您二位的命令。他们都说：'高氏、国氏一旦受到国君的宠爱，就必定要逼迫我们。何不除掉他们呢？'这些人本来就想打您二位的主意，你们早点考虑对策吧！考虑对策，不如全部消灭他们。犹豫不决是处事的下策。"到了朝廷上，就说："他们都是虎狼，见到我在你们的身旁，离杀掉我的日子就没多久了。请让我站到诸位大夫一边去。"又对诸位大夫说："这二位就要作乱了！他们仗着得到国君的宠信而打各位的主意，并且说：'国家的祸难之所以多，是大夫尊贵受宠造成的。全部除掉他们，然后国君的地位才能安定。'已经定下计划了，何不趁他们尚未动手，抢在他们之前下手呢？等他们发动事变之后，再后悔就来不及了。"大夫们都听从了。夏季六月二十三日，陈乞、鲍牧和众位大夫带领披甲士兵进入公宫。高昭子（即高张）听到此讯，和国惠子（即国夏）坐车到齐侯公子荼那里，双方在都城内的庄街作战，结果高张和国夏被打败。

国人追之，国夏奔莒。遂及高张、晏圉、弦施来奔。八月，齐邴意兹来奔。

陈僖子使召公子阳生，阳生驾而见南郭且于曰："尝献马于季孙，不入于上乘，故又献此，请与子乘之。"出莱门而告之故。阚止知之，先待诸外。公子曰："事未可知，反与壬也处。"戒之，遂行。逮夜，至于齐。国人知之。僖子使子士之母养之，与馈者皆入。

冬十月丁卯，立之。将盟，鲍子醉而往。其臣差车鲍点曰："此谁之命也？"陈子曰："受命于鲍子。"遂诬鲍子曰："子之命也。"鲍子曰："女忘君之为孺子牛而折其齿乎？而背之也？"悼公稽首曰："吾子，奉义而行者也。若我可，不必亡一大夫；若我不可，不必亡一公子。义则进，否则退，敢不唯子是从。废兴无以乱，则所愿也。"鲍子曰："谁非君之子？"乃受盟。使胡姬以安孺子如赖，去鬻姒，杀王甲，拘江说，囚王豹于句窦之丘。

公使朱毛告于陈子曰："微子，则不及此。然君异于器，不可以二。器二不匮，君二多难，敢布诸大夫。"僖子不对而泣，曰："君举不信群臣乎？以齐国之困，困又有忧。

国都的人追逐他们，国夏逃奔到莒国。最终和高张、晏圉、弦施逃到鲁国来。八月，齐国的邴意兹逃到鲁国来。

陈僖子（即陈乞）派人召请在鲁国的公子阳生回去，公子阳生驾车去见南郭且于（即公子钼），说："我曾经献给季孙马，但未能列入上等马之中，所以又打算献这几匹马，请允许我和您一起坐车试马。"车子出了鲁都的莱门，公子阳生才把原因告诉给南郭且于。公子阳生的家臣阚止知道了此事，先在城外等着。公子阳生说："事情是好是坏还不知道，你先回国，和公子壬一起等我的消息。"告诫了阚止后，他就动身回齐国了。到夜里，到达齐国。国人已经知道他到了。陈僖子让儿子子士的母亲照料公子阳生，又让公子阳生跟着送食物的人一起进入宫中。

冬季十月二十四日，立了公子阳生为齐国国君。将要和诸位大夫盟誓的时候，鲍牧喝醉了酒前往。他主管车子的家臣鲍点说："这是谁的命令啊？"陈僖子说："是遵照鲍牧的命令办的。"于是就诬陷鲍牧说："这是您的命令。"鲍牧说："你忘记先君景公曾为公子荼衔绳装牛让他牵着而折断了自己的牙吗？你现在却要违背先君的意愿吗？"齐悼公（即公子阳生）连忙对鲍牧叩头说："您是按照道义办事的人。如果我能被立为国君，无须杀掉一个像您这样的大夫；倘若我不能被立为国君，也无须杀掉我这样一个公子。符合道义就前进，否则就后退，岂敢不一切听从您的命令。废谁立谁都不要因此发生动乱，这就是我的愿望。"鲍牧说："诸位公子有谁不是先君的儿子呢？"于是接受了盟誓。让先君景公之妾胡姬领着安孺子（即公子荼）到赖邑去，把安孺子的生母鬻姒送到别的地方，并杀掉了王甲，拘捕了江说，又把王豹囚禁在句窦之丘。

齐悼公派朱毛告诉陈僖子说："如果没有您，我就不会到做国君这一步。然而国君和器物不同，不能有两个同时存在。器物有两件就不会匮乏，国君有两个祸难就多了，谨敢向大夫您陈述此事。"陈僖子没有回答而是哭了，说："国君您难道对群臣都不相信了吗？因为齐国有饥荒之困，饥荒之后又有兵革之忧。

少君不可以访，是以求长君，庶亦能容群臣乎！不然，夫孺子何罪？”毛复命，公悔之。毛曰：“君大访于陈子，而图其小，可也。”使毛迁孺子于骀，不至，杀诸野幕之下，葬诸殳冒淳。

八年，齐悼公之来也，季康子以其妹妻之，即位而逆之。季鲂侯通焉，女言其情，弗敢与也。齐侯怒。夏五月，齐鲍牧帅师伐我，取讙及阐。

或谮胡姬于齐侯，曰：“安孺子之党也。”六月，齐侯杀胡姬。

秋，及齐平。九月，臧宾如如齐莅盟，齐闾丘明来莅盟，且逆季姬以归，嬖。鲍牧又谓群公子曰：“使女有马千乘乎？”公子愬之。公谓鲍子：“或谮子，子姑居于潞以察之。若有之，则分室以行；若无之，则反子之所。”出门，使以三分之一行。半道，使以二乘。及潞，麇之以入，遂杀之。

冬十二月，齐人归讙及阐，季姬嬖故也。

十四年，齐简公之在鲁也，阚止有宠焉。及即位，使为政。陈成子惮之，骤顾诸朝。诸御鞅言于公曰：“陈、阚不可并也，君其择焉。”弗听。

子我夕，陈逆杀人，逢之，遂执以入。陈氏方睦，使

年少的国君无法请示，因此我们才另外求得年长者为国君，国君大概还能容纳群臣吧！不然的话，安孺子又有什么罪过呢？”朱毛向齐悼公复命，齐悼公十分后悔。朱毛说：“国君遇到大事向陈子征求意见，而小事自己拿主意就可以了。”齐悼公派朱毛把安孺子迁到骀地，尚未到达骀地，就把安孺子杀死在野外的帐篷里，埋葬在殳冒淳。

八年，齐悼公当初逃到鲁国的时候，季康子把他的妹妹嫁给齐悼公为妻，齐悼公即位后来鲁国接她。季康子的叔父季鲂侯和她私通，她把实情向季康子讲了，季康子便不敢把她送给齐国。齐悼公大怒。夏季五月，齐国的鲍牧率军攻打鲁国，占领了鲁国的讙地和阐地。

有人在齐悼公面前诬陷齐景公之妾胡姬，说：“她是安孺子的同党。”六月，齐悼公杀了胡姬。

秋季，鲁国和齐国讲和。九月，臧宾如到齐国去参加会盟，齐国的闾丘明来鲁国参加会盟，并且接季康子的妹妹季姬回去，齐悼公对季姬很宠爱。鲍牧又对公子们说：“让你们拥有千辆战车的马匹成为国君好吗？”公子们把这话告诉了齐悼公。齐悼公对鲍牧说：“有人说您的坏话，您姑且居住到潞邑等待调查。如果有这回事，您就把家产分出一半带着出国；倘若没有这回事，您就回到您原来的地方。”鲍牧出门时，齐悼公只让他带着家产的三分之一出走。走到半路，又只让他带着两辆车子。到了潞邑，就把他捆绑进城，随后就杀掉了他。

冬季十二月，齐国人把讙地和阐地归还给鲁国，这是由于季姬受到齐悼公宠爱的缘故。

十四年，齐简公当初在鲁国的时候，阚止受到宠信。等到齐简公即位，便让阚止执掌国政。陈成子害怕他，在朝堂上屡次回过头来看他。诸御鞅对齐简公说：“陈氏、阚氏不能并列，国君您还是选用一人吧。”齐简公没有听从。

阚止（即子我）晚上去见齐简公，陈逆杀了人，正好被阚止碰见了，就把他抓起来带进公宫。当时陈氏一族正和睦团结，便让

疾而遗之潘沐，备酒肉焉，飨守囚者，醉而杀之而逃。子我盟诸陈于陈宗。

初，陈豹欲为子我臣，使公孙言己，已有丧而止。既而言之，曰："有陈豹者，长而上偻，望视，事君子，必得志，欲为子臣。吾惮其为人也，故缓以告。"子我曰："何害？是其在我也。"使为臣。他日与之言政，说，遂有宠。谓之曰："我尽逐陈氏而立女，若何？"对曰："我远于陈氏矣。且其违者，不过数人，何尽逐焉？"遂告陈氏。子行曰："彼得君，弗先，必祸子。"子行舍于公宫。

夏五月壬申，成子兄弟四乘如公。子我在幄，出逆之。遂入，闭门。侍人御之，子行杀侍人。公与妇人饮酒于檀台，成子迁诸寝。公执戈，将击之。太史子馀曰："非不利也，将除害也。"成子出舍于库，闻公犹怒，将出，曰："何所无君？"子行抽剑曰："需，事之贼也。谁非陈宗？所不杀子者，有如陈宗！"乃止。

子我归，属徒攻闱与大门，皆不胜，乃出。陈氏追之，失道于弇中，适丰丘。丰丘人执之以告，杀诸郭关。成子将杀大陆子方，陈逆请而免之。以公命取车于道，及

陈逆装病并送给他洗头的淘米水，里面备有酒肉，招待看守的人吃喝，看守的人喝醉后，陈逆杀了他就逃走了。阚止和陈氏族人在陈氏宗主陈成子家里结盟和解。

起初，陈氏族人陈豹想要做阚止的家臣，让大夫公孙推荐自己，不久因为陈豹家中有丧事，就中止了。丧事完毕后公孙对阚止谈起这件事，说："有一个叫陈豹的人，个子高而有些驼背，眼睛总是向上看，如果事奉君子的话，一定能让人满意，他想要做您的家臣。我怕他的人品不好，所以没有马上告诉您。"阚止说："这有什么要紧？这全都在于我。"于是就让陈豹做了自己的家臣。过了些日子，阚止与陈豹讲论政事，很满意，于是陈豹受到宠信。阚止对陈豹说："我把陈氏全部驱逐出去，而立你做继承人，怎么样？"陈豹回答说："我在陈氏家族中是远支。而且不顺从您的，不过只有几个人，为什么要把他们全部驱逐出去呢？"于是陈豹把阚止的话告诉了陈氏。陈逆（即子行）对陈成子说："阚止得到国君的信任，如果不先下手，他必然要加害于您。"陈逆就在公宫里住下。

夏季五月十三日，陈成子兄弟乘四辆车子到齐简公那里。阚止正在帐幕里，出来迎接他们。陈成子兄弟便走进去，把阚止关在门外。侍者抵抗他们，陈逆杀掉了侍者。齐简公此时正和妇人在檀台饮酒，陈成子把他们迁到正厅。齐简公拿起戈要攻击他们。太史子馀说："他这样做不是对国君不利，而是要除掉祸害。"陈成子搬出去住在府库里，听说齐简公还在发怒，打算出走，说："何处没有国君可供事奉？"陈逆抽出宝剑，说："犹豫不决，只会坏事。谁不能做陈氏的宗主呢？您走我要是不杀您的话，有历代的陈氏宗主作证！"陈成子就留下不走了。

阚止回去，集合部下攻打宫中的小门和大门，都没有取胜，就出逃国外。陈氏追击他，阚止在弇中迷了路，结果逃到了陈氏的封邑丰丘。丰丘人拘捕他并报告了陈氏，然后把他杀死在郭关。陈成子要杀阚止的家臣大陆子方，陈逆为他求情就赦免了他。大陆子方假托齐简公的命令在路上得到一辆车子，到达

彨，众知而东之。出雍门，陈豹与之车，弗受，曰："逆为余请，豹与余车，余有私焉。事子我而有私于其仇，何以见鲁、卫之士？"东郭贾奔卫。庚辰，陈恒执公于舒州。公曰："吾早从鞅之言，不及此。"

甲午，齐陈恒弑其君壬于舒州。

〔补逸〕《史记》：田常成子与监止俱为左右相，相简公。田常心害监止，监止幸于简公，权弗能去。于是田常复修釐子之政，以大斗出贷，以小斗收。齐人歌之曰："妪乎采芑，归乎田成子。"

臣士奇曰：齐之有陈氏也，自敬仲之奔始；其终据齐权而盗有其国也，自桓子之得政始。其所以取民之术，不过豆、区、釜、钟、壶餐噢咻之小智，而齐国又擅蒲鱼盐筴之饶。其民贪利如鹜，自桓伯以来，五公子争立，肉骨相残。至于惠、灵、庄、景，罢民自奉，刑政日弛，百姓外敝于疆埸，内残于刀锯。山林之木，衡鹿守之；泽之萑蒲，舟鲛守之；薮之薪蒸，虞候守之；海之盐蛤，祈望守之。无涓滴之惠以及民，陈氏乃得以私恩小腆，阴驱而固结之，安得不爱之如父母，而从之如流水乎？

齐国与鲁国交界的郕地，大家发现他假托君命后就夺车逼他向东去。出了雍门，陈豹给他车子，他不接受，说："陈逆替我请求赦免，陈豹给我车子，这说明我和他们有私交。我事奉阚止而和他的仇人陈氏有私交，怎么去和鲁国、卫国的士相见呢？"大陆子方（即东郭贾）逃亡到卫国。五月二十一日，陈成子（即陈恒）在舒州拘禁了齐简公。齐简公说："我要是及早听从诸御鞅的话，就不会到这个地步了。"

六月初五，齐国的陈成子在舒州弑杀了他们的国君齐简公姜壬。

〔补逸〕《史记》：田常成子（即陈成子）和监止（即阚止）分别担任齐国的左右相，辅佐齐简公。田常心中忌恨监止，监止受到齐简公的宠信，权力也无法剥夺。于是田常重新恢复田釐子（即陈僖子）的政令，用大斗借贷给百姓粮食，用小斗收还。齐国人歌颂道："老太太采来的芑菜呀，都送给了田成子。"

臣下我高士奇评论说：齐国有陈氏，从陈国公子敬仲逃亡到齐国开始；陈氏最终占有了齐国政权而窃据齐国，则是从陈桓子在齐国取得政权开始。陈氏获得百姓拥护的手段，不过是豆、区、釜、钟、用壶盛着汤饭抚慰病痛的小聪明，而齐国又占有丰富的鱼盐之利。齐国百姓贪图财利趋之若鹜，自从齐桓公称霸以来，五位公子争着做君位继承人，骨肉相残。到了齐惠公、齐灵公、齐庄公、齐景公的时候，使百姓困苦疲乏来满足自身日常生活的供养，刑法政令日渐弛废，百姓在边境上疲于对外作战，在国内被刑罚残害。山林中的木材，由管山林的官看守着；沼泽中的芦苇，由管水泽的官看守着；荒野中的柴草，由管薪柴的官看守着；海中的盐和蛤蜊，由管海产的官看守着。齐国没有点滴恩惠施舍给百姓，陈氏才能以一个施私恩的小国的身份，暗中驱使而且牢固地团结他们，这怎能不使百姓爱戴他们如同父母、而归附他们如同流水一样呢？

且也，公族之失职久矣。子城、子公、公孙捷之徒，越在草莽，桓子皆反之，而皆益其禄。凡公子、公孙之无禄者，私分之邑，又不贪栾、高之赏以示公，于是齐之世家大族，下逮贫约孤寡，无不交口颂德，欢忻歌舞，而太公之社已潜移于妫氏不知矣。

凡三家专鲁，六卿分晋，其术大抵皆然，而其上不悟也。王莽之篡汉，阴谋狡智，亦复类是。彼亦自称田氏之后，追祖有虞，而沙麓之崩，史家附会以为稚君之祥，又与凤凰之占适相类。陈氏盗国之术，真后先一辙哉！然敬仲实贤，安羁旅，辞上卿之位；守礼法，断卜夜之饮；是能抑情止欲，不敢妄觊于非分者。后之子孙不亦靦然有愧耶？

栾、高之伐虎门也，迹虽不臣，未若陈氏之甚。栾、高胜，犹公族也；陈氏胜，则妫姓矣。权其轻重，袒有左右，而晏大夫端委公门，坐观成败。栾、高奔而陈氏之势益张矣，不亦左乎？迨陈乞阴贼，高、国再窜，齐之羽翼翦薙殆尽。荼及阳生、简公之际，废置俱出田陈，阚止以远间亲，欲与争衡，庸有济乎？丰丘执，而舒州之乱遂作。权以利成，国随势夺，理所必然。而《左氏》历引懿氏之繇、史赵之对，先儒疑战国所作，非丘明之书，岂无见哉？

并且，公族丧失职权太久了。子城、子公、公孙捷这些人，流亡在民间，陈桓子都把他们召回来，而且都增加了他们的俸禄。凡是公子、公孙中没有俸禄的人，便私下分给他们自己的食邑，又不贪图分得的栾氏、高氏的财产，却把这些都交给齐景公。于是齐国的世家大族，下至贫穷孤寡之人，无不交口称颂他的美德，欢欣歌舞，而不知道齐国祖先姜太公的神位已经暗中迁移到妫姓手里了。

大凡三桓专权于鲁国、六卿瓜分晋国，其方法大致都是这样，而其国君却不明白。王莽篡夺汉朝政权，他的阴谋诡计，也类似这样。他也自称田氏的后代，追溯远祖舜帝，而春秋时沙麓山的崩塌，史官附会为汉元帝皇后王政君（字稚君）出现的征兆，又与"凤皇于飞"的占卜正好相似。陈氏的窃国之术，先后真是如出一辙啊！但是敬仲确实贤良，他安于寄居异乡的生活，辞谢上卿的高位；遵守礼法，拒绝未经占卜的夜晚陪饮。这说明他是能抑止情感、控制欲望，不敢胡乱有非分企求的人。后代的子孙难道不感到惭愧吗？

栾氏、高氏攻打虎门，事迹虽然不合臣道，但不如陈氏厉害。如果栾氏、高氏获胜，齐国还是公族；但是如果陈氏获胜，齐国就是妫姓了。衡量其叛逆程度的轻重，应对其中一方有所偏袒，而大夫晏婴却穿着朝服站在国君的宫门前，坐观成败。栾氏、高氏战败逃往鲁国而陈氏的势力更大了，难道不是在偏袒吗？及至陈乞阴毒残忍，高氏、国氏再次出逃，齐国的辅臣几乎被剪除干净了。齐安孺子公子荼及齐悼公公子阳生、齐简公公子壬时期，废立全出自陈氏，阚止以关系疏远的身份离间陈氏族人的和睦团结，想与陈氏抗衡，难道能够成功吗？阚止在丰丘被抓后，齐简公在舒州被抓的祸乱就发生了。权力的争夺因利益而形成，国家随着臣子势力的增强而被篡夺，是理所当然的。《左传》却先后援引懿氏占卜的爻辞、史赵对晋平公的回答，前世儒者怀疑是战国时所作，并不是左丘明所写，难道是没有见识的吗？